आधुनिक भारत एवं शिक्षा

[CONTEMPORARY INDIA AND EDUCATION]

दीनदयाल उपाध्याय विश्वविद्यालय, गोरखपुर एवं
सिद्धार्थनगर विश्वविद्यालय, सिद्धार्थनगर (उ. प्र.) के
नवीनतम् बी. एड. पाठ्यक्रमानुसार

लेखक
डॉ. रामशकल पाण्डेय

श्री विनोद पुस्तक मन्दिर, आगरा-2

Publishers :
Shri Vinod Pustak Mandir
Corporate Office : Plot No. 4, Mauja Kakrethha,
Near Foot On Shoes,
Sikandra, Agra
Branch Office : 11/7, Dr. Rangeya Raghava Marg, Agra-2
Tel. : 91-0562-2855187, 91-0562-2855179

Latest Edition : 2020

Laser Typesetting :
Radial Graphics, Agra-2

Printed By :
Ravi Mudranlaya, Agra-2

ISBN-978-93-85179-85-3

Price : **₹ 160.00**

For more details please visit our website **www.vinodpustakmandir.in**

भूमिका

मैं **'आधुनिक भारत एवं शिक्षा'** का संशोधित संस्करण आपके समक्ष प्रस्तुत कर रहा हूँ।

मुझे विश्वास है कि यह संस्करण शिक्षकों तथा छात्रों की आवश्यकताओं की पूर्ति करेगा, किन्तु फिर भी यदि उनको इसमें कहीं कोई अभाव खटके, तो उनके सभी सुझावों को सहर्ष स्वीकार किया जायेगा।

—लेखक

पाठ्यक्रम
(Syllabus)

इकाई-1 : पूर्व उपनिवेश काल में शिक्षा पर वाद-विवाद

- शिक्षा की अवधारणा, उद्देश्य और विशेषताएँ।
- वैदिक काल, बौद्धकाल तथा मुस्लिम काल।

इकाई-2 : स्वतन्त्रता से पूर्व शिक्षा पर वाद-विवाद

- मुख्य संस्तुतियाँ
- आज्ञापत्र—1813
- मैकाले का विवरण पत्र—1835
- वुड का घोषणा-पत्र—1854
- राष्ट्रीय शिक्षा आन्दोलन, (गोखले विधेयक) एवं वर्धा शिक्षा योजना।

इकाई-3 : स्वतन्त्रता काल में शिक्षा पर वाद-विवाद

- शिक्षक शिक्षा, माध्यमिक शिक्षा, उच्च शिक्षा और व्यावसायिक शिक्षा की संस्तुतियाँ।
- विश्वविद्यालय शिक्षा आयोग
- माध्यमिक शिक्षा आयोग
- राष्ट्रीय शिक्षा-नीति (NPE)
- संशोधित राष्ट्रीय शिक्षा नीति (RNPE)

इकाई-4 : शिक्षा के ज्वलन्त मुद्दों पर वाद-विवाद

- साथ-साथ रहने की शिक्षा
- शान्ति शिक्षा
- मध्यकालीन भोजन
- स्त्री शिक्षा

इकाई-5 : भारतीय संविधान में शिक्षा

- शिक्षा के लिए संवैधानिक प्रावधान।
- संवैधानिक मूल्य को बढ़ावा देने में शिक्षा की भूमिका (स्वतन्त्रता, न्याय, जनतन्त्र)।
- शिक्षा में वैकल्पिक प्रयोग (SNDT) वनस्थली, विद्यापीठ, एकलव्य।

विषय-सूची

ध्याय क्रमांक | पृष्ठ क्रमांक

इकाई—4
शिक्षा के अत्यन्त महत्वपूर्ण मुद्दों पर चर्चा
(Debate on Critical Issues of Education)

इकाई—5
भारतीय संविधान में शिक्षा
(Education in Indian Constitution)

इकाई—1

पूर्व उपनिवेश युग में शिक्षा पर चर्चा

(Debate on Education in Pre-colonial Era)

अध्याय—1

वैदिककालीन शिक्षा के प्रत्यय, उद्देश्य एवं विशेषताएँ

[CONCEPT, AIMS AND CHARACTERISTICS OF EDUCATION IN VEDIC ERA]

विषय-प्रवेश
(INTRODUCTION)

भारतीय शिक्षा का बीजारोपण सुदूर अतीत में आज से लगभग 4,000 वर्ष पूर्व हुआ था, किन्तु उसके सुसम्बद्ध स्वरूप के दर्शन, वैदिक काल के आरम्भ में होते हैं। इस काल में शिक्षा पर ब्राह्मणों का आधिपत्य था। अत: कुछ लेखकों ने वैदिककालीन शिक्षा को '**ब्राह्मणीय शिक्षा**' और कुछ ने '**हिन्दू-शिक्षा**' की संज्ञा दी थी।

प्राचीन भारत के मनीषी इस तथ्य से भली-भाँति अवगत थे कि शिक्षा—व्यक्ति के सर्वांगीण विकास, समाज की चतुर्मुखी उन्नति और सभ्यता की बहुमुखी प्रगति की आधारशिला है। अत: उन्होंने शिक्षा की ऐसी प्रशंसनीय प्रणाली का प्रतिपादन किया, जिसने न केवल विशाल वैदिक साहित्य को सुरक्षित रखा, वरन् ज्ञान के विविध क्षेत्रों में मौलिक विचारकों को भी जन्म दिया, जिनसे भारत का भाल आज भी गर्व और गौरव से उन्नत है। इस दृष्टि से भारत की मुक्त कण्ठ से प्रशंसा करते हुए **एफ. डब्ल्यू. टॉमस** (F. W. Thomas) ने लिखा है—"**भारत में शिक्षा विदेशी पौधा नहीं है। संसार का कोई भी ऐसा देश नहीं है, जहाँ ज्ञान के प्रति प्रेम का इतने प्राचीन समय में आविर्भाव हुआ हो या जिसने इतना चिरस्थायी व शक्तिशाली प्रभाव डाला हो।**"

शिक्षा का अर्थ
(MEANING OF EDUCATION)

वैदिक साहित्य में 'शिक्षा' शब्द का प्रयोग अनेक अर्थों में किया गया है; यथा—'विद्या', 'ज्ञान', 'बोध' और 'विनय'। आधुनिक शिक्षाशास्त्रियों के समान प्राचीन भारतीयों ने भी 'शिक्षा' शब्द का प्रयोग 'व्यापक' और 'सीमित'—दोनों अर्थों में किया है। **डॉ. ए. एस. अल्तेकर** के अनुसार व्यापक अर्थ में शिक्षा का तात्पर्य है—व्यक्ति को सभ्य और उन्नत बनाना। इस दृष्टि से शिक्षा आजीवन चलने वाली प्रक्रिया है। सीमित अर्थ में, शिक्षा का अभिप्राय उस औपचारिक शिक्षा से है जो व्यक्ति को गृहस्थ आश्रम में प्रवेश करने से पूर्व छात्र के रूप में गुरु से प्राप्त होती थी।

प्राचीन युग में 'शिक्षा' को न तो पुस्तकीय ज्ञान का पर्यायवाची माना गया और न जीविकोपार्जन का साधन। इसके विपरीत शिक्षा को वह प्रकाश माना गया, जो व्यक्ति को अपना बहुअंगी विकास करने, उत्तम जीवन व्यतीत करने और मोक्ष प्राप्त करने में सहायता देती थी। दूसरे शब्दों में, शिक्षा को जीवन के विभिन्न क्षेत्रों में व्यक्ति को पथ-प्रदर्शित करने वाला प्रकाश माना गया था—"**वैदिक युग से आज तक शिक्षा के सम्बन्ध में भारतीयों की मुख्य धारणा यह रही है कि शिक्षा प्रकाश का वह स्रोत है जो जीवन के विभिन्न क्षेत्रों में हमारा सच्चा पथ-प्रदर्शन करता है।**"

शिक्षा का महत्त्व
(IMPORTANCE OF EDUCATION)

प्राचीन भारत में शिक्षा को अत्यधिक महत्त्व दिया जाता था। इसका एक प्रमाण यह है कि शिक्षा को प्रकाश का स्रोत, अन्तर्दृष्टि, अन्तर्ज्योति, ज्ञान-चक्षु और मनुष्य का तीसरा नेत्र माना जाता था। उस युग के

भारतीयों का विचार था कि शिक्षा का प्रकाश, व्यक्ति के सब संशयों का उन्मूलन और उनकी सब बाधाओं का निवारण करता है। शिक्षा से प्राप्त अन्तर्दृष्टि, व्यक्ति की बुद्धि, विवेक और कुशलता में वृद्धि करती है। शिक्षा—व्यक्ति को वास्तविक शक्ति से सम्पन्न करती है, उसके सुख, सुयश एवं समृद्धि में योग देती है, उसे जीवन के यथार्थ महत्त्व को समझने की क्षमता प्रदान करती है और उसे भवसागर को पार करके मोक्ष प्राप्ति में सहायता देती है।

शिक्षा के महत्त्व के सम्बन्ध में उपरिअंकित और अनेक अन्य धारणाएँ व्यक्त करके भारतीयों ने यह विश्वास व्यक्त किया कि शिक्षा—कामधेनु के कल्पतरु के समान व्यक्ति की सब मनोकामनाओं को पूर्ण करती है और उसका सर्वांगीण विकास करती है। उनके इसी विश्वास के आधार पर **डॉ. ए. एस. अल्तेकर** ने अपना यह मत अक्षरबद्ध किया है—"**शिक्षा को प्रकाश और शक्ति का ऐसा स्रोत माना जाता था, जो हमारी शारीरिक, मानसिक, भौतिक और आध्यात्मिक शक्तियों तथा क्षमताओं का निरन्तर एवं सामंजस्यपूर्ण विकास करके हमारे स्वभाव को परिवर्तित करती है और उसे उत्कृष्ट बनाती है।**"

शिक्षा के उद्देश्य व आदर्श
(AIMS AND IDEALS OF EDUCATION)

प्राचीन भारतीय शिक्षा के उद्देश्यों और आदर्शों पर प्रकाश डालते हुए **डॉ. ए. एस. अल्तेकर** (A. S. Altekar) ने लिखा है—"**प्राचीन भारतीय शिक्षा के मुख्य उद्देश्यों एवं आदर्शों का वर्णन इस प्रकार किया जा सकता है—ईश्वर-भक्ति एवं धार्मिकता का सभावेश, चरित्र का निर्माण, व्यक्तित्व का विकास, नागरिक एवं सामाजिक कर्त्तव्य पालन की भावना का समावेश, सामाजिक कुशलता की उन्नति और राष्ट्रीय संस्कृति का संरक्षण एवं प्रसार।**"

हम उपर्युक्त उद्देश्यों और आदर्शों एवं दो अन्य का संक्षिप्त विवरण उपस्थित कर रहे हैं; यथा—

(1) ज्ञान व अनुभूति पर बल (Stress on Knowledge & Realization)—प्राचीन भारत में शिक्षा का पहला उद्देश्य—ज्ञान और अनुभूति पर बल देना था। उस समय छात्रों की मानसिक योग्यता का मापदण्ड उनके द्वारा प्राप्त किये जाने वाले अंक, प्रमाण-पत्र या उपाधि पत्र नहीं थे। इनके स्थान पर उनकी योग्यता का मापदण्ड था—उनके द्वारा अर्जित किया गया ज्ञान, जिसका प्रमाण वे विद्वत्परिषदों में शास्त्रार्थ करके देते थे।

'छान्दोग्य उपनिषद्' में हमें श्वेतकेतु और कमलायन के उदाहरण मिलते हैं जिनको बारह वर्ष के अध्ययन के उपरान्त भी उच्च शिक्षा प्राप्त करने का अधिकारी नहीं समझा गया था। इन उदाहरणों से सिद्ध होता है कि प्राचीन काल में शिक्षा का उद्देश्य या आदर्श केवल पढ़ना नहीं था, वरन् मनन, स्मरण और स्वाध्याय द्वारा ज्ञान को आत्मसात् करना भी था। **डॉ. आर. के. मुकर्जी** के शब्दों में—"**शिक्षा का उद्देश्य पढ़ना नहीं था अपितु ज्ञान और अनुभव को आत्मसात् करना था।**"

(2) चित्त-वृत्तियों का निरोध (Chitta-Vritti Nirodh)—प्राचीन काल में शिक्षा का दूसरा उद्देश्य—छात्रों की चित्त-वृत्तियों का निरोध करना था। उस समय शरीर की अपेक्षा आत्मा को बहुत अधिक महत्त्व दिया जाता था, क्योंकि शरीर नश्वर है, जबकि आत्मा अनश्वर है। अतः आत्मा के उत्थान के लिए जप, तप और योग पर विशेष बल दिया जाता था। ये कार्य चित्त की वृत्तियों का निरोध करके अर्थात् मन पर नियन्त्रण करके ही सम्भव थे। इसलिए छात्रों को विभिन्न प्रकार के अभ्यासों द्वारा अपनी चित्त-वृत्तियों का निरोध करने का प्रशिक्षण दिया जाता था, ताकि उनका मन इधर-उधर भटक कर उनकी मोक्ष-प्राप्ति में, जिसे जीवन का चरम लक्ष्य समझा जाता था, बाधा उपस्थित न करे। इस प्रकार हम **डॉ. आर. के. मुकर्जी** (R. K. Mukerji) के शब्दों में कह सकते हैं—"**शिक्षा का उद्देश्य चित्त-वृत्ति निरोध, अर्थात् मन से उन कार्यों का निषेध था, जिनके कारण यह भौतिक संसार में उलझ जाता था।**"

(3) ईश्वर-भक्ति व धार्मिकता का समावेश (Infusion of Piety & Religiousness)—प्राचीन भारत में शिक्षा का तीसरा उद्देश्य—छात्रों में ईश्वर-भक्ति और धार्मिकता की भावना का समावेश करना था। उस समय उसी शिक्षा को सार्थक माना जाता था, जो इस संसार से व्यक्ति की मुक्ति को सम्भव बनाये—'सा विद्या या विमुक्तये।' व्यक्ति को मुक्ति तभी प्राप्त हो सकती थी, जब वह ईश्वर-भक्ति और धार्मिकता की भावना से सराबोर हो। छात्रों में इस भावना को व्रत, यज्ञ, उपासना, धार्मिक उत्सवों आदि के द्वारा विकसित

किया जाता था। **डॉ. ए. एस. अल्तेकर** ने लिखा है—**''सब प्रकार की शिक्षा का प्रत्यक्ष उद्देश्य छात्र को समाज का धार्मिक सदस्य बनाना था।''**

(4) चरित्र का निर्माण (Formation of Character)—प्राचीन भारत में शिक्षा का चौथा उद्देश्य—छात्रों के चरित्र का निर्माण करना था। उस समय व्यक्ति के चरित्र को उसके पाण्डित्य से अधिक महत्त्वपूर्ण माना जाता था। **'मनुस्मृति'** में लिखा है—''केवल गायत्री मन्त्र का ज्ञान रखने वाला चरित्रवान्, ब्राह्मण, सम्पूर्ण वेदों के ज्ञाता, पर चरित्रहीन विद्वान् से कहीं अधिक श्रेष्ठ है।'' गुरुकुलों के उत्तम वातावरण, सदाचार के उपदेशों, महापुरुषों के उदाहरणों, महान् विभूतियों के आदर्शों आदि के द्वारा छात्रों के चरित्र का निर्माण किया जाता था। **डॉ. वेद मित्र** का कथन है—**''छात्रों का चरित्र निर्माण करना, शिक्षा का एक अनिवार्य उद्देश्य माना जाता था।''**

(5) व्यक्तित्व का विकास (Development of Personality)—प्राचीन भारत में शिक्षा का पाँचवाँ उद्देश्य—छात्रों के व्यक्तित्व का सर्वांगीण विकास करना था। इसी उद्देश्य की प्राप्ति के लिए उनमें आत्म-संयम, आत्म-सम्मान, आत्म-विश्वास आदि सद्गुणों को उत्पन्न किया जाता था। साथ ही, गोष्ठियों और वाद-विवाद सभाओं का आयोजन करके उनमें विवेक, न्याय और निष्पक्षता की शक्तियों को जन्म देकर, उनको बलवती बनाया जाता था।

(6) नागरिक व सामाजिक कर्त्तव्य पालन की भावना का समावेश (Inculcation of Civic and Social Duties)—प्राचीन भारत में शिक्षा का छठवाँ उद्देश्य—छात्रों में नागरिक और सामाजिक कर्त्तव्यों का पालन करने की भावना का समावेश करना था। उस समय प्रत्येक व्यक्ति से यह आशा की जाती थी कि वह गृहस्थ जीवन व्यतीत करते समय अपने नागरिक और सामाजिक कर्त्तव्यों का पालन करे। इस उद्देश्य की प्राप्ति के लिए छात्रों को गुरु द्वारा विभिन्न प्रकार के उपदेश दिये जाते थे; यथा—अतिथियों का सत्कार करना, दीन-दु:खियों की सहायता करना, वैदिक साहित्य की नि:शुल्क शिक्षा देना, दूसरों के प्रति नि:स्वार्थता का व्यवहार करना और पुत्र, पिता एवं पति के रूप में अपने कर्त्तव्यों का पालन करना।

(7) सामाजिक कुशलता की उन्नति (Promotion of Social Efficiency)—प्राचीन भारत में शिक्षा का सातवाँ उद्देश्य—छात्रों की सामाजिक कुशलता में उन्नति करना था। उस समय शिक्षा केवल व्यक्ति का मानसिक विकास ही नहीं करती थी, वरन् सामाजिक कुशलता में उसकी उन्नति भी करती थी, ताकि वह सरलता से अपनी जीविका का उपार्जन करके अपने सुख में अभिवृद्धि कर सके। इस उद्देश्य की प्राप्ति के लिए छात्रों को उनकी रुचि और वर्ण के अनुसार किसी उद्योग या व्यवसाय की शिक्षा अनिवार्य रूप से दी जाती थी। **डॉ. आर. के. मुकर्जी** के शब्दों में—**''शिक्षा पूर्णतया सैद्धान्तिक और साहित्यिक नहीं थी, वरन् किसी-न-किसी शिल्प से सम्बद्ध थी।''**

(8) राष्ट्रीय संस्कृति का संरक्षण व प्रसार (Preservation and Spread of National Culture)—प्राचीन भारत में शिक्षा का अन्तिम उद्देश्य—राष्ट्रीय संस्कृति का संरक्षण और प्रसार करना था। इस उद्देश्य की प्राप्ति के लिए प्रत्येक पिता अपने पुत्र को अपने व्यवसाय में दक्ष बनाता था, प्रत्येक ब्राह्मण वेदों का अध्ययन करता था और प्रत्येक आर्य, वैदिक साहित्य के किसी-न-किसी भाग का अध्ययन करता था। इन कार्यों से किसी को कोई व्यक्तिगत लाभ नहीं होता था, पर इनको करके वे न केवल पीढ़ी-दर-पीढ़ी अपनी राष्ट्रीय संस्कृति को सुरक्षित रखते थे, वरन् उनका प्रसार भी करते थे।

हमने प्राचीन भारतीय शिक्षा के जिन उद्देश्यों और आदर्शों को अंकित किया है, उनसे विदित हो जाता है कि उनका निर्माण व्यक्ति के लौकिक और पारलौकिक जीवन की सभी आवश्यकताओं को ध्यान में रखकर किया गया था।

शिक्षा की व्यवस्था
(ORGANIZATION OF EDUCATION)

डॉ. एस. के. अल्तेकर के अनुसार—**''प्राचीन भारत में सम्भवत: 400 ई. पू. से पहले प्राथमिक शिक्षा की कोई व्यवस्था नहीं थी। उस समय तक बालक का परिवार ही उसकी शिक्षा का केन्द्र था। उसके पश्चात् कुछ ब्राह्मणों ने व्यक्तिगत रूप में शिक्षा देने का कार्य आरम्भ किया।''** इसके फलस्वरूप

जिस शिक्षा प्रणाली का विकास हुआ, उसमें प्राथमिक और उच्च शिक्षा की समुचित व्यवस्था थी। प्राचीन भारत में शिक्षा के यही दो स्तर थे। हम इनका संक्षिप्त में परिचय प्रस्तुत कर रहे हैं—

1. प्राथमिक शिक्षा
(PRIMARY EDUCATION)

(1) सामान्य परिचय—प्राथमिक शिक्षा के विषय में सर्वप्रथम उल्लेखनीय बात यह है कि इस पर ब्राह्मणों का आधिपत्य नहीं था। यही कारण है कि उन्होंने धर्मग्रन्थों में इसका विवरण न देकर इसकी उपेक्षा की है। **सन्तोष कुमार दास** ने ठीक लिखा है—**''ब्राह्मणों के पास उस शिक्षा की उपेक्षा करने के कारण थे, जो उनके हाथ में नहीं थे।''**

"The Brahmans may have had reasons for wishing to ignore any form of education which was not in their hands."

—**Santosh Kumar Das :** *The Education System of the Ancient Hindus,* p. 38

ब्राह्मणों की उपेक्षा के बावजूद 'ऋग्वेद' में यत्र-तत्र ऐसे संकेत मिलते हैं जिनसे पाठशाला की भाँति किसी शिक्षा संस्था की कल्पना की जा सकती है।

(2) प्रवेश व विधि—**डॉ. वेद मित्र** के अनुसार प्राथमिक शिक्षा का आरम्भ 5 वर्ष की आयु में 'विद्यारम्भ संस्कार' से होता था और सभी जातियों के बालकों के लिए अनिवार्य था। इसका अभिप्राय यह है कि सभी जातियों के बालक प्राथमिक शिक्षा ग्रहण कर सकते थे। इस शिक्षा की अवधि का ज्ञान प्राप्त करने के लिए कोई स्रोत उपलब्ध नहीं है पर **डॉ. ए. एस. अल्तेकर** का मत है कि इसकी अवधि 6 वर्ष की थी।

(3) पाठ्यक्रम—प्राथमिक शिक्षा के अन्तर्गत बालकों को पहले कुछ वादक यन्त्रों का उच्चारण करना और बोलना सिखाया जाता था। जब वे उन यन्त्रों को कंठस्थ कर लेते थे तब उनको पढ़ने और लिखने की शिक्षा दी जाती थी। भाषा का वांछित ज्ञान हो जाने के पश्चात् उनको साहित्य और व्याकरण से परिचित कराया जाता था। इस प्रकार शिक्षा का पाठ्यक्रम था—वैदिक मन्त्रों का स्मरण, पढ़ना और लिखना, भाषा, साहित्य एवं व्याकरण।

2. उच्च शिक्षा
(HIGHER EDUCATION)

(1) सामान्य परिचय—प्राचीन काल में सर्वप्रथम केवल प्राथमिक शिक्षा की ही व्यवस्था थी किन्तु सामाजिक प्रगति के साथ-साथ शिक्षा के विषय की संख्या में वृद्धि होती चली गई और उनके लिए पृथक् शिक्षा संस्थाओं की आवश्यकता अनुभव की जाने लगी। इस उद्देश्य की प्राप्ति के लिए विशिष्ट विद्यालयों की स्थापना की गई। लेखकों का अनुमान है कि इनकी स्थापना ईसा पूर्व 5वीं शताब्दी तक हो गई थी। यहीं से उच्च शिक्षा के इतिहास का सूत्रपात होता है।

(2) प्रवेश व अवधि—उच्च शिक्षा प्राप्त करने का अधिकार केवल ब्राह्मणों, क्षत्रियों और वैश्यों को था। इन जातियों के बालक सामान्य रूप से क्रमशः 8, 11 और 12 वर्ष की आयु में शिक्षा संस्था में प्रवेश करते थे। साहित्य एवं धर्मशास्त्र के अध्ययन की अवधि 10 वर्ष और एक वेद के अध्ययन की अवधि 12 वर्ष की थी।

(3) पाठ्यक्रम—पाठ्यक्रम में परा (आध्यात्मिक); विद्या और अपरा (लौकिक) विद्या—दोनों को स्थान दिया गया था। परा विद्या के अन्तर्गत वेद, वेदांग, पुराण, दर्शन, उपनिषद् आदि आध्यात्मिक विषय थे। अपरा विद्या के अन्तर्गत इतिहास, तर्कशास्त्र, भूगर्भशास्त्र, भौतिकशास्त्र आदि लौकिक विषय थे।

(4) शिक्षण विधि—मुद्रित पुस्तकों का अभाव होने के कारण शिक्षण विधि प्रायः मौखिक थी। छात्र गुरु से वेदादि ग्रन्थों को सुनते थे, उसके उच्चारण का अनुकरण करते थे और पाठ्य-विषय दोहराते थे। तदुपरान्त, वे एकान्त में पाठ्य-विषय का मनन, चिन्तन, स्वाध्याय और पुनरावृत्ति करते थे। शिक्षण विधि में प्रवचन, व्याख्यान, शास्त्रार्थ, प्रश्नोत्तर, वाद-विवाद आदि का भी प्रयोग किया जाता था।

(5) परीक्षाएँ व उपाधियाँ—शिक्षा समाप्त होने पर छात्रों की मौखिक परीक्षा होती थी। इसके लिए उन्हें विद्वानों की सभा में उपस्थित होना पड़ता था, जहाँ उन्हें विद्वानों द्वारा पूछे जाने वाले प्रश्नों के उत्तर देने पड़ते थे। परीक्षा में अनुत्तीर्ण होने पर छात्रों को उपाधियाँ नहीं दी जाती थीं।

(6) **शिक्षा संस्थाएँ**—प्राचीन काल में अनेक प्रकार की शिक्षा संस्थाएँ थीं; यथा—

(i) **टोल**—टोल में संस्कृत की शिक्षा दी जाती थी। एक टोल में एक शिक्षक होता था।

(ii) **चरण**—चरण में वेद के एक अंग की शिक्षा दी जाती थी। एक चरण में एक शिक्षक होता था।

(iii) **घटिका**—घटिका में धर्म और दर्शन की उच्च शिक्षा दी जाती थी। एक घटिका में अनेक शिक्षक होते थे।

(iv) **परिषद्**—परिषद् में विभिन्न विषयों की शिक्षा दी जाती थी। एक परिषद् में साधारणत: दस शिक्षक होते थे।

(v) **गुरुकुल**—गुरुकुल में वेदों, साहित्य, धर्मशास्त्र आदि की शिक्षा दी जाती थी। एक गुरुकुल में एक शिक्षक होता था।

(vi) **विद्यापीठ**—विद्यापीठ में व्याकरण और तर्कशास्त्र की शिक्षा दी जाती थी। एक विद्यापीठ में अनेक शिक्षक होते थे।

(vii) **विशिष्ट विद्यालय**—विशिष्ट विद्यालय में एक विशिष्ट विषय की शिक्षा दी जाती थी; जैसे—वैदिक विद्यालय में वेदों की और सूत्र विद्यालय में यज्ञ, हवन आदि की। एक विशिष्ट विद्यालय में एक शिक्षक होता था।

(viii) **मन्दिर-महाविद्यालय**—किसी मन्दिर से सम्बद्ध मन्दिर-महाविद्यालय में धर्म, दर्शन, वेदों, व्याकरणादि की शिक्षा दी जाती थी। एक मन्दिर-महाविद्यालय में अनेक शिक्षक होते थे।

(ix) **ब्राह्मणीय महाविद्यालय**—इस महाविद्यालय को 'चतुष्पथी' कहा जाता था, क्योंकि इसमें चारों शास्त्रों अर्थात् निम्नांकित चार विषयों की शिक्षा दी जाती थी—दर्शन, पुराण, कानून और व्याकरण। एक ब्राह्मणीय महाविद्यालय में एक शिक्षक होता था।

(x) **विश्वविद्यालय**—उच्च शिक्षा की कुछ संस्थाओं ने कालान्तर में विश्वविद्यालयों का रूप ग्रहण किया। इनमें धार्मिक शिक्षा के अतिरिक्त वाणिज्य, चित्रकला, चिकित्साशास्त्र आदि की भी शिक्षा विभिन्न शिक्षकों द्वारा दी जाती थी। बनारस, नालन्दा और तक्षशिला के विश्वविद्यालय सबसे अधिक प्रसिद्ध थे।

3. शिक्षा के अन्य क्षेत्र
(OTHER SPHERES OF EDUCATION)

(1) **स्त्री शिक्षा** (Women's Education)—वैदिक काल में पुरुषों के समान स्त्रियों को भी शिक्षा ग्रहण करने का अधिकार प्राप्त था। स्त्रियों को वेदों का अध्ययन करने की पूर्ण स्वतन्त्रता थी और वे पुरुषों के साथ यज्ञ में भाग लेती थीं। प्राचीन काल में अनेक विदुषी स्त्रियाँ थीं; यथा—घोषा, गार्गी, मैत्रेयी, अपाला, विश्ववरा, शकुन्तला और अनसूइया।

बालिकाओं को धर्म और साहित्य के अतिरिक्त नृत्य, संगीत, काव्य-रचना, वाद-विवाद आदि की भी शिक्षा दी जाती थी। उनको शिक्षा अधिकतर अपने परिवारों में अपनी माता, भाई, बहिन या कुल-पुरोहित के द्वारा दी जाती थी। यद्यपि बालिकाओं के लिए पृथक् विद्यालयों की व्यवस्था नहीं थी, तथापि सह-शिक्षा का कुछ सीमा तक प्रचलन था। उदाहरणार्थ, आत्रेयी ने लव और कुश के साथ वाल्मीकि के आश्रम में शिक्षा प्राप्त की थी।

बालिकाओं और स्त्रियों को 200 ई. पू. तक शिक्षा की भी सभी सुविधाएँ प्राप्त थीं, पर उसके बाद उनकी शिक्षा पर प्रतिबन्ध लगा दिया गया, जिससे उनकी शिक्षा अवरुद्ध हो गई। इस सम्बन्ध में **डॉ. ए. एस. अल्तेकर** के निम्नांकित शब्द उल्लेखनीय हैं—**"धर्मशास्त्र युग (200 ई. पू.-500 ई.) में बालिकाओं के लिए विवाह की आयु को कम करके 12 वर्ष तक कर दिया गया और स्त्रियों के लिए वेदाध्ययन को निषेध कर दिया गया। इनसे उनकी शिक्षा को प्रबल आघात पहुँचा।"**

(2) **व्यावसायिक शिक्षा** (Professional Education)—प्राचीन भारत में धर्म का मानव-जीवन में विशेष स्थान था। अत: शिक्षा मुख्यत: धार्मिक और आध्यात्मिक थी, किन्तु व्यावसायिक शिक्षा को आवश्यक

मानकर उसकी भी समुचित व्यवस्था की गई थी। इस सन्दर्भ में **डॉ. आर. के. मुकर्जी** ने लिखा है—**''व्यावसायिक शिक्षा के आधार पर ही प्राचीन भारत अपने आर्थिक जीवन और वैभव का निर्माण करने में सफल हुआ।''**

हम प्राचीन भारत में व्यावसायिक शिक्षा के महत्त्वपूर्ण अंगों पर प्रकाश डाल रहे हैं; यथा—

1. सैनिक शिक्षा (Military Education)—प्राचीन भारत में सैनिक शिक्षा व्यावसायिक आचार्यों द्वारा दी जाती थी। इन आचार्यों में द्रोणाचार्य का नाम आज भी प्रसिद्ध है। उत्तर भारत में तक्षशिला, सैनिक शिक्षा का विख्यात केन्द्र था। यह शिक्षा विशेष रूप से क्षत्रियों और राजकुमारों के लिए थी। सैनिक शिक्षा आरम्भ करने से पूर्व शिक्षार्थी के लिए उपनयन संस्कार आवश्यक था। उसके पश्चात् उसे युद्धकला का ज्ञान प्रदान किया जाता था और उस समय के प्रमुख अस्त्र-शस्त्रों के प्रयोग का प्रशिक्षण दिया जाता था।

2. चिकित्साशास्त्र की शिक्षा (Medical Education)—प्राचीन काल में चिकित्सा-शास्त्र की शिक्षा व्यक्तिगत शिक्षकों द्वारा दी जाती थी, जो अपने विषय के विशेषज्ञ होते थे। इन शिक्षकों में अश्विनी कुमारों के नाम अपनी विलक्षण प्रतिभा के लिए आज भी प्रसिद्ध हैं। चिकित्साशास्त्र की शिक्षा आरम्भ करने से पूर्व उपनयन संस्कार होता था। इस संस्कार के लिए उसी छात्र को योग्य समझा जाता था जो पूर्णतया स्वस्थ होता था। चिकित्साशास्त्र के अध्ययन की अवधि साधारणत: 8 वर्ष की थी।

3. वाणिज्य शिक्षा (Commercial Education)—यह शिक्षा वैश्यों के लिए थी। 'मनुस्मृति' और कौटिल्य के 'अर्थशास्त्र' में इस शिक्षा का पूर्ण वर्णन मिलता है। इसमें अनेक विषय सम्मिलित थे; यथा—क्रय-विक्रय के नियम, आर्थिक एवं व्यापारिक भूगोल, विभिन्न क्षेत्रों की उपज एवं आवश्यकताएँ, उपज क्षेत्रों और मण्डियों को जाने के मार्ग इत्यादि। वैश्य बालकों को वाणिज्य की व्यावहारिक शिक्षा अपने पिता से और अपने घर की दुकान पर अनुभव तथा अभ्यास से प्राप्त होती थी। यह शिक्षा कुछ शिक्षकों द्वारा भी दी जाती थी।

शिक्षा की प्रमुख विशेषताएँ
(MAIN FEATURES OR CHARACTERISTICS OF EDUCATION)

प्राचीन भारतीय शिक्षा के आदर्शों और उद्देश्यों की प्राप्ति के लिए तत्कालीन ब्राह्मणों, शिक्षकों ने जिस विशिष्ट शिक्षा प्रणाली का विकास किया उसका गुणगान करते हुए **डॉ. एफ. ई. केई** (F. E. Keay) ने लिखा है—**''ब्राह्मण शिक्षकों ने जिस शिक्षा प्रणाली का विकास किया, वह न केवल साम्राज्यों के पतन और समाज के परिवर्तनों से अप्रभावित रही, वरन् उसने हजारों वर्षों तक उच्च शिक्षा की ज्योति को प्रज्ज्वलित रखा।''**

हम इस शिक्षा प्रणाली की प्रमुख विशेषताओं की चर्चा कर रहे हैं; यथा—

(1) विद्यारम्भ संस्कार (Vidhyarambha Ceremony)—यह संस्कार उस समय होता था जब बालक प्राथमिक शिक्षा आरम्भ करता था। कुछ विद्वानों ने इसके लिए 'अक्षरस्वीकरणम्' शब्द का प्रयोग किया है। इस शब्द से स्पष्ट हो जाता है कि इस संस्कार के समय बालक को अक्षर-ज्ञान कराया जाता था। बालक पहले सरस्वती, फिर गणेशजी व अपने परिवार के देवताओं की आराधना करता था। इसके बाद गुरु उससे वर्णमाला के अक्षर लिखवाता था। **डॉ ए. एस. अल्तेकर** के अनुसार—**''विद्यारम्भ संस्कार, उपनयन संस्कार के अनेक वर्षों बाद उस समय आरम्भ हुआ जब वैदिक संस्कृत, जनसाधारण की बोलचाल की भाषा नहीं रह गयी थी।''** इस संस्कार के विषय में **डॉ. वेद मित्र** ने लिखा है—**''यह संस्कार पाँच वर्ष की आयु में होता था और साधारणत: सब जातियों के बालकों के लिए था।''**

(2) उपनयन संस्कार (Upanayana Ceremony)—यह संस्कार उस समय होता था जब बालक गुरु के संरक्षण में वैदिक शिक्षा आरम्भ करता था। 'उपनयन' का शाब्दिक अर्थ है—'पास ले जाना' (Leading near)। दूसरे शब्दों में, बालक को वैदिक शिक्षा प्राप्त करने के लिए गुरु के पास ले जाया जाता था। गुरु बालक को अपने 'सावित्री मन्त्र' अर्थात् 'गायत्री मन्त्र' का उपदेश देता था और उसके बाद उसे शिक्षा देना आरम्भ करता था।

डॉ. ए. एस. अल्तेकर के अनुसार—'उपनयन संस्कार' का आरम्भ पूर्व ऐतिहासिक युग से माना जाता है। यह संस्कार ब्राह्मण, क्षत्रिय, वैश्य—तीनों वर्णों के लिए अनिवार्य था। जिस प्रकार कोई व्यक्ति बिना 'कलमा' के मुसलमान या बिना 'बपतिस्मा' के ईसाई नहीं कहा जा सकता है, उसी प्रकार प्राचीन भारत में कोई बालक बिना 'उपनयन' के वैदिक शिक्षा प्राप्त नहीं कर सकता था।

(3) समावर्तन संस्कार (Samavartan Ceremony)—यह संस्कार उस समय होता था, जब छात्र अपनी वैदिक शिक्षा (या सैनिक शिक्षा, औषधि शास्त्र की शिक्षा इत्यादि) समाप्त कर लेता था। 'समापवर्तन' का शाब्दिक अर्थ है—'घर लौटना' (Returning Home)। यह संस्कार लगभग 25 वर्ष की आयु में होता था, जब छात्र, गुरु-गृह से लौटकर अपने घर जाता था और ब्रह्मचर्य आश्रम का परित्याग करके गृहस्थ आश्रम में प्रवेश करता था।

जिस दिन यह संस्कार होता था, उस दिन दोपहर के समय छात्र स्नान करके और नये वस्त्र धारण करके गुरु के समक्ष उपस्थित होता था। गुरु पहले उसे मधुपर्क देता था और फिर आधुनिक युग के दीक्षान्त भाषण (Convocation Address) के रूप में उसे 'समापवर्तन उपदेश' देता था। इस उपदेश का कुछ अंश इस प्रकार है—''हे शिष्य ! सर्वदा सत्य बोलना। अपने कर्त्तव्य का पालन करना। स्वाध्याय में प्रमाद मत करना। जो अच्छे कार्य हमने किये हैं, तुम उनका अनुकरण करना। श्रद्धा से दान देना। तुम्हें हमारा यही आदेश है। यही उपदेश है।''

(4) विद्यालय भवन (Building of Institutions)—प्राचीन काल में छात्रों के लिए किस प्रकार के भवन थे, इस विषय में किसी प्रकार की जानकारी उपलब्ध नहीं है। अत: **डॉ. अल्तेकर** का मत सामान्य रूप से स्वीकार किया जाता है—''अच्छे मौसम में कक्षाएँ वृक्षों की छाया में होती होंगी, किन्तु वर्षा ऋतु में किसी प्रकार के साधारण आच्छादन की व्यवस्था अवश्य होगी। जहाँ तक देवालयों में शिक्षा ग्रहण करने वाले छात्रों का प्रश्न है, वहाँ उनके लिए भव्य व विशाल भवन थे।''

(5) प्रकृति से सम्पर्क (Contact with Nature)—प्राचीन काल में शिक्षा के अनेक विख्यात केन्द्र तपोवन में थे, जहाँ ऋषियों और मुनियों के चरणों में बैठकर छात्र, ज्ञान का संचय करते थे। सुरम्य दृश्यों से आवृत्त इन शिक्षा केन्द्रों में छात्र अपने जीवन के अनेक वर्ष व्यतीत करते थे। अत: उनका प्रकृति से प्रत्यक्ष सम्पर्क रहता था, जिसका उनके शारीरिक और मानसिक विकास पर अत्यन्त स्वस्थ प्रभाव पड़ता था। इन्हीं छात्रों के माध्यम से तपोवनों में आविर्भूत और पारिपल्लवित होने वाली भारतीय सभ्यता एवं संस्कृति का सम्पूर्ण देश में प्रसार हुआ। इसलिए **रवीन्द्रनाथ टैगोर** (Ravindranath Tagore) ने यह विचार वाक्यबद्ध किया है—''**भारत के वनों से सभ्यता की जो धारा प्रवाहित हुई, उसने सम्पूर्ण भारत को आप्लावित कर दिया।**''

(6) गुरुकुल प्रणाली (Gurukula System)—प्राचीन भारतीय शिक्षा की एक मुख्य विशेषता गुरुकुल प्रणाली थी। गुरुकुल किसी सुन्दर प्राकृतिक स्थान में, पर साधारणत: किसी ग्राम या नगर के निकट होते थे, ताकि छात्र अपनी दैनिक आवश्यकताओं की पूर्ति कर सके व उन्हें भिक्षाटन की सुविधा रहे। छात्र अपने गुरु के पास उसके कुल के सदस्य के रूप में रहकर ज्ञान का अर्जन करते थे और उससे वास्तविक जीवन की शिक्षा प्राप्त करते थे। वे गुरु के उच्च विचारों व आदर्शों का अनुकरण करके अपने श्रेष्ठ जीवन का निर्माण करते थे। गुरुकुल प्रणाली की सराहना करते हुए **डॉ. एस. एन. मुकर्जी** ने लिखा है—''**वैदिककालीन भारत, शिक्षा की पारिवारिक प्रणाली में विश्वास करता था, न कि शिक्षा संस्थानों में, यान्त्रिक विधियों द्वारा विशाल पैमाने पर छात्रों के उत्पादन में।**''

(7) वैदिक शिक्षा आरम्भ करने की आयु (Age at the Commencement of Vedic Education)—**डॉ. ए. एस. अल्तेकर** ने लिखा है—''**वैदिक शिक्षा, उपनयन संस्कार के बाद आरम्भ होती थी और अनेक बातों में आधुनिक माध्यमिक शिक्षा के समान थी। अत: इसे आरम्भ करने की आयु साधारणत: 8 से 12 वर्ष के बीच में मानी जाती थी।**'' मनु के अनुसार—ब्राह्मण, क्षत्रिय और वैश्य छात्रों का उपनयन संस्कार क्रमश: 8, 11 और 12 वर्ष की आयु तक हो जाना चाहिए। (शूद्रों को शिक्षा प्राप्त करने का अधिकार नहीं था।) मनु ने उपनयन की उच्चतम आयु भी निर्धारित कर दी थी, जिसके पश्चात् यह

संस्कार नहीं हो सकता था। यह उच्चतम आयु ब्राह्मण, क्षत्रिय और वैश्य छात्रों के लिए क्रमश: 16, 22 और 24 थी।

यहाँ इस बात का उल्लेख कर देना असंगत न होगा कि जिस प्रकार वैदिक शिक्षा प्राप्त करन के लिए 'उपनयन संस्कार' अनिवार्य था, उसी प्रकार सैनिक शिक्षा, औषधिशास्त्र की शिक्षा आदि के लिए भी था।

(8) अध्ययन की अवधि (Period of Study)—प्राचीन काल में अध्ययन की अवधि साधारणत: 12 वर्ष की थी। इस अवधि में छात्र केवल एक वेद का अध्ययन कर सकते थे। यदि वे एक से अधिक वेदों का अध्ययन करना चाहते थे, तो उनको प्रत्येक वेद के लिए 12 वर्ष व्यतीत करने पड़ते थे। 12, 24, 36 और 48 वर्ष की आयु तक अध्ययन करने वाले छात्र क्रमश: स्नातक, बसु, रुद्र और आदित्य कहलाते थे। साहित्य और अर्थशास्त्र के छात्रों के अध्ययन की अवधि 10 वर्ष की थी।

(9) शिक्षा सत्र व छुट्टियाँ (Academic Session and Holidays)—शिक्षा सत्र, श्रावण मास की पूर्णिमा को 'उपाकर्म' 'श्रावणी' समारोह से आरम्भ होता था व पौष मास की पूर्णिमा को 'उत्सर्जन' समारोह के साथ समाप्त होता था। इस प्रकार शिक्षा सत्र की अवधि पाँच माह की थी।

आधुनिक समय के समान प्राचीन काल में भी शिक्षा संस्थाओं में छुट्टियाँ होती थीं। प्रत्येक मास में एक-एक सप्ताह के अन्तर से चार छुट्टियाँ मिलती थीं। अधिक आयु के छात्रों की अपेक्षा कम आयु के छात्रों को अधिक छुट्टियाँ मिलती थीं। छुट्टियाँ लम्बी नहीं होती थीं, क्योंकि आवागमन की कठिनाइयों के कारण छात्र साधारणत: शिक्षा समाप्त करके ही घर लौटते थे।

(10) शिक्षा का स्वरूप (Form of Education)—प्राचीन समय में सम्पूर्ण शिक्षा धर्म से अनुप्राणित थी। शिक्षा के आदर्श, उद्देश्य, विषय-सामग्री यहाँ तक कि छात्रों का दैनिक जीवन भी धर्म पर अवलम्बित था। ज्ञान का अर्जन धर्म के द्वारा और धार्मिक कर्त्तव्य के रूप में किया जाता था। इस प्रकार शिक्षा का सम्पूर्ण कलेवर धर्म के अभेद्य आवरण से आवृत्त था। इस प्रसंग में **गुन्नार मिर्डल** के निम्नांकित वाक्यों का अवलोकन कीजिए—**''शिक्षा पीढ़ी-दर-पीढ़ी होने वाले धार्मिक व्यक्तियों के निर्देशों का संकलन थी। मन्त्रों, देवगीतों व धर्मग्रन्थों का उस समय तक पाठ किया जाता था, जिस समय तक वे कण्ठस्थ नहीं हो जाते थे।''**

(11) नि:शुल्क व सार्वभौमिक शिक्षा (Free and Universal Education)—प्राचीन भारत में शिक्षा नि:शुल्क थी, पर शिक्षा पूरी होने के पश्चात् प्रत्येक छात्र अपने गुरु को दक्षिणा अवश्य देता था। वह दक्षिणा के रूप में धन, भूमि, पशु, अन्न कुछ भी दे सकता था। दक्षिणा इतनी कभी नहीं होती थी, जो शिक्षक का पर्याप्त पारिश्रमिक कहा जा सके।

नि:शुल्क होने के कारण सार्वभौमिक और सबके लिए थी किन्तु कुछ लेखकों का विचार है कि शिक्षा अनिवार्य थी। **डॉ. वेद मित्र** के अनुसार उनका यह विचार मनु के इस कथन पर आधारित है—**''मनु का कथन है कि राज्य और समाज को 5 या 8 वर्ष की आयु के पश्चात् बालकों व बालिकाओं के लिए शिक्षा को अनिवार्य बना देना चाहिए और जो व्यक्ति अपने बच्चों को इन आयु के पश्चात् घर पर रखे, उसको दण्ड दिया जाना चाहिए।''**

(12) शिक्षा की पद्धति (Method of Education)—प्राचीन भारत में शिक्षा की पद्धति वैयक्तिक बताते हुए **गुन्नार मिर्डल** ने लिखा है—**''हिन्दू धर्म की सीमा के अन्तर्गत शिक्षा की पद्धति वैयक्तिक थी क्योंकि प्रत्येक गुरु के अपने स्वयं के शिष्य होते थे।''**

"The Method of Education within the bounds of Hinduism was individualistic, each guru had his personal discipline." —**Gunnar Myrdal :** *Asian Drama,* Vol. III, p. 1627.

(13) शिक्षण का समय (Time of Teaching)—शिक्षण के समय के विषय में 'मनुस्मृति' में कोई लेख नहीं है। प्राचीन समय में मुद्रित पुस्तकें नहीं थीं। अत: पठन-पाठन का सब कार्य गुरु की उपस्थिति में होता था। इसमें हम शिक्षण के समय के विषय में कुछ अनुमान लगा सकते हैं। शिक्षण का कार्य प्रात:काल से दोपहर तक फिर भोजन व विश्राम के उपरान्त सायंकाल तक होता होगा। प्राचीन ढंग की कुछ संस्कृत पाठशालाओं में अब भी शिक्षण का यही कार्यक्रम है।

(14) शिक्षण की विधि (Method of Teaching)—प्राचीन काल में शिक्षण की विधि—प्रवचन और व्याख्यान के रूप में प्रायः मौखिक थी और उसके मुख्य अंग थे—श्रवण, मनन, चिन्तन, स्वाध्याय व पुनरावृत्ति। छात्र गुरु के मुख से वेदादि ग्रन्थों को सुनते थे और उसके उच्चारण को सुनकर तद्नुसार उच्चारण करते थे। उसके पश्चात् वे एकान्त में पाठ्य-विषय का मनन, चिन्तन, स्वाध्याय व पुनरावृत्ति करते थे। छात्रों की पाठ्य विषय सम्बन्धी शंकाओं का समाधान करने के लिए प्रश्नोत्तर विधि, वाद-विवाद व शास्त्रार्थ का प्रयोग होता था।

प्राचीन काल में कक्षाओं में कम छात्र होते थे। अतः आचार्य के लिए प्रत्येक छात्र की प्रगति पर पृथक्-पृथक् ध्यान देना सम्भव था। इस सम्बन्ध में **डॉ. अल्तेकर** का मत है—**''प्राचीन भारत में कक्षाएँ छोटी होती थीं और उनमें 15 या 20 छात्रों से अधिक नहीं होते थे। अतः शिक्षक द्वारा प्रत्येक छात्र के प्रति व्यक्तिगत ध्यान दिया जाना सम्भव था।''**

(15) कक्षा-नायकीय पद्धति (Monitorial System)—प्राचीन भारतीय शिक्षा की एक अत्यन्त महत्त्वपूर्ण विशेषता—कक्षा-नायकीय पद्धति थी। इस पद्धति में उच्च कक्षाओं के बुद्धिमान छात्र, जिनको नायक (Monitor) कहा जाता था, निम्न कक्षाओं के छात्रों को पढ़ाते थे और इस प्रकार गुरु के शिक्षण कार्य में सहायता देते थे। इस पद्धति के दो लाभ थे। **पहला,** शिक्षक की अनुपस्थिति में शिक्षण का कार्य अधिकांश कक्षाओं में चलता रहता था। **दूसरा,** कक्षा-नायक कुछ समय के बाद शिक्षण कार्य में प्रशिक्षित हो जाते थे।

अंग्रेज शिक्षाविदों, बेल और लेंकास्टर ने भारत की कक्षा-नायकीय पद्धति से प्रभावित होकर उसका अपने देश में सूत्रपात किया, पर वे इस पद्धति को आदर्श रूप न दे सके। **डॉ. एफ. ई. केई** के शब्दों में—**''बेल और लेंकास्टर की कक्षा-नायकीय पद्धति भारतीय आदर्श का केवल विस्तृत रूप है।''**

"The monitorial system of Bell and Lancaster is but a caricature of the Indian ideal."

—**Dr. F. E. Keay :** *op. cit.*, p. 192

(16) छात्र जीवन सम्बन्धी नियम (Rules Regarding Student Life)—छात्रों के जीवन के सम्बन्ध में अनेक नियम थे, जिनका उनको अनिवार्य रूप से पालन करना पड़ता था; यथा—

(i) आदतें—धनी और निर्धन, उच्च और निम्न—सभी परिवारों के छात्रों को सादा और सरल जीवन व्यतीत करना पड़ता था। महाभारत और रामायण में ऐसे अनेक उदाहरण मिलते हैं जिनसे यह पूर्ण रूप से विदित हो जाता है कि राज-परिवारों के छात्रों को भी उन्हीं कठिनाइयों का सामना करना पड़ता था, जिनका सामना उनके निर्धन सहपाठी करते थे।

(ii) दिनचर्या—छात्रों को ब्रह्म मुहूर्त में उठकर शौच, स्नान आदि से निवृत्त होकर संध्या, हवन आदि विभिन्न कार्य करने पड़ते थे। उसके पश्चात् वे अपने पुराने पाठों को दोहराते थे और नये पाठों की तैयारी करते थे। मध्याह्न में भोजन के लिए उनको अवकाश मिलता था। उसके उपरान्त वे फिर विद्याध्ययन में संलग्न हो जाते थे। सूर्य अस्त होने के समय वे भजन-पूजा करने के पश्चात् भोजन ग्रहण करते थे।

(iii) खान-पान—मनु के अनुसार, छात्र दिन में केवल दो बार भोजन कर सकते थे—मध्याह्न व सायंकाल के समय। उनको कम खाना खाने का आदेश था ताकि उनकी आध्यात्मिक उन्नति में बाधा न पड़े और वे रोग-ग्रस्त न हों। वे किसी भी दशा में मांस, मदिरा, मधु, मादक वस्तुओं और पान का प्रयोग नहीं कर सकते थे।

(iv) वेश-भूषा—मनु के अनुसार, विभिन्न जातियों के छात्रों की वेशभूषा विभिन्न थी। प्रत्येक छात्र को मेखला धारण करनी पड़ती थी। ब्राह्मण की मेखला मूंज की, क्षत्रिय की तांत की व वैश्य की ऊन की होती थी। वे अपने शरीर के निम्न भाग को क्रमशः सन, रेशम व ऊन के वस्त्र से एवं ऊपरी भाग को क्रमशः काले मृग, चित्तीदार मृग व बकरे की खाल से ढकते थे। प्रत्येक छात्रों के लिए यज्ञोपवीत धारण करना अनिवार्य था। कोई भी छात्र अंजन, सुगन्धि, छाते, जूतों और फूलमालाओं का प्रयोग नहीं कर सकता था।

(v) आचार-व्यवहार—प्राचीन काल में इस बात पर विशेष बल दिया जाता था कि छात्रों का आचार और व्यवहार उत्कृष्ट हो। अतः उन्हें मर्यादा, शिष्टाचार और आत्म-संयम के नियमों का अनुकरण करने का आदेश दिया जाता था। वे काम, क्रोध, मद, लोभ व दूषित विचारों से मुक्त रहकर ब्रह्मचर्य व्रत का पालन

करते थे। वे अपने जीवन को पवित्र रखने के लिए नियमित रूप से हवन और संध्या करते थे। वे गाली-गलौज और चुगलखोरी की बुरी आदतों से दूर रहते थे। वे जुआ, नृत्य, संगीत और स्त्री के पास नहीं जा सकते थे। वे गुरु और वृद्धजनों का सम्मान करते थे।

(17) गुरु-शिष्य सम्बन्ध (Teacher-Pupil Relationship)—प्राचीन भारतीय शिक्षा की सम्भवत: सर्वश्रेष्ठ विशेषता गुरु-शिष्य सम्बन्ध की थी। उनका सम्बन्ध किसी संस्था के माध्यम से नहीं, वरन् सीधा उन्हीं के मध्य था। इस सम्बन्ध का मुख्य आधार उनके पारस्परिक कर्त्तव्य थे; यथा—

(i) शिक्षक के प्रति छात्र के कर्त्तव्य—छात्र अपने शिक्षक का हृदय से सम्मान करते थे और उनकी प्रत्येक आज्ञा का पालन करते थे। वे अपने गुरु के स्थान को राजा, माता-पिता और देवता से किसी प्रकार भी निम्नतर नहीं मानते थे। वे अपने आचार्य की सेवा करना अपना प्रथम कर्त्तव्य समझते थे। वे उसके परिवार के सभी कार्यों को करने में आनन्द का अनुभव करते थे।

(ii) छात्र के प्रति शिक्षक के कर्त्तव्य—वैदिक ऋषियों द्वारा गुरु को छात्र का बौद्धिक एवं आध्यात्मिक पिता माना जाता था। अत: वह अपने छात्रों के प्रति अपने पुत्र का सा व्यवहार करता था। वह उनका शारीरिक, मानसिक और आध्यात्मिक विकास करने को सदैव प्रयत्न करता था। वह उन्हें ज्ञान प्रदान करता था, उनके चरित्र का उत्थान करता था, उनमें अच्छी आदतों का निर्माण करता था और उनके भोजन तथा वस्त्र का प्रबन्ध करता था। यदि कोई छात्र बीमार हो जाता था, तो वह उसकी सेवा करता था और औषधि की व्यवस्था करता था।

उपर्युक्त विवरण से विदित हो जाता है कि गुरु और शिष्य—पारस्परिक स्नेह, सम्मान, विश्वास और कर्त्तव्य की भावनाओं से संयुक्त थे। दोनों के जीवन का लक्ष्य एक ही था—ज्ञान का संरक्षण एवं संवर्धन करना और जीवन एवं आचरण में उसके महत्त्व को सिद्ध करना। निष्कर्ष रूप में, हम **डॉ. ए. एस. अल्तेकर** (A. S. Altekar) के शब्दों में कह सकते हैं—**''शिक्षक एवं छात्र के सम्बन्ध स्नेहपूर्ण तथा घनिष्ठ थे और उनके भावी जीवन में भी बने रहते थे।''**

(18) दण्ड (Punishment)—प्राचीन भारत में छात्रों को दण्ड देने की प्रथा थी। दण्ड के रूप—समझाना-बुझाना, उपदेश, उपवास आदि थे। शारीरिक दण्ड के विषय में शास्त्रकारों में मतभेद था। उदाहरणार्थ, **आपस्तम्ब** का मत था कि गुरु छात्र से उपवास करवा सकता है और उसे अपने से दूर भेज सकता है। इसके विपरीत, **मनु** का मत था कि गुरु रज्जु या पतली छड़ी से छात्र को शारीरिक दण्ड दे सकता है। सामान्य रूप से छात्रों को शारीरिक दण्ड दिया जाता था, परन्तु वह कठोर नहीं होता था।

(19) बाह्य नियन्त्रण से मुक्ति (Freedom from External Control)—प्राचीन भारत में शिक्षा पर किसी भी प्रकार का बाह्य नियन्त्रण नहीं था। राज्य, सरकार या कोई राजनीतिक दल उसमें किसी प्रकार का हस्तक्षेप नहीं कर सकता था। **डॉ. पी. एन. प्रभु** (Dr. P. N. Prabhu) के अनुसार, **''प्राचीन भारत में शिक्षा—राज्य सरकार या किसी दलबन्दी के किसी भी प्रकार के बाह्य नियन्त्रण से मुक्त थी।''**

हमने प्राचीन भारतीय शिक्षा की जिन विशेषताओं का विवरण उपस्थित किया है, उनके आधार पर हम नि:संकोच रूप से कह सकते हैं कि सुदूर अतीत में भी हमारे देश में शिक्षा की व्यवस्था गौरवमय थी। इस व्यवस्था का गुणगान करते हुए **डॉ. पी. एन. प्रभु** (Dr. P. N. Prabhu) ने लिखा है—**''इसने शक्तिशाली व्यक्तियों का निर्माण किया, जिनकी मानसिक शक्तियाँ सुविकसित थीं और जिनकी ज्ञान-भावना पवित्र एवं क्रियाशील थीं।''**

शिक्षा के प्रमुख दोष
(CHIEF DEFECTS OF EDUCATION)

प्राचीन भारत में जिस शिक्षा प्रणाली का संगठन किया गया, वह अनेक शताब्दियों तक अति अल्प परिवर्तनों के साथ चलती रही। यह इस बात का ज्वलन्त प्रमाण है कि इस शिक्षा प्रणाली में अनेक महत्त्वपूर्ण तत्त्व विद्यमान थे। इन तत्त्वों ने भारतीयों की सब आवश्यकताओं की पूर्ति की और अनेक महान् विचारकों तथा सत्य अन्वेषकों को जन्म दिया, जिसका बौद्धिक योगदान प्रत्येक दृष्टि से सराहनीय है।

किन्तु जैसा कि **डॉ. अल्तेकर** का मत है, लगभग 500 ई. से भारत की प्राचीन शिक्षा प्रणाली में दोष प्रकट होने आरम्भ हो गये। समय की गति के साथ-साथ इन दोषों में वृद्धि होती चली गई, जिनके फलस्वरूप यह प्रणाली भारतीयों की आवश्यकताओं को पूर्ण करने में असमर्थ हो गई और इसका पतन आरम्भ हो गया। **डॉ. एफ. ई. केई** के शब्दों में, **''ब्राह्मणीय शिक्षा प्रणाली रूढ़िबद्ध एवं औपचारिक हो गई और प्रगतिशील सभ्यता की आवश्यकता को पूर्ण करने में असमर्थ हो गई।''**

"The Brahmanic educational system become stereotyped and formal, and unable to meet the needs of a progressive civilization." —**Dr. F. E. Keay :** *op. cit.* p. 181.

ब्राह्मणीय शिक्षा प्रणाली अपने जिन दोषों के कारण भारतीयों की आवश्यकताओं को पूर्ण करने में विफल हुई और उसका पतन आरम्भ हुआ, उसका वर्णन दृष्टव्य है—

(1) लोक भाषाओं की उपेक्षा (Neglect of Vernacular)—प्राचीन भारतीय शिक्षा में केवल संस्कृत के अध्ययन और अध्यापन पर सम्पूर्ण ध्यान केन्द्रित था। फलतः लोकभाषाओं की उपेक्षा हुई और उनकी प्रगति न हो सकी।

(2) धर्मनिरपेक्ष विषयों की उपेक्षा (Neglect of Secular Subjects)—प्राचीन भारतीय शिक्षा में धर्म का आधारभूत स्थान था और सम्पूर्ण शिक्षा उससे सम्बद्ध थी। फलस्वरूप धर्मनिरपेक्ष विषयों की बहुत सीमा तक उपेक्षा हुई। अतः उनका पर्याप्त विकास नहीं हुआ।

(3) शूद्रों की शिक्षा की उपेक्षा (Neglect of the Education of Shudras)—प्राचीन भारत में शूद्रों को घृणा की दृष्टि से देखा जाता था। अतः प्राचीन भारतीय शिक्षा के द्वार उनके लिए बन्द थे। इस प्रकार उनकी शिक्षा की न केवल उपेक्षा की गई वरन् उनको शिक्षा प्राप्त करने के अधिकार से वंचित रखकर उनके प्रति घोर अन्याय किया गया।

(4) जनसाधारण की शिक्षा की उपेक्षा (Neglect of the Education of Masses)—प्राचीन भारतीय शिक्षा प्रणाली ने जनसाधारण की शिक्षा की पूर्ण उपेक्षा की। इस सम्बन्ध में **डॉ. अल्तेकर** ने लिखा है—**''सम्भवतः संस्कृत पर अपना ध्यान केन्द्रित रखने और लोकभाषाओं की उपेक्षा करने के कारण हिन्दू-शिक्षा प्रणाली जनसाधारण की शिक्षा का विकास न कर सकी।''**

(5) स्त्री शिक्षा की उपेक्षा (Neglect of Women's Education)—प्राचीन भारत में पुरुषों के समान स्त्रियों को भी शिक्षा प्राप्त करने का अधिकार था, किन्तु बालकों की शिक्षा के समान बालिकाओं की शिक्षा की व्यवस्था न करके स्त्री शिक्षा की पर्याप्त मात्रा में उपेक्षा की गई। इस सन्दर्भ में **डॉ. पी. एन. प्रभु** ने लिखा है—**''ऐसा प्रतीत होता है कि हिन्दू-शिक्षा योजना का निर्माण केवल भारत के पुत्रों के लिए किया गया था। इस योजना में भारत की पुत्रियों के लिए कोई स्थान नहीं जान पड़ता है।''**

(6) सांसारिक जीवन की उपेक्षा (Neglect of Worldly Life)—शिक्षाशास्त्रियों के विचारानुसार, शिक्षा का मुख्य उद्देश्य—व्यक्ति को पूर्ण जीवन के लिए तैयार करना है। इसका अभिप्राय यह है कि शिक्षा द्वारा व्यक्ति को लौकिक और पारलौकिक—दोनों जीवन के लिए तैयार किया जाना चाहिए, किन्तु जैसा कि **डॉ. एफ. ई. केई** ने लिखा है—**''ब्राह्मणीय शिक्षा में जीवन के व्यावहारिक कर्त्तव्यों और उसके लिए व्यक्ति को तैयार करने के प्रति घृणा की प्रवृत्ति थी।''**

इस प्रवृत्ति का परिणाम यह हुआ कि लौकिक पक्ष की उपेक्षा करके आध्यात्मिक पक्ष को महत्त्व दिया गया। फलस्वरूप प्राचीन युग के व्यक्ति संसार एवं सांसारिक जीवन को असार मानने लगे और उनके प्रति उदासीन हो गये। अतः इस युग में व्यक्तियों की लौकिक प्रगति का मार्ग बहुत सीमा तक अवरुद्ध हो गया।

(7)विचार-स्वातन्त्र्य का अभाव (Lack of Freedom of Thought)—प्राचीन भारतीय शिक्षा में धर्म को अत्यधिक महत्त्व दिये जाने के कारण व्यक्तियों में यह प्रवृत्ति उत्पन्न हो गयी कि धर्मशास्त्रों में लिखी हुई सब बातें पूर्णतया सत्य हैं और उन्होंने जिन बातों को असत्य बताया है, वे कदापि सत्य नहीं हो सकती हैं। इस प्रवृत्ति के फलस्वरूप भारतीय समाज में अनेक अन्धविश्वासों और रूढ़िवादिताओं का प्रवेश हुआ।

(8) हस्तकार्य व शारीरिक श्रम के प्रति घृणा (Hatred for Handwork & Physical Labour)—प्राचीन भारतीय शिक्षा में धार्मिक शिक्षा की तुलना में लौकिक शिक्षा का स्थान बहुत निम्न था। फलस्वरूप

अध्ययन केन्द्रों में लौकिक शिक्षा से सम्बन्धित हस्तकार्यों की शिक्षा को कोई स्थान प्राप्त नहीं हुआ। अत: उच्च वर्गों के छात्रों का, जो इन अध्ययन केन्द्रों में शिक्षा ग्रहण करते थे, इन कार्यों से कोई सम्पर्क नहीं हुआ। ये कार्य निम्न वर्गों तक ही सीमित रहे, जिनको इनकी शिक्षा अपने परिवारों में प्राप्त होती थी। इन वर्गों के व्यक्तियों को हेय समझा जाता था। अत: उनके द्वारा किये जाने वाले हस्तकार्यों और शारीरिक श्रम को घृणा की दृष्टि से देखा जाने लगा।

(9) धर्म को अत्यधिक महत्त्व (Immense Importance of Religion)—प्राचीन भारतीय शिक्षा में धर्म को अत्यधिक महत्त्व दिया जाता था। शिक्षा की सम्पूर्ण संरचना धार्मिक आदर्शों से निमज्जित थी। इन्हीं आदर्शों के अनुसार शिक्षा के विषयों, उद्देश्यों और पाठ्यक्रमों को निर्धारित किया गया था। छात्रों के समय का अधिकांश समय इन्हीं धर्म-शास्त्रों के अध्ययन और कर्मकाण्डों के सम्पादन में व्यतीत होता था। उनको निष्काम कर्म करने और अपनी इच्छाओं का दमन करने का उपदेश दिया जाता था। **डॉ. एफ. ई. केई** के अनुसार, **''इस प्रकार की शिक्षा ने छात्रों में उच्च आदर्शों का तो समावेश किया, किन्तु शिक्षा की प्रगति में योग नहीं दिया।''**

(10) नवीन धर्मों का आविर्भाव (Birth of New Religions)—**डॉ. एस. एन. मुकर्जी** का विचार है—''लगभग पाँचवीं शताब्दी के अन्त तक शिक्षा अधिकांश रूप में ब्राह्मणों तक ही सीमित रह गई थी और शिक्षा के व्यवसाय पर उनका एकमात्र अधिकार था। इस अधिकार को बनाये रखने के लिए उन्होंने धर्म का सहारा लिया और उसमें जटिलता को कूट-कूटकर भर दिया। इस जटिलता के परिणामस्वरूप धार्मिक कृत्यों और ब्राह्मणों द्वारा उनमें प्रयोग की जाने वाली संस्कृत भाषा का जनसाधारण के लिए कोई महत्त्व नहीं रह गया। वैदिक धर्म के प्रति जनसाधारण के इसी परिवर्तित दृष्टिकोण के कारण दो नवीन धर्मों का आविर्भाव हुआ—बौद्ध एवं जैन धर्म।

उपर्युक्त विवेचन के आधार पर हम कह सकते हैं कि प्राचीन भारतीय शिक्षा में अनेक गम्भीर दोष थे, जिनके कारण वह कालान्तर में समयानुकूल न रह गई और उसका ह्रास आरम्भ हो गया। इन दोषों और इनके कारण होने वाले ह्रास को रोकने के विषय में **डॉ. एफ. ई. केई** ने निम्नांकित विचार लेखबद्ध किये हैं—

''प्राचीन भारतीय शिक्षा में अनेक दोष थे। इस शिक्षा को नवीन गति प्रदान करने और रूपान्तरित करने के लिए किसी प्रकार के नव जीवन की आवश्यकता थी।''

"The ancient Indian education had many defects and needed some new breathe of life to quicken it and transform it."

—**Dr. F. E. Keay :** *op. cit.* 189.

आधुनिक शिक्षा के लिए ग्रहणीय तत्त्व
(ACCEPTABLE FEATURES FOR MODERN EDUCATION)

प्राचीन भारतीय शिक्षा और आधुनिक भारतीय शिक्षा के मध्य अनेक शताब्दियों का अन्तर है, पर फिर भी प्राचीन शिक्षा के अनेक तत्त्व हैं, जिनको सिद्धान्त और व्यवहार—दोनों दृष्टियों से आधुनिक शिक्षा में स्थान दिया जा सकता है। इस प्रकार के मुख्य तत्त्व अधोलिखित हैं—

(1) आदर्शवादिता (Idealism)—आज हम आधुनिक युग में निवास कर रहे हैं, किन्तु हमें अपने पूर्वजों से जो सभ्यता और संस्कृति विरासत में मिली है, उन पर हमें आज भी गर्व है। हम आज भी धर्म, ईश्वर और निष्काम कर्म को महत्त्व देते हैं। हम आज भी धन की अपेक्षा चरित्र को, भौतिकता की अपेक्षा आध्यात्मिकता को और विज्ञान की अपेक्षा दर्शन को श्रेष्ठतर समझते हैं। आज जबकि सम्पूर्ण विश्व-धन, शक्ति, हिंसा और कूटनीति में आस्था रखता है, हम प्रेम, सत्य, अहिंसा, त्याग और तपस्या के समक्ष श्रद्धा से नतमस्तक हो जाते हैं।

उपर्युक्त सभी बातों का अभिप्राय यह है कि हम आज भी उस आदर्शवादिता को नहीं भूले हैं, जिसका प्राचीन शिक्षा द्वारा छात्रों के मन और मस्तिष्क में समावेश किया जाता था। इससे स्वाभाविक निष्कर्ष यही निकलता है कि प्राचीन आदर्शवादिता को आधुनिक शिक्षा में स्थान दिया जा सकता है और दिया जाना चाहिए। **डॉ. महेशचन्द्र सिंघल** ने राजस्थान हिन्दी ग्रन्थ अकादमी द्वारा प्रकाशित 'भारतीय शिक्षा की वर्तमान समस्याएँ' नामक अपनी पुस्तक में लिखा है—**''हम वैदिककालीन शिक्षा की आदर्शवादिता को**

आधुनिक शिक्षा के एक मूल सिद्धान्त के रूप में ग्रहण कर सकते हैं और जीवन-निर्माण, चरित्र-निर्माण तथा सादा भोजन और उच्च विचार को शिक्षा के महत्त्वपूर्ण उद्देश्यों में स्थान दे सकते हैं।''

(2) अनुशासन व गुरु-शिष्य सम्बन्ध (Discipline and Teacher-Pupil Relationship)—प्राचीन काल के छात्रों की अनुशासन की भावना और गुरु एवं शिष्य का मधुर सम्बन्ध विश्वविख्यात है। आज इन दोनों बातों पर विशेष ध्यान दिये जाने की आवश्यकता है, क्योंकि शैक्षिक वातावरण अत्यन्त विषम हो चुका है और अनुशासनहीनता का ताण्डव नृत्य सर्वत्र हो रहा है। छात्रों में अनुशासन की भावना का विकास और वैदिककालीन गुरु-शिष्य सम्बन्ध की पुनर्स्थापना करके ही इन दोनों दूषणों से मुक्ति पाने की आशा की जा सकती है।

मानव-सम्बन्धों को घनिष्ठता प्रदान करने के लिए पारस्परिक स्नेह और सम्मान की भावनाओं का अत्यन्त महत्त्वपूर्ण स्थान होता है। छात्र, शिक्षा तभी ग्रहण कर सकते हैं और शिक्षक, अध्ययन-कार्य में तभी रुचि ले सकते हैं, जब दोनों सुन्दर सम्बन्ध के सूत्र से आबद्ध हों। यह सत्य है कि आज के छात्र और शिक्षक प्राचीन युग के आदर्श पर नहीं पहुँच सकते हैं, पर फिर भी दृढ़ निश्चय से उसकी ओर अग्रसर होकर बहुत-कुछ सफलता प्राप्त की जा सकती है। अतः छात्रों और शिक्षकों का उस आदर्श की दिशा में अग्रसर होना केवल वांछनीय ही नहीं, वरन् अत्यन्त आवश्यक भी है, पर यह तभी सम्भव हो सकता है, जब छात्र-गुरु-शिष्य सम्बन्धी वैदिक आदर्श के प्रति निष्ठावान् बनें और शिक्षक उस आदर्श के अनुसार सरस्वती-साधना में लीन होकर सरल जीवन व्यतीत करें।

(3) शान्त वातावरण (Peaceful Atmosphere)—प्राचीन काल की सभी शिक्षा-शालाएँ नगर के कोलाहल और विषाक्त वातावरण से दूर किसी शान्त और रमणीक स्थान में स्थित थीं। आधुनिक युग में नगरीकरण के प्रभाव के कारण सभी व्यक्तियों में नगरों में निवास करने की प्रवृत्ति सबल हो गई है। ऐसी दशा में आज की शिक्षा संस्थाओं की नगरों में पृथकृता सम्भव नहीं है पर फिर भी उनका निर्माण नगरों के कोलाहल और गन्दगी से दूर किसी शान्त, स्वच्छ स्वास्थ्यकर और प्राकृतिक वातावरण में किया जा सकता है।

इस प्रकार की शिक्षा संस्थाएँ न केवल छात्रों के शारीरिक और मानसिक विकास में योग देंगी, वरन् उनकी नगरों के दिन-प्रतिदिन के झगड़ों, राजनैतिक कुचक्रों और अवांछनीय प्रवृत्तियों से रक्षा भी करेंगी।

(4) अध्ययन के विषय (Subjects of Study)—आधुनिक भारतीय शिक्षा में अनेक विषयों को स्थान दिया गया है, पर संस्कृत की प्रायः पूर्ण उपेक्षा की गई है। वस्तुतः संस्कृत भाषा और साहित्य में शान्ति, मानवता और विश्व-भ्रातृत्व की ऐसी अमूल्य निधियाँ हैं, जिनको न केवल भारत के पाठ्यक्रम में, वरन् सब देशों के पाठ्यक्रमों का अभिन्न अंग होना चाहिए। इसके अतिरिक्त वैदिक पाठ्यक्रम से ऐसे अनेक तत्त्व ग्रहण किये जा सकते हैं, जो आधुनिक भारत के नैतिक, राष्ट्रीय और सांस्कृतिक उत्कर्ष में अद्वितीय योग दे सकते हैं। **डॉ. महेशचन्द्र सिंघल** का मत है—**''यदि इन बातों की अपेक्षा की जाती है, तो भारतीय शिक्षा पश्चिम का थोथा अनुकरण मात्र रह जायेगी, जिसमें मौलिकता की झलक नहीं मिल सकेगी।''**

(5) शिक्षण विधि व शिक्षा सिद्धान्त (Teaching Method and Principles of Education)—प्राचीन भारत की शिक्षण विधि में श्रवण, मनन, चिन्तन, स्मरण, प्रवचन, प्रश्नोत्तर, व्याख्यान, वाद-विवाद आदि का प्रयोग किया जाता था। अतः यह शिक्षण विधि आज भी विभिन्न विषयों के पठन-पाठन में प्रयोग किये जाने के योग्य है और उपयोगी सिद्ध हो सकती है।

प्राचीन काल के अनेक सिद्धान्त आज भी उतने ही उपयोगी और महत्त्वपूर्ण हैं, जितने कि ये प्राचीन काल में थे। इस प्रकार के कुछ सिद्धान्त हैं—छोटी कथाएँ, व्यस्त दिनचर्या, व्यक्तिगत ध्यान और अच्छी आदतों का निर्माण।

(6) छात्रों का सरल जीवन (Simple Life of Students)—वैदिककालीन भारत के छात्र सदा सरल और संयमी जीवन व्यतीत करते थे। आधुनिक भारत में उनका जीवन भले ही अक्षरशः अनुकरणीय न हो, पर ग्रहणीय अवश्य है। आज के छात्रों के जीवन में आमूल परिवर्तन हो गया है। उनके जीवन का मुख्य लक्ष्य,

शिक्षा प्राप्त करना नहीं है अपितु सिनेमा देखना, हड़तालें करना, अश्लील साहित्य पढ़ना, नशीली वस्तुओं का प्रयोग करना और ऐश्वर्यपूर्ण जीवन व्यतीत करना हो गया है।

ऐसी परिस्थिति में प्राचीन काल के छात्रों के उदाहरण को आज के छात्रों के समक्ष रखकर उनके दृष्टिकोण में परिवर्तन किया जाना अनिवार्य है। **डॉ. महेशचन्द्र सिंघल** के शब्दों में—**''सिद्धान्त रूप में हमें इतना तो मानना ही चाहिए कि आज भले ही सिर मुंड़ाने, लँगोटी बाँधने तथा स्त्री जाति के सदस्यों के दर्शन से मात्र बचकर रहने की तो आवश्यकता नहीं है, लेकिन सादा और संयमी जीवन, नियमित दिनचर्या तथा दुर्व्यसनों से बचकर रहना वांछनीय है।''**

अभ्यास प्रश्न

दीर्घ उत्तरीय प्रश्न (Long Answer Type Questions)

1. भारत में वैदिक काल में प्रचलित शिक्षा के मुख्य दोषों की विवेचना कीजिए। भारत की आधुनिक शिक्षा में इन दोनों का निवारण कहाँ तक हुआ है ?
2. प्राचीन भारत में शिक्षा की प्रमुख विशेषताएँ क्या थीं ? वर्तमान भारत में एक प्रभावशाली राष्ट्रीय शिक्षा प्रणाली विकसित करने के लिए किस सीमा तक उनका प्रयोग किया जा सकता है ?

लघु उत्तरीय प्रश्न (Short Answer Type Questions)

1. प्राचीन भारत में शिक्षा के मुख्य उद्देश्य क्या थे तथा वे हमारे देश की वर्तमान शिक्षा के लिए कहाँ तक उपयोगी सिद्ध हो सकते हैं ?
2. प्राचीन भारतीय शिक्षा के कम-से-कम पाँच महत्त्वपूर्ण आदर्शों का उल्लेख कीजिए और आधुनिक भारतीय शिक्षा के लिए उनकी उपयोगिता बताइए।
3. टिप्पणियाँ लिखिए—(अ) गुरुकुल पद्धति, (ब) गुरु-शिष्य सम्बन्ध, (स) वैदिक-कालीन शिक्षा व्यवस्था।

बहुविकल्पीय प्रश्न (Multiple Choice Questions)

1. वैदिक काल में प्राथमिक शिक्षा का प्रारम्भ 5 वर्ष की आयु में किस संस्कार द्वारा होता था ?
(अ) विद्यारम्भ द्वारा (ब) उपनयन द्वारा
(स) समावर्तन द्वारा (द) उपसम्पदा द्वारा। **उत्तर**—(अ)

2. उपनयन का शाब्दिक अर्थ है—
(अ) पास ले जाना (ब) गुरु से दक्षिणा लेना
(स) घर लौटना (द) उपदेश देना। **उत्तर**—(अ)

3. समावर्तन का शाब्दिक अर्थ है—
(अ) ब्रह्मचर्य आश्रम को ग्रहण करना (ब) उपदेश प्राप्त करना
(स) घर लौटना (द) गृहस्थ आश्रम में प्रवेश करना। **उत्तर**—(स)

4. वैदिककालीन शिक्षा का प्रमुख केन्द्र था—
(अ) तक्षशिला (ब) विक्रमशिला
(स) वल्लभी (द) नदिया। **उत्तर**—(अ)

5. वैदिक काल में विद्यापीठ में शिक्षा दी जाती थी—
(अ) धर्मशास्त्र की (ब) दर्शन की
(स) व्याकरण तथा तर्कशास्त्र की (द) पुराणों की। **उत्तर**—(स)

6. वैदिक काल में शिक्षा-सत्र प्रारम्भ होता था—
(अ) कार्तिक मास की पूर्णिमा को (ब) श्रावण मास की पूर्णिमा को
(स) फाल्गुन मास की पूर्णिमा को (द) इनमें से किसी को नहीं। **उत्तर**—(ब)

अध्याय—2

बौद्धकालीन शिक्षा के प्रत्यय, उद्देश्य एवं विशेषताएँ

[CONCEPT, AIMS AND CHARACTERISTICS OF EDUCATION IN BUDDHIST ERA]

विषय-प्रवेश
(INTRODUCTION)

लगभग ईसा पूर्व पाँचवीं शताब्दी से जन-जीवन की परिवर्तित आवश्यकताओं की पूर्ति न कर सकने के कारण वैदिककालीन अथवा ब्राह्मणीय शिक्षा में विशृंखलता के चिह्न दृष्टिगोचर होने लगे थे। भारत के सौभाग्य से उसके एक शताब्दी पूर्व ही महात्मा गौतम बुद्ध ने इस देश की भूमि पर अवतरित होकर शिक्षा को समयानुकूल बनाने के विचार से उसके कलेवर में परिवर्तन करके बौद्ध शिक्षा को जन्म दिया। इस शिक्षा के विषय में **डॉ. एफ. ई. केई** ने लिखा है—**"बौद्ध शिक्षा 1,500 वर्ष से अधिक प्रचलित रही और उसने ऐसी शिक्षा-पद्धति का विकास किया जो ब्राह्मणीय शिक्षा-पद्धति की प्रतिद्वन्द्वी थी, पर अनेक बातों में उसके सदृश थी।"**

"For over fifteen hundred years Buddhist education was in vogue, and developed a system of education which was a rival of the Brahmanic system though in many ways similar to it." —**Dr. F. E. Keay :** *Indian Education in Ancient and Later Times,* p. 85.

शिक्षा की व्यवस्था
(ORGANIZATION OF EDUCATION)

बौद्ध धर्म का विकास मठों में हुआ था। ये मठ न केवल धर्म के वरन् शिक्षा के भी केन्द्र थे और शिक्षा देने का कार्य उनमें निवास करने वाले भिक्षुओं द्वारा किया जाता था। इन तथ्यों पर प्रकाश डालते हुए **डॉ. आर. के. मुकर्जी** ने लिखा है—**"बौद्ध मठ, बौद्ध शिक्षा और ज्ञान के केन्द्र थे। बौद्ध संसार अपने मठों से पृथक् या स्वतन्त्र रूप में शिक्षा प्राप्त करने का कोई अवसर नहीं देता था। धार्मिक और लौकिक, सब प्रकार की शिक्षा भिक्षुओं के हाथ में थी।"**

प्राचीन काल के समान बौद्ध काल में भी केवल प्राथमिक एवं उच्च शिक्षा की व्यवस्था थी और शिक्षा के यही दो स्तर थे। हम इनका संक्षिप्त परिचय प्रस्तुत कर रहे हैं।

1. प्राथमिक शिक्षा
(PRIMARY EDUCATION)

(1) सामान्य परिचय—हमें **'जातक कथाओं'** से ज्ञात होता है कि प्राथमिक शिक्षा केवल बौद्ध धर्मावलम्बियों को ही नहीं, वरन् सब जातियों के बालकों को उपलब्ध थी। यह शिक्षा मठों में दी जाती थी और आरम्भ से पूर्णतया धार्मिक थी, किन्तु जब कुछ समय के उपरान्त ब्राह्मणों ने प्रतिद्वन्द्वी शिक्षा संस्थाएँ स्थापित करके उनमें लौकिक शिक्षा देनी आरम्भ कर दी, तब मठों में भी इस शिक्षा की व्यवस्था कर दी गई। पाँचवीं शताब्दी में भारत आने वाले चीनी यात्री फाह्यान (Fa-Hien) के लेखों में इस बात का उल्लेख मिलता है।

(2) प्रवेश व अवधि—सातवीं शताब्दी में भारत आने वाले चीनी यात्री आइसांग (I-Tsing) के अनुसार, प्राथमिक शिक्षा आरम्भ करने की आयु 6 वर्ष की थी। इस शिक्षा की अवधि साधारणत: 6 वर्ष की थी।

(3) पाठ्यक्रम—सातवीं शताब्दी में भारत आने वाले यात्री हुएनसांग (Hiuen-Tsing) ने प्राथमिक शिक्षा के पाठ्यक्रम का वर्णन इस प्रकार किया है—बालकों को प्रथम 6 माह में 'सिद्धिरस्तु' (Siddhirastu)

नामक बालपोथी पढ़नी पड़ती थी। इस पोथी में 12 अध्याय और वर्णमाला के 49 अक्षर थे, जिनको विभिन्न रूप में रखकर 300 से अधिक श्लोकों की रचना की गई थी। 16 माह के बाद बालकों को निम्नांकित पाँच विद्याओं की शिक्षा दी जाती थी—शब्द-विद्या, तर्क-विद्या, चिकित्सा-विद्या, अध्यात्म-विद्या और शिल्प-स्थान-विद्या (Grammar, Logic, Medicine, Metaphysics & Arts and Crafts)। इस प्रकार पाठ्यक्रम में धार्मिक और लौकिक दोनों विषयों को स्थान दिया गया था।

(4) शिक्षण विधि—एलबर्ट फिटके (Albert Fytche) के अनुसार, सामान्य शिक्षण विधि इस प्रकार थी—शिक्षक, लकड़ी की तख्ती पर वर्णमाला के अक्षरों को लिखता था और उनका उच्चारण करता था। बालक उसके उच्चारण का अनुकरण करते थे। इस प्रकार जब कुछ समय के बाद उनको अक्षरों का ज्ञान हो जाता था, तब वे उनको लिखते थे। पाठ्य-विषय के शिक्षण का अध्यापक आगे-आगे बोलता था और बालक उसके कथन को उस समय तक दोहराते थे, जब तक उनको पाठ्य-विषय कण्ठस्थ नहीं हो जाता था। इस प्रकार शिक्षण विधि पूर्णतया मौखिक थी।

(5) शिक्षा का माध्यम—मठ-विद्यालयों में शिक्षा का माध्यम जनसाधारण की भाषा पाली थी, न कि ब्राह्मणीय शिक्षालयों की संस्कृत।

2. उच्च शिक्षा
(HIGHER EDUCATION)

(1) सामान्य परिचय—उच्च शिक्षा के द्वार सभी धर्मों और जातियों के बालकों के लिए खुले हुए थे। इस शिक्षा के प्रमुख केन्द्र बौद्ध मठ थे, पर सब मठों में समान विषयों की शिक्षा नहीं दी जाती थी। इस शिक्षा की प्रशंसा में **डॉ. ए. एस. अल्तेकर** ने निम्नांकित शब्द लिपिबद्ध किये हैं—**''मठों ने उच्च शिक्षा में अपनी दक्षता से कोरिया, चीन, तिब्बत और जावा जैसे सुदूर देशों के छात्रों को आकर्षित करके भारत की अन्तर्राष्ट्रीय ख्याति में वृद्धि की।''**

(2) प्रवेश व अवधि—उच्च शिक्षा का आरम्भ प्राथमिक शिक्षा समाप्त करने के पश्चात् होता था। अतः बालक इसका आरम्भ साधारणतया 12 वर्ष की आयु में करते थे। अध्ययन की अवधि 12 वर्ष की थी ताकि छात्र प्राचीन परम्परा के अनुसार 25 वर्ष की आयु में किसी व्यवसाय को ग्रहण करके गृहस्थ के रूप में अपना जीवन व्यतीत कर सकें।

(3) पाठ्यक्रम—पाठ्यक्रम दो भागों में विभक्त था—धार्मिक और लौकिक। धार्मिक पाठ्यक्रम—भिक्षुओं और भिक्षुणियों के लिए था। इसका मुख्य उद्देश्य—उनको निर्वाण प्राप्त करने और धर्म का प्रचार करने की योग्यता प्रदान करना था। उनको धार्मिक और जीवनोपयोगी—दोनों प्रकार की शिक्षा दी जाती थी। पुख्य धार्मिक विषय थे—बौद्ध धर्म, साहित्य, त्रिपिटक, विनय, धम्म आदि। जीवनोपयोगी विषयों में मठों और विहारों के निर्माण का व्यावहारिक ज्ञान, दान की सम्पत्ति का प्रबन्ध और हिसाब-किताब आदि सम्मिलित थे।

लौकिक पाठ्यक्रम साधारण नागरिकों के लिए था। इसका मुख्य उद्देश्य—उनको सुयोग्य नागरिक बनाना एवं आर्थिक और सामाजिक जीवन के लिए तैयार करना था। उनके पाठ्यक्रम में निम्नलिखित विषय सम्मिलित थे—धर्म, दर्शन, साहित्य, तर्कशास्त्र, न्यायशास्त्र, चिकित्साशास्त्र आदि।

(4) शिक्षा का माध्यम—शिक्षा का माध्यम सामान्य रूप से पाली भाषा थी, पर वैदिक साहित्य की शिक्षा संस्कृत के माध्यम से दी जाती थी। इसके अतिरिक्त देश की अन्य प्रचलित भाषाओं का भी प्रयोग किया जाता था। इसका कारण **महात्मा बुद्ध** की भिक्षुओं को यह अनुमति थी—**''ओ भिक्षुओ ! मैं तुममें से प्रत्येक को अपनी भाषा में बुद्ध की शिक्षाओं को सीखने की अनुमति देता हूँ।''**

(5) शिक्षा के प्रसिद्ध विश्वविद्यालय—बौद्ध काल में शिक्षा के मुख्य केन्द्र—मठ और विहार थे। इनसे छात्रावास सम्बद्ध थे। छात्रों को निःशुल्क शिक्षा, भोजन, वस्त्र, चिकित्सा आदि की सुविधा प्राप्त थी। कुछ मठों और विहारों ने विश्वविद्यालयों के रूप में विकसित होकर पर्याप्त ख्याति अर्जित की; यथा—

(i) नदिया विश्वविद्यालय—यह विश्वविद्यालय पूर्वी बंगाल में नदिया नामक स्थान में था। 11वीं शताब्दी में राजा लक्ष्मण सेन के संरक्षण में यह शिक्षा का प्रसिद्ध केन्द्र हो गया।

(ii) वल्लभी विश्वविद्यालय—यह विश्वविद्यालय पूर्वी काठियावाड़ में वला नामक स्थान में था। 7वीं शताब्दी से 12वीं शताब्दी तक पश्चिमी भारत का प्रमुख शिक्षा केन्द्र था।

(iii) विक्रमशिला विश्वविद्यालय—यह विश्वविद्यालय उत्तरी मगध में गंगा नदी के तट पर एक अत्यन्त सुन्दर पहाड़ी पर स्थित था। इसमें 108 भिक्षु-शिक्षक और 3,000 छात्र थे। इसे बख्तियार खिलजी ने सन् 1203 ई. में नष्ट कर दिया।

(iv) तक्षशिला विश्वविद्यालय—यह विश्वविद्यालय आधुनिक रावलपिण्डी से लगभग 20 मील पश्चिम में था। यह अनेक शताब्दियों तक पहले वैदिक शिक्षा का और उसके बाद बौद्ध शिक्षा का प्रसिद्ध केन्द्र था। यह 600 ई. पू. में अपनी प्रसिद्धि की पराकाष्ठा पर था। वैयाकरण पाणिनि, राजनीतिज्ञ चाणक्य, अर्थशास्त्री कौटिल्य, महात्मा बुद्ध के व्यक्तिगत चिकित्सक जीवक एवं सम्राट चन्द्रगुप्त और पुष्यमित्र इसी विश्वविद्यालय की उपज थे। पाँचवीं शताब्दी के मध्य में बर्बर हूणों ने इसका सदैव के लिए विनाश कर दिया।

(v) नालन्दा विश्वविद्यालय—यह विश्वविद्यालय पटना से लगभग 50 मील दूर दक्षिण में था। यह लगभग एक मील लम्बा और आधा मील चौड़ा था एवं चारदीवारी से घिरा हुआ था। इसमें 8 बड़े सभा-भवन और 3,000 अध्ययन कक्ष थे। इसका विशाल पुस्तकालय कई मंजिल का था। इसमें 10 से अधिक सरोवर थे, जिनमें छात्र जल-क्रीड़ा करते थे। जब अपनी पराकाष्ठा पर था, तब इसमें लगभग 1,500 शिक्षक एवं 10,000 छात्र थे और प्रतिदिन 100 भाषण होते थे। इसमें चीन, जावा, ब्रह्मा आदि सुदूर देशों के छात्र अध्ययन करने आते थे। इस प्रकार इसने अन्तर्राष्ट्रीय विश्वविद्यालय का रूप ग्रहण कर लिया। सन् 1203 में बख्तियार खिलजी ने प्राचीन भारत की सभ्यता के प्रतीक इस विश्वविद्यालय को धराशायी कर दिया।

3. शिक्षा के अन्य क्षेत्र
(OTHER SPHERES OF EDUCATION)

(1) स्त्री शिक्षा (Women's Education)—वैदिक काल के अन्तिम चरण में लगभग 200 ई. पू. से स्त्री शिक्षा की अवनति आरम्भ हो गई थी। महात्मा बुद्ध के कारण इस शिक्षा को नवजीवन प्राप्त हुआ। उन्होंने अपने प्रिय शिष्य आनन्द की प्रार्थना स्वीकार करके स्त्रियों को संघ में प्रवेश करने की आज्ञा दे दी। इसके फलस्वरूप स्त्री शिक्षा का पर्याप्त विकास हुआ। बौद्ध काल की सुशिक्षित स्त्रियों में निम्नांकित के नाम उल्लेखनीय हैं—बौद्ध धर्म की प्रसिद्ध प्रचारिकाएँ सुभा, अनुपमा एवं सुमेधा; कवयित्री के रूप में कालिदास के बाद मानी जाने वाली विजयंका और लंका में बौद्ध धर्म का प्रचार करने के लिए भेजी जाने वाली सम्राट अशोक की बहिन संघमित्रा।

उपरिअंकित उदाहरण इस बात का संकेत देते हैं कि स्त्रियों ने संघ में प्रवेश करके उच्च कोटि की शिक्षा प्राप्त की और कुछ क्षेत्रों में पुरुषों से प्रतिद्वन्द्विता करके उनसे समानता रखने का प्रमाण दिया, किन्तु यह इस बात का प्रमाण नहीं है कि स्त्री शिक्षा की सामान्य रूप से प्रगति हुई है। इसकी पुष्टि में चार कारण दिये जा सकते हैं। पहला, बौद्ध धर्म में स्त्रियों का स्थान पुरुषों से निम्नतर है। अतः सामान्य स्त्रियों की शिक्षा के प्रति ध्यान नहीं दिया गया। दूसरा, संघों में स्त्रियों का प्रवेश भिक्षुओं की आज्ञा पर निर्भर था क्योंकि भिक्षुओं को स्त्रियों से दूर रहने का उपदेश दिया जाता था, इसलिए उन्होंने बहुत ही कम स्त्रियों को संघ में प्रवेश करने की आज्ञा दी। तीसरा, संघों में प्रवेश करने का अधिकार विशेष रूप से समाज के कुलीन और व्यावसायिक वर्गों की स्त्रियों एवं बालिकाओं को प्राप्त हुआ। अतः इन्हीं की शिक्षा को प्रोत्साहन प्राप्त हुआ, सामान्य स्त्रियों की शिक्षा को नहीं। चौथा, बौद्ध मठ में प्रवेश करने वाली स्त्रियाँ भिक्षुणियाँ कहलाती थीं और उनके लिए अलग मठ की स्थापना की गई थी, पर उन्होंने भिक्षुओं के सामने अपने मठों में स्त्रियों और बालिकाओं को शिक्षा प्रदान करने का कार्य नहीं किया।

उपर्युक्त कारणों को ध्यान में रखते हुए हम इस निष्कर्ष पर पहुँचते हैं कि बौद्ध धर्म ने कुलीन और व्यावसायिक स्त्रियों की शिक्षा को जिनकी संख्या प्रायः नगण्य थी, प्रोत्साहन दिया, पर सामान्य स्त्रियों की शिक्षा के लिए कुछ भी नहीं किया। **डॉ. ए. एस. अल्तेकर** का निम्नांकित वाक्य में अमर सत्य है—**"स्त्री शिक्षा को बौद्ध धर्म से किसी प्रकार की प्रेरणा प्राप्त नहीं हो सकी।"**

(2) व्यावसायिक शिक्षा (Professional Education)—बौद्ध शिक्षा धर्म-प्रधान थी, किन्तु बौद्ध साहित्य में हमको इस बात के पर्याप्त प्रमाण मिलते हैं कि भिक्षुओं और जन-साधारण को व्यावसायिक शिक्षा की अत्युत्तम सुविधाएँ प्राप्त थीं। हम इस शिक्षा के प्रमुख अंगों पर प्रकाश डाल रहे हैं; यथा—

(i) हस्तशिल्पों की शिक्षा (Education in Handicrafts)—'महावाग' (Mahavagga) में हमें एक स्थान पर इस बात का उल्लेख मिलता है कि बौद्ध काल में भिक्षुओं को अपने मठों में विभिन्न प्रकार के हस्तशिल्पों की शिक्षा प्रदान की जाती थी। उदाहरणार्थ, उनको सूत कातने, कपड़ा बुनने और वस्त्र सीने की शिक्षा दी जाती थी, ताकि वे वस्त्र सम्बन्धी अपनी आवश्यकताओं की स्वयं पूर्ति कर सकें।

(ii) लाभप्रद व्यवसायों की शिक्षा (Education in Useful Occupations)—बौद्ध धर्म के अनुयायियों और जनसाधारण के लिए अनेक लाभप्रद व्यवसायों की शिक्षा की सुन्दर व्यवस्था थी, ताकि वे अपनी जीविका का सरलता से उपार्जन कर सकें। इस प्रकार के कुछ व्यवसाय थे—कृषि, वाणिज्य, लेखन-कला, पशु-पालन और हिसाब-किताब।

(iii) भवन निर्माण कला, मूर्तिकला व चित्रकला की शिक्षा (Education in Architecture, Sculpture and Painting)—बौद्ध काल में भवन निर्माण कला की विशिष्ट शिक्षा उपलब्ध होने के कारण इस कला का आश्चर्यजनक विकास हुआ। इस कला के बौद्ध विहार और स्तूप एवं नालन्दा और विक्रमशिला की विशाल इमारतें भवन निर्माण कला की सजीव प्रमाण हैं। इस कला के साथ-साथ मूर्तिकला और चित्रकला की भी शिक्षा की सुविधाओं के कारण असाधारण प्रगति हुई। अजन्ता और एलोरा के भित्ति-चित्र, मूर्तिकला और चित्रकला इस प्रगति के आज भी साक्षी हैं।

(iv) प्राविधिक व वैज्ञानिक शिक्षा (Technical and Scientific Education)—हमें 'मिलिन्द पान्हा' (Milinda Panha) में बौद्ध कला में प्रचलित 19 'सिप्पाओं' अर्थात् 'शिल्पों' (Sippas or Shilps) का वर्णन मिलता है। इनका सम्बन्ध प्राविधिक और वैज्ञानिक शिक्षा से था। इनमें से निम्नांकित 10 की शिक्षा तक्षशिला में प्रदान की जाती थी—आखेट, चिकित्सा, धनुर्विद्या, इन्द्र-जाल (Magic Charm), हस्ति-ज्ञान (Elephant Love), भविष्य कथन, शारीरिक लक्षणों का अर्थ, मृत व्यक्तियों को जीवित करने का मन्त्र, सब पशुओं की बोलियाँ समझने का ज्ञान और इन्द्रिय-सम्बन्धी सब कार्यों पर नियन्त्रण करने की कला।

इस प्रकार जैसा कि **डॉ. आर. के. मुकर्जी** ने लिखा है—**''शिप्पाओं के ज्ञान अर्थात् प्राविधिक और वैज्ञानिक शिक्षा की माँग सामान्य शिक्षा या धार्मिक अध्ययन की माँग से कम नहीं थी।''**

(v) चिकित्सा-शास्त्र की शिक्षा (Medical Education)—बौद्ध काल में चिकित्सा-शास्त्र की शिक्षा का अभूतपूर्व विकास हुआ। इस शिक्षा का मुख्य केन्द्र तक्षशिला विश्वविद्यालय था और इसकी अवधि 7 वर्ष की थी। जीवक, चरक, धन्वन्तरि आदि महान् आयुर्वेदाचार्य बौद्ध युग की ही देन हैं।

शिक्षा की प्रमुख विशेषताएँ
(MAJOR FEATURES OR CHARACTERISTICS OF EDUCATION)

बौद्ध धर्म के आदर्श, उद्देश्य और सिद्धान्त वैदिक धर्म से बहुत कुछ भिन्न थे। अत: बौद्ध धर्म के प्रचार और प्रसार के लिए एक विशिष्ट शिक्षा प्रणाली का संगठन किया गया। हम इस प्रणाली की प्रमुख विशेषताओं का वर्णन निम्नांकित शीर्षकों के अन्तर्गत कर रहे हैं; यथा—

(1) पब्बज्जा संस्कार (Pabbajja Ceremony)—'पब्बज्जा' का शाब्दिक अर्थ है—'बाहर जाना' (Going out)। इस संस्कार का अभिप्राय था कि बालक अपने परिवार और पूर्व स्थिति का परित्याग करके संघ में प्रवेश करता था। इससे स्पष्ट हो जाता है कि इस संस्कार का सम्बन्ध केवल उन व्यक्तियों से था, जिनके जीवन का उद्देश्य बौद्ध भिक्षु बनना था। यह संस्कार 8 वर्ष की आयु से पहले सम्पन्न नहीं हो सकता था।

'विनय पिटक' (Vinaya Pitaka) में 'पब्बज्जा संस्कार' का वर्णन इस प्रकार किया गया है—''बालक अपने सिर के बाल मुँड़ाता था, पीले वस्त्र धारण करता था, प्रवेश करने वाले मठ के भिक्षुओं के चरणों को

अपने मस्तक से स्पर्श करता था और उनके सामने पालती मारकर भूमि पर बैठ जाता था। तदुपरान्त मठ का सबसे बड़ा भिक्षु उससे तीन बार यह शपथ लेने को कहता था—"बुद्धं शरणं गच्छामि, धम्मं शरणं गच्छामि, संघ शरणं गच्छामि।"

जब बालक यह शपथ ले लेता था, तब भिक्षु उसको निम्नांकित 10 आदेश देता था— 1. चोरी मत करना, 2. जीव हत्या मत करना, 3. असत्य भाषण मत करना, 4. अशुद्ध आचरण मत करना, 5. वर्जित समय पर आहार मत करना, 6. मादक वस्तुओं का प्रयोग मत करना, 7. शृंगार की वस्तुओं का प्रयोग मत करना, 8. बिना दिये हुए किसी वस्तु को ग्रहण मत करना, 9. सोना, चाँदी और बहुमूल्य वस्तुओं का दान मत लेना, 10. नृत्य, संगीत, तमाशे आदि के पास जाने का प्रयास मत करना।

इन आदेशों के पश्चात् बालक 'नव-शिष्य', 'श्रमण' या 'सामनेर' (Novice or Samanera) कहा जाता था और अपने द्वारा चुने जाने वाले भिक्षु से 12 वर्ष तक शिक्षा ग्रहण करता था।

(2) उपसम्पदा संस्कार (Upasampada Ceremony)—नवशिष्य के रूप में 22 वर्ष की शिक्षा प्राप्त करने के पश्चात् छात्र के लिए मठ को छोड़ना अनिवार्य था, पर वह 'उपसम्पदा संस्कार' सम्पादित करके पूर्ण भिक्षु की स्थिति प्राप्त कर सकता था और बौद्ध संघ का स्थायी सदस्य बन सकता था।

'उपसम्पदा संस्कार' बौद्ध संघ के कम-से-कम 10 भिक्षुओं की उपस्थिति में होता था। उसमें नवशिष्य का आचार्य भी होता था। वह अन्य भिक्षुओं को नवशिष्य का परिचय देता था। तत्पश्चात् भिक्षु—नवशिष्य से अनेक प्रकार के प्रश्न पूछते थे। उसके उत्तरों को सुनने के बाद वे बहुमत से यह निर्णय करते थे कि नवशिष्य को 'उपसम्पदा' ग्रहण करने का अधिकार है या नहीं। इस प्रकार का निर्णय यह सिद्ध करता है कि 'उपसम्पदा संस्कार' में जनतन्त्रीय प्रणाली का प्रयोग किया जाता था।

यदि निर्णय नवशिष्य के पक्ष में होता था, तो उसे भिक्षु के रूप में संघ में प्रवेश करने की अनुमति दे दी जाती थी। इस अवसर पर उसे संघ से निम्नांकित 8 नियमों का पालन करने का आदेश दिया जाता था— 1. वृक्षों के नीचे वास करना, 2. साधारण वस्त्र धारण करना, 3. सात्विक भोजन का प्रयोग करना, 4. भोजन के लिए भिक्षा माँगना, 5. औषधि के रूप में गो-मूत्र का सेवन करना, 6. चोरी और जीव-हत्या मत करना, 7. अलौकिक शक्तियों का दावा मत करना, 8. स्त्री से यौन-सम्बन्ध स्थापित मत करना।

टिप्पणी—बालकों और पुरुषों के समान बालिकाओं और स्त्रियों को भी 'पब्बज्जा' और 'उपसम्पदा' का अधिकार प्राप्त था।

(3) विद्यार्थित्व (Studentship)—बौद्ध शिक्षा के द्वार सभी धर्मों, वर्गों और जातियों के व्यक्तियों के लिए खुले हुए थे। केवल चाण्डालों को इस शिक्षा से वंचित रखा गया था। छात्रों में राजाओं, व्यापारियों, दर्जियों और मछली पकड़ने वालों के पुत्र थे। इनमें अधिकांश संख्या ब्राह्मण और क्षत्रिय जातियों के छात्रों की थी।

(4) विद्यार्थियों का चुनाव (Selection of Students)—सिद्धान्त रूप में शिक्षा प्राप्त करने का अधिकार समाज के सभी व्यक्तियों को प्राप्त था, किन्तु निम्नांकित 10 वर्गों के किसी व्यक्ति का विद्यार्थित्व के लिए चुनाव नहीं किया जाता था—1. जो नपुंसक हो, 2. जो दास या ऋणी हो, 3. जो राजा की नौकरी में हो, 4. जो डाकू घोषित किया गया हो, 5. जो कारावास से भाग आया हो, 6. जिसका कोई अंग भंग हो, 7. जिसके शरीर का कोई भाग विकृत हो, 8. जिसको राज्य से कोई दण्ड मिला हो, 9. जिसने अपने माता-पिता की आज्ञा प्राप्त न की हो, 10. जिसको क्षय, कोढ़, खुजली आदि कोई छूत का रोग हो।

(5) शिक्षा आरम्भ करने की आयु (Age at the Commencement of Education)—**डॉ. ए. एस. अल्तेकर** के अनुसार शिक्षा आरम्भ करने की न्यूनतम आयु 8 वर्ष की थी। यह आयु उन्हीं बालकों के लिए निर्धारित की गई थी, जो संघ में प्रवेश करने का निश्चय कर लेते थे। संघ में प्रवेश करने वाला बालक उसके किसी भिक्षु को अपने शिक्षक के रूप में चुनता था।

(6) अध्ययन की अवधि (Period of Study)—'पब्बज्जा' के बाद अध्ययन की अवधि 12 वर्ष की और 'उपसम्पदा' की 10 वर्ष की थी। 'पब्बज्जा संस्कार' 8 वर्ष की आयु में होता था। इस प्रकार शिक्षा की पूर्ण अवधि 30 वर्ष थी।

(7) अध्ययन के विषय (Subjects of Study)—अध्ययन के विषयों के सम्बन्ध में **डॉ. ए. एस. अल्तेकर** ने लिखा है—यद्यपि मठों में प्रदान की जाने वाली शिक्षा बौद्धों द्वारा आयोजित और संगठित की गई थी, तथापि अध्ययन के विषयों का स्वरूप न तो पूर्णतया धार्मिक था और न पूर्णतया लौकिक। शिक्षा में बौद्ध दर्शन की प्रधानता अवश्य थी, पर हिन्दू और जैन धर्मों के अध्ययन के प्रति भी पर्याप्त ध्यान दिया जाता था। शिक्षा केवल धर्म, दर्शन और तर्कशास्त्र तक ही सीमित नहीं थी, वरन् संस्कृत साहित्य, न्यायशास्त्र, चिकित्सा-शास्त्र आदि विषयों की भी शिक्षा दी जाती थी, ताकि छात्र नागरिकों के रूप में राज्य और समाज के लिए उपयोगी बनकर उनकी सेवा कर सकें।

(8) शिक्षा की पद्धति (Method of Education)—बौद्धों ने ब्राह्मणों की वैयक्तिक शिक्षा पद्धति का अनुकरण न करके सामूहिक शिक्षा पद्धति का प्रयोग किया। शिक्षा केन्द्रों में विभिन्न भिक्षुओं द्वारा छात्रों को सामूहिक रूप में विभिन्न विषयों की शिक्षा दी जाती थी।

(9) शिक्षण की विधि (Method of Teaching)—शिक्षण विधि प्राय: मौखिक थी। इसके सामान्य अंग थे—भाषण, प्रवचन और प्रश्नोत्तर। शिक्षण विधि की एक विशेषता यह थी कि उनमें देशाटन, प्रकृति-निरीक्षण और विशेषज्ञों के व्याख्यानों को महत्त्व दिया जाता था। एक अनोखी विशेषता को **गुन्नार मिर्डल** ने इन शब्दों में अंकित किया है—**''शास्त्रीय विद्वानों को प्रोत्साहित किया जाता था। इस प्रकार की विद्वत्-सभाएँ बौद्ध उच्च शिक्षा की एक अनोखी विशेषता थी।''**

"Scholastic debates were encouraged. Such learned assemblies were a novel feature of Buddhist higher education." —**Gunnar Myrdal :** *Asian Drama,* Volume III, p. 1629.

(10) छात्र जीवन सम्बन्धी नियम (Rules Governing Student Life)—छात्रों के जीवन के सम्बन्ध में अनेक नियम थे, जिनका उनको अनिवार्य रूप से पालन करना पड़ता था; यथा—

(i) भोजन—छात्रों का भोजन अत्यन्त साधारण था। वे दिन में केवल तीन बार भोजन कर सकते थे। वे और उनके शिक्षक अपने रात्रि भोजन के लिए प्राय: कहीं न कहीं निमन्त्रित रहते थे।

(ii) वस्त्र—छात्रों को कम और सामान्य जनता से भिन्न प्रकार से वस्त्र पहनने का आदेश था। वे साधारणत: तीन वस्त्र धारण करते थे, जिनको समग्र रूप में **'तिसिवरा'** (Ticivara) कहा जाता था।

(iii) स्नान—छात्रों को सरोवरों में स्नान करते समय कुछ निश्चित नियमों का पालन करना पड़ता था; जैसे—जल में खेल न करना, एक-दूसरे पर पानी न फेंकना और अपने शरीर को किसी वस्तु या सरोवर में स्नान करने वाले किसी छात्र के शरीर से न रगड़ना।

(iv) भिक्षाटन—छात्रों को प्रात:काल भिक्षाटन के लिए जाना पड़ता था। वे वैदिक युग के ब्रह्मचारियों के समान बोलकर नहीं वरन् मौन रूप में ही भिक्षा की याचना कर सकते थे। वे उतनी ही भिक्षा माँग सकते थे, जितनी उनके लिए आवश्यक थी।

(v) अनुशासन—छात्र अनुशासन पर अत्यधिक बल दिया जाता था। छात्र को फूल-पत्तियाँ तोड़ने, सम्पत्ति रखने, सार्वजनिक स्थानों में तमाशे देखने, हानिप्रद खेलों में भाग लेने, शरीर को अलंकृत करने, गाली-गलौज और झगड़ा करने का पूर्ण निषेध था। जो छात्र निषिद्ध कार्यों को करते थे, उनको दण्ड दिया जाता था। **डॉ. आर. के. मुकर्जी** ने लिखा है कि एक बार एक संघ के सब सदस्यों को अनुशासहीनता के अपराध के कारण संघ से निकाल दिया गया।

(11) गुरु-शिष्य सम्बन्ध (Teacher-Pupil Relationship)—बौद्ध काल में गुरु-शिष्य का सम्बन्ध वैदिक काल की ही भाँति पवित्र और स्नेहपूर्ण था। इस सम्बन्ध का मुख्य आधार उनके पारस्परिक कर्त्तव्य थे।

छात्र अपने शिक्षक से पहले उठकर उसके लिए दाँतौन और मुँह धोने के लिए जल लाकर रख देता था। वह अपने शिक्षक के बैठने के स्थान को साफ करता था। जब शिक्षक आता था, तब वह उसे कोई पेय पदार्थ देता था। वह शिक्षक के बर्तनों को साफ करता था और उसके साथ भिक्षाटन के लिए जाता था। वह शिक्षक के पहले लौटकर उसके भोजन की व्यवस्था करता था। यदि शिक्षक बीमार हो जाता था, तो वह उसकी सेवा में उपस्थित रहता था।

केवल छात्र के ही शिक्षक के प्रति कर्त्तव्य नहीं थे, वरन् शिक्षक के भी छात्र के प्रति कर्त्तव्य थे। शिक्षक का सर्वश्रेष्ठ कर्त्तव्य यह था कि वह प्रत्येक सम्भव विधि का प्रयोग करके छात्र का मानसिक, चारित्रिक और आध्यात्मिक विकास करे। इसके अतिरिक्त वह छात्र के भोजन, वस्त्र, भिक्षा-पात्र, रहन-सहन आदि की व्यवस्था करता था। छात्र के अस्वस्थ हो जाने पर वह उसकी सेवा करता था और उसके लिए औषधि का प्रबन्ध करता था।

इस प्रकार छात्र और शिक्षक में एक-दूसरे के प्रति प्रेम, आदर और विश्वास की भावनाएँ निहित थीं। **डॉ. ए. एस. अल्तेकर** के शब्दों में—"**छात्र और उसके शिक्षक के सम्बन्ध पुत्र और पिता के समान थे। वे पारस्परिक सम्मान, विश्वास और प्रेम के द्वारा एक-दूसरे से आबद्ध थे।**"

(12) खेल-कूद व शारीरिक व्यायाम (Games, Sports and Physical Exercise)—बौद्ध काल में केवल छात्रों के मानसिक और नैतिक विकास को ही नहीं, वरन् उनके शारीरिक विकास को भी महत्त्व दिया जाता था। इस उद्देश्य की प्राप्ति के लिए अनेक प्रकार के खेल-कूद और शारीरिक व्यायाम निर्धारित थे। 'छल्लवग्ग' (Challavagga) में हमें इनकी एक विस्तृत सूची मिलती है; यथा—कुश्ती लड़ना, मुक्केबाजी करना, भूमि जोतना, तीर चलाना, तुरही बजाना, रथों की दौड़ करना इत्यादि। आई-सिंग (I-Tsing) ने नियमित रूप से टहलने जाने का उल्लेख किया है।

(13) सामान्य विद्यालय (Ordinary Schools)—भारत में सामान्य विद्यालयों की परम्परा स्थापित करने का श्रेय बौद्ध धर्म को प्राप्त है। इसका कारण यह है कि बौद्ध मठ, धार्मिक शिक्षा के अतिरिक्त सामान्य शिक्षा के भी केन्द्र थे। बालक घर पर अपने माता-पिता के साथ रहकर शिक्षा को प्राप्त कर सकते थे। इस प्रकार ये मठ बहुत कुछ सामान्य विद्यालयों की भाँति थे। इस सन्दर्भ में **गुन्नार मिर्डल** ने लिखा है—"**मठ-विद्यालय अधिकतर सामान्य विद्यालयों की भाँति कार्य करने लगे, क्योंकि बालक अपने परिवारों के साथ रहकर शिक्षा ग्रहण कर सकते थे।**"

(14) लोकभाषाओं को प्रोत्साहन (Impetus to Vernaculars)—महात्मा बुद्ध के आदेशानुसार भिक्षुओं को उनकी स्वयं की भाषाओं में शिक्षा दी जाती थी। इसका परिणाम बताते हुए **डॉ. आर. के. मुकर्जी** ने लिखा है—"**बौद्ध धर्म ने देश की लोकभाषाओं को प्रोत्साहन प्रदान किया और बौद्ध शिक्षा संस्थाओं में संस्कृत के बजाय लोकभाषाओं ने शिक्षा के माध्यम का स्थान ग्रहण किया।**"

(15) सार्वजनिक प्रारम्भिक शिक्षा (Proper Elementary Education)—बौद्ध शिक्षा आरम्भ में धार्मिक थी और उन्हीं व्यक्तियों तक सीमित थी, जो बौद्ध धर्म को अंगीकार करके भिक्षु बनते थे, किन्तु जैसा कि डॉ. ए. एस. अल्तेकर का विचार है, बौद्ध धर्म को जनप्रिय बनाने के लिए बौद्धों ने मठों में सार्वजनिक प्राथमिक शिक्षा प्रदान करने का कार्य लगभग पहली शताब्दी के आरम्भ से शुरू कर दिया। इस विचार के समर्थन में **डॉ. एफ. ई. केई** ने लिखा है—"**बौद्ध मठों ने पर्याप्त सार्वजनिक प्रारम्भिक शिक्षा प्रदान की।**"

(16) शिक्षा का जनतन्त्रीय आधार (Democratic Basis of Education)—बौद्धों ने शिक्षा को जनतन्त्रीय आधार प्रदान करके चाण्डालों के अतिरिक्त सभी जातियों के बालकों और बालिकाओं को शिक्षा के समान अवसर प्रदान किये। उनके इस उदार कार्य की सराहना करते हुए **डॉ. आर. के. मुकर्जी** ने लिखा है—"**बौद्ध शिक्षा केन्द्रों में विभिन्न वर्गों, विभिन्न जातियों और विभिन्न परिस्थितियों के सब बालक बिना किसी भेदभाव के पारिवारिक सम्पर्क स्थापित करते थे और ज्ञान का अर्जन करते थे।**"

(17) शिक्षा संस्थाओं का जनतन्त्रीय संगठन (Democratic Organization of Educational Institutions)—बौद्ध शिक्षा केन्द्रों का संगठन जनतन्त्रीय आधार पर किया गया था। **डॉ. महेश चन्द्र सिंघल** ने इसके स्वरूप का वर्णन निम्नांकित वाक्यों में किया है—"शिक्षा केन्द्रों का संचालन जनतन्त्र के सिद्धान्तों पर होता था। एक विद्वान् भिक्षु शिक्षा केन्द्रों का प्रधान संचालक नियुक्त किया जाता था। प्रधान की अधीनता में विभिन्न विषयों के महोपाध्याय होते थे। इन शिक्षा केन्द्रों को तत्कालीन राजाओं तथा धनिकों से सहायता मिलती थी, किन्तु इनके प्रबन्ध में किसी प्रकार का बाह्य हस्तक्षेप नहीं था।"

(18) संगठित शिक्षा संस्थाओं का उदय (Rise of Organised Educational Institutions)—वैदिक काल में संगठित शिक्षा संस्थाओं का अभाव था, क्योंकि शिक्षा प्रदान करने का कार्य व्यक्तिगत शिक्षकों द्वारा किया जाता था। इसके विपरीत बौद्ध काल में शिक्षा प्रदान करने का कार्य संगठित शिक्षा संस्थाओ द्वारा किया जाना आरम्भ हुआ। डॉ. ए. एस. अल्तेकर का मत है कि ऐसा होना स्वाभाविक था, क्योंकि बौद्ध मठ, जिन्होंने इस कार्य का भार सँभाला, वे पहले से ही एक धार्मिक सम्प्रदाय के रूप में संगठित थे। अपने इस मत के आधार पर **डॉ. अल्तेकर** ने लिखा है—**''यह कहना उचित है कि संगठित सार्वजनिक शिक्षा संस्थाओं का उदय बौद्ध धर्म के प्रभाव के कारण हुआ।''**

शिक्षा के प्रमुख दोष
(CHIEF DEFECTS OF EDUCATION)

डॉ. एफ. ई. केई के अनुसार—**''बौद्ध शिक्षा के आदर्शों और प्रयोग का ब्राह्मणीय शिक्षा आदर्शों और प्रयोग से घनिष्ठ सम्बन्ध था।''**

"The Buddhist educational ideals and practice were closely connected with those of Brahmanism."
—**Dr. F. E. Keay :** *op. cit.*, p. 109.

डॉ. केई के उक्त कथन को ध्यान में रखते हुए कह सकते हैं कि जिस प्रकार ब्राह्मणीय शिक्षा में कतिपय दोष थे, उसी प्रकार बौद्ध शिक्षा में भी थे। हम इन दोषों का संक्षिप्त वर्णन प्रस्तुत कर रहे हैं; यथा—

(1) बौद्ध धर्म का पतन (Decline of Buddhism)—शिक्षा के केन्द्रों के रूप में मठों और विहारों का जनतन्त्रीय आधार पर संगठन किया गया था, पर उसके संगठन में कुछ समय के उपरान्त शिथिलता आ गई। फलस्वरूप पृथक् मठों में रहते हुए भी भिक्षुओं और भिक्षुणियों का सम्पर्क आरम्भ हो गया। इस सम्पर्क ने व्यभिचार को जन्म दिया, जो कुछ समय के पश्चात् बौद्ध धर्म के पतन का कारण बना।

(2) देश की दुर्बलता (Weakness of the Country)—अहिंसा में विश्वास करने के कारण बौद्ध धर्म ने 'अहिंसा परमो धर्म:' के सिद्धान्त का पोषण किया। अत: बौद्ध काल में युद्ध-कला, सैनिक विज्ञान, अस्त्र-शस्त्र निर्माण की शिक्षा के प्रति लेशमात्र भी ध्यान नहीं दिया गया। इसका परिणाम यह हुआ कि देश सैनिक दृष्टि से दुर्बल हो गया। अत: जब भारत पर मुसलमानों के आक्रमण आरम्भ हुए, तब इस देश के निवासी सैनिक शक्ति से उनका सामना न कर सकने के कारण पददलित हुए और कई शताब्दियों तक यवनों के दास रहे।

(3) हस्तकार्य के प्रति घृणा (Hatred for Handwork)—मठों में प्रदान की जाने वाली शिक्षा मुख्यत: धार्मिक और आध्यात्मिक थी। उसमें लौकिक विषयों को तो स्थान दिया गया था, किन्तु हस्तकार्यों से सम्बन्धित शिक्षा की उपेक्षा की गई थी। अत: जैसा कि **डॉ. महेश चन्द्र सिंघल** ने लिखा है—**''हस्तकार्यों को हेय समझा जाने लगा, जिससे उच्च वर्गों के लोगों ने इसे पूर्णत: छोड़ दिया। इस प्रकार, श्रम की गुरुता की भावना का विनाश हुआ।''**

(4) स्त्री शिक्षा की उपेक्षा (Neglect of Women's Education)—बौद्ध शिक्षा से केवल धनी और कुलीन परिवारों की स्त्रियाँ ही लाभान्वित हुईं। जहाँ तक सामान्य स्त्रियों की शिक्षा का प्रश्न था, उसके लिए बौद्धों ने कोई कदम नहीं उठाया। इसका दोष मुख्यत: भिक्षुणियों पर था, क्योंकि जिस प्रकार बालकों और पुरुषों की शिक्षा का भार भिक्षुओं पर था, उसी प्रकार बालिकाओं और स्त्रियों की शिक्षा का उत्तरदायित्व भिक्षुणियों पर था, किन्तु भिक्षुणियों ने अपने मठों में किसी प्रकार की शिक्षा का कार्यक्रम आयोजित नहीं किया। अत: **डॉ. एफ. ई. केई** का मत है—**''यह कल्पना करना उचित न होगा कि बौद्ध धर्म ने भारत में स्त्रियों की शिक्षा के लिए कोई विशेष कार्य किया।''**

(5) लौकिक जीवन की उपेक्षा (Neglect of Worldly Life)—धर्म-प्रधान होने के कारण बौद्ध शिक्षा में आध्यात्मिक विकास पर विशेष बल दिया जाता था। बौद्धों और अबौद्धों को जीवन को मिथ्या और संसार को क्षण-भंगुर मानने की निरन्तर शिक्षा दी जाती थी। इस प्रकार बौद्ध धर्म, जो शिक्षा प्रदान करता था वह व्यक्तियों को इस जीवन और संसार के लिए तैयार न करके, दूसरे संसार के लिए तैयार करती थी। इस

प्रसंग में डॉ. एफ. ई. केई ने लिखा है—"**बौद्ध धर्म ने जीवन का ऐसा आदर्श उपस्थित किया, जिसमें इस क्षण-भंगुर संसार के लिए घृणा थी और इसलिए इस धर्म ने शिक्षा द्वारा व्यक्ति को दूसरे संसार के लिए तैयार किया।**"

(6) कट्टर धार्मिक विचारों का समावेश (Infusion of Puritanical Ideas)—बौद्ध शिक्षा पर धर्म की इतनी गहरी छाप थी कि इस शिक्षा को प्राप्त करने वाले व्यक्ति धर्म की सीमा से बाहर किसी बात की कल्पना नहीं कर सकते थे। इस प्रकार बौद्धों ने अपनी शिक्षा द्वारा जनसाधारण के मस्तिष्क में धार्मिक कट्टरता का समावेश कर दिया। **डॉ. ए. एस. अल्तेकर** ने ठीक ही लिखा है—"**जन-साधारण के मस्तिष्क में शनैः-शनैः कट्टर धार्मिक विचारों का समावेश करने के लिए बौद्ध लोग उत्तरदायी हैं।**"

आधुनिक भारतीय शिक्षा को देन
(CONTRIBUTION TO MODERN INDIAN EDUCATION)

आधुनिक भारतीय शिक्षा को बौद्ध शिक्षा का योगदान अत्यन्त व्यापक और अभिनन्दनीय हैं। शिक्षा के क्षेत्र में ऐसे अनेक कार्य आयोजित किये गये हैं जो बौद्ध शिक्षा के अभिन्न अंग थे; यथा—

1. सामान्य विद्यालयों का आयोजन।
2. सार्वजनिक प्राथमिक शिक्षा का आयोजन।
3. स्त्रियों के लिए उच्च शिक्षा का आयोजन।
4. खेल-कूद और शारीरिक व्यायाम का आयोजन।
5. प्राविधिक और वैज्ञानिक शिक्षा का आयोजन।
6. व्यावसायिक और लाभप्रद विषयों की शिक्षा का आयोजन।
7. लौकिक और सामान्य विषयों की शिक्षा प्रदान करने का आयोजन।
8. बहु-शिक्षक और सामूहिक शिक्षा की प्रणालियों का आयोजन।
9. उच्च स्तर पर सैद्धान्तिक और प्रयोगात्मक शिक्षा का आयोजन।
10. लोकसभाओं को प्रोत्साहन और उनको शिक्षा का माध्यम बनाने का आयोजन।
11. शिक्षा के विभिन्न स्तरों पर अध्ययन की निश्चित अवधि का आयोजन।
12. शिक्षा-संस्थाओं में प्रवेश-सम्बन्धी न्यूनतम आयु, नियमों और परीक्षा का आयोजन।
13. माता-पिता और अभिभावकों के साथ रहने वाले बालकों के लिए शिक्षा की सुविधाओं का आयोजन।
14. सभी धर्मों, वर्गों और जातियों के बालकों को शिक्षा के समान अवसर प्रदान करने का आयोजन।

बौद्ध व वैदिक शिक्षा : समानता व असमानता
(BUDDHIST AND VEDIC EDUCATION : SIMILARITY AND DISSIMILARITY)

समानता (Similarity)—**डॉ. ए. एस. अल्तेकर** के शब्दों में—"**जहाँ तक सामान्य शैक्षिक सिद्धान्त या प्रयोग की बात है, हिन्दुओं और बौद्धों में कोई अन्तर नहीं था। दोनों प्रणालियों के समान आदर्श थे और दोनों समान विधियों का अनुसरण करती थीं।**"

"There was no fundamental difference between Hindus and Buddhists as far as the general educational theory or practice was concerned. Both systems had similar ideas and followed similar methods."

—**Dr. A. S. Altekar :** *op. cit.,* p. 228.

वस्तुतः वैदिक शिक्षा का अनुकरण करके ही बौद्ध-शिक्षा का संगठन किया गया था। अतः दोनों प्रणालियों में समानताएँ होना कोई आश्चर्य की बात नहीं थी। मुख्य समानताओं का विवरण द्रष्टव्य है—

1. दोनों प्रणालियों में शिक्षा बाह्य नियन्त्रण से मुक्त थी।
2. दोनों प्रणालियों में शिक्षण विधि मुख्यतः मौखिक थी।

3. दोनों प्रणालियों में छात्रों की दिनचर्या में एकरूपता थी।

4. दोनों प्रणालियों में शारीरिक दण्ड साधारणतया वर्जित था।

5. दोनों प्रणालियों में धार्मिक व नैतिक जीवन को प्रमुखता दी जाती थी।

6. दोनों प्रणालियों में शिक्षा सम्बन्धी संस्कारों को महत्त्व दिया जाता था।

7. दोनों प्रणालियों में शिक्षा, भोजन और निवास की नि:शुल्क व्यवस्था थी।

8. दोनों प्रणालियों में गुरु-शिष्य सम्बन्ध पवित्र, स्नेहपूर्ण और आध्यात्मिक थे।

9. दोनों प्रणालियों में छात्रों को अपने भोजन के लिए भिक्षा माँगने जाना पड़ता था।

10. दोनों प्रणालियों में शिक्षा आरम्भ करने की आयु और अध्ययन की अवधि निर्धारित थी।

11. दोनों प्रणालियों में सदाचार, सरल जीवन और उच्च विचारों पर बल दिया जाता था।

12. दोनों प्रणालियों में शिक्षा की संस्थाएँ—नगरों के कोलाहल से दूर प्रकृति के शान्त वातावरण में स्थित थीं।

असमानता (Dissimilarity)—बौद्ध धर्म का उदय, वैदिक धर्म के विरुद्ध प्रतिक्रिया के फलस्वरूप हुआ था। अत: वैदिक काल और बौद्ध काल की शिक्षा में कुछ असमानताओं का होना स्वाभाविक था। मुख्य असमानताओं का विवरण दृष्टव्य है—

1. वैदिक काल में सार्वजनिक शिक्षा व्यवस्था नहीं थी। इसके विपरीत, बौद्ध काल में इस शिक्षा की व्यवस्था थी।

2. वैदिक काल में शिक्षा का माध्यम संस्कृत थी। इसके विपरीत, बौद्ध काल में शिक्षा का माध्यम लोकभाषाएँ थीं।

3. वैदिक काल में सामान्य विद्यालयों का प्रचलन नहीं था। इसके विपरीत, बौद्ध काल में इन विद्यालयों का प्रचलन था।

4. वैदिक काल में शिक्षक केवल ब्राह्मण थे। इसके विपरीत, बौद्ध काल में विभिन्न जातियों के भिक्षु शिक्षक थे।

5. वैदिक काल में शिक्षा का स्वरूप व्यक्तिगत व पारिवारिक था। इसके विपरीत, बौद्ध काल में शिक्षा का स्वरूप संस्थागत व सामूहिक था।

6. वैदिक काल में शिक्षा-संस्थाएँ जनतन्त्रवाद के सिद्धान्त पर आधारित थीं। इसके विपरीत, बौद्धकाल में शिक्षा-संस्थाएँ जनतन्त्रवाद के सिद्धान्त पर आधारित नहीं थीं।

7. वैदिक काल में शिक्षा के केन्द्र—आश्रम और गुरुकुल थे। इसके विपरीत, बौद्ध काल में शिक्षा के केन्द्र—मठ, विहार और सुसंगठित शिक्षा-संस्थाएँ थीं।

8. वैदिक काल में केवल ब्राह्मणों, क्षत्रियों और वैश्यों को शिक्षा प्राप्त करने का अधिकार था। इसके विपरीत, बौद्ध काल में शिक्षा के द्वार सभी धर्मों, वर्गों और जातियों के लिए खुले हुए थे।

9. वैदिक काल में छात्रों का जीवन सादा और तपोमय था। इसके विपरीत, बौद्ध काल में छात्रों का जीवन सादा पर सुविधापूर्ण था, क्योंकि उनको जीवन-सम्बन्धी सब सुख और सुविधाएँ उपलब्ध थीं।

10. वैदिक काल में गुरु की श्रेष्ठता और प्रधानता थी। इसके विपरीत, बौद्ध काल में गुरु का महत्त्व कम हो गया था, क्योंकि भिक्षु के रूप में मठ में प्रवेश करने के बाद छात्र पूर्ण स्वतन्त्रता और जीवन-सम्बन्धी सब अधिकारों का उपभोग करता था।

आधुनिक शिक्षा के लिए ग्रहणीय तत्त्व
(ACCEPTABLE FEATURES FOR MODERN EDUCATION)

यद्यपि बौद्धकालीन शिक्षा का भारत में लोप हो चुका है, तथापि इसके कुछ तत्त्व आधुनिक भारतीय शिक्षा के लिए ग्रहणीय हैं; यथा—

(1) छात्रों का जीवन (Student's Life)—बौद्ध काल में छात्रों के जीवन के दो मुख्य आदर्श थे—सादगी और श्रेष्ठ विचार। इन आदर्शों के बावजूद उनके लिए तपस्यापूर्ण जीवन के बजाय सुख-सुविधापूर्ण

जीवन को अच्छा माना जाता था। इसलिए उनको भोजन, वस्त्र, निवास, चिकित्सा आदि की सुविधाएँ प्रदान की गई थीं।

आधुनिक भारत में उस मध्य मार्ग का अनुसरण सर्वथा उचित प्रतीत होता है। छात्रों को आधुनिक आविष्कारों से प्राप्त होने वाली सुख-सुविधाओं से वंचित न करके, सादगी और श्रेष्ठ विचारों के आदर्शों को प्राप्त करने के लिए अनुप्राणित किया जा सकता है।

(2) छात्रों के अधिकार (Students's Rights)—बौद्ध काल में जब छात्र को भिक्षु के रूप में मठ में प्रवेश करने की आज्ञा मिल जाती थी, तब उसे पूर्ण स्वतन्त्रता और जीवन-सम्बन्धी सभी अधिकार प्राप्त हो जाते थे।

आधुनिक भारतीय शिक्षा में इस तत्त्व का अत्यन्त महत्व है। छात्रों को अपनी शिक्षा-संस्थाओं से सम्बन्धित सभी कार्यों में भाग लेने की स्वतन्त्रता और अधिकार होना चाहिए। आधुनिक शिक्षा में इस तत्त्व को समाविष्ट करके अनेक समस्याओं का समाधान किया जाता है। **डॉ. महेशचन्द्र सिंघल** के शब्दों में—**''आज भारतीय विश्वविद्यालयों के समस्त उपकुलपतियों ने इस तथ्य को स्वीकार किया है कि शिक्षा के विभिन्न पक्षों में, जिनमें प्रशासन भी शामिल है, किस सीमा तक छात्रों को सम्मिलित किया जाए और उन्हें अधिकार प्रदान किये जाएँ।''**

(3) अन्तर्राष्ट्रीय शिक्षा का केन्द्र (Centre of International Education)—बौद्ध काल में भारत अन्तर्राष्ट्रीय शिक्षा का केन्द्र था। सुदूर देशों से आने वाले छात्र, अध्ययन समाप्त करके अपने देशों को लौटते थे और वहाँ दया, प्रेम, अहिंसा, बौद्ध धर्म, विश्व-बन्धुत्व और भारतीय सभ्यता एवं संस्कृति का सन्देश फैलाते थे।

हमारा देश आज भी प्रेम, शान्ति और अहिंसा के सिद्धान्तों का उपासक माना जाता है। अत: भारत को एक बार फिर अन्तर्राष्ट्रीय शिक्षा का केन्द्र बनाकर इन सिद्धान्तों का विश्व में व्यापक प्रचार किया जा सकता है। **डॉ. महेशचन्द्र सिंघल** के अनुसार—**''शान्ति, अहिंसा, प्रेम और 'वसुधैव कुटुम्बकम्' का सिद्धान्त विश्व में फैलाने का कार्य भारतीय शिक्षा और विश्वविद्यालयों के द्वारा आज भी किया जा सकता है।''**

(4) शिक्षा संस्थाओं का जनतन्त्रीय संगठन (Democratic Organisation of Educational Institutions)—बौद्ध काल में शिक्षा संस्थाएँ बाह्य नियन्त्रण से मुक्त थीं और उनका संगठन जनतन्त्रीय आधार पर किया गया था। आज हमारे देश में ऐसी सहस्रों शिक्षा संस्थाएँ हैं, जो न तो बाह्य नियन्त्रण से मुक्त हैं और न जिनका संगठन ही जनतन्त्रीय है। इन संस्थाओं का स्वरूप बौद्ध काल की शिक्षा संस्थाओं के अनुरूप बनाया जाना है।

इस स्वरूप को अंकित करते हुए **डॉ. आर. के. मुकर्जी** ने लिखा है—**''बौद्ध-प्रणाली में शिक्षा, बिहार या मठ में दी जाती थी, जिसमें सामूहिक जीवन, भ्रातृत्व भावना और जनतन्त्र के लिए अवसर प्रदान होता था।''**

अभ्यास प्रश्न

दीर्घ उत्तरीय प्रश्न (Long Answer Type Questions)

1. बौद्ध शिक्षा की प्रमुख विशेषताओं का वर्णन कीजिए और आधुनिक शिक्षा को बौद्ध शिक्षा प्रणाली की मुख्य देनों का उल्लेख कीजिए।
2. ''बौद्ध शिक्षा अनेक महत्त्वपूर्ण बातों में ब्राह्मणीय शिक्षा से भिन्न है।'' विवेचन कीजिए और शिक्षा की दोनों प्रणालियों में समानताएँ बताइए।

लघु उत्तरीय प्रश्न (Short Answer Type Question)

1. टिप्पणियाँ लिखिए—(अ) शिक्षा का संगठन, (ब) सार्वजनिक प्राथमिक शिक्षा, (स) आधुनिक शिक्षा के लिए ग्रहणीय तत्त्व।

बहुविकल्पीय प्रश्न (Multiple Choice Questions)

1. पब्बज्जा संस्कार का शाब्दिक अर्थ है—
   (अ) बाहर जाना (ब) घर लौटना
   (स) उपदेश देना (द) सिर के बाल मुँड़ाना। उत्तर—(अ)
2. बौद्धकाल में उच्च शिक्षा की अवधि थी—
   (अ) 14 वर्ष (ब) 15 वर्ष
   (स) 12 वर्ष (द) 18 वर्ष। उत्तर—(स)
3. उपसम्पदा संस्कार बौद्ध संघ से कम से कम भिक्षुओं के समक्ष होता था—
   (अ) 10 (ब) 15
   (स) 12 (द) 14. उत्तर—(अ)
4. बौद्धकाल में शिक्षा दी जाती थी—
   (अ) गुरुकुलों में (ब) मकतब व मदरसों में
   (स) मठों तथा विहारों में (द) निशनरी स्कूलों में। उत्तर—(स)
5. नालन्दा विश्वविद्यालय में छात्र अध्ययन करते थे—
   (अ) ब्रिटेन के (ब) चीन, जावा, ब्रह्मा आदि के
   (स) अमेरिका के (द) फ्रांस के। उत्तर—(ब)
6. विक्रमशिला विश्वविद्यालय को नष्ट कर दिया था—
   (अ) अलाउद्दीन खिलजी ने (ब) मुहम्मद गौरी ने
   (स) बख्तियार खिलजी ने (द) बलबन ने। उत्तर—(स)

अध्याय—3

मुस्लिमकालीन शिक्षा के प्रत्यय, उद्देश्य एवं विशेषताएँ

[CONCEPT, AIMS AND CHARACTERISTICS OF EDUCATION IN ISLAMIC ERA]

विषय-प्रवेश

(INTRODUCTION)

भारत की अतुलित सम्पत्ति से आकृष्ट होकर, मुसलमानों ने इस देश पर आठवीं शताब्दी में अपने आक्रमण प्रारम्भ कर दिये थे, किन्तु उनके आक्रमणों का असली तूफान महमूद गजनी के समय में आरम्भ हुआ, जिसने सन् 1000 ई. से 1026 ई. तक भारत पर लगभग 17 आक्रमण किये। उसके आक्रमणों का मुख्य ध्येय—इस देश की सम्पत्ति को लूटकर गजनी को वैभवशाली बनाना था, न कि यहाँ मुस्लिम शासन की स्थापना करना। अतः वह प्रत्येक आक्रमण के बाद लूट का माल लेकर स्वदेश को लौट जाता था।

महमूद गजनी के बहुत समय पश्चात् सन् 1192 ई. में मुहम्मद गौरी ने दिल्ली के अन्तिम राजपूत राजा, पृथ्वीराज चौहान को पराजित करके भारत में मुस्लिम शासन का शिलान्यास किया। उसकी मृत्यु के उपरान्त भारत पर क्रमशः गुलाम, खिलजी, तुगलक, सैयद, लोदी और मुगल वंश ने सन् 1757 ई. तक शासन किया। उस वर्ष क्लाइव ने प्लासी के युद्ध में विजयी होकर भारत में अंग्रेजी शासन का इतिहास आरम्भ किया।

इस प्रकार लगभग 550 वर्ष तक भारत पर मुसलमानों का आधिपत्य रहा। उन्होंने यहाँ एक नवीन शिक्षा प्रणाली का सूत्रपात किया, जिसे 'मध्यकालीन मुस्लिम शिक्षा प्रणाली' कहा जा सकता है। इस प्रणाली के विषय में अपना मत व्यक्त करते हुए **डॉ. एफ. ई. केई** ने लिखा है—**''मुस्लिम शिक्षा एक विदेशी प्रणाली थी, जिसका भारत में प्रतिरोपण किया गया और जो ब्राह्मणीय शिक्षा से अति अल्प सम्बन्ध रखकर अपनी नवीन भूमि में विकसित हुई।''**

शिक्षा के उद्देश्य व आदर्श

(AIMS AND IDEALS OF EDUCATION)

मुसलमानों ने भारत पर अनेक शताब्दियों तक शासन किया, पर इस सम्पूर्ण अवधि में उनकी स्थिति अपनी और अपने राज्य की सुरक्षा के लिए सशस्त्र सैनिकों की-सी थी। ऐसी स्थिति में उनका ध्यान शिक्षा पर पूर्ण रूप से केन्द्रित न होना कोई आश्चर्य की बात नहीं थी। फिर जिन मुस्लिम शासकों का भारत पर आधिपत्य रहा, उनमें से कुछ उदार एवं सहिष्णु और कुछ अनुदार एवं असहिष्णु थे। उदाहरणार्थ बख्तियार अलाउद्दीन, फिरोज तुगलक और औरंगजेब इतने कट्टर और अनुदार थे कि उनका एकमात्र ध्येय हिन्दुओं की शिक्षा और संस्कृति के केन्द्रों का विनाश करके मुस्लिम शिक्षा और संस्कृति का प्रसार करना था। इसके विपरीत अल्तमश, मुहम्मद तुगलक, अकबर और शाहजहाँ के समान कुछ ऐसे मुस्लिम शासक भी थे जिन्होंने शिक्षा के प्रति अगाध रुचि प्रकट की और उसे अपना संरक्षण प्रदान करके उसके विस्तार में प्रशंसनीय योग दिया।

शिक्षा के प्रति मुस्लिम शासकों के इन विरोधी दृष्टिकोणों के कारण सम्पूर्ण मुस्लिम युग में शिक्षा के उद्देश्यों और आदर्शों में समरूपता नहीं मिलती है, परन्तु फिर भी इस्लाम धर्म के सच्चे बन्दे होने के कारण सभी मुसलमान शासकों ने शिक्षा के कुछ ऐसे उद्देश्य और आदर्श निर्धारित किये जिनमें निश्चित एकरूपता थी। हम इन उद्देश्यों और आदर्शों का संक्षिप्त विवरण लेखबद्ध कर रहे हैं; यथा—

(1) ज्ञान का प्रसार (Spread of Learning)—मुस्लिम शिक्षा का पहला उद्देश्य इस्लाम धर्म के अनुयायियों में ज्ञान का प्रसार करना था। मुहम्मद साहब ने ज्ञान को अमृत बताया था और कहा था कि ज्ञान

ही निजाम अर्थात् मुक्ति का साधन है। ज्ञान को पाकर ही व्यक्ति धर्म और अधर्म, कर्त्तव्य और अकर्त्तव्य में अन्तर कर सकता है। अत: अपने अनुयायियों को **मुहम्मद साहब** का उपदेश था—**''दान में धन देने की अपेक्षा अपने बच्चों को शिक्षा देना कहीं अधिक अच्छा है। छात्रों के कलम की स्याही, शहीदों के खून से भी अधिक पवित्र है।''**

मुहम्मद साहब के इस उपदेश को कार्य रूप में परिणत करना मुस्लिम शासकों ने अपना सर्वश्रेष्ठ कर्त्तव्य माना। अत: उन्होंने मुसलमानों के मस्तिष्क को ज्ञान के आलोक से प्रकाशित करने का पूरा-पूरा प्रयत्न किया।

(2) इस्लाम का प्रसार (Spread of Islam)—मुस्लिम शिक्षा का दूसरा उद्देश्य इस्लाम का प्रसार करना था। मुसलमान अपने धर्म का विस्तार करना अपना पवित्र कर्त्तव्य मानते हैं। उनका विश्वास है कि काफिरों से इस्लाम धर्म को अंगीकार करवाने वाला मुसलमान गाजी होता है। इस विश्वास से प्रेरित होकर मुसलमान शासकों ने विभिन्न विधियों का प्रयोग करके भारत के कौने-कौने में इस्लाम धर्म को फैलाने का प्रयत्न किया।

इन विधियों में से एक विधि थी—शिक्षा के द्वारा व्यक्तियों को इस्लाम के सिद्धान्तों से अवगत कराना। इस उद्देश्य की प्राप्ति के लिए देश के विभिन्न स्थानों में मकतबों और मदरसों की स्थापना की गई, जिनमें धार्मिक शिक्षा का स्थान सर्वोपरि था। मकतबों में कुरान की आयतों को कण्ठस्थ करना अनिवार्य था। यहाँ दर्शन, साहित्य और इतिहास की शिक्षा धार्मिक सिद्धान्तों के आधार पर दी जाती थी। अत: जैसा कि **डॉ. युसुफ हुसैन** ने लिखा है—**''मुस्लिम शिक्षा प्राप्त करने वाले व्यक्ति धर्म की पृष्ठभूमि में बोलते और विचार करते थे।''**

(3) मुस्लिम संस्कृति का प्रसार (Spread of Muslim Culture)—मुस्लिम शिक्षा का तीसरा उद्देश्य मुस्लिम संस्कृति का प्रसार करना था। मुसलमान भारत में दूसरे देशों से आये थे, अत: उनकी और हिन्दुओं की संस्कृति में प्रत्येक दृष्टि से विषमता थी। इस विषमता का अन्त करने के लिए मुसलमानों ने शिक्षा को माध्यम बनाया। उनका विचार था कि वे शिक्षा के द्वारा भारतवासियों को अपनी भाषा, प्रथाओं, आचार-विचार और सामाजिक नियमों से प्रभावित करके अपने धर्म का अवलम्बी बना लेंगे।

(4) धार्मिकता का समावेश (Infusion of Religiousness)—मुस्लिम शिक्षा का चौथा उद्देश्य मुसलमानों में धार्मिकता का समावेश करना था। **मजूमदार, राय चौधरी** व **दत्त** के शब्दों में—**''भारत में मुस्लिम राज्य, धर्म राज्य था, जिसका अस्तित्व सिद्धान्त के रूप में धर्म की आवश्यकताओं के कारण उचित था।''**

धर्म की आवश्यकताओं को पूर्ण करने के लिए मुसलमानों में धार्मिकता की भावना को समाविष्ट करना अनिवार्य था। यही कारण था कि मकतबों और मदरसों को साधारणतया मस्जिदों से सम्बद्ध किया गया, जहाँ प्रतिदिन सामूहिक नमाज एक सामान्य बात थी। मकतबों और मदरसों में शिक्षा ग्रहण करने वाले छात्रों में इस धार्मिक वातावरण द्वारा धार्मिकता का समावेश किया जाता था। साथ ही उनको अपने जीवन में धर्म के महत्त्व और गौरव से अवगत कराया जाता था।

(5) विशिष्ट नैतिकता का समावेश (Infusion of Distinct Morality)—मुस्लिम शिक्षा का पाँचवाँ उद्देश्य व्यक्तियों में इस्लाम के सिद्धान्तों के अनुसार विशिष्ट नैतिकता का समावेश करना था। इस उद्देश्य की प्राप्ति में शिक्षा से पर्याप्त सहायता मिली। मुस्लिम शिक्षा संस्थाओं के द्वार मुसलमानों-हिन्दुओं दोनों के लिए समान रूप से खुले हुए थे। अत: शिक्षा के द्वारा उनमें मुस्लिम नैतिकता के उन आदर्शों का समावेश किया जाता था जो हिन्दुओं के आदर्शों से पूर्णतया भिन्न थे। अनेक हिन्दुओं ने इन संस्थाओं में ज्ञान प्राप्त करके मुस्लिम संस्कृति और जीवन विधि में अपना विश्वास प्रकट किया।

(6) चरित्र का निर्माण (Formation of Character)—मुस्लिम शिक्षा का छठवाँ उद्देश्य व्यक्ति के चरित्र का निर्माण करना था। मुहम्मद साहब ने चरित्र के निर्माण पर अत्यधिक जोर दिया था। उनका कहना

था कि उत्तम चरित्र का निर्माण करके ही व्यक्ति जीवन में सफलता पा सकता है। अतः मकतबों और मदरसों में छात्रों में अच्छी आदतों और उत्तम चरित्र का निर्माण करने के लिए शिक्षकों द्वारा निरन्तर प्रयास किया जाता था।

(7) सांसारिक ऐश्वर्य की प्राप्ति (Achievement of Worldly Prosperity)—मुस्लिम शिक्षा का सातवाँ उद्देश्य व्यक्तियों को सांसारिक ऐश्वर्य प्राप्त करने के योग्य बनाना था। इस्लाम धर्म पुनर्जन्म में विश्वास नहीं रखता था अतः यह धर्म पारलौकिक जीवन की चर्चा न करके केवल इहलौकिक जीवन का ही उल्लेख करता है। इसलिए मुसलमानों का विश्वास है कि उनका जीवन केवल सांसारिक ही है और इसमें सभी प्रकार के ऐश्वर्यों का उपयोग करना चाहिए।

मुसलमानों की इस आकांक्षा को पूरा करने के लिए मुस्लिम शासकों ने राज्य के निम्नतम पदों से लेकर उच्चतम पदों तक केवल सुशिक्षित व्यक्तियों को ही नियुक्त किया। इसकी पुष्टि करते हुए **जाफर** ने लिखा है—**''ज्ञान का अत्यधिक सम्मान किया जाता था और विद्वान् मनुष्यों के लिए सम्पूर्ण देश में प्रेम और सम्मान था। राज्य ने भी उनको प्रत्येक सम्भव विधि से प्रोत्साहित किया। न्यायाधीशों, कानूनवेत्ताओं और धर्माधिकारियों का इसी वर्ग के मनुष्यों में से चुनाव किया जाता था।''**

अतः यह स्वाभाविक था कि इन पदों को प्राप्त करने के लिए न केवल मुसलमान वरन् हिन्दू भी मुस्लिम शिक्षा ग्रहण करने के लिए उत्कंठित हो गये।

(8) मुस्लिम श्रेष्ठता की स्थापना (Establishment of Muslim Supremacy)—मुस्लिम शिक्षा का आठवाँ और अन्तिम उद्देश्य हिन्दुओं को मुस्लिम सभ्यता और संस्कृति से प्रभावित न करके भारत में मुस्लिम श्रेष्ठता को सुदृढ़ आधार पर स्थापित करना था। मुस्लिम शासक इस तथ्य से भली-भाँति अवगत थे। शिक्षा ही वह साधन थी जिसके द्वारा हिन्दुओं के विचारों और दृष्टिकोणों में आमूल परिवर्तन करके इनको भारत में मुस्लिम शासन का दृढ़ स्तम्भ बनाया जा सकता था। अतः शिक्षा के द्वारा हिन्दुओं के मस्तिष्क में मुस्लिम आदर्शों और सिद्धान्तों को समाविष्ट करने का पूरा-पूरा उद्योग किया गया। अकबर ने अपनी शिक्षा नीति का निर्माण मुख्यतः इसी लक्ष्य तक पहुँचने के लिए किया था।

मुगल सम्राटों से पहले मुस्लिम शासकों की शिक्षा की कोई निश्चित नीति नहीं थी। वे अपनी व्यक्तिगत रुचियों और आवश्यकताओं के अनुसार शिक्षा के उद्देश्य में समय-समय पर थोड़ा-बहुत परिवर्तन करते रहे, पर अधिकांश मुस्लिम युग में शिक्षा के उद्देश्य ये ही थे।

शिक्षा की व्यवस्था
(ORGANIZATION OF EDUCATION)

सामान्य परिचय—भारत के मुस्लिम शासकों ने केन्द्रीय या प्रान्तीय स्तर पर शिक्षा के किसी विभाग की स्थापना नहीं की, पर उन्होंने साधारणतया शिक्षा में रुचि अवश्य ली। फलस्वरूप लगभग सम्पूर्ण मुस्लिम काल में प्राथमिक और उच्च शिक्षा की व्यवस्था थी। उस काल में शिक्षा के केवल यही दो स्तर थे। इन दोनों स्तरों पर शिक्षा प्रदान करने के लिए मुस्लिम शासकों और विद्याप्रेमी धनी व्यक्तियों द्वारा मकतबों और मदरसों की स्थापना की गई थी। इन संस्थाओं में शिक्षा का आयोजन मुख्यतः मुसलमानों के लिए ही था। **डॉ. एफ. ई. केई** के शब्दों में—**''कुछ अपवादों के अलावा मुस्लिम शिक्षा जनता के उन अल्पसंख्यकों के लिए थी जो मुस्लिम धर्म को अंगीकार कर लेते थे।''**

"Mohammedan education, with a few exception was open to that minority of the population, which embraced the Mohammedan faith." —**Dr. F.E. Keay :** *op. cit.,* p. 182.

केई के इस कथन से स्पष्ट हो जाता है कि मुस्लिम शिक्षा संस्थाओं में हिन्दुओं का प्रवेश वर्जित नहीं था परन्तु इन संस्थाओं का धार्मिक कट्टरता का वातावरण हिन्दू छात्रों के लिए इतना विषाक्त था कि वे इनमें प्रदान की जाने वाली शिक्षा से पूर्णरूपेण लाभान्वित नहीं हो पाते थे। इस सामान्य परिचय के पश्चात् हम उपरिवर्णित शिक्षा के दोनों स्तरों का परिचय उपस्थित कर रहे हैं—

1. प्राथमिक शिक्षा
(PRIMARY EDUCATION)

(1) शिक्षा संस्थाएँ—प्राथमिक शिक्षा के मुख्य केन्द्र मकतब थे। उनके अतिरिक्त खानकाहों और दरगाहों (Khanaqahas and Dargahas) में भी प्राथमिक शिक्षा प्रदान की जाती थी। इन शिक्षा संस्थाओं में केवल मुसलमान बच्चे ही शिक्षा प्राप्त कर सकते थे। कुछ व्यक्तिगत शिक्षक अपने घरों पर प्राथमिक शिक्षा प्रदान करने का कार्य करते थे।

(2) प्रवेश—जिस प्रकार वैदिक युग में उपनयन संस्कार के पश्चात् और बौद्ध युग में पब्बज्जा संस्कार के उपरान्त बालक की शिक्षा आरम्भ होती थी, उसी प्रकार मुस्लिम युग में बिस्मिल्लाह-खानी (Bismillah-Khani) की रस्म के बाद बालक अपनी शिक्षा आरम्भ करता था। यह रस्म उस समय आरम्भ होती थी जब बालक 4 वर्ष, 4 माह और 4 दिन का होता था। इस रस्म के समय बालक के लगभग सभी सम्बन्धी उपस्थित रहते थे और वह नये वस्त्र धारण करके मौलवी साहब के समक्ष उपस्थित होता था। मौलवी साहब कुरान शरीफ की आयतें पढ़ते थे और बालक से उनको दोहरवाते थे। यदि बालक उनको दोहराने में असमर्थ होता था तो उसके द्वारा केवल बिस्मिल्लाह कहा जाना ही पर्याप्त समझा जाता था।

इस प्रकार बालक की प्राथमिक शिक्षा का श्रीगणेश होता था। **डॉ. एफ. ई. केई** के अनुसार—**''सभी मुसलमान बालकों से प्राथमिक शिक्षा ग्रहण करने की आशा की जाती थी ताकि वे अपने प्रतिदिन के धार्मिक कार्यों से सम्बन्धित कुरान की आयतों को स्मरण कर लें। किन्तु इस बात को निश्चित रूप से नहीं कहा जा सकता है कि सभी बालक इस शिक्षा को प्राप्त करते थे।''**

(3) पाठ्यक्रम—मकतबों का पाठ्यक्रम विभिन्न स्थानों में विभिन्न था। साधारणतया बालकों को पढ़ने-लिखने और साधारण अंकगणित की शिक्षा दी जाती थी। उनको सबसे पहले वर्णमाला के अक्षरों का ज्ञान कराया जाता था और उसके पश्चात् कुरान की कुछ आयतें कण्ठस्थ कराई जाती थीं। बालक के लिए उनका अर्थ समझना आवश्यक नहीं था पर उनका शुद्ध उच्चारण करना अनिवार्य था। उसके पश्चात् बालक को लिखना सिखाया जाता था। जब बालक को पढ़ने और लिखने का पर्याप्त ज्ञान हो जाता था तब उसे व्याकरण और फारसी भाषा की शिक्षा दी जाती थी। व्यावहारिक शिक्षा के अन्तर्गत बातचीत करने के ढंग, सुन्दर लेख, पत्र लेखन और अर्जीनवीसी का प्रमुख स्थान था।

बालक का नैतिक और चारित्रिक विकास करने के लिए उसे शेख सादी की प्रसिद्ध पुस्तकें बोस्ताँ एवं गुलिस्ताँ पढ़ाई जाती थीं और पैगम्बरों की कथाएँ एवं मुस्लिम फकीरों की कहानियाँ सुनाई जाती थीं। इनके अतिरिक्त उसको 'लैला-मजनूँ', 'युसुफ-जुलेखा', 'सिकन्दरनामा' आदि काव्यों का ज्ञान प्रदान किया जाता था।

यहाँ यह लिख देना अनुपयुक्त न होगा कि शाहजादों और सम्पन्न परिवारों के बालकों को उनके निवास स्थानों पर व्यक्तिगत अध्यापकों द्वारा शिक्षा दी जाती थी और उनका पाठ्यक्रम उनकी आवश्यकताओं के अनुसार विशेष प्रकार का होता था।

(4) शिक्षण विधि—मकतबों में शिक्षण विधि मौखिक और प्रत्यक्ष थी। बालक को शुद्ध उच्चारण का ज्ञान हो जाने के बाद कलमा और कुरान की कुछ आयतें कंठस्थ करनी पड़ती थीं। कक्षा के सब बालक उच्च स्वर में एक साथ बोलकर पहाड़े रटते थे। मौलवी साहब नया पाठ तभी पढ़ाते थे जब बालकों को पिछला पाठ कंठस्थ हो जाता था। इस प्रकार कण्ठस्थ करना शिक्षण नीति का मुख्य तत्त्व था।

बालक द्वारा लिखने के लिए लकड़ी की तख्ती का प्रयोग किया जाता था। वह उस पर मोटे सरकण्डे की कलम से लिखने का अभ्यास करता था, जब उसे लिखने का कुछ अभ्यास हो जाता था तब वह पतले कलम से कागज पर लिखता था।

2. उच्च शिक्षा
(HIGHER EDUCATION)

(1) शिक्षा संस्थाएँ—उच्च शिक्षा की संस्थाएँ मदरसे थे। बालक अपनी प्राथमिक शिक्षा समाप्त करने के पश्चात् उच्च शिक्षा ग्रहण करने के लिए मदरसे में प्रवेश करता था। उसे प्रवेश के समय कोई संस्कार

सम्पन्न नहीं करना पड़ता था। उच्च शिक्षा के केन्द्र सम्पूर्ण देश में बिखरे हुए थे। इनमें आगरा, दिल्ली, लाहौर, मुल्तान, अजमेर, लखनऊ, स्यालकोट और मुर्शिदाबाद के मदरसों ने शिक्षा के क्षेत्र में विशेष ख्याति अर्जित की थी। इसलिए बुखारा, अफगानिस्तान और अन्य मुस्लिम देशों के छात्र उनमें ज्ञान का अर्जन करने के लिए आते थे।

(2) **पाठ्यक्रम**—उच्च शिक्षा की अवधि 10 से 12 वर्ष की थी। उसका पाठ्यक्रम बहुत विस्तृत था और निम्नलिखित दो भागों में विभाजित था—

(i) **धार्मिक शिक्षा**—धार्मिक शिक्षा के अन्तर्गत छात्र को कुरान की आयतें कण्ठस्थ करनी पड़ती थीं और उनका सूक्ष्म और आलोचनात्मक अध्ययन करना पड़ता था। इसके अतिरिक्त उसे सूफी सिद्धान्तों एवं इस्लामी इतिहास, कानूनों, सिद्धान्तों और परम्पराओं का अध्ययन करना पड़ता था।

(ii) **लौकिक शिक्षा**—लौकिक शिक्षा के अन्तर्गत छात्रों को निम्नांकित विषयों की शिक्षा दी जाती है—अरबी और फारसी भाषाओं का साहित्य एवं व्याकरण, कृषि, गणित, भूगोल, कानून, ज्योतिष, अर्थशास्त्र, नीतिशास्त्र, दर्शनशास्त्र, यूनानी चिकित्सा आदि।

यहाँ यह उल्लेखनीय है कि उपर्युक्त सब विषयों की शिक्षा सब मदरसों में नहीं दी जाती थी। इसके विपरीत प्रत्येक मदरसे में साधारणतया दो विषयों की शिक्षा दी जाती थी; जैसे—दिल्ली के मदरसे में कविता और संगीत की, स्यालकोट के मदरसे में गणित और ज्योतिष की एवं रामपुर के मदरसे में ज्योतिष और अर्थशास्त्र की।

(3) **शिक्षण विधि**—मदरसे में शिक्षण विधि मौखिक थी और छात्रों को शिक्षा देने के लिए अध्यापक भाषण विधि का प्रयोग करते थे। कक्षा-नायकीय पद्धति (Monitorial System) का पर्याप्त प्रचलन था। धर्म, दर्शन, तर्कशास्त्र और राजनीतिशास्त्र के शिक्षण में तर्क-विधि का मुख्य स्थान था। संगीत, हस्तकला, चित्रकला और चिकित्साशास्त्र आदि विषयों की शिक्षा में व्यावहारिक कार्य की समुचित व्यवस्था थी। छात्रों को स्वाध्याय के लिए प्रोत्साहित किया जाता था और उनकी कठिनाइयों का अध्यापकों के द्वारा निराकरण किया जाता था।

इस प्रकार यद्यपि मदरसों में शिक्षण विधि मुख्यत: मौखिक थी तथापि पढ़ने और लिखने को उससे श्रेष्ठतर स्थान प्रदान किया जाता था। **गुन्नार मिर्डल** के शब्दों में—**''उच्च शिक्षा की संस्थाओं में पढ़ने और लिखने को मौखिक शिक्षण विधियों से श्रेष्ठतर स्थान प्रदान किया जाता था।''**

(4) **शिक्षा का माध्यम**—मुस्लिम शासन काल में राज्य की भाषा फारसी थी। इस भाषा का ज्ञान प्राप्त करके ही मनुष्यों को राजपद प्राप्त हो सकते थे। इस कार्य में सहायता देने के लिए फारसी को शिक्षा के माध्यम के पद पर प्रतिष्ठित किया गया था। **गुन्नार मिर्डल** के अनुसार—**''उच्च स्तर पर शिक्षा का माध्यम फारसी भाषा थी।''**

(5) **परीक्षाएँ**—आधुनिक युग के समान मुस्लिम युग में छात्रों की परीक्षा की कोई निश्चित प्रणाली नहीं थी। शिक्षक प्रत्येक छात्र के ज्ञान का स्वयं मूल्यांकन करके उसे उच्च कक्षा में शिक्षा प्राप्त करने का अधिकार दे देता था।

(6) **उपाधियाँ**—सामान्य रूप से शिक्षा समाप्त करने वाले छात्रों को प्रमाण-पत्र या उपाधियाँ नहीं दी जाती थीं किन्तु जो छात्र अपने अध्ययन के विषय में असाधारण योग्यता का प्रमाण देते थे उनको उपाधियों से विभूषित किया जाता था। उदाहरणार्थ, साहित्य के छात्रों को 'काबिल' की, धर्मशास्त्र के छात्रों को 'आलिम' की और तर्कशास्त्र एवं दर्शनशास्त्र के छात्रों को 'फाजिल' की उपाधि से अलंकृत किया जाता था। छात्रों को उपाधियाँ प्रदान करने के समय नियमित रूप से समारोह का आयोजन किया जाता था।

3. शिक्षा के अन्य क्षेत्र
(OTHER SPHERES OF EDUCATION)

(1) **स्त्री शिक्षा** (Women's Education)—**डॉ. एफ. ई. केई** के शब्दों में—**''पर्दा-प्रथा ने जिसने छोटी बालिकाओं के अलावा सब मुसलमान स्त्रियों को एकान्त में बन्द रखा, उनकी शिक्षा को महान् कठिनाई का कारण बना दिया।''**

पर्दा प्रथा के कारण केवल छोटी आयु की बालिकाएँ मकतबों में जाकर बालकों के साथ विद्या का अर्जन करती थीं, पर उन्हें कुछ ही समय के बाद यह कार्य स्थगित करना पड़ता था। उनको उच्च शिक्षा की सुविधाएँ उपलब्ध नहीं थीं, क्योंकि राज्य या समाज की ओर से उनके लिए पृथक् शिक्षा संस्थाओं की कोई व्यवस्था नहीं की गई थी। फलस्वरूप, निम्न और निर्धन वर्गों की बालिकाएँ या तो ज्ञान-प्राप्ति के लाभ से वंचित रह जाती थीं या उनका ज्ञान अत्यन्त अल्प पढ़ने और लिखने तक सीमित रह जाता था।

मध्य वर्ग की बालिकाओं को शिक्षा के अधिक अवसर प्राप्त थे। वे विद्याध्ययन के लिए सामान्य मकतबों में न जाकर व्यक्तिगत रूप से स्त्रियों द्वारा अपने घरों पर चलाये जाने वाले मकतबों में जाकर विभिन्न विषयों का ज्ञान प्राप्त कर लेती थीं। इस सम्बन्ध में **डॉ. यूसुफ हुसैन** ने लिखा है—**''निजी घरों में बालिकाओं को धार्मिक शिक्षा प्रदान करने के लिए मकतब थे, जहाँ अधिक आयु की महिलाएँ उनको कुरान, गुलिस्ताँ, बोस्ताँ और सदाचार की पुस्तकें पढ़ाती थीं।''**

मालवा के शासक गियासुद्दीन तुगलक ने जिसने सन् 1469 से 1500 तक शासन किया, सारंगपुर में सभी वर्गों की बालिकाओं के लिए एक मदरसे की स्थापना की। **फरिश्ता** (Ferishta) के अनुसार—**''इस मदरसे में बालिकाओं को नृत्य, संगीत, सिलाई, बुनाई, बढ़ईगीरी, सुनारगीरी, लुहारगीरी, जूते बनाने, मखमल बनाने, युद्ध कला, रणक्षेत्र-कला आदि की शिक्षा दी जाती थी। उनकी शिक्षा का भार उनके अभिभावकों को वहन करना पड़ता था। अतः केवल धन-सम्पन्न व्यक्ति ही अपनी बालिकाओं को इस विद्यालय में अध्ययन के लिए भेज पाते थे।''**

राजघरानों और कुलीन परिवारों की बालिकाओं और स्त्रियों को उनके निवास स्थानों पर ही व्यक्तिगत रूप से शिक्षा दी जाती थी। उनको धर्म एवं साहित्य के अतिरिक्त नृत्य, संगीत एवं अन्य ललित कलाओं की भी शिक्षा दी जाती थी। इस प्रकार, शिक्षा प्राप्त करने वाली अनेक मुस्लिम राजकुमारियों के नाम आज भी गर्व से स्मरण किये जाते हैं; जैसे—अल्तमश की पुत्री, रजिया सुल्ताना अपनी विद्वत्ता के लिए विख्यात थी। दक्षिण की वीरांगना, चाँद सुल्ताना को तुर्की, अरबी, फारसी और मराठी भाषाओं पर समान अधिकार था। बाबर की पुत्री गुलबदन बेगम की कृति 'हुमायूँनामा' इतिहास की अमूल्य निधि मानी जाती है। हुमायूँ की भतीजी सलीमा सुल्ताना; जहाँगीर की पत्नी नूरजहाँ और औरंगजेब की पुत्री जेबुन्निसा बेगम सभी विदुषी महिलाएँ थीं।

उक्त महिलाओं के अतिरिक्त और भी अनेक सुशिक्षित स्त्रियाँ थीं, किन्तु इनकी तुलना में उन सामान्य स्त्रियों की संख्या कहीं अधिक थी, जो अशिक्षित थीं। वस्तुस्थिति यह थी कि जबकि राजघरानों और कुलीन परिवारों की स्त्रियों में शिक्षा का प्रचलन था, सामान्य स्त्रियों में शिक्षा का प्रसार नहीं हुआ। अतः वे शिक्षा से रंचमात्र भी लाभान्वित नहीं हुई। इसी तथ्य को ध्यान में रखते हुए **डॉ. एफ. ई. केई** ने लिखा है—**''मुसलमान स्त्रियों के विशाल सामान्य समूह को पारिवारिक कर्त्तव्यों को करने के लिए घरेलू प्रशिक्षण के अलावा किसी भी प्रकार की कोई शिक्षा प्राप्त नहीं हुई।''**

(2) व्यावसायिक शिक्षा (Professional Education)—दिल्ली के सुल्तानों और मुगल सम्राटों को व्यावसायिक शिक्षा के प्रति किसी-न-किसी रूप में कम या अधिक रुचि अवश्य थी। ऐसी परिस्थिति में व्यावसायिक शिक्षा का विकास होना स्वाभाविक था। हम इसके महत्त्वपूर्ण अंगों पर प्रकाश डाल रहे हैं; यथा—

(i) सैनिक शिक्षा (Military Education)—भारत के सब मुस्लिम शासकों का लक्ष्य अपने राज्य को स्थायी और सुदृढ़ बनाना था। विदेशी और विधर्मी होने के कारण वे भारतीयों को सदैव शंका की दृष्टि से देखते थे। उन पर अपना प्रभुत्व स्थापित करने और बनाये रखने के लिए मुस्लिम शासकों को समय-समय पर हिन्दू राजाओं से युद्ध करने पड़ते थे।

ऐसी परिस्थिति में मुस्लिम शासकों द्वारा सैनिक शिक्षा पर बल दिया जाना आवश्यक था। यह शिक्षा साधारण सैनिकों और राजकुमारों के लिए भिन्न प्रकार की थी। सैनिकों को तीर, भाला एवं तलवार चलाने,

दुर्ग का घेरा डालने और घोड़े एवं हाथी पर बैठकर युद्ध करने की शिक्षा दी जाती थी। मुगल काल में उनको गोली चलाने का भी प्रशिक्षण दिया जाता था। राजकुमारों को इन सभी बातों के अतिरिक्त सेना के संचालन, संगठन और नेतृत्व का विशेष प्रशिक्षण दिया जाता था। यहाँ यह बता देना असंगत न होगा कि सैनिक शिक्षा के लिए प्रशिक्षण संस्थाएँ नहीं थीं। यह शिक्षा राज्य के अनुभवी सैनिकों द्वारा दी जाती थी।

(ii) चिकित्साशास्त्र की शिक्षा (Medical Education)—चिकित्साशास्त्र की उपयुक्त शिक्षा देने के लिए संस्कृत के ग्रन्थों का फारसी में अनुवाद किया गया या इन ग्रन्थों के आधार पर फारसी में पुस्तकों की रचना की गई। इस प्रकार की कुछ उल्लेखनीय पुस्तकें थीं—'मदानुश-शिकाए-सिकन्दरी', 'दस्तूर-उल-अतिब्बा' और 'तुहफत-अल-मोमिन'।

चिकित्साशास्त्र की शिक्षा मदरसों में या विशिष्ट शिक्षा संस्थाओं में दी जाती थी। आगरा में अकबर द्वारा स्थापित किये गये मदरसे और रामपुर की विशिष्ट शिक्षा संस्था चिकित्सा-शास्त्र की शिक्षा के लिए प्रसिद्ध थीं।

(iii) हस्तकलाओं की शिक्षा (Education in Handicrafts)—अधिकांश मुस्लिम शासक ऐश्वर्य और विलासिता का जीवन व्यतीत करते थे। अतः इस जीवन की आवश्यकताओं से सम्बन्धित सभी हस्तकलाओं की आश्चर्यजनक उन्नति हुई। इस प्रकार की मुख्य कलाएँ थीं—कशीदाकारी, जरी, लकड़ी एवं हाथी दाँत का काम, दरी, पर्दे, जूते, रेशम, मलमल एवं आभूषण बनाना आदि।

इन हस्तकलाओं की शिक्षा कारखानों में दी जाती थी। मुहम्मद तुगलक और फिरोज तुगलक के शासन काल में इन कारखानों का उल्लेख मिलता है। अकबर के समय में सब कारखाने 'दीवाने-बुयतात' नामक सरकारी विभाग वा अधीनता में थे। इन कारखानों के विषय में **जाफर** ने लिखा है—**"भारत में हजारों कारखाने थे, जिनमें लड़कों को बहुधा विशिष्ट कलाओं और दस्तकारियों में शिक्षा प्राप्त करने के लिए किसी व्यवसाय के शिल्पकार का शिष्य बना दिया जाता था।"**

"There were thousand of *Karkhanas* or workshops, wherein boys were often apprenticed with the artisan to the trade for receiving instructions in particular arts and crafts."

—**S. M. Jaffer :** *Education in Muslim India*, pp. 12-13.

(iv) ललित कलाओं की शिक्षा (Education in Fine Arts)—लगभग सभी मुस्लिम शासक सौन्दर्य के उपासक थे और अपने महलों एवं दरवाजों की शोभा में वृद्धि करने के लिए उत्कंठित रहते थे। फलस्वरूप ललित कलाओं का अभूतपूर्व विकास हुआ। इन कलाओं में निम्नांकित को उच्चतम स्थान प्राप्त था—संगीत, चित्रकला और नृत्यकला। इन कलाओं का प्रशिक्षण कारखानों में, वंशानुगत रूप में और व्यक्तिगत रूप में उस्तादों द्वारा दिया जाता था।

शिक्षा संस्थाओं के प्रकार
(TYPES OF EDUCATIONAL INSTITUTIONS)

मुस्लिम युग में अनेक प्रकार की शिक्षा संस्थाएँ थीं; यथा—

(1) मकतब (Maktabs)—'मकतब' शब्द की उत्पत्ति अरबी के 'कुतुब' (Kutub) शब्द से हुई है, जिसका अर्थ है—'उसने लिखा' (He wrote)। उर्दू भाषा में 'कुतुब' शब्द—'किताब' का बहुवचन है। इस प्रकार 'मकतब' वह स्थान है जहाँ बालकों को पढ़ना और लिखना सिखाया जाता है। मकतब प्राथमिक शिक्षा के केन्द्र थे और साधारणतया किसी मस्जिद से सम्बद्ध होते थे। कहीं-कहीं मौलवी लोग व्यक्तिगत रूप में अपने घरों पर या अन्य सुविधाजनक स्थानों पर मकतब चलाते थे। मकतबों में मुसलमान बालकों के साथ हिन्दू बालक भी शिक्षा प्राप्त कर सकते थे, परन्तु मकतबों की संख्या इतनी कम थी कि सब बालकों की प्राथमिक शिक्षा की आवश्यकता पूर्ण नहीं हो पाती थी।

डॉ. युसुफ हुसैन के अनुसार—'मकतब' एक शिक्षक वाली संस्थाएँ थीं। इनमें शिक्षण कार्य प्रातःकाल से मध्यान्ह तक और फिर अपरान्ह में होता था। छात्रों से किसी प्रकार का शुल्क नहीं लिया जाता था।

शिक्षकों के भरण-पोषण की व्यवस्था धनी व्यक्तियों द्वारा की जाती थी। राज्य को मकतबों से विशेष प्रयोजन नहीं था जिन स्थानों में मदरसे नहीं थे वहाँ के कुछ मकतबों में उच्च शिक्षा का भी प्रबन्ध था।

(2) खानकाहें (Khanqahs)—'खानकाह' प्रारम्भिक शिक्षा के केन्द्र थे। इनमें केवल मुसलमान बालक ही शिक्षा प्राप्त कर सकते थे। इनका व्यय—दान में प्राप्त होने वाले धन से चलता था।

(3) दरगाहें (Dargahs)—'खानकाहों' की भाँति 'दरगाह' भी प्राथमिक शिक्षा के केन्द्र थे। इनकी स्थिति बहुत कुछ खानकाहों के समान थी। इनमें भी केवल मुसलमान बालक ही शिक्षा प्राप्त कर सकते थे।

(4) कुरान स्कूल (Koran Schools)—इन स्कूलों में केवल कुरान की शिक्षा दी जाती थी। इनका वर्णन करते हुए **डी. ला. फॉस** (De La Fosse) ने **Quinqunnial Review of India, 1907-1912** में लिखा है—''**कुरान-स्कूल साधारणतया किसी मस्जिद से संलग्न होते थे। इनमें छात्रों को पहले अरबी लिपि का ज्ञान कराया जाता था और फिर कुरान की आयतें कण्ठस्थ कराई जाती थीं। उनको लिखने की और गणित की शिक्षा नहीं दी जाती थी।**''

(5) फारसी के स्कूल (Persian Schools)—मुस्लिम शासन काल में फारसी, राजभाषा थी अत: राजपद प्राप्त करने के इच्छुक हिन्दुओं और मुसलमानों के लिए फारसी भाषा का ज्ञान होना अनिवार्य था। इस माँग की पूर्ति करने के लिए फारसी स्कूलों की स्थापना की गई थी। इनमें छात्रों को सादी और हाफिज के काव्यों एवं मुस्लिम संस्कृति की शिक्षा दी जाती थी। इन स्कूलों में शिक्षा का स्तर काफी ऊँचा था।

(6) फारसी व कुरान के स्कूल (Persian Koran Schools)—जैसा कि नाम से विदित है, ये स्कूल फारसी और कुरान स्कूलों के मिश्रित रूप थे। दूसरे शब्दों में, इन स्कूलों में फारसी और कुरान दोनों की शिक्षा दी जाती थी।

(7) अरबी के स्कूल (Arabic Schools)—इन स्कूलों का मुख्य उद्देश्य अरबी भाषा और साहित्य के विद्वानों का निर्माण करना था। अत: इनमें शिक्षा का स्तर अत्यन्त उच्च होना स्वाभाविक था।

(8) मदरसे (Madarsahs)—'मदरसा' शब्द की उत्पत्ति अरबी भाषा के 'दरस' (Dars) शब्द से हुई है जिसका अर्थ है—'भाषण' (A Lecture)। इस प्रकार 'मदरसा' वह स्थान है, जहाँ शिक्षण के लिए भाषण या व्याख्यान विधि का प्रयोग किया जाता है। मदरसे, उच्च शिक्षा के केन्द्र थे और सामान्यतया किसी मस्जिद से संलग्न होते थे। इनकी स्थापना राज्य और धनी विद्याप्रेमियों द्वारा की जाती थी। इनमें विभिन्न शिक्षकों द्वारा विभिन्न विषयों की शिक्षा दी जाती थी। शिक्षा का माध्यम फारसी था।

मदरसे, सवास शिक्षा केन्द्र थे, पर अपने परिवारों के साथ रहने वाले छात्र भी वहाँ जाकर शिक्षा प्राप्त कर सकते थे। इतिहासकार **इलियट** (Elliot) ने एक छात्र के विषय में लिखा है, जो दो मील दूर से प्रतिदिन दिल्ली के मदरसे में अध्ययन करने जाया करता था। मदरसों के साथ छात्रावास संलग्न थे, जिनमें छात्रों के दैनिक भोजन की सुन्दर व्यवस्था थी। प्रत्येक छात्र को आर्थिक सहायता के रूप में कुछ धन मिलता था। योग्य छात्रों को छात्रवृत्तियाँ दी जाती थीं। शिक्षकों के लिए मदरसों में निवास और भोजन का प्रबन्ध था। इस प्रकार छात्र और शिक्षक निरन्तर घनिष्ठ सम्पर्क में रहते थे।

शिक्षा की प्रमुख विशेषताएँ
(PROMINENT CHARACTERISTICS OF EDUCATION)

भारत पर मुसलमानों के आक्रमणों और तदुपरान्त इस देश में मुस्लिम शासन की स्थापना के कारण यहाँ की प्राचीन शिक्षा प्रणाली जर्जर होकर अतीत के गर्त में विलीन होने लगी और उसके स्थान पर एक नवीन शिक्षा प्रणाली का उद्भव हुआ। मुसलमानों की यह नवीन शिक्षा प्रणाली इस देश में लगभग 600 वर्ष तक प्रचलित रही और मकतबों के रूप में इसके अवशेष आज भी यत्र-तत्र दिखाई देते हैं। इस शिक्षा प्रणाली में कुछ ऐसी विशेषताएँ थीं, जिन्होंने भयंकर विप्लवों और राजनीतिक संघर्षों के मध्य भी इसको जीवित रखा। हम इन विशेषताओं का निम्नांकित शीर्षकों के अन्तर्गत वर्णन कर रहे हैं; यथा—

(1) व्यावहारिक शिक्षा (Practical Education)—मुस्लिम शिक्षा केवल शिक्षा के लिए ही नहीं, अपितु व्यावहारिक जीवन के लिए भी थी। परलोक और पुनर्जन्म में विश्वास न करने के कारण मुसलमान

शिक्षा को आध्यात्मिक विकास और मोक्ष प्राप्ति का साधन नहीं मानते थे। उनका विश्वास था कि जीवन केवल इसी संसार में है और इसलिए शिक्षा द्वारा व्यक्ति को इस जीवन के लिए तैयार किया जाना चाहिए। इस विचार से प्रेरित होकर उन्होंने शिक्षा को व्यावहारिक रूप प्रदान किया।

इस दिशा में औरंगजेब के प्रयास प्रशंसनीय हैं। उसने अपने व्यक्तिगत शिक्षक मुल्ला शाह सलेह की सार्वजनिक रूप में इसलिए निन्दा की, क्योंकि उसने उसको व्यावहारिक शिक्षा नहीं दी थी। औरंगजेब ने राजकुमारों के लिए शाब्दिक और शास्त्रीय शिक्षा की अपेक्षा भूगोल, इतिहास, राजतन्त्र, सैन्य संचालन और समीपवर्ती राज्यों की भाषाओं की शिक्षा को अधिक उपयोगी बताया। अपनी इसी धारणा के कारण उसने सामान्य बालकों के पाठ्यक्रमों में भी परिवर्तन करने की आज्ञा दी।

(2) नि:शुल्क शिक्षा (Free Education)—मकतबों और मदरसों में नि:शुल्क शिक्षा की व्यवस्था थी। उनमें शिक्षा प्राप्त करने वाले छात्रों से किसी भी प्रकार का शुल्क नहीं लिया जाता था। इन शिक्षा संस्थाओं के व्यय का सम्पूर्ण भार इनको स्थापित करने और संचालित करने वाले शासकों या धनी व्यक्तियों द्वारा वहन किया जाता था।

मदरसों में नि:शुल्क शिक्षा के अलावा नि:शुल्क निवास, भोजन और वस्त्रों की भी सुविधा थी। इब्नबतूता ने इस प्रकार के अनेक मदरसों का वर्णन किया है। उनमें से एक मदरसे के विषय में **इब्नबतूता** ने लिखा है—''**यह अति विशाल और भव्य मदरसा है। इसमें छात्रों के रहने के लिए 300 कमरे हैं और छात्रों को दैनिक भोजन और सालाना कपड़ों का खर्च दिया जाता है।**''

(3) व्यक्तिगत सम्पर्क (Individual Contact)—प्राचीन भारतीय शिक्षा पद्धति के समान मुस्लिम शिक्षा पद्धति में भी गुरु और शिष्य का व्यक्तिगत सम्पर्क था। शिक्षक अपने छात्रों के साथ निवास करता था। अत: वह अपने विचारों और आदर्शों से उनको प्रभावित करके उनकी प्रतिभा, कुशलता और योग्यता की वृद्धि में निरन्तर योग देता था। **टी. एन. सिक्वेरा** के अनुसार—''**शिक्षा को व्यक्तिगत प्रक्रिया माना जाता था। शिक्षक को अपने छात्रों के साथ रहना पड़ता था।**''

"Education was considered a personal process; the teacher had to live with his pupils." —**T. N. Siqueira :** *The Education of India,* p. 18.

(4) कक्षा-नायकीय पद्धति (Monitorial System)—मुस्लिम शिक्षा संस्थाओं में कक्षा-नायकीय पद्धति का प्रचलन था। इस पद्धति में उच्च कक्षाओं के योग्य छात्र या नायक निम्न कक्षाओं के छात्रों को पढ़ाकर शिक्षक के अध्यापन कार्य में सहायता देते थे। मुसलमानों ने इस पद्धति को अपनी सुविधा के लिए प्राचीन भारतीय शिक्षा से ग्रहण किया था।

(5) शिक्षक की स्थिति (Status of Teacher)—मुस्लिम युग में शिक्षा के प्रति लौकिक दृष्टिकोण के कारण शिक्षक की स्थिति में परिवर्तन हो गया था। उसकी स्थिति उतनी उच्च नहीं थी, जितनी कि प्राचीन भारत में थी। सम्राट औरंगजेब ने अपने शिक्षक मुल्ला शाह सलेह की भेंट करने की प्रार्थना को तीन मास तक ठुकराकर और अन्त में भेंट करने पर, उसे अज्ञातवास की आज्ञा देकर शिक्षक के प्रति जिस व्यवहार का प्रमाण दिया, वह उनकी निम्नतर स्थिति का सजीव उदाहरण है।

फिर भी, जैसा कि **डॉ. एफ. ई. केई** ने लिखा है—''**शिक्षकों की सामाजिक स्थिति उच्च थी और वे साधारणतया चरित्रवान मनुष्य थे, जिनको व्यक्तियों का विश्वास और सम्मान प्राप्त था।**'' **जाफर** ने लगभग यही विचार इन शब्दों में अंकित किया है—''**शिक्षकों का समाज में उच्च स्थान था और यद्यपि उनका वेतन अल्प था, तथापि उनको सार्वजनिक सम्मान और विश्वास प्राप्त था।**''

"Teachers occupied a high position in society and though their emoluments were small, they commanded universal respect and confidence." —**S. M. Jaffer :** *op. cit.,* p. 4.

(6) गुरु-शिष्य सम्बन्ध (Teacher-Pupil Relationship)—यद्यपि औरंगजेब ने भरे दरबार में अपने गुरु मुल्ला शाह सलेम का अपमान और अनादर किया था, तथापि इसका अभिप्राय यह नहीं है कि गुरु-भक्ति के प्राचीन आदर्श का पूर्ण लोप हो गया था। अपने पिता को बन्दी बनाने वाले, भाइयों की हत्या करने वाले,

राज सिंहासन पर अपना अवैध अधिकार स्थापित करने वाले और अपनी शक्ति एवं श्रेष्ठता के मद से उन्मत्त होने वाले औरंगजेब का अपने गुरु के प्रति दुर्व्यवहार कोई आश्चर्य की बात नहीं थी। उसके अभद्र व्यवहार को केवल अपवाद कहा जा सकता है, क्योंकि सामान्य रूप से समाज में शिक्षक का सम्मान होता था और छात्र उसके प्रति विनम्र एवं भक्तिपूर्ण थे। वे गुरु की सेवा करना और उसकी आज्ञाओं को शिरोधार्य करना अपना परम पुनीत कर्त्तव्य समझते थे। उनका विश्वास था कि गुरु की कृपा से ही उनको सच्चा ज्ञान प्राप्त हो सकता है।

शिक्षक भी छात्रों के प्रति स्नेह और पुत्रवत् व्यवहार करता था। जिन मदरसों से छात्रावास संलग्न थे, उनमें शिक्षक और छात्रों का निकट और निरन्तर सम्पर्क रहता था। शिक्षक पग-पग पर उनका पथ-प्रदर्शन करता था। उनके मस्तिष्क को ज्ञान के प्रकाश से आलोकित करता था और प्रशंसा एवं निन्दा का प्रयोग करके उनमें अच्छी आदतों और अच्छे चरित्र का निर्माण करता था।

इस प्रकार, हम कह सकते हैं कि गुरु-शिष्य के आदर्श सम्बन्ध की जो श्रेष्ठ परम्परा वैदिक काल में आरम्भ हुई थी, वह मुस्लिम काल में यथावत् बनी रही। **डॉ. एफ. ई. केई** के शब्दों में—**''शिक्षक और छात्र का सम्बन्ध वैसा ही था, जैसा कि ब्राह्मणीय शिक्षा में था।''**

(7) शिक्षा का संरक्षण (Patronage of Education)—यह तथ्य निर्विवाद है कि सम्पूर्ण मुस्लिम काल में शिक्षा को राज्य का संरक्षण प्राप्त हुआ। साथ ही यह कथन भी विवादरहित है कि लगभग सभी मुस्लिम शासकों ने मकतबों और मदरसों की स्थापना करके शिक्षा के प्रति अपने प्रेम और उदारता का परिचय दिया।

उपर्युक्त दोनों धारणाओं की पुष्टि में **डॉ. एफ. ई. केई** का निम्नांकित मत उद्धृत करना असंगत न होगा—''भारत में मुस्लिम शासकों ने शिक्षा के प्रति सामान्यतः अत्यधिक रुचि प्रदर्शित की और उनमें से अनेक ने अपने राज्य में विभिन्न स्थानों पर मकतबों, मदरसों और पुस्तकालयों का शिलान्यास किया। शासकों के उदाहरण का उनके अनेक प्रभावशाली प्रयोजनों द्वारा अनुकरण किया गया। विद्वानों, कवियों और अन्य साहित्यिक मनुष्यों को राज्य या अमीरों के संरक्षण के कारण बहुधा प्रोत्साहन प्राप्त हुआ था। छात्रों को बहुधा शिष्य-वृत्तियाँ दी जाती थीं।''

(8) शिक्षा की अनिवार्यता (Indispensability of Education)—मुसलमानों द्वारा शिक्षा को व्यक्ति के जीवन के लिए तीन मुख्य कारणों से अनिवार्य माना जाता है। **पहला,** कुरान शरीफ में ज्ञान प्राप्त करना प्रत्येक व्यक्ति का कर्त्तव्य बताया गया है। **दूसरा,** मुसलमानों द्वारा **मुहम्मद साहब** के इस कथन में विश्वास किया जाता है—''जो छात्र ज्ञान की खोज करता है, उसे ईश्वर स्वर्ग में उच्च स्थान प्रदान करता है।'' **तीसरा, इस्लाम धर्म** में कहा गया है—''जो मनुष्य ज्ञान प्राप्त करता है, यह धार्मिक कार्य करता है, जो ज्ञान की बात करता है, वह ईश्वर की प्रशंसा करता है, जो ज्ञान की खोज करता है, वह ईश्वर की उपासना करता है।''

"He also acquired knowledge, performs an act of piety; who speaks of it, praises the Lord; who seeks it, adores God.

—**Amir Ali :** *Spirit of Islam,* p. 360.

इस प्रकार की धार्मिक पृष्ठभूमि में शिक्षा को व्यक्ति के लिए अनिवार्य समझा गया। यही कारण था कि सभी मुस्लिम शासकों और ज्ञान-प्रेमी व्यक्तियों ने मकतबों और मदरसों की स्थापना करके और उनमें निःशुल्क शिक्षा की व्यवस्था करके जनसाधारण के लिए शिक्षा को अधिक-से-अधिक सुलभ बनाने का प्रयत्न किया।

(9) सांस्कृतिक एकता की अभिवृद्धि (Promotion of Cultural Unity)—मुस्लिम शासन के आरम्भ में मकतबों और मदरसों में प्रदान की जाने वाली शिक्षा केवल मुसलमानों तक ही सीमित थी और उनमें हिन्दुओं के प्रवेश पर प्रतिबन्ध था। सिकन्दर लोदी के समय से यह प्रतिबन्ध हटा दिया गया था। फलस्वरूप सभी जातियों के हिन्दू मकतबों और मदरसों में प्रवेश करके मुसलमानों के साथ शिक्षा ग्रहण करने लगे थे।

इस प्रकार मुस्लिम शिक्षा संस्थाओं ने सभी जातियों के हिन्दुओं और मुसलमानों में पारस्परिक सम्पर्क स्थापित किया, जिसके दो सुन्दर परिणाम दृष्टिगोचर हुए—जातीय बन्धनों की समाप्ति और सांस्कृतिक एकता की अभिवृद्धि। **डॉ. एफ. ई. केई** के अनुसार—**"मुस्लिम शिक्षा ने जाति के बन्धनों को तोड़ने में सहायता दी और भारत की सांस्कृतिक एकता की अभिवृद्धि की।"**

(10) भाषा व विज्ञानों को प्रोत्साहन (Encouragement to Language and Sciences)—मुस्लिम युग में फारसी भाषा और विज्ञानों को अत्यधिक प्रोत्साहन प्राप्त हुआ। इसका कारण यह था कि फारसी सभी मुस्लिम शासकों की राजभाषा थी। अतः इस भाषा के विद्वानों की राजपदों के लिए बहुत माँग थी। इसी प्रकार विज्ञानवेत्ताओं की भी माँग थी।

उक्त दोनों माँगों को पूर्ण करने के लिए मुस्लिम युग में फारसी भाषा और विज्ञानों की शिक्षा का प्रधान लक्ष्य निर्धारित किया गया। **गुन्नार मिर्डल** का कथन है—**"क्योंकि पदाधिकारियों, प्रशासकों, शिल्पियों और इस प्रकार के अन्य व्यक्तियों की बहुत माँग थी, इसलिए भाषा और विज्ञानों को शिक्षा का लक्ष्य निर्धारित किया गया।"**

(11) साहित्य व इतिहास का विकास (Development of Literature and History)—मुस्लिम युग में साहित्य और इतिहास का पर्याप्त विकास हुआ। अनेक मुस्लिम शासक विद्या के प्रेमी और विद्वानों के संरक्षक थे। संरक्षण प्राप्त विद्वानों का आर्थिक चिन्ता से मुक्त होना और इसके फलस्वरूप उनके द्वारा साहित्य सृजन के प्रति ध्यान दिया जाना स्वाभाविक था। यही कारण था कि मुस्लिम युग में नीति, दर्शन आदि विषयों पर साहित्य का निर्माण हुआ और रामायण, महाभारत आदि हिन्दू ग्रन्थों का फारसी में अनुवाद किया गया।

भारत में क्रमबद्ध इतिहास का लेखन सर्वप्रथम मुस्लिम काल में ही आरम्भ हुआ। इस काल से पूर्व हमें ऐतिहासिक घटनाओं का क्रमिक वर्णन बहुत कम मिलता है। कल्हण की 'राजतरंगिणी' को अवश्य इतिहास की कोटि में स्थान दिया जाता है, पर इस प्रकार की किसी अन्य पुस्तक की रचना मुसलमान शासकों के समय से पूर्व नहीं हुई। इन शासकों में से कुछ ने अपने संस्मरणों और आत्मकथाओं के रूप में इतिहास लिखे एवं अपने दरबारों में इतिहासकारों को संरक्षण प्रदान किया। इन इतिहासकारों में जियाउद्दीन बर्नी का 'तारीख़े फिरोजशाही', अबुल फजल का 'अकबरनामा' और बदायूँनी का 'मुन्तखब-उत-तवारीख' इतिहास के बेजोड़ ग्रन्थ हैं।

(12) धार्मिक व लौकिक शिक्षा का समन्वय (Synthesis of Religious and Secular Education)—मुस्लिम शिक्षा की सबसे महत्त्वपूर्ण विशेषता थी—धार्मिक और लौकिक शिक्षा का समन्वय। मकतबों में बालकों को कुरान की आयतें कंठस्थ कराई जाती थीं। साथ ही उनको अंकगणित, बातचीत करने का ढंग, पत्र-लेखन कला और अर्जीनवीसी आदि जीवनोपयोगी विषयों का अध्ययन कराया जाता था। मदरसों में छात्रों को नियमित रूप से कुरान का अध्ययन करना पड़ता था। इसके अतिरिक्त उनको भूगोल, इतिहास, अर्थशास्त्र आदि विषयों की शिक्षा दी जाती थी। इस प्रकार, शिक्षा के दोनों स्तरों पर धार्मिक और लौकिक विषयों का समावेश था।

शिक्षा के मुख्य दोष
(CHIEF DEFECTS OF EDUCATION)

टी. एन. सिक्वेरा का कथन है—**"भारत पर मुसलमानों की विजय इस्लामी-शिक्षा के उस अन्धकारपूर्ण युग की समकालीन थी, जबकि विद्यालयों ने अपने व्यापक सांस्कृतिक आदर्शों को खो दिया था।"**

"The Muslim conquest of India coincided with a dark age in Islamic education when the schools had lost their wider ideals of culture." —**T. N. Siqueira :** *op. cit.*, p. 9.

सिक्वेरा के इस कथन को ध्यान में रखते हुए हम कह सकते हैं कि मुस्लिम-शिक्षा दोषमुक्त नहीं थी। हम उसके मुख्य दोषों की चर्चा निम्नांकित पंक्तियों में यथास्थान कर रहे हैं—

(1) शिक्षा के लौकिक पक्ष पर बल (Stress on Secular Aspect of Education)—मुस्लिम-शिक्षा में धर्म का मूर्धन्य स्थान था, किन्तु इस्लाम धर्म पारलौकिक जीवन की अपेक्षा इहलौकिक जीवन को

महत्त्व देता है। अतः मुस्लिम युग में शिक्षा के लौकिक पक्ष को प्रधानता दी गई और शिक्षा का एकमात्र उद्देश्य यह स्वीकार किया गया—छात्रों को ज्ञान से सम्पन्न करके समाज में सुयश और राज्य में श्रेष्ठ पद प्राप्त करने की योग्यता प्रदान करना, ताकि वे सभी सांसारिक सुखों और ऐश्वर्यों का उपभोग कर सकें। छात्र भी अपने समक्ष इसी उद्देश्य को रखकर, कठोर परिश्रम द्वारा ज्ञान का अर्जन करते थे और अपनी योग्यता में अधिक-से-अधिक वृद्धि करने के लिए प्रति क्षण प्रयत्नशील रहते थे।

(2) स्त्री-शिक्षा की उपेक्षा (Neglect of Women's Education)—मुस्लिम-युग में पर्दे की प्रथा के कारण, स्त्री-शिक्षा का प्रसार नहीं हुआ। जनसाधारण की बालिकाएँ अपने मुहल्लों के मकतबों में बालकों के साथ थोड़ा-सा पढ़ना और लिखना सीख लेती थीं। इसके अतिरिक्त उनकी शिक्षा के लिए राज्य या समाज की ओर से कोई प्रबन्ध नहीं था। राजकुलों और धनी परिवारों की बालिकाओं और स्त्रियों को उनके घरों पर शिक्षा दी जाती थी, पर इनकी संख्या अत्यन्त अल्प थी।

इस प्रकार, हम कह सकते हैं कि मुस्लिम-काल में सामान्य रूप से स्त्रियों की शिक्षा की पूर्ण उपेक्षा की गई। इसका परिणाम बताते हुए **टी. एन. सिक्वेरा** ने कहा है—**''स्त्रियों की शिक्षा पढ़ने और लिखने के न्यूनतम तत्त्वों की संकुचित स्थिति में पहुँच गई थी।''**

"Education of women was reduced to the barest elements of reading and writing."

—**T. N. Sinqueira :** *op. cit.*, p. 139.

(3) प्रान्तीय भाषाओं की उपेक्षा (Neglect of Vernaculars)—मुस्लिम-शिक्षा-पद्धति में फारसी और अरबी का शीर्षस्थ स्थान था। मकतबों में बालकों को फारसी की वर्णमाला सिखाई जाती थी और कुरान की आयतें रटाई जाती थीं। मदरसों में उच्च शिक्षा का माध्यम फारसी थी। फारसी सम्पूर्ण मुस्लिम-काल में राजभाषा थी। राजपदों पर उन्हीं लोगों को आसीन किया जाता था, जिनको फारसी का पूर्ण ज्ञान और अरबी का पर्याप्त ज्ञान होता था। अतः इन पदों के लिए इच्छुक न केवल मुसलमानों, वरन् हिन्दुओं को भी फारसी और अरबी का अनिवार्य रूप से अध्ययन करना पड़ता था। इन सब बातों का परिणाम यह हुआ कि प्रान्तीय भाषाओं के प्रति रंचमात्र भी ध्यान नहीं दिया गया। फलस्वरूप उनका विकास अवरुद्ध हो गया।

अकबर ने अपनी हिन्दू-नीति के कारण इस बात की कोशिश की कि विद्यालयों में फारसी के अतिरिक्त हिन्दी की भी शिक्षा दी जाय। उसकी चेष्टा के परिणामस्वरूप हिन्दी को प्रोत्साहन तो अवश्य प्राप्त हुआ, पर उसकी प्रगति को सन्तोषजनक नहीं कहा जा सकता है। औरंगजेब ने प्रान्तीय भाषाओं, मुख्यतः उर्दू में शिक्षण और रचना को प्रोत्साहित किया, पर उसे अपने कार्य में विशेष सफलता प्राप्त नहीं हुई। वस्तुतः इन दोनों मुगल सम्राटों के प्रयासों का फारसी और अरबी की स्थिति पर केवल अस्थायी प्रभाव पड़ा। इन दोनों भाषाओं की प्रधानता पूर्ववत् बनी रही और प्रान्तीय भाषाओं की पहले के समान उपेक्षा की गई।

(4) हिन्दुओं की शिक्षा की उपेक्षा (Neglect of Education of Hindus)—आरम्भ में मुस्लिम-शिक्षा केवल उन अल्पसंख्यकों को ही उपलब्ध थी, जो इस्लाम धर्म के अनुगामी थे। सिकन्दर लोदी के शासन-काल में मकतबों और मदरसों के द्वार हिन्दुओं के लिए भी खोल दिये गये थे; पर वहाँ उनके साथ समानता का व्यवहार नहीं किया जाता था। केवल अकबर के शासन-काल में हिन्दू बालकों को मुस्लिम शिक्षा-संस्थाओं में स्वतन्त्रतापूर्वक शिक्षा ग्रहण करने का अवसर प्राप्त हुआ। जहाँ तक हिन्दू शिक्षा-पद्धति का सम्बन्ध था, उसको अनेक मुसलमान शासकों ने नष्ट करने का भरसक प्रयत्न किया।

इस प्रकार, हम कह सकते हैं कि लगभग सम्पूर्ण मुस्लिम-युग में हिन्दुओं को शिक्षा प्राप्त करने का अवसर उपलब्ध नहीं हुआ और मुस्लिम शासकों द्वारा उनकी शिक्षा की उपेक्षा की गई। हिन्दुओं की शिक्षा से सम्बन्धित उनकी नीति का वर्णन करते हुए **टी. एन. सिक्वेरा** ने कहा है—**''मुसलमान शासकों को अपनी हिन्दू प्रजा की शिक्षा के विषय में दो बातों में से एक का निश्चय करना पड़ा—हिन्दुओं की शिक्षा की उपेक्षा करना या उनके लिए पृथक् विद्यालयों की स्थापना करना। अधिकांश मुस्लिम शासकों ने उनकी शिक्षा की उपेक्षा की, उनकी शिक्षा-संस्थाओं को आर्थिक सहायता नहीं दी और उनके लिए नवीन विद्यालयों का निर्माण नहीं किया। अकबर के समान बहुत ही कम शासकों ने हिन्दुओं की शिक्षा को प्रोत्साहित किया।''**

(5) शिक्षा के आध्यात्मिक पक्ष की उपेक्षा (Neglect of Spiritual Aspect of Education)—मुस्लिम-शिक्षा धर्म-प्रधान थी। छात्रों को अपने सम्पूर्ण अध्ययन-काल में कुरान शरीफ की नियमित रूप से शिक्षा दी जाती थी, किन्तु इस शिक्षा का एकमात्र उद्देश्य— उनमें धार्मिकता की भावना का समावेश करना था, न कि उनका आध्यात्मिक विकास करना।

इस प्रकार, मुस्लिम युग में शिक्षा के आध्यात्मिक पक्ष की प्रायः पूर्ण उपेक्षा की गई। परिणामतः मुस्लिम-शिक्षा आध्यात्मिक उन्नति के उस शिखर से बहुत नीचे रह गई, जिस पर प्राचीन भारतीय शिक्षा पहुँच गई थी और जिसके कारण भारत को विश्व का आध्यात्मिक गुरु माना जाता था।

(6) शिक्षा में स्थिरता का अभाव (Lack of Stability in Education)—इस्लाम धर्म में अडिग आस्था रखने के कारण मुसलमान, माता-पिता अपने बच्चों के लिए शिक्षा को अनिवार्य मानते थे, परन्तु जैसा कि **टी. एन. सिक्वेरा** ने लिखा है—**"न तो माता-पिता ने और न शासकों ने अपने कर्त्तव्य का विधिपूर्वक पालन किया। एक शासक या राजकुमार, विद्यालयों की स्थापना करता था और दूसरा यदि उनको नष्ट नहीं करता था, तो बन्द अवश्य कर देता था।"**

सिक्वेरा के कथन से सिद्ध हो जाता है कि मुस्लिम शासकों की शिक्षा-सम्बन्धी नीति में स्थिरता और क्रमबद्धता का नितान्त अभाव था। यही कारण था कि यदि एक शासक के समय में शिक्षा पुष्पित होती थी, तो दूसरे शासक के समय में कुम्हला जाती थी। शिक्षा के इस अस्थिर स्वरूप का कारण बताते हुए **डॉ. एफ. ई. केई** ने लिखा है—**"शिक्षा का अस्थिर और अनिश्चित स्वरूप मुख्यतः निरंकुश शासन का परिणाम था।"**

(7) शिक्षा में व्यापकता का अभाव (Lack of Universality in Education)—मुस्लिम-युग में शिक्षा को इस्लाम-धर्म के सिद्धान्तों के अनुसार प्रत्येक व्यक्ति के लिए अनिवार्य माना जाता था और उसे राज्य का संरक्षण भी प्राप्त था। फिर भी, वह व्यापक रूप धारण न कर सकी। इसके आधारभूत कारण पाँच थे; यथा—

पहला, मुस्लिम-शिक्षा की व्यवस्था केवल नगरों और बड़े कस्बों में की गई थी, जहाँ मुसलमानों की अधिकांश जनसंख्या निवास करती थी। **दूसरा,** मुस्लिम शासकों को जनसाधारण की शिक्षा में लेशमात्र भी रुचि नहीं थी। अतः नगरों और कस्बों से दूर के स्थानों में न तो मुस्लिम-शिक्षा का आविर्भाव हुआ और न विकास। **तीसरा,** दान, धर्म और उदारता से प्रेरित होकर मुस्लिम शासकों और उनके अमीर-उमरावों ने केवल महत्त्वपूर्ण स्थानों पर ही मकतबों और मदरसों का निर्माण किया। **चौथा,** मुस्लिम शिक्षा-संस्थाओं में प्रदान की जाने वाली शिक्षा पर धार्मिक कट्टरता की इतनी गहरी और व्यापक छाप थी कि हिन्दू बालक उससे लाभान्वित न हो सके। **पाँचवाँ,** मुस्लिम युग में शिक्षा-संस्थाओं की संख्या बहुत कम थी। अतः केवल धनी और प्रभावशाली व्यक्तियों के बालकों को ही उनमें प्रवेश मिलता था। फलस्वरूप, सामान्य व्यक्तियों के बालकों के लिए शिक्षा प्राप्त करने का कोई साधन नहीं था। ऐसी स्थिति में शिक्षा में व्यापकता का अभाव होना स्वाभाविक था।

(8) कठोर शारीरिक दण्ड (Severe Corporal Punishment)—मुस्लिम-शिक्षा-व्यवस्था में कठोर दण्ड की प्रथा प्रचलित थी। छात्रों को पाठ याद न होने पर या अन्य अपराध करने पर बेंत, कोड़े, घूँसे-लात, थप्पड़ आदि से शारीरिक दण्ड दिया जाता था। यदि वे कोई भीषण अपराध करते थे, तो उनको विभिन्न प्रकार की शारीरिक यातनाएँ दी जाती थीं।

एडम (Adam) ने अपनी '*Reports*' में कुछ शारीरिक यातनाओं का वर्णन इस प्रकार किया है—छात्र को मुर्गा बनाना, उसकी पीठ या गर्दन या दोनों पर निश्चित समय के लिए ईंट या लकड़ी का भारी टुकड़ा रखना, उसे पैरों के बल वृक्ष की शाखा से लटकाना, उसे बिल्ली या अन्य किसी कष्टदायक पशु के साथ बोरे में बन्द करना, उसे भूमि पर पेट के बल लेटकर अपने शरीर को निश्चित दूरी तक घसीटना।

ये सभी दण्ड निष्ठुर तथा अमानवीय होने के साथ-साथ अमनोवैज्ञानिक और शिक्षा-सिद्धान्तों के प्रतिकूल थे। इस प्रकार के दण्ड दिये जाने का कारण यह था कि राज्य की ओर से कोई दण्ड विधान निर्धारित

नहीं था। अत: शिक्षक अपनी व्यक्तिगत इच्छा के अनुसार छात्रों को कोई भी दण्ड देने के लिए पूर्णतया स्वतन्त्र थे।

(9) छात्रों की विलासप्रियता (Students Love of Luxury)—प्राचीन काल की भाँति मुस्लिम काल में छात्रों को कठोर और तपस्वी जीवन व्यतीत नहीं करना पड़ता था। उन्हें छात्रावासों में अनेक प्रकार के सुख-साधन और सौन्दर्य-प्रसाधन की सुविधाएँ उपलब्ध थीं। फलस्वरूप वे कुछ ही समय में इतने विलासी बन जाते थे कि वे सुखभोग के वास्तविक जीवन से पृथक् किसी अन्य जीवन की कल्पना भी नहीं कर सकते थे। यही कारण था कि उनमें आत्म-त्याग, आत्म-निर्भरता और आत्म-अनुशासन आदि सद्‌गुणों के एक भी चिह्न की झलक दुर्लभ थी।

(10) अन्य दोष (Other Defects)—उपर्युक्त के अतिरिक्त मुस्लिम शिक्षा-पद्धति में कुछ अन्य दोष और थे; यथा—

पहला, बालकों को मकतबों में कुरान की आयतें कण्ठस्थ करायी जाती थीं, जिनका अर्थ करना उनके लिए आवश्यक नहीं समझा जाता था। इससे उनकी स्मरण-शक्ति तो निश्चित रूप से तीव्र हो जाती थी, पर उनकी मनन, चिन्तन आदि अन्य मानसिक शक्तियों का विकास नहीं होता था।

दूसरा, बालकों को पहले पढ़ने का अभ्यास कराया जाता था और उसकी समाप्ति के पश्चात् लिखने का। इससे उनका पर्याप्त समय नष्ट होता था और उनका सन्तुलित विकास भी नहीं होता था।

तीसरा, मौखिक शिक्षण पर इतना अधिक बल दिया जाता था कि बालकों को निरीक्षण, परीक्षण आदि व्यावहारिक क्रियाओं के लिए कोई अवसर प्राप्त नहीं होता था।

चौथा, डॉ. यूसुफ हुसैन के शब्दों में—**''मध्यकालीन शिक्षा-पद्धति में लचीलेपन का अभाव था। परिणामत: वह अत्यधिक अनम्य (Rigid) और अनिर्माणकारी (Non-creative) बन गई थी।**

पाँचवाँ, डॉ. यूसुफ हुसैन के शब्दों में—**''मध्यकालीन शिक्षा-पद्धति में छात्रों में व्यावहारिक निर्णय प्रदान करने की क्षमता नहीं थी। वह अत्यधिक निष्प्राण और पुस्तकीय थी।''**

अन्तिम, डॉ. यूसुफ हुसैन के विचारानुसार—**''यह कहना ऐतिहासिक दृष्टि से सत्य होगा कि मध्यकालीन शिक्षा-पद्धति नेतृत्व के गुणों का विकास करने में विफल हुई। अत: वह जीवन के विभिन्न क्षेत्रों के लिए असाधारण व्यक्तियों की माँग की पूर्ति नहीं कर सकी।''**

"It would be historically true to assert that the medieval system of education failed to impart the qualities of leadership and thus ensure the supply of outstanding personalities in the different walks of life."

—**Dr. Yusuf Husain :** *Glimpses of Medieval India Culture*, p. 97.

आधुनिक शिक्षा के लिए ग्रहणीय तत्त्व
(ACCEPTABLE FEATURES FOR MODERN EDUCATION)

मुस्लिम शिक्षा में हमें ऐसे अनेक उपयोगी तत्त्व मिलते हैं, जो आधुनिक भारतीय शिक्षा के लिए ग्रहणीय हैं; यथा—

(1) व्यावहारिक शिक्षा (Practical Education)—आज के वैज्ञानिक युग में शिक्षा को आध्यात्मिक विकास और मोक्ष-प्राप्ति का साधन बनाना सर्वथा अनुचित है। अत: यह आवश्यक है कि जिस प्रकार मुस्लिम शिक्षा में व्यावहारिक विषयों को महत्त्व दिया जाता था, उसी प्रकार भारत की आधुनिक शिक्षा में भी दिया जाए। व्यावहारिक शिक्षा प्राप्त करके छात्र समाज के उपयोगी सदस्य बन सकते हैं और साथ ही अपनी जीविका का सरलता से उपार्जन भी कर सकते हैं।

(2) नि:शुल्क शिक्षा (Free Education)—मुस्लिम शिक्षा प्राथमिक और उच्च—दोनों स्तरों पर नि:शुल्क थी। आधुनिक भारतीय शिक्षा, प्राथमिक स्तर पर तो नि:शुल्क है, पर माध्यमिक और उच्च स्तरों पर नहीं है। अत: इन स्तरों पर शिक्षा को नि:शुल्क बनाया जाना चाहिए। इसका मुख्य कारण यह है कि आज की शिक्षा इतनी महँगी हो गई है कि अनेक छात्र माध्यमिक और विशेष रूप से उच्च शिक्षा के लिए लालायित होने पर भी उसे प्राप्त करने से वंचित रह जाते हैं।

यह तथ्य निर्धन परिवारों के बालकों के विषय में विशेष रूप से सत्य है। उच्च शिक्षा को निःशुल्क बनाने से राज्य सरकारों का व्यय अवश्य बढ़ जायेगा, पर इससे हित भी अवश्य अधिक होगा। इसकी पुष्टि में यह कारण प्रस्तुत किया जा सकता है कि देश को प्रतिभाशाली व्यक्ति उपलब्ध हो सकते हैं, जो प्रखर बुद्धि वाले होते हुए भी उच्च शिक्षा ग्रहण करने के लिए अपने को असमर्थ पाते हैं।

(3) व्यक्तिगत सम्पर्क (Individual Contact)—मुस्लिम युग के अधिकांश मदरसों में शिक्षक और छात्र साथ-साथ रहते थे। फलस्वरूप, उनमें व्यक्तिगत सम्पर्क स्थापित हो जाता था। इस सम्पर्क के माध्यम से शिक्षक, छात्रों में विशिष्ट गुणों का समावेश करते थे।

आधुनिक भारतीय शिक्षा में व्यक्तिगत सम्पर्क नाम की कोई चीज नहीं है! यही कारण है कि छात्रों में उच्छृंखलता और अनुशासनहीनता की निरन्तर वृद्धि होती चली जा रही है। इसको समाप्त करने और छात्रों का चारित्रिक उन्नयन करने के लिए शिक्षक से उनका निकट और व्यक्तिगत सम्पर्क होना परम आवश्यक है। अतः मुस्लिम शिक्षा में पाये जाने वाले शिक्षकों और छात्रों के व्यक्तिगत सम्पर्क को आधुनिक भारतीय शिक्षा में समाविष्ट किया जाना अनिवार्य है।

(4) शिक्षक की स्थिति में उन्नति (Elevation of Teacher's Status)—आधुनिक भारत में शिक्षक की स्थिति निम्न से निम्नतर होती चली जा रही है। इसके लिए आंशिक रूप से शिक्षक, पर मुख्य रूप से समाज और राज्य उत्तरदायी हैं। इसका कारण यह है कि न तो शिक्षक को समाज में सम्मान प्राप्त है और न राज्य का संरक्षण। अतः आवश्यक है कि समाज और राज्य—दोनों ही उसके प्रति अपने दृष्टिकोण को परिवर्तित करें और उसकी स्थिति को समुन्नत बनाने में उद्योग करें। मुस्लिम युग में शिक्षक को छात्रों की भक्ति, समाज का सम्मान और राज्य का संरक्षण प्राप्त था। आधुनिक भारत में मुस्लिम शिक्षा के इस तत्त्व को एकमत से स्वीकार किया जाना चाहिए।

(5) धार्मिक व लौकिक शिक्षा का समन्वय (Synthesis of Religious and Secular Education)—आज के भौतिकवादी युग में लौकिक शिक्षा की असीम आवश्यकता है, किन्तु इस शाश्वत सत्य को विस्मृत नहीं किया जाना चाहिए कि धर्म व्यक्ति के जीवन और चरित्र का प्रधान आधार-स्तम्भ है। आधुनिक भारतीय शिक्षा की परिधि में से धर्म को बाहर निकाल कर इस आधार-स्तम्भ को हटा दिया गया है।

इसके कुत्सित परिणाम भारत के प्रत्येक स्थान में देखने को मिल रहे हैं। अकारण झूठ बोलना, स्वार्थवश धोखा देना, निजहित के लिए लूटमार करना, काम-वासना की तृप्ति के लिए अबलाओं का अपहरण करना—ये सभी बातें धर्मविहीन शिक्षा की द्योतक हैं। इनके कारण आज के भारतीय अपने आदि पूर्वजों की बर्बर अवस्था की ओर अत्यन्त त्वरित गति से बढ़ रहे हैं। इससे उनकी रक्षा तभी की जा सकती है, जब मुस्लिम शिक्षा का अनुकरण करके आधुनिक भारतीय शिक्षा में भी धार्मिक और लौकिक शिक्षा का समन्वय किया जाए।

अभ्यास प्रश्न

दीर्घ उत्तरीय प्रश्न (Long Answer Type Questions)

1. मध्यकालीन भारत में शिक्षा की व्यवस्था का संक्षेप में वर्णन कीजिए।
2. मुस्लिम शिक्षा के उद्देश्य और आदर्श क्या थे ? उनका निर्माण भारत के मुस्लिम शासकों के हितों को कहाँ तक ध्यान में रखकर किया गया था ?

लघु उत्तरीय प्रश्न (Short Answer Type Questions)

1. मुस्लिम शिक्षा की महत्त्वपूर्ण विशेषताओं का संक्षेप में वर्णन कीजिए। आप आधुनिक भारत में इनमें से किसको पुनर्जीवित करना चाहेंगे और क्यों ?
2. मध्यकाल में प्रचलित शिक्षा के मुख्य दोषों की विवेचना कीजिए। भारत की आधुनिक शिक्षा में इन दोषों का निवारण कहाँ तक हुआ है ?

बहुविकल्पीय प्रश्न (Multiple Choice Questions)

1. भारत में मुस्लिम शिक्षा का प्रमुख उद्देश्य था—

(अ) इस्लाम का प्रसार (ब) आध्यात्मिकता का विकास
(स) चरित्र का निर्माण (द) मेडिकल शिक्षा का प्रसार। **उत्तर**—(अ)

2. मुस्लिम काल में प्राथमिक शिक्षा के प्रमुख केन्द्र थे—

(अ) मदरसों में (ब) मकतबों में
(स) चरणों में (द) घटकों में। **उत्तर**—(ब)

3. मुस्लिम काल में उच्च शिक्षा के प्रमुख केन्द्र थे—

(अ) नालन्दा
(ब) लाहौर, मुल्तान, अजमेर तथा मुर्शिदाबाद के मदरसे
(स) वनस्थली विद्यापीठ
(द) विश्वभारती। **उत्तर**—(ब)

4. मुस्लिम काल में शिक्षा का प्रारम्भ किस संस्कार द्वारा होता था—

(अ) बिस्मिल्लाह-खानी द्वारा (ब) उपनयन संस्कार द्वारा
(स) पब्बज्जा संस्कार द्वारा (द) उपर्युक्त में से कोई नहीं। **उत्तर**—(अ)

5. मुस्लिम काल में राजभाषा थी—

(अ) फारसी (ब) संस्कृत
(स) अंग्रेजी (द) अरबी। **उत्तर**—(अ)

6. खानकाहों में शिक्षा प्राप्त करते थे—

(अ) राजपूतों के बच्चे (ब) मुसलमानों के बालक
(स) अंग्रेजों के बच्चे (द) काबुल व कन्धार से आने वाले बच्चे।
उत्तर—(ब)

अध्याय—4

चार्टर आज्ञा-पत्र 1813, मैकाले के विवरण-पत्र 1835 की मुख्य सिफारिशें

[MAIN RECOMMENDATIONS OF CHARTER ACT 1813, MACAULAY'S MINUTE, 1835]

1813 का आज्ञा-पत्र
(CHARTER OF 1813)

इंगलिश ईस्ट इण्डिया कम्पनी के 'आज्ञा-पत्र' का प्रत्येक 20 वर्ष के पश्चात् ब्रिटिश पार्लियामेण्ट द्वारा पुनरावर्तन किया जाता था। इस उद्देश्य से सन् 1813 में 'आज्ञा-पत्र' को पार्लियामेण्ट के समक्ष प्रस्तुत किया गया। उस अवसर पर घोर विरोध होते हुए भी ग्रांट और विल्बरफोर्स के दल को विजय प्राप्त हुई। सन् 1813 के 'आज्ञा-पत्र' में निम्नांकित धारा को जोड़कर भारत में शिक्षा-प्रसार का उत्तरदायित्व कम्पनी के ऊपर रखा गया—"**साहित्य के पुनरुद्धार और समुन्नति के लिए भारतीय विद्वानों को प्रोत्साहित करने के लिए और भारत में ब्रिटिश प्रदेशों के निवासियों में विद्वानों के ज्ञान का प्रसार एवं विकास करने के लिए प्रतिवर्ष कम-से-कम एक लाख रुपये की धनराशि पृथक् रखी जायेगी और व्यय की जायेगी।**"

"......a sum of not less than one lac of rupees in each year shall be set apart and applied to the revival and improvement of literature and encouragement of the learned natives of India and for the introduction and promotion of knowledge of sciences among the inhabitants of the British territories in India. —**Charter of 1813, Section 43.**

इस धारा का भारतीय शिक्षा के इतिहास में अत्यन्त महत्त्वपूर्ण स्थान है। इसके कारण ग्रांट और विल्बरफोर्स द्वारा लगभग बीस वर्ष तक चलाये जाने वाले आन्दोलन की इतिश्री हुई। इसने भारतीयों की शिक्षा को कम्पनी का उत्तरदायित्व बताया। इसने भारत में अंग्रेजी शिक्षा प्रणाली का सूत्रपात करके भारतीय शिक्षा को एक नई दिशा में मोड़ा। **नूरुल्ला** व **नायक** के अनुसार—"**1813 के आज्ञा-पत्र ने भारतीय शिक्षा के इतिहास को एक नई दिशा में मोड़ा।**"

"The Charter Act of 1813 forms a turning point in the history of Indian education."

—**Nurullah & Naik :** *op. cit.*, p. 82.

प्राच्य-पाश्चात्य विवाद
(ORIENTAL-OCCIDENTAL CONTROVERSY)

सन् 1813 के 'आज्ञा-पत्र' की 43वीं धारा ने भारतीयों की शिक्षा का उत्तरदायित्व कम्पनी पर रखा और उसे उनकी शिक्षा पर प्रति वर्ष कम-से-कम एक लाख रुपये की धनराशि व्यय करने का आदेश दिया, किन्तु 'धारा' में इस बात का स्पष्टीकरण नहीं किया गया था कि यह धनराशि किस प्रकार की शिक्षा पर व्यय की जाए—प्राच्य शिक्षा पर या पाश्चात्य शिक्षा पर ? फलतः इस प्रश्न को लेकर कम्पनी के कर्मचारियों में शिक्षा के स्वरूप के विषय में विवाद उठ खड़ा हुआ। इस विवाद को 'प्राच्य-पाश्चात्यबाद विवाद' की संज्ञा दी गई। इस विवाद में भाग लेने वाले दो मुख्य दल थे—प्राच्यवादी और पाश्चात्यवादी (Orientalists and Occidentalists)।

विवाद का मुख्य कारण
(MAIN CAUSE OF CONTROVERSY)

विवाद का मुख्य कारण सन् 1813 के 'आज्ञा-पत्र' की 43वीं धारा में प्रयोग किये गये दो शब्द थे—'साहित्य' और 'भारतीय विद्वान्'। प्राच्यवादियों और पाश्चात्यवादियों ने इन दोनों शब्दों की व्याख्या दो विभिन्न प्रकार से की। इस व्याख्या पर प्रकाश डालते हुए **डॉ. श्रीधरनाथ मुखोपाध्याय** ने लिखा है—''प्राच्यवादियों का कहना था कि इस धारा के 'साहित्य' शब्द के अन्तर्गत आते हैं—केवल 'अरबी और संस्कृत साहित्य' एवं 'भारतीय विद्वान्' का अर्थ है—इन दोनों भाषाओं में से किसी भी एक भाषा का भारतीय विद्वान्। पाश्चात्यवादियों का मत था कि इन दोनों शब्दों का अर्थ इतना संकीर्ण नहीं है। 'साहित्य' में अंग्रेजी का भी विशेष स्थान है।''

प्राच्यवादी
(ORIENTALISTS)

प्राच्यवादी दल में कम्पनी के पुराने और अनुभवी कर्मचारी थे। इसमें सर्वप्रथम स्थान वारेन हेस्टिंग्ज और जानेथन डंकन का था, जिन्होंने 'कोलकाता मदरसा' और 'बनारस संस्कृत कॉलेज' की सृष्टि करके प्राच्यवादी नीति के पक्ष में अपना मत प्रकट किया था। लार्ड मिण्टो भी इसी नीति का पोषक था। इस नीति को बंगाल की 'लोक-शिक्षा समिति' (General Council of Public Instruction) के अधिकांश सदस्यों का समर्थन प्राप्त था। इन सदस्यों में दो मुख्य थे—'समिति' का मन्त्री, विल्सन (H. H. Wilson) और बंगाल का शिक्षा सचिव, प्रिन्सेप (H. T. Prinsep)। प्रिन्सेप—प्राच्यवादी दल का नेता भी था।

कम्पनी के उपरिलिखित सभी कर्मचारी और प्राच्यवादी नीति के अन्य पोषक उच्च कोटि के कूटनीतिज्ञ थे। उनकी धारणा थी कि भारतवासियों को विभाजित रखकर ही उन पर शासन किया जा सकता था। अत: वे इस देश के निवासियों को अरबी, फारसी और संस्कृत पर आधारित शिक्षा प्रदान करके विभिन्न धर्मों और जातियों में विभाजित रखना चाहते थे। विल्सन इस बात का घोर विरोधी था कि भारतीय अंग्रेजी की शिक्षा प्राप्त करके उसके देशवासियों से समानता करने का दावा करें। प्रिन्सेप का दृढ़ विचार था कि भारतीयों में अंग्रेजी पर अधिकार प्राप्त करने की क्षमता नहीं है।

अन्य प्राच्यवादियों ने भारतीयों को अंग्रेजी की शिक्षा दिये जाने के विपक्ष में तीन तर्क प्रस्तुत किये। **पहला,** भारत में पाश्चात्य ज्ञान और विज्ञानों का प्रसार करने से इस देश की प्राचीन सभ्यता और संस्कृति का लोप हो जायेगा। **दूसरा,** भारत में अंग्रेजी शिक्षा को प्रोत्साहन देने से उस भारतीय साहित्य का विनाश हो जायेगा, जिसमें अनेक युगों का ज्ञान संचित है। **तीसरा, टी. एन. सिक्वेरा** के अनुसार, **''जब भारतीयों की अपनी स्वयं की एक प्राचीन और भव्य संस्कृति है, तब उनको अन्य देश की भाषा और साहित्य का ज्ञान प्राप्त करने के लिए बाध्य करना दोषपूर्ण नीति है।''**

प्राच्यवादियों ने उपर्युक्त तर्क उपस्थित करके इस बात पर बल दिया कि भारतीयों की प्राचीन शिक्षा, साहित्य और संस्कृति को सुरक्षित रखना आवश्यक है। अत: उनकी शिक्षा प्रणाली को प्रोत्साहित किया जाए और उनमें पाश्चात्य ज्ञान का कदापि प्रसार न किया जाए।

पाश्चात्यवादी
(OCCIDENTALISTS)

पाश्चात्यवादी दल में कम्पनी के नवयुवक कर्मचारी और मिशनरी थे। वे सम्पूर्ण देश में यत्र-तत्र बिखरे हुए थे। इसलिए दल का न तो कोई संगठित स्वरूप था और न उनका कोई नेता ही था। फिर भी उन्होंने प्राच्यवादियों की नीति का जमकर विरोध किया। उन्होंने यह विचार प्रकट किया कि प्राच्य शिक्षा प्रणाली मरणासन्न अवस्था को प्राप्त कर चुकी है और उसे पुनर्जीवन प्रदान करना मानव प्रयास से बाहर की बात है। इसके अतिरिक्त उन्होंने यह घोषित किया कि अरबी फारसी और संस्कृत के साहित्यों में पुरातन और निरर्थक विचारों के सिवा किसी प्रकार का उपयोगी ज्ञान नहीं मिलता है। अत: भारतीयों का मानसिक विकास करने के लिए उनको अंग्रेजी के माध्यम से पाश्चात्य ज्ञान और विज्ञानों से अवगत कराया जाना परम आवश्यक है।

यहाँ इस बात का उल्लेख करना असंगत न होगा कि पाश्चात्यवादियों ने भारतीयों में यूरोपीय ज्ञान और विज्ञानों के प्रसार का समर्थन किसी नि:स्वार्थ भावना से नहीं, वरन् निज हित की भावना से प्रेरित होकर किया। उन्हें अपने व्यापारिक और प्रशासकीय कार्यालयों के लिए अंग्रेजी शिक्षित 'बाबू-वर्ग' की आवश्यकता थी। उन्हें यह बात असह्य थी कि उनके देशवासी, इंग्लैण्ड से आकर इस निम्न वर्ग में सम्मिलित हों। अत: उन्होंने यही अधिक विवेकपूर्ण समझा कि भारत में अंग्रेजी शिक्षा का प्रसार करके 'बाबू-वर्ग' का निर्माण किया जाए।

इस प्रकार, प्राच्यवादियों और पाश्चात्यवादियों का विवाद सन् 1834 तक चलता रहा। अन्त में जनवरी, 1835 में 'लोक-शिक्षा-समिति' के मन्त्री ने दोनों दलों के वक्तव्यों को भारत के तत्कालीन गनर्वर-जनरल लार्ड विलियम बैंटिंक (Bentinck) के सम्मुख निर्णयार्थ प्रस्तुत किया।

मैकाले का विवरण-पत्र, 1835
(MACAULAY'S MINUTE, 1835)

10 जून, सन् 1834 को लार्ड मैकाले (Macaulay) गवर्नर-जनरल की कौंसिल के 'कानून-सदस्य' के रूप में भारत में पदार्पण किया उस समय तक 'प्राच्य-पाश्चात्य विवाद' उग्रतम रूप धारण कर चुका था। बैंटिंक का विश्वास था कि मैकाले जैसा विद्वान् ही इस विवाद को समाप्त कर सकता था। इस विचार से उसने मैकाले को बंगाल की 'लोक-शिक्षा-समिति' का सभापति नियुक्त किया। फिर उसने मैकाले से सन् 1813 के 'आज्ञा-पत्र' की 43वीं धारा में अंकित एक लाख रुपये की धनराशि को व्यय करने की विधि तथा अन्य विवादग्रस्त विषयों के सम्बन्ध में कानूनी सलाह देने का अनुरोध किया। साथ ही उसने 'समिति' के मन्त्री को प्राच्यवादी और पाश्चात्यवादी दलों के वक्तव्यों को मैकाले के समक्ष उपस्थित करने का आदेश दिया।

मैकाले ने सर्वप्रथम 'आज्ञा-पत्र' की उक्त धारा और दोनों दलों के वक्तव्यों का सूक्ष्म अध्ययन किया। फिर उसने तर्कपूर्ण और बलवती भाषा में अपनी सलाह को अपने प्रसिद्ध 'विवरण-पत्र' में लेखबद्ध करके, 2 फरवरी, सन् 1835 को बैंटिंक के पास भेज दिया। हम मैकाले के 'विवरण-पत्र' के दो प्रमुख अंशों का वर्णन कर रहे हैं; यथा—

(1) 43वीं धारा की व्याख्या
(INTERPRETATION OF 43RD SECTION)

मैकाले ने अपने 'विवरण-पत्र' में सन् 1813 के 'आज्ञा-पत्र' की 43वीं धारा की निम्नलिखित प्रकार से व्याख्या की है—

1. एक लाख रुपये की धनराशि व्यय करने के लिए सरकार पर कोई प्रतिबन्ध नहीं है। वह इस धनराशि को अपनी इच्छानुसार किसी प्रकार भी व्यय कर सकती है।

2. 'साहित्य' शब्द के अन्तर्गत केवल अरबी और संस्कृत साहित्य ही नहीं, अपितु अंग्रेजी साहित्य भी सम्मिलित किया जा सकता है।

3. 'भारतीय विद्वान्' मुसलमान मौलवी एवं संस्कृत के पण्डित के अलावा अंग्रेजी भाषा और साहित्य का विद्वान् भी हो सकता है।

(2) अंग्रेजी के पक्ष में तर्क
(ARGUMENTS IN FAVOUR OF ENGLISH)

'आज्ञा-पत्र' की 43वीं धारा की व्याख्या करने के बाद, मैकाले ने प्राच्य-शिक्षा एवं साहित्य का प्रबल खण्डन और अंग्रेजी के माध्यम से पाश्चात्य ज्ञान और विज्ञानों की शिक्षा का शक्तिशाली समर्थन किया। सर्वप्रथम, **मैकाले** ने भारतीय भाषाओं को अध्ययन के लिए पूर्णतया निरर्थक बताते हुए लिखा—**"भारत के निवासियों में प्रचलित देशी भाषाओं में साहित्यिक तथा वैज्ञानिक ज्ञान-कोष का अभाव है और वे इतनी अविकसित तथा गँवारू हैं कि जब तक उनको बाह्य भण्डार से सम्पन्न नहीं किया जायेगा, तब तक उनसे किसी भी महत्त्वपूर्ण पुस्तक का सरलता से अनुवाद न हो सकेगा।"**

भारतीय भाषाओं की निरर्थकता सिद्ध करने के पश्चात् **मैकाले** ने अरबी, फारसी और संस्कृत की अपेक्षा अंग्रेजी को कहीं अधिक उच्च स्थान देते हुए लिखा—**''एक अच्छे यूरोपीय पुस्तकालय की एक अल्मारी का भारत और अरब के सम्पूर्ण साहित्य से कम महत्त्व नहीं है।''**

"A single shelf of a good European library was worth the whole native literature of India and Arabia."
—**Macaulay's** *Minute*

इस प्रकार अरबी, फारसी और संस्कृत के अध्ययन-क्षेत्र से बाहर निकालकर मैकाले ने अंग्रेजी को उनकी अपेक्षा अधिक समृद्ध बताया और उसके अध्ययन के पक्ष में निम्नलिखित तर्क दिए—

1. अरबी और संस्कृत की तुलना में अंग्रेजी अधिक उपयोगी है, क्योंकि यह नवीन ज्ञान की कुंजी है।
2. अंग्रेजी इस देश के शासकों की भाषा है, भारत के उच्च वर्गों द्वारा बोली जाती है और पूर्वी समुद्रों में व्यापार की भाषा बन सकती है।
3. जिस प्रकार लैटिन एवं यूनानी भाषाओं से इंग्लैण्ड में और पश्चिमी यूरोप की भाषाओं से रूस में पुनरुत्थान हुआ, उसी प्रकार अंग्रेजी से भारत में होगा।
4. भारतवासी अरबी और संस्कृत की शिक्षा की अपेक्षा अंग्रेजी की शिक्षा के लिए अधिक उत्कंठित हैं।
5. भारतवासियों को अंग्रेजी का अच्छा विद्वान् बनाया जा सकता है और हमारे प्रयास इसी दिशा में होने चाहिए।
6. अंग्रेजी की शिक्षा द्वारा इस देश में एक ऐसे वर्ग का निर्माण किया जा सकता है जो रक्त और रंग में भले ही भारतीय हो, पर रुचियों, विचारों, नैतिकता और विद्वत्ता में अंग्रेज होगा।

"It is possible through English education to bring about a class of persons, Indian in blood and colour but English in tastes, in opinions, in morals and in intellect."

—**Macaulay, H.** Shary, ed. Macaulay's
Minute, Selection from Educational Records, Part I, p. 117

उपर्युक्त तर्कों के आधार पर मैकाले ने यह मत व्यक्त किया कि प्राच्य शिक्षा की संस्थाओं पर धन व्यय करना मूर्खता है और इनको बन्द कर दिया जाय। इनके स्थान पर अंग्रेजी भाषा के माध्यम से शिक्षा प्रदान करने के लिए संस्थाओं की सृष्टि की जाय। अंग्रेजी भाषा का यशगान और समर्थन करते हुए **मैकाले** ने कहा—**''अंग्रेजी पश्चिम की भाषाओं में भी सर्वोपरि है। जो व्यक्ति अंग्रेजी भाषा जानता है, वह उस विशाल ज्ञान-भण्डार को सुगमता से प्राप्त कर लेता है जिसकी विश्व की सबसे बुद्धिमान जातियों ने रचना की है।''**

"English stands pre-eminent even among the language of the west. Whoever knows the English language has ready access to all the vast intellectual wealth, which all the wisest nations of the earth have created."
—**Macaulay's** *Minute*

बैंटिंक द्वारा विवरण-पत्र की स्वीकृति, 1835
(BENTINCK'S APPROVAL OF THE MINUTE, 1835)

लॉर्ड विलियम बैंटिंक ने मैकाले के 'विवरण-पत्र' में व्यक्त किये गये सभी विचारों का अनुमोदन किया। तदुपरान्त 7 मार्च, सन् 1835 को एक विज्ञप्ति (Proclamation) द्वारा उसने सरकार की शिक्षा-नीति को अग्रांकित शब्दों में घोषित किया—**''शिक्षा के लिए निर्धारित सम्पूर्ण धन का सर्वोत्कृष्ट प्रयोग केवल अंग्रेजी की शिक्षा के लिए ही किया जा सकता है।''**

"All government fund appropriated for the purposes of education would be best employed on English education alone."
—*Government Proclamation of* 1835

इस विज्ञप्ति ने कम्पनी की शिक्षा-नीति में सहसा परिवर्तन करके भारतीय शिक्षा के इतिहास में एक नया मोड़ दिया। **टी. एन. सिक्वेरा** के शब्दों में, **''इस विज्ञप्ति ने भारत में शिक्षा के इतिहास को एक नया मोड़ दिया। यह उस दिशा के विषय में, जो सरकार सार्वजनिक शिक्षा को देना चाहती थी, निश्चित नीति की प्रथम सरकारी घोषणा थी।''**

अभ्यास प्रश्न

दीर्घ उत्तरीय प्रश्न (Long Answer Type Questions)

1. 1765 से 1833 तक इंगलिश ईस्ट इण्डिया कम्पनी की शिक्षा-नीति का संक्षिप्त वर्णन कीजिए।
2. संक्षिप्त टिप्पणियाँ लिखिए—(अ) धर्मार्थ विद्यालय, (ब) कोलकाता मदरसा, (स) बनारस संस्कृत कॉलेज और (द) सन् 1813 का आज्ञा-पत्र।
3. ''सन् 1813 के आज्ञा-पत्र ने भारतीय शिक्षा के इतिहास को एक नई दिशा में मोड़ा।'' समीक्षा कीजिए।

लघु उत्तरीय प्रश्न (Short Answer Type Questions)

1. प्राच्य-पाश्चात्य विवाद के मुख्य कारण क्या थे ? इसका अन्त किस प्रकार किया गया ?
2. ''मैकाले के विवरण-पत्र ने भारत में शिक्षा के इतिहास को एक नई दिशा प्रदान की।'' आलोचना कीजिए।
3. निम्नांकित पर संक्षिप्त टिप्पणियाँ लिखिए—(अ) निस्यन्दन सिद्धान्त, (ब) प्राच्यवादी और पाश्चात्यवादी और (स) सन् 1835 की सरकारी घोषणा।

अध्याय—5

वुड के आदेश-पत्र, 1854 की मुख्य सिफारिशें
[MAIN RECOMMENDATIONS OF WOOD'S DESPATCH, 1854]

विषय-प्रवेश
(INTRODUCTION)

भारतीय शिक्षा के इतिहास में सन् 1833 से 1853 की अवधि को शिक्षा के अंग्रेजीकरण की अवधि कहा जाता है। बैंटिंक की सन् 1835 की 'विज्ञप्ति' ने अंग्रेजी के माध्यम से पाश्चात्य शिक्षा के प्रसार को सरकार की शिक्षा-नीति बताया। इस नीति को व्यावहारिक रूप प्रदान करने के लिए 'लोक-शिक्षा समिति' ने अंग्रेजी की शिक्षा देने के लिए संस्थाओं का नव-निर्माण किया। सन् 1833 के 'आज्ञा-पत्र' ने भारत के सिंहद्वार सब देशों के मिशनरियों के लिए खोल दिए। अतः अंग्रेज मिशनरियों के अलावा अन्य देशों के मिशनरियों ने भी भारत में अंग्रेजी की शिक्षा के लिए मिशन स्कूलों और कॉलेजों की स्थापना की।

इन सब कार्यों के फलस्वरूप सन् 1853 के अन्त तक भारत में अंग्रेजों के माध्यम से अंग्रेजी शिक्षा का आधिपत्य स्थापित हो गया। इस अवधि की इन दो विशेषताओं के साथ-साथ कुछ अन्य विशेषताओं का उल्लेख करते हुए **श्रीधरनाथ मुखोपाध्याय** ने लिखा है—**''शिक्षा-छनाई सिद्धान्त का बोलबाला रहा, जन-शिक्षा असम्भव गिनी गई एवं देशी शिक्षा कुचल दी गई, पाश्चात्य शिक्षा का आदर बढ़ा, प्राच्य विद्या निरर्थक मानी गई, शिक्षा का माध्यम अंग्रेजी हुआ, सांस्कृतिक एवं लोकभाषाएँ निकम्मी ठहराई गईं।''**

वुड के घोषणा-पत्र का मूल कारण
(ORIGIN OF WOOD'S DESPATCH)

सन् 1853 में इंग्लिश ईस्ट इण्डिया कम्पनी के 'आज्ञा-पत्र' के पुनरावर्तन का अवसर आया। उस अवसर पर ब्रिटिश पार्लियामेण्ट ने यह निश्चय किया कि भारतीय शिक्षा की प्रमुख समस्याओं का समाधान किया जाना अनिवार्य था। इस विचार से प्रेरित होकर पार्लियामेण्ट ने एक 'जाँच-समिति' की नियुक्ति की और उसे भारतीय शिक्षा के सम्बन्ध में अपने सुझाव देने का आदेश दिया। इस 'समिति' के सुझावों के आधार पर कम्पनी के संचालकों ने 19 जुलाई, सन् 1854 को एक आदेश-पत्र में अपनी भारतीय शिक्षा की नीति का प्रकाशन किया। उस समय सर चार्ल्स वुड (Sir Charles Wood) कम्पनी के 'बोर्ड ऑफ कण्ट्रोल' (Board of Control) का सभापति था। अतः आदेश-पत्र को उसी के नाम पर **'वुड का आदेश-पत्र'** (Wood's Despatch) कहा गया। यह सौ अनुच्छेदों का लम्बा लेख-पत्र है, जिसमें भारतीय शिक्षा के अंग-प्रत्यंगों पर विचार किया गया है और उसके सम्बन्ध में विस्तृत एवं महत्त्वपूर्ण सिफारिशें की गई हैं।

आदेश-पत्र के सुझाव व सिफारिशें
(SUGGESTIONS AND RECOMMENDATIONS OF THE DESPATCH)

हम 'वुड के आदेश-पत्र' में लिखित महत्त्वपूर्ण सिफारिशों का अग्रांकित स्तम्भों में क्रमबद्ध वर्णन कर रहे हैं—

(1) शिक्षा का उत्तरदायित्व (Responsibility of Education)—'आदेश-पत्र' में यह स्वीकार किया गया कि भारत में शिक्षा का प्रसार करने का उत्तरदायित्व कम्पनी पर है। इस उत्तरदायित्व को पुनीत कर्त्तव्य बताते हुए **'आदेश-पत्र'** में कहा गया—**''अनेक महत्त्वपूर्ण विषयों में से कोई भी विषय हमारे ध्यान को इतना आकृष्ट नहीं करता है, जितना कि शिक्षा। यह हमारे सबसे अधिक पुनीत कर्त्तव्यों में से एक है।''**

(2) शिक्षा का उद्देश्य (Aims of Education)—'आदेश-पत्र' ने भारतीयों की शिक्षा के निम्नांकित चार उद्देश्य घोषित किये—(1) भारतीयों में शिक्षा का प्रसार करके उनकी मानसिक और चारित्रिक उन्नति करना, (2) भारतीयों को पाश्चात्य ज्ञान से अवगत कराके उनकी भौतिक समृद्धि करना, (3) भारतीयों को राजपदों के लिए सुयोग्य व्यक्ति बनाना और (4) भारतीयों को अपने देश को समृद्धिशाली बनाने में सहायता देना।

(3) पाठ्यक्रम (Curriculum)—'आदेश-पत्र' ने अरबी, फारसी और संस्कृत को उपयोगी बताते हुए उनको पाठ्यक्रम में स्थान दिया किन्तु भारतीयों के लिए यूरोप के समुन्नत कला-कौशल, विज्ञान, दर्शन और साहित्य को अधिक उपयोगी बताकर पाठ्यक्रम में विशेष स्थान प्रदान किया गया। इन विषयों को यूरोपीय ज्ञान की संज्ञा देते हुए **'आदेश-पत्र'** में घोषित किया गया—**''हम बलपूर्वक घोषित करते हैं कि हम भारत में जिस शिक्षा का प्रसार देखना चाहते हैं, वह है—यूरोपीय ज्ञान।''**

(4) शिक्षा का माध्यम (Medium of Instruction)—'आदेश-पत्र' ने अंग्रेजी का समुचित ज्ञान रखने वाले व्यक्तियों के लिए अंग्रेजी को और अन्य व्यक्तियों के लिए देशी भाषाओं को शिक्षा का माध्यम निश्चित किया। इस प्रकार, अंग्रेजी और देशी भाषाओं दोनों को शिक्षा का माध्यम निश्चित करते हुए **'आदेश-पत्र'** ने यह आशा प्रकट की—**''हम यूरोपीय ज्ञान के प्रसार के लिए अंग्रेजी भाषा और भारत की देशी भाषाओं को शिक्षा के माध्यम के रूप में साथ-साथ देखने की आशा करते हैं।''**

"We look to the English language and to the Vernacular languages of India together as the media for the diffusion of European knowledge." —**Wood's** *Despatch*

(5) शिक्षा विभागों की स्थापना (Establishment of Education Departments)—'आदेश-पत्र' ने सुझाव दिया कि प्रान्तीय बोर्डों और शिक्षा समितियों (Provincial Boards and Councils of Education) को भंग करके भारत के पाँचों प्रान्तों (पंजाब, बंगाल, चेन्नई, मुम्बई और उत्तरी-पश्चिमी प्रदेश) में एक-एक लोक शिक्षा विभाग (Department of Public Instruction) की स्थापना की जाए। इस विभाग के संचालन का सम्पूर्ण भार लोक शिक्षा संचालक (Director of Public Instruction) पर रखा जाए। उसे अपने कार्य में सहायता देने के लिए उपशिक्षा संचालकों, विद्यालय निरीक्षकों और सहायक विद्यालय निरीक्षकों की पर्याप्त संख्या में नियुक्ति की जाए।

(6) विश्वविद्यालयों की स्थापना (Establishment of Universities)—'आदेश-पत्र' में भारतीयों को उच्च शिक्षा प्रदान करने के लिए चेन्नई, मुम्बई और कोलकाता में विश्वविद्यालय स्थापित करने की आज्ञा दी गई। 'आदेश-पत्र' में कहा गया कि इन विश्वविद्यालयों का संगठन, लन्दन विश्वविद्यालयों को आदर्श मानकर किया जाए जो उस समय केवल परीक्षण संस्था थी।

(7) क्रमबद्ध संस्थाओं की स्थापना (Establishment of Graded Institution)—'आदेश-पत्र' में यह मत प्रकट किया गया कि सम्पूर्ण भारत में क्रमबद्ध शिक्षा संस्थाओं की योजना को क्रियान्वित किया जाये। 'आदेश-पत्र' ने इन संस्थाओं के स्वरूप को इस प्रकार निश्चित किया—

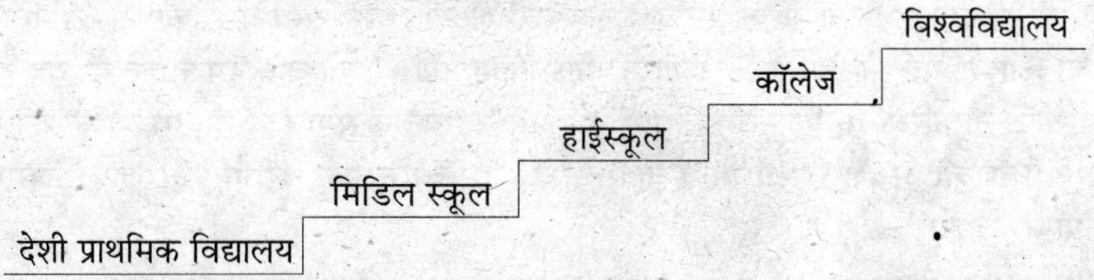

(8) जन-शिक्षा का विस्तार (Expansion of Mass Education)—'आदेश-पत्र' में यह निःसंकोच रूप से स्वीकार किया गया कि कम्पनी ने 'निस्यन्दन सिद्धान्त' का अनुसरण करके जनसाधारण की शिक्षा की

पूर्ण उपेक्षा की है। अत: 'आदेश-पत्र' ने यह सिफारिश की कि सरकार प्राथमिक शिक्षा पर अधिक धन व्यय कर प्रत्येक जिले में स्कूलों की स्थापना करे, देशी विद्यालयों का सुधार करे और मेधावी एवं निर्धन छात्रों के लिए छात्रवृत्तियों की व्यवस्था करे, ताकि उनको निम्नतम स्तर से उच्चतम स्तर तक शिक्षा प्राप्त करने में सुविधा मिले।

(9) सहायता-अनुदान-प्रणाली (Grant-in-Aid System)—'आदेश-पत्र' ने भारत में जन-शिक्षा कार्य को सफल बनाने के उद्देश्य से शिक्षा संस्थाओं को आर्थिक सहायता देने के लिए 'सहायता अनुदान प्रणाली' को प्रचलित करने का सुझाव दिया। उसने यह भी सुझाव दिया कि भवन निर्माण, छात्रवृत्तियों, पुस्तकालयों, प्रयोगशालाओं, अध्यापकों के वेतन आदि के लिए भी अलग-अलग अनुदान दिये जाएँ। 'सहायता-अनुदान-प्रणाली' की रूपरेखा का संकेत देते हुए **'आदेश-पत्र'** में यह वाक्य अंकित किया गया—**''हमने भारत में उसी सहायता अनुदान प्रणाली को अपनाने का निश्चय किया है, जो इस देश में अत्यधिक सफलता से सम्पादित की गई है।''**

"We have resolved to adopt in India the system of grant-in-aid which has been carried out in this country (English) with very great success." —**Wood's** *Despatch.*

(10) अध्यापकों का प्रशिक्षण (Training of Teachers)—'आदेश-पत्र' ने इस बात पर बल दिया कि अध्यापकों के प्रशिक्षण के लिए विभिन्न प्रकार की प्रशिक्षण संस्थाओं का शिलान्यास किया जाए। 'आदेश-पत्र' ने यह इच्छा व्यक्त की कि छात्रों को प्रशिक्षण काल में छात्रवृत्तियाँ एवं शिक्षकों को उत्तम वेतन देकर शिक्षा के व्यवसाय को आकर्षक बनाने की चेष्टा की जाए।

(11) व्यावसायिक शिक्षा (Vocational Education)—'आदेश-पत्र' में व्यावसायिक शिक्षा की चर्चा करते हुए कहा गया कि भारत में ऐसे स्कूलों और कॉलेजों की सृष्टि की जाए, जिनमें छात्रों को विभिन्न व्यवसायों की शिक्षा ग्रहण करने की सुविधा मिल सके।

(12) स्त्री शिक्षा (Female Education)—'आदेश-पत्र' में यह सिफारिश की गई कि स्त्री शिक्षा को उदारतापूर्वक सहायता अनुदान देकर प्रोत्साहित किया जाए। 'आदेश-पत्र' में उन व्यक्तियों की सराहना की गई, जिन्होंने स्त्री शिक्षा को प्रोत्साहित करने के लिए धन दिया था।

(13) मुसलमानों की शिक्षा (Education of Muslims)—'आदेश-पत्र' में यह स्वीकार किया गया कि मुसलमानों की शिक्षा पिछड़ी हुई दशा में थी। अत: उसने दृढ़तापूर्वक कहा कि कम्पनी के अधिकारियों को मुसलमानों की शिक्षा का विस्तार करने के लिए विशेष प्रयत्न करने चाहिए।

(14) प्राच्य साहित्य व देशी भाषाओं को प्रोत्साहन (Encouragement to Oriental Literature and Vernacular Languages)—'आदेश-पत्र' में यह अभिलाषा अक्षरबद्ध की गई कि प्राच्य साहित्य और देशी भाषाओं को प्रोत्साहित किया जाए। इसके अतिरिक्त, उसमें यह अभिलाषा भी लिपिबद्ध की गई कि देशी भाषाओं में पुस्तकों की रचना करवाई जाए, उनके लेखकों को उत्तम पारिश्रमिक दिया जाए और पाश्चात्य विज्ञान एवं साहित्य की पुस्तकों का भारतीय भाषाओं में अनुवाद करवाया जाए।

(15) शिक्षा व रोजगार (Education and Employment)—'आदेश-पत्र' ने इस बात पर बल दिया कि अंग्रेजी शिक्षा प्राप्त व्यक्तियों को सरकारी नौकरियाँ दी जाएँ। इस सम्बन्ध में कम्पनी के संचालकों की इच्छा को 'आदेश-पत्र' में निम्नांकित शब्दों में व्यक्त किया गया—**''जो बात हम चाहते हैं, वह यह है कि यदि सरकारी नौकरियों के लिए उम्मीदवारों की अन्य योग्यताएँ समान हों तो उस व्यक्ति की तुलना में जिसने अंग्रेजी की अच्छी शिक्षा प्राप्त नहीं की है, उस व्यक्ति को वरीयता दी जाए, जिसने अच्छी शिक्षा प्राप्त की है।''**

"What we desire is that, when other qualifications of the candidates for appointments under government are equal, a person who has received a good education should be preferred to one-who has not."

—**Wood's** *Despatch.*

आदेश-पत्र का मूल्यांकन
(ESTIMATE OF THE DESPATCH)

'वुड के आदेश-पत्र' का निष्पक्ष मूल्यांकन करने के लिए उसके गुणों और दोषों का अवलोकन करना वांछनीय है। अत: हम संक्षेप में उनका उल्लेख कर रहे हैं; यथा—

(1) गुण (Merits)—'आदेश-पत्र' के प्रमुख गुण अधोलिखित हैं—

1. 'आदेश-पत्र' ने भारतीय शिक्षा के उद्देश्य का स्पष्टीकरण किया, शिक्षा की नीति का निर्धारण किया और शिक्षा को निश्चित दिशा प्रदान की।

2. 'आदेश-पत्र' ने प्राथमिक स्तर से लेकर विश्वविद्यालय स्तर तक की शिक्षा के प्रति ध्यान देकर क्रमबद्ध शिक्षा संस्थाओं की स्थापना का सुझाव दिया।

3. 'आदेश-पत्र' ने 'निस्यन्दन सिद्धान्त' को सर्वथा अनुपयुक्त बताकर जन-शिक्षा को प्रोत्साहन देने वाले सिद्धान्त को मान्यता प्रदान की।

4. 'आदेश-पत्र' ने भारतीय भाषाओं के महत्त्व को स्वीकार करके उनको माध्यमिक विद्यालयों में शिक्षा के माध्यम के पद पर प्रतिष्ठित किया।

5. 'आदेश-पत्र' ने भारतीय साहित्य की उपयोगिता को स्वीकार करके उसको पाठ्यक्रम में उचित स्थान प्रदान किया।

6. 'आदेश-पत्र' ने लोक शिक्षा विभागों, प्रशिक्षण संस्थाओं और विश्वविद्यालयों के नव-निर्माण का सुझाव देकर भारतीय शिक्षा को विकसित और संगठित करने का उद्योग किया।

7. 'आदेश-पत्र' ने व्यावसायिक शिक्षा के लिए स्कूलों और कॉलेजों की स्थापना का प्रस्ताव प्रस्तुत करके देश में बढ़ती हुई बेकारी की समस्या का समाधान करने की चेष्टा की।

8. 'आदेश-पत्र' ने स्त्रियों और मुसलमानों की शिक्षा का विस्तार करना सरकार का कर्त्तव्य बताकर उनकी शिक्षा का मार्ग प्रशस्त करने में योग दिया।

9. 'आदेश-पत्र' ने सब प्रकार की शिक्षा संस्थाओं के लिए सहायता अनुदान प्रणाली का अनुमोदन करके भारतीय शिक्षा के प्रसार में सहायता की।

(2) दोष (Defects)—उपरिवर्णित गुणों से हमें इस भ्रम में नहीं पड़ना चाहिए कि 'आदेश-पत्र' दोषमुक्त था। वस्तुत: उसमें अनेक स्पष्ट दोष थे; यथा—

1. 'आदेश-पत्र' ने शिक्षा पर राज्य का पूर्ण आधिपत्य स्थापित कर दिया। फलस्वरूप चिरकाल से चले आने वाले स्वतन्त्र शिक्षण कार्य का अन्त हो गया।

2. 'आदेश-पत्र' ने अंग्रेजी शिक्षित व्यक्तियों को सरकारी नौकरियों में प्राथमिकता दिये जाने का आदेश अंकित किया। फलत: प्राच्य-शिक्षा, साहित्य और विद्यालयों का अस्तित्व संकट में पड़ गया।

3. 'आदेश-पत्र' ने अंग्रेजी की शिक्षा का मुख्य उद्देश्य सरकारी नौकरियाँ प्राप्त करना निर्धारित किया। इस उद्देश्य को निर्धारित करके 'आदेश-पत्र' ने शिक्षा के व्यापक उद्देश्य को नष्ट कर दिया।

4. 'आदेश-पत्र' ने भारतीय शिक्षा को पूर्णतया विदेशी रंग में रँग दिया और भारतीयों को उसे ग्रहण करने के लिए राजपदों का प्रलोभन दिया। इसका परिणाम यह हुआ कि भारतीयों का अपने देश की शिक्षा प्रणाली से सम्बन्ध-विच्छेद हो गया।

5. 'आदेश-पत्र' ने अंग्रेजी को उच्च एवं माध्यमिक शिक्षा का माध्यम बना दिया। अत: शिक्षा संस्थाओं में प्राच्य भाषाओं का गौण स्थान हो गया।

6. 'आदेश-पत्र' ने जिस शिक्षा प्रणाली का अनुमोदन किया, उसमें परीक्षाओं का स्थान सर्वोपरि था। अत: छात्रों का एकमात्र उद्देश्य—ज्ञान का अर्जन करना न होकर, परीक्षा में उत्तीर्ण होना हो गया।

7. 'आदेश-पत्र' ने भारतीय विश्वविद्यालयों को लन्दन विश्वविद्यालय के आदर्श पर संगठित किये जाने का निर्देश दिया। इस निर्देश के फलस्वरूप भारत में प्राचीन विश्वविद्यालयों की परम्पराओं की पूर्ण उपेक्षा की गई।

8. 'आदेश-पत्र' ने अंग्रेजी को शिक्षा का माध्यम बनाकर भारतीय छात्रों का महान अहित किया। इसका कारण यह था कि इन छात्रों के लिए अंग्रेजी के माध्यम से सब विषयों की गहराई तक पहुँचकर उनका पूर्ण ज्ञान प्राप्त करना असम्भव था।

9. 'आदेश-पत्र' ने शिक्षा की परिधि में से धर्म को निकालकर उसे पूर्णतया लौकिक बना दिया।

आलोचकों की सम्मतियाँ
(VIEWS OF CRITICS)

सन् 1854 के 'आदेश-पत्र' के उल्लिखित गुणों से मुग्ध होकर, कुछ आलोचकों ने उसकी मुक्त कण्ठ से प्रशंसा की है। उनके विपरीत, 'आदेश-पत्र' के दोषों से क्षुब्ध होकर कुछ आलोचकों ने उसकी कड़ी निन्दा की है। हम कतिपय अनुकूल और प्रतिकूल सम्मतियों का दिग्दर्शन करा रहे हैं; यथा—

1. हैम्पटन—"सन् 1854 का आदेश-पत्र एक युग का, शिक्षा के महान् अग्रदूतों के युग का अन्त करता है।"

"Despatch of 1854 marks the end of an era, the age of the great educational pioneers."

—**V. H. Hampton :** *Biographical Studies in Modern Indian Education,* p. 115.

2. जेम्स—"सन् 1854 का आदेश-पत्र भारतीय शिक्षा के इतिहास में चरम बिन्दु है। जो कुछ उससे पहले हुआ, वह उसकी ओर संकेत करता है और जो कुछ उसके बाद हुआ, वह उससे निकला है।"

"The Despatch of 1854 is the climax in the history of education, what goes before leads up to it, what follows flows from it."

—**H. R. James :** *Education and Statesmanship in Inia,* p. 42.

3. बसु—"इस आदेश-पत्र को भारतीय शिक्षा का शिलाधार कहा जाता है। यह कहा जाता है कि इसने हमारी आधुनिक शिक्षा-प्रणाली का शिलान्यास किया।"

"This Despatch is said to be the corner-stone of Indian education. It is said to have laid the foundation of our present system of education."

—**A. N. Basu :** *Education in Modern India,* pp. 37-38.

4. डॉ. मुकर्जी—"आदेश-पत्र ने देश की प्राचीन परम्पराओं का पता नहीं लगाया और इस बात पर लेशमात्र भी विचार नहीं किया कि भारत में शिक्षा धार्मिक संस्कार थी।"

"The Despatch did not enquire into the past traditions of the country and did not at all consider that education was religious sacrament in India."

—**Dr. S. N. Mukerji :** *History of Education in India,* p. 130.

5. भगवान दयाल—"वुड के आदेश-पत्र का मुख्य दोष—शिक्षा का गलत उद्देश्य था। यह उद्देश्य—पूर्व और पश्चिम की सर्वोत्तम बातों का समन्वय न होकर, केवल यूरोपीय ज्ञान की प्राप्ति का था।"

"The fundamental defect in Wood's Despatch was wrong aim of education. It was not be a synthesis of the best things that both the East and the West had to offer; but only European knowledge."

—**Bhagwan Dayal :** *The Development of Modern Indian Education,* p. 233.

6. प्रांजपे—''सन् 1854 में आदेश-पत्र का चाहे जो भी महत्त्व हो, पर इस समय उसको शिक्षा का अधिकार-पत्र कहना हास्यास्पद होगा।''

"Whatever were its value in 1854, it would be ridiculous to describe the Despatch as an Educational Charter now."

—**M. R. Paranjpe :** *Progress of Education,* Poona, July, 1941, p. 52.

अभ्यास प्रश्न

दीर्घ उत्तरीय प्रश्न (Long Answer Type Questions)

1. सन् 1854 के वुड के आदेश-पत्र की प्रमुख सिफारिशें क्या थीं ? अ[illegible] भारतीय शिक्षा के इतिहास में इस आदेश-पत्र के स्थान का समीक्षात्मक मूल्यांकन कीजिए।
2. ''वुड का आदेश-पत्र भारतीय शिक्षा का महाधिकार-पत्र कहा जाता है।'' स[illegible]ा कीजिए।

लघु उत्तरीय प्रश्न (Short Answer Type Question)

1. वुड के आदेश-पत्र की कुछ महत्त्वपूर्ण सिफारिशें बताइए, जो आधुनिक भारत में शिक्षा के लिए लाभप्रद सिद्ध हो सकती हैं।

अध्याय—6

राष्ट्रीय शिक्षा आन्दोलन

[NATIONAL EDUCATION MOVEMENT]

विषय-प्रवेश
(INTRODUCTION)

सन् 1857 के [illegible] स्वतन्त्रता संग्राम से पूर्व ही भारतवासियों के हृदय में स्वतन्त्रता का अंकुर प्रस्फुटित हो गया था। सन् [illegible] 'भारतीय राष्ट्रीय काँग्रेस' की स्थापना ने उसे राष्ट्रीयता के जल से सींचकर परिपल्लवित करना [illegible] किया। सन् 1905 में 'बंगाल के विभाजन' (Partition of Bengal) ने उसको वास्तविक रूप को प्र[illegible]त किया। उसी वर्ष कलकत्ता में होने वाले 'काँग्रेस अधिवेशन' में भारत की विदेशी सरकार के विरुद्ध स्व[illegible]त्रता आन्दोलन प्रारम्भ करने का सर्वसम्मति से निश्चय किया गया। इस आन्दोलन के चार मुख्य अंग थे—(1) स्वराज्य की प्राप्ति, (2) स्वदेशी वस्तुओं का प्रयोग, (3) विदेशी वस्तुओं का बहिष्कार और (4) राष्ट्रीय शिक्षा की माँग।

राष्ट्रीय शिक्षा की माँग
(DEMAND OF NATIONAL EDUCATION)

बंगाल के विभाजन ने राष्ट्रीय आन्दोलन और राष्ट्रीय शिक्षा की माँग को गति प्रदान की। जैसे-जैसे राष्ट्रीय आन्दोलन की गति तीव्र होती गई, वैसे-वैसे शिक्षा के राष्ट्रीयकरण अथवा स्वदेशीकरण की माँग बढ़ती गई और भारतीय शिक्षा के अंग्रेजीकरण के विरुद्ध देशप्रेमियों की आवाज भारत के कोने-कोने में गूँजने लगी। इस शिक्षा के जबर्दस्त निन्दक थे—महात्मा गाँधी और श्रीमती ऐनी बेसेण्ट।

महात्मा गाँधी ने 'यंग इण्डिया' (*Young India*) में अपने लेख प्रकाशित करके, भारतीय शिक्षा के विदेशी स्वरूप पर प्रचण्ड प्रहार किए। उन्होंने इस शिक्षा के निम्नलिखित चार गम्भीर दोष बताकर भारतीयों के लिए इसका अनौचित्य सिद्ध किया—

1. यह शिक्षा अन्यायपूर्ण शासन से सम्बन्धित है।
2. यह शिक्षा विदेशी संस्कृति पर आधारित है और इसमें भारतीय संस्कृति का कोई स्थान नहीं है।
3. इस शिक्षा का एकमात्र उद्देश्य—मस्तिष्क का विकास करना है। इसमें हस्तकार्यों के लिए कोई स्थान नहीं है और यह हृदय को प्रभावित नहीं करती है।
4. इस शिक्षा का माध्यम अंग्रेजी है। अंग्रेजी विदेशी भाषा होने के कारण वास्तविक ज्ञान प्रदान नहीं कर सकती है।

श्रीमती ऐनी बेसेण्ट ने भारतीय शिक्षा के अंग्रेजीकरण की निन्दा और राष्ट्रीय शिक्षा की माँग करते हुए कहा—**''राष्ट्रीय जीवन और राष्ट्रीय चरित्र को अधिक शीघ्रता और अधिक निश्चित रूप में निर्बल बनाने के लिए इससे अधिक उत्तम उपाय और कोई नहीं हो सकता है कि बालकों की शिक्षा पर विदेशी प्रभावों और विदेशी आदर्शों का प्रभुत्व हो।''**

"Nothing can more swiftly emasculate national life, nothing can more surely weaken national character, than allowing the education of the young to be controlled by foreign influences, to be dominated by foreign ideals." —**Mrs. Annie Besant,**

Quoted by **Lala Lajpat Rai** in *The Problems of National Education in India,* p. 28.

राष्ट्रीय शिक्षा के सिद्धान्त या विशेषताएँ
(PRINCIPLES OR CHARACTERISTICS OF NATIONAL EDUCATION)

भारत के नेताओं और शिक्षाविदों ने अपने देश के लिए जिस राष्ट्रीय शिक्षा की माँग की, उसके प्रमुख सिद्धान्त अथवा विशेषताएँ द्रष्टव्य हैं—

1. भारतीय नियन्त्रण (Indian Control)—राष्ट्रीय नेताओं ने भारतीय शिक्षा पर विदेशियों के नियन्त्रण को सर्वथा अनुचित बताया और कहा कि इस शिक्षा पर भारतीयों का पूर्ण नियन्त्रण होना चाहिए।

इस सम्बन्ध में भारतीयों के विचारों का प्रकाशन करते हुए **श्रीमती ऐनी बेसेण्ट** ने कहा—**''भारतीय शिक्षा—भारतवासियों द्वारा नियन्त्रित, भारतवासियों द्वारा निर्मित और भारतवासियों द्वारा संचालित की जानी चाहिए।''**

"Indian education must be controlled by Indians, shaped by Indians, carried on by Indians.

—**Mrs. Annie Besant,** Quoted by **Lala Lajpat Rai** : *op. cit.* p. 28.

2. शिक्षा के आदर्श (Ideals of Education)—राष्ट्रीय शिक्षा के आदर्शों को स्पष्ट करते हुए **श्रीमती ऐनी बेसेण्ट** ने कहा—**''भारतीय शिक्षा को भक्ति, ज्ञान एवं नैतिकता के भारतीय आदर्श प्रस्तुत करने चाहिए और उसमें भारतीय धार्मिक भावना का समावेश होना चाहिए।''**

3. मातृभूमि के लिए प्रेम (Love for Motherland)—भारत की तत्कालीन शिक्षा-प्रणाली में राजभक्ति की शिक्षा दी जाती थी। श्रीमती ऐनी बेसेण्ट ने इस शिक्षा को पूर्णतया अनुपयुक्त बताया। उन्होंने यह विचार व्यक्त किया कि छात्रों को ऐसी शिक्षा प्रदान की जानी चाहिए, जिससे उनमें अपनी मातृभूमि के लिए प्रेम और आदर की भावनाओं का आविर्भाव हो।

4. राष्ट्रीय चरित्र का विकास (Development of National Character)—तत्कालीन शिक्षा, भारतीयों के राष्ट्रीय चरित्र का विकास करने में असमर्थ थी। अतः **श्रीमती ऐनी बेसेण्ट** ने राष्ट्रीय शिक्षा की आवश्यकता पर बल दिया और उसके उद्देश्य को राष्ट्रीय चरित्र का विकास करना बताते हुए कहा—**''राष्ट्रीय शिक्षा को राष्ट्रीय चरित्र का विकास करना चाहिए।''**

5. ब्रिटिश आदर्शों की समाप्ति (End of British Ideals)—अंग्रेजी शिक्षा भारत-वासियों के सम्मुख अंग्रेजी आदर्शों को प्रस्तुत करती थी। ये आदर्श उनके लिए अत्यधिक अहितकर थे। अतः इनका विरोध करते हुए भारतीयों के लिए भारतीय आदर्शों को ही उपयुक्त बताते हुए, **श्रीमती ऐनी बेसेण्ट** ने कहा—**''ब्रिटिश आदर्श, ब्रिटेन के लिए अच्छे हैं, किन्तु भारत के लिए भारत के आदर्श ही अच्छे हैं।''**

"British ideals are good for Britain, but it is India's ideals that are good for India."

—**Mrs. Annie Besant,** Quoted by **Lala Lajpat Rai :** *op. cit.,* p. 30.

6. भारतीय भाषाओं पर बल (Stress on Indian Languages)—देश के नेताओं ने घोषित किया कि राष्ट्रीय शिक्षा में भारतीय भाषाओं के अध्ययन पर बल दिया जाना चाहिए और उन्हीं भाषाओं को शिक्षा का माध्यम बनाया जाना चाहिए। अतः उन्होंने दृढ़तापूर्वक कहा कि पाठ्यक्रम में अंग्रेजी के महत्त्व का अन्त कर देना चाहिए।

7. व्यावसायिक शिक्षा पर बल (Stress on Vocational Education)—राष्ट्रीय आन्दोलन की एक मुख्य विशेषता थी—स्वदेशी वस्तुओं का प्रयोग। यह तभी सम्भव हो सकता था जब व्यावसायिक शिक्षा की उचित व्यवस्था करके भारतीय उद्योगों को उन्नतिशील बनाया जाता। इसके अतिरिक्त व्यावसायिक शिक्षा से देश की आर्थिक समस्या का और भारतीयों की निर्धनता का समाधान हो सकता था। इन्हीं विचारों से प्रेरित होकर राष्ट्रीय नेताओं ने राष्ट्रीय शिक्षा में औद्योगिक और व्यावसायिक शिक्षा की समुचित व्यवस्था पर बल दिया।

8. पाश्चात्य ज्ञान पर बल (Stress on Western Knowledge)—राष्ट्रीय शिक्षा के समर्थकों का विश्वास था कि आज के वैज्ञानिक युग में भारत का अन्य देशों से सम्पर्क होना अत्यन्त आवश्यक था। अतः उन्होंने इस बात पर बल दिया कि भारतीय छात्रों के लिए पाश्चात्य ज्ञान और विज्ञानों का अध्ययन करना अनिवार्य था। **लाला लाजपत राय** का विचार था—**''मेरे विचार से भारत में यूरोपीय भाषाओं, साहित्यों और विज्ञानों के अध्ययन को प्रोत्साहित न करने का प्रयास—मूर्खता और पागलपन होगा।''**

"In my judgement, it will be a folly and madness to try to discourage the study of European languages, literatures and sciences in India."

—**Lala Lajpat Rai :** *op. cit.,* p. 85.

राष्ट्रीय शिक्षा-संस्थाओं की स्थापना
(ESTABLISHMENT OF NATIONAL EDUCATION INSTITUTIONS)

सन् 1905 में कर्जन की नौकरशाही ने बंग-भंग की घोषणा करके सम्पूर्ण देश में असन्तोष का साम्राज्य स्थापित कर दिया। भारतीयों और विद्यार्थियों ने अपने असन्तोष को अभिव्यक्त करने के लिए सभाएँ कीं और

जुलूस निकाले। कठोर शासन में विश्वास करने वाले कर्जन के लिए उनके ये कार्य असह्य हो गये। अत: उसने अपना दमन-चक्र आरम्भ किया और छात्रों को राजनीति से पृथक् रहने की आज्ञा दी। उसने स्पष्ट कर दिया कि उसकी आज्ञा का उल्लंघन करने वाले विद्यार्थियों को शिक्षा-संस्थाओं से निकाल दिया जाएगा। विद्यार्थियों ने उसका उत्तर स्वयं शिक्षा-संस्थाओं का बहिष्कार करके दिया।

इन उत्साही और देश-प्रेमी विद्यार्थियों की शिक्षा का समुचित प्रबन्ध करना राष्ट्रीय कर्त्तव्य माना गया। अत: भारत के विभिन्न भागों में राष्ट्रीय शिक्षा-संस्थाओं की स्थापना की गई। इस कार्य में पहला कदम बंगाल में उठाया गया। वहाँ गुरुदास बनर्जी की अध्यक्षता में 'राष्ट्रीय शिक्षा प्रसार समिति' (Society for the Promotion of National Education) की सृष्टि की गई। इस 'समिति' ने सम्पूर्ण बंगाल में 51 हाईस्कूलों का नव-निर्माण किया। रबीन्द्रनाथ टैगोर, रासबिहारी बोस और अरविन्द घोष के संयुक्त प्रयासों के परिणामस्वरूप 'नेशनल कॉलेज' की स्थापना हुई।

राष्ट्रीय शिक्षा आन्दोलन का एक अन्य रूप भी परिलक्षित हुआ। सन् 1901 में रबीन्द्रनाथ टैगोर ने शान्तिनिकेतन नामक स्थान में एक 'ब्रह्मचर्य आश्रम' की स्थापना की, जो 'विश्वभारती' के नाम से प्रसिद्ध है। इसी समय के आस-पास 'आर्य-प्रतिनिधि सभा' ने हरिद्वार और वृन्दावन में गुरुकुलों का शिलान्यास किया।

अभ्यास प्रश्न

दीर्घ उत्तरीय प्रश्न (Long Answer Type Question)

1. ''सन् 1905 से 1921 तक स्वतन्त्रता के लिए भारतीय संघर्ष के अन्तर्गत हमें शैक्षिक विचार की बहुत हलचल मिलती है।'' इस कथन का स्पष्टीकरण और विवेचन कीजिए।

बहुविकल्पीय प्रश्न (Multiple Choice Questions)

1. राष्ट्रीय आन्दोलन की प्रमुख माँग थी—

(अ) राष्ट्रीय शिक्षा की माँग

(ब) अंग्रेजी शिक्षा के लिए विद्यालयों की स्थापना

(स) पाश्चात्य विज्ञानों का ज्ञान

(द) 'अ' एवं 'स' दोनों। **उत्तर**—(द)

2. राष्ट्रीय शिक्षा प्रसार समिति ने बंगाल में कितने हाईस्कूलों की स्थापना की ?

(अ) 50 (ब) 51

(स) 55 (द) 56. **उत्तर**—(ब)

3. रबीन्द्रनाथ टैगोर ने शान्ति-निकेतन नामक स्थान पर ब्रह्मचर्य आश्रम की स्थापना कब की ?

(अ) 1901 ई. में (ब) 1904 ई. में

(स) 1903 ई. में (द) 1905 ई. में। **उत्तर**—(अ)

अध्याय—7

गोखले विधेयक एवं वर्धा शिक्षा योजना
[GOKHALE'S BILL AND WARDHA SCHEME OF EDUCATION]

गोखले विधेयक (1910)
[GOKHALE'S BILL (1910)]

राष्ट्रीय जागृति आन्दोलन के फलस्वरूप देश में प्राथमिक शिक्षा का पर्याप्त विकास हो रहा था, किन्तु यह विकास तथा प्रगति देश के क्षेत्रफल तथा जनसंख्या को देखते हुए सन्तोषप्रद न थी। इसी समय बड़ौदा के महाराज ने 1906 में अपने सम्पूर्ण राज्य में प्राथमिक शिक्षा को अनिवार्य तथा नि:शुल्क कर दिया। इन्होंने सबसे पूर्व 1892 में अपने राज्य के 9 गाँवों में अपनी अनिवार्य तथा नि:शुल्क प्राथमिक शिक्षा की योजना लागू की। इस योजना की सफलता देखकर योजना को 52 गाँवों पर लागू किया गया और 1906 में अपने सम्पूर्ण राज्य को योजना के अन्तर्गत सम्मिलित कर लिया।

बड़ौदा नरेश के प्रयासों ने दूसरे नेताओं को भी प्रभावित किया और उन्होंने भी सरकार का ध्यान इस ओर आकर्षित किया। इन नेताओं में स्वर्गीय गोपालकृष्ण गोखले का नाम उल्लेखनीय है।

19 मार्च, 1910 में श्री गोखले ने, जो इम्पीरियल लेजिस्लेटिव काउन्सिल के सदस्य थे, काउन्सिल के सम्मुख प्रस्ताव रखा कि देश में नि:शुल्क तथा अनिवार्य शिक्षा प्रारम्भ कर दी जाय और सरकारी तथा गैर-सरकारी अधिकारियों के एक संयुक्त आयोग की नियुक्ति शीघ्र की जाय। इस प्रस्ताव में श्री गोखले ने निम्नांकित सुझाव काउन्सिल के सामने रखे—

1. जिन क्षेत्रों में 33% से अधिक बालक शिक्षा प्राप्त करते हैं, वहाँ 6 वर्ष से 10 वर्ष के बच्चों के लिए शिक्षा अनिवार्य कर देनी चाहिए।
2. शिक्षा व्यय के भार को स्थानीय संस्थाएँ तथा सरकार क्रमश: 1 : 2 के अनुपात में वहन करें।
3. शिक्षा के लिए विशिष्ट रूप से एक सचिव होना चाहिए।
4. केन्द्र में पृथक् से एक शिक्षा-विभाग खोलना चाहिए।
5. सरकार को बजट प्रस्तुत करते समय शिक्षा की प्रगति का विशेष उल्लेख करना चाहिए।

सरकार के आग्रह तथा आश्वासन पर ही गोखले ने अपना प्रस्ताव वापिस ले लिया। सरकार ने अपने आश्वासन के आधार पर एक सचिव का पद बना दिया, शिक्षा विभाग खोल दिया तथा प्रतिवर्ष शिक्षा विकास की तालिका प्रकाशित होने लगी, किन्तु सरकार ने प्राथमिक शिक्षा को न तो अनिवार्य ही किया और न नि:शुल्क ही किया और यह बहाना कर दिया कि यह तो प्रान्तीय सरकारों के अन्तर्गत आती है। इससे गोखले को काफी निराशा हुई।

श्री गोखले ने हिम्मत न हारी और 16 मार्च, 1911 को केन्द्रीय धारासभा के समक्ष अपना प्रसिद्ध ऐतिहासिक विधेयक प्रस्तुत किया। इस विधेयक का प्रमुख उद्देश्य देश में क्रमश: प्राथमिक शिक्षा की अनिवार्यता को लागू करना था। अन्य देशों के उदाहरणों से स्पष्ट हो चुका है कि अनिवार्यता से ही समस्या का हल हो सकता है।

श्री गोखले ने इस विधेयक में सुझाव दिया कि सरकार को चाहिए कि वह प्राथमिक शिक्षा को अनिवार्य करने का कार्य स्थानीय संस्थाओं पर छोड़ दे और इसके अतिरिक्त व्यय-भार को पूरा करने हेतु स्थानीय संस्थाएँ शिक्षा-कर लगा सकती हैं। कार्य क्षेत्र के सम्बन्ध में यह सुझाव दिया गया कि अनिवार्यता को उन्हीं क्षेत्रों में कार्यान्वित किया जाय, जहाँ वर्तमान में भी अच्छी प्रतिशत विद्यालयों में जाती है। अन्य देशों का उदाहरण देते हुए श्री गोखले ने कहा कि प्राथमिक शिक्षा के व्यय का आयरलैण्ड में 1/2 भाग तथा स्काटलैण्ड में 2/3 भाग सरकार स्वयं वहन करती है अत: भारत में भी सरकार कम से कम 2/3 भाग वहन करे।

श्री गोखले के इस प्रस्ताव का पं. मालवीय, मु. जिन्ना आदि उल्लेखनीय राष्ट्रीय नेताओं ने हृदय से स्वागत किया, किन्तु हरकोर्ट बटलर ने इसका तीव्र विरोध किया। बटलर ने कहा कि यह विधेयक समय के बहुत पहले है तथा अनिवार्यता शिक्षा सिद्धान्तों के प्रतिकूल है। कुछ प्रान्तीय सरकारें भी अनिवार्यता नहीं चाहती थीं। सरकार का मत था कि स्थानीय संस्थाएँ इससे पड़ने वाले अतिरिक्त व्यय-भार को सहन नहीं कर पायेंगी। श्री गोखले ने इन सभी दलीलों को बड़ी तर्कसंगत युक्ति से काट दिया। परिणामस्वरूप सरकार ने अनेक निराधार तर्क देना प्रारम्भ कर दिया। इसमें राजकीय अधिकारियों तथा देशी जमींदारों ने भी सरकार का पक्ष लिया, परिणामत: जब 17 मार्च, 1912 को विधेयक पर धारा सभा में मतदान हुआ तो विधेयक 13 मतों के पक्ष में 38 मतों के विपक्ष में गिर गया, किन्तु इससे गोखले हताश नहीं हुए क्योंकि वे विधेयक का परिणाम पहले से ही जानते थे। गोखले ने कहा कि हमारी असफलताएँ ही देश की सच्ची सेवा है। उन्होंने अन्त में कहा कि हमारा यह अन्तिम प्रयास नहीं है, हमारा विधेयक बार-बार आयेगा, हो सकता है हमारा स्वप्न कभी सत्य हो। साथ ही हम यह अनुभव करने के अधिकारी होंगे कि हम अपने कर्त्तव्य से च्युत नहीं हुए।

गोखले के प्रयासों का प्रभाव (Impact of Gokhale's Effort)

श्री गोखले के प्रयासों का व्यापक प्रभाव हुआ। इन प्रयासों ने सरकार तथा जनता का ध्यान जन-शिक्षा की तरफ आकर्षित किया और परिणामस्वरूप 1913 में सरकार को पुन: अपनी नीति में परिवर्तन तथा संशोधन करके नयी शिक्षा-नीति की घोषणा करनी पड़ी। इसके अतिरिक्त कई प्रान्तीय सरकारों ने इस दिशा में कार्य प्रारम्भ कर दिये। मुम्बई प्रान्त में 'बम्बई प्राथमिक शिक्षा अधिनियम' सन् 1918 में बना, जिसने प्राथमिक शिक्षा को नगरपालिका क्षेत्रों में अनिवार्य कर दिया। मध्य प्रान्त, मुम्बई नगर तथा चेन्नई आदि ने भी इसका अनुकरण किया।

वर्धा शिक्षा योजना

विषय-प्रवेश (Introduction)

अविनाशलिंगम् के शब्दों में—''**बुनियादी शिक्षा—हमारे राष्ट्रपिता का अन्तिम और सम्भवत: महानतम् उपहार है।**''

"Basic education is the last and perhaps the greatest gift of the Father of our Nation."

—**T. S. Avinashlingam :** *Understanding Basic Education,* p. 1.

हमारे राष्ट्रपिता महात्मा गाँधी के इसी उपहार को '**नई तालीम**' और '**वर्धा शिक्षा योजना**' के नामों से भी पुकारा जाता है। उन्होंने यह उपहार सन् 1937 की किन परिस्थितियों में और किन व्यक्तियों के माध्यम से अपने देशवासियों को भेंट किया, इसका यथार्थ चित्र प्रस्तुत करते हुए **ए. एन. बसु** ने लिखा है—''**कांग्रेसी मन्त्रिमण्डलों के कार्यक्रम में दो मुख्य बातें थीं—जन-शिक्षा और नशा-निषेध। किन्तु वे एक दुविधा में थे। नशा-निषेध का पक्षपोषण करने का परिणाम होता—आय में भारी कमी, जबकि जन-शिक्षा के कार्यक्रम को वास्तव में प्रभावपूर्ण बनाने के लिए अत्यधिक अतिरिक्त व्यय की आवश्यकता थी। इन दोनों विरोधी कार्यों में समन्वय किस प्रकार स्थापित किया जा सकता था ? उस अवसर पर गाँधीजी ने अपने स्वावलम्बी बुनियादी शिक्षा की योजना प्रस्तुत की।**''

वर्धा शिक्षा सम्मेलन
(WARDHA EDUCATIONAL CONFERENCE)

सन् 1937 में गाँधीजी वर्धा में थे। वहाँ के मारवाड़ी हाईस्कूल (वर्तमान नवभारत स्कूल) की रजत-जयन्ती का समारोह 22 और 23 अक्टूबर, 1937 को होने वाला था। उस अवसर पर भारत के प्रसिद्ध शिक्षाशास्त्रियों, राष्ट्रीय नेताओं और समाज-सुधारकों को आमन्त्रित किया गया और '**अखिल भारतीय राष्ट्रीय शिक्षा सम्मेलन**' (All-India National Education Conference) का गाँधीजी के सभापतित्व में आयोजन किया गया। इसी सम्मेलन को '**वर्धा शिक्षा सम्मेलन**' (Wardha Education Conference) भी

कहा जाता है। सम्मेलन में उपस्थित व्यक्तियों के समक्ष **महात्मा गाँधी** ने 'बेसिक शिक्षा' की अपनी नवीन योजना प्रस्तुत करते हुए कहा—

''देश की वर्तमान शिक्षा-पद्धति किसी भी तरह देश की आवश्यकताओं को पूरा नहीं कर सकती है। इस शिक्षा द्वारा जो भी लाभ होता है, उससे देश का कर देने वाला प्रमुख वर्ग वंचित रह जाता है। अतः प्राथमिक शिक्षा का पाठ्यक्रम कम-से-कम सात साल का हो, जिसके द्वारा मैट्रिक तक का ज्ञान दिया जा सके, पर इसमें अंग्रेजी के स्थान पर कोई अच्छा उद्योग जोड़ दिया जाए। सर्वतोमुखी विकास के उद्देश्य से सारी शिक्षा जहाँ तक हो सके, किसी उद्योग के द्वारा दी जाए, जिससे पढ़ाई का खर्च भी अदा हो सके। जरूरी यह है कि सरकार उन बनाई हुई चीजों को राज्य द्वारा निश्चित की गई कीमत पर खरीद ले।''

इस प्रकार गाँधीजी ने मैट्रिक के स्तर तक अंग्रेजी रहित उद्योग पर आधारित और मातृभाषा द्वारा सात वर्ष की स्वावलम्बी बेसिक शिक्षा की योजना प्रस्तुत की। तत्पश्चात् 'सम्मेलन' में भाग लेने वाले शिक्षा-विशारदों ने गाँधीजी की योजना पर विचार-विमर्श करके निम्नलिखित प्रस्ताव पास किये—

1. इस 'सम्मेलन' की राय में राष्ट्र के सब बच्चों को 7 वर्ष तक निःशुल्क और अनिवार्य शिक्षा दी जानी चाहिए।
2. शिक्षा का माध्यम—मातृभाषा होनी चाहिए।
3. सात वर्ष की सम्पूर्ण अवधि में शिक्षा का मध्य-बिन्दु किसी प्रकार का हस्तशिल्प होना चाहिए, जिससे कुछ मुनाफा हो सके।
4. बच्चों को जो भी शिक्षा-दीक्षा दी जाए, वह केन्द्रीय हस्तशिल्प से सम्बन्धित होनी चाहिए और उसका चुनाव बच्चों के वातावरण को ध्यान में रखकर किया जाना चाहिए।
5. 'सम्मेलन' आशा करता है कि इस पद्धति से धीरे-धीरे अध्यापक के वेतन का व्यय निकल जायेगा।

जाकिर हुसैन समिति
(ZAKIR HUSSAIN COMMITTEE)

उपर्युक्त प्रस्तावों को पारित करने के पश्चात् 'सम्मेलन' ने दिल्ली के 'जामिया-मिलिया' के तत्कालीन प्रिंसिपल, डॉक्टर डॉ. जाकिर हुसैन की अध्यक्षता में एक समिति की नियुक्ति की। इस समिति को **'जाकिर हुसैन समिति'** कहा जाता है।

'समिति' को गाँधीजी द्वारा व्यक्त किये जाने वाले शिक्षा सम्बन्धी विचारों और 'सम्मेलन' द्वारा पारित किये जाने वाले प्रस्तावों के आधार पर 'नई तालीम' की योजना तैयार करने का काम सौंपा गया। 'समिति' ने अपना पहला प्रतिवेदन, दिसम्बर, सन् 1937 में और दूसरा प्रतिवेदन अप्रैल, सन् 1938 में प्रस्तुत किया।

प्रथम प्रतिवेदन में 'समिति' ने तत्कालीन शिक्षा पद्धति के दोषों, वर्धा शिक्षा योजना के सिद्धान्तों, उद्देश्यों, अध्यापकों, शिक्षक-प्रशिक्षण, विद्यालयों के संगठन, प्रशासन, निरीक्षण एवं परीक्षा-नियमों और कताई-बुनाई को मुख्य हस्तशिल्प मान उसके पाठ्यक्रम का सविस्तार वर्णन किया।

द्वितीय प्रतिवेदन में 'समिति' ने कृषि, मिट्टी का काम, लकड़ी का काम आदि कुछ अन्य हस्तशिल्पों को पाठ्यक्रम में स्थान दिया एवं इन शिल्पों और अध्ययन के समस्त पाठ्य-विषयों का वर्णन किया। उसने यह मत प्रकट किया कि हस्तशिल्पों का अन्य विषयों से सह-सम्बन्ध (Correlation) होना चाहिए।

'समिति' की प्रथम रिपोर्ट को फरवरी, सन् 1938 में हरिपुरा में होने वाले कांग्रेस अधिवेशन के समक्ष प्रस्तुत किया गया। अधिवेशन ने 'रिपोर्ट' को स्वीकार किया। यही 'रिपोर्ट' **'वर्धा शिक्षा योजना'** (Wardha Scheme of Education) के नाम से प्रसिद्ध है और बुनियादी शिक्षा का आधार है।

वर्धा योजना की रूपरेखा
(OUTLINE OF WARDHA SCHEME)

'वर्धा योजना' अथवा 'बेसिक शिक्षा योजना' की रूपरेखा इस प्रकार है—

1. बेसिक शिक्षा के पाठ्यक्रम की अवधि 7 वर्ष की है।
2. यह शिक्षा 7 से 14 वर्ष तक के बालकों और बालिकाओं के लिए निःशुल्क और अनिवार्य है।

3. शिक्षा का माध्यम—मातृभाषा है।

4. पाठ्यक्रम में अंग्रेजी का कोई स्थान नहीं है।

5. सम्पूर्ण शिक्षा का सम्बन्ध किसी आधारभूत शिल्प (Basic Craft) से होता है।

6. शिल्प को बालकों की योग्यता और स्थान की आवश्यकताओं को ध्यान में रखकर चुना जाता है।

7. चुने हुए शिल्प की शिक्षा इस प्रकार दी जाती है कि वह बालकों को अच्छा शिल्पी बनाकर उनको स्वावलम्बी बना देती है।

8. उक्त शिल्प की शिक्षा इस प्रकार प्रदान की जाती है कि बालक उसके सामाजिक और वैज्ञानिक महत्त्व से भली-भाँति परिचित हो जाते हैं।

9. शारीरिक श्रम पर बल दिया जाता है, ताकि बालक सीखे हुए शिल्प के द्वारा अपनी जीविका का उपार्जन कर सकें।

10. शिक्षा का बालक के जीवन, गृह एवं ग्राम से और उसके ग्राम के उद्योगों, हस्तशिल्पों और व्यवसायों से घनिष्ठ सम्बन्ध होता है।

11. बालकों द्वारा बनाई जाने वाली वस्तुएँ ऐसी होती हैं, जिनका प्रयोग किया जा सकता है या जिनको बेचकर विद्यालय का कुछ व्यय चलाया जा सकता है।

इस प्रकार बेसिक शिक्षा की योजना में गाँधीजी के शिक्षा दर्शन के मुख्य तत्त्वों का समावेश है।

बुनियादी शिक्षा नाम क्यों ?
(WHY TERMED BASIC EDUCATION ?)

अंग्रेजी के 'Basic' शब्द का हिन्दी अर्थ है—'आधारभूत' और उर्दू अर्थ है—'बुनियादी'। क्योंकि यह शिक्षा निम्नलिखित कारणों के फलस्वरूप 'आधारभूत' या 'बुनियादी' मानी गई है, इसलिए इसका नाम 'बेसिक शिक्षा' पड़ा है—

1. यह शिक्षा—भारत की राष्ट्रीय सभ्यता, संस्कृति और शिक्षा संगठन का आधार मानी गई है।

2. यह शिक्षा—प्रत्येक भारतीय बच्चे के लिए अनिवार्य आधारभूत शिक्षा स्वीकार की गई है।

3. यह शिक्षा—प्रत्येक भारतीय की आधारभूत सामान्य सम्पत्ति है।

4. यह शिक्षा—बच्चों की आधारभूत आवश्यकताओं और अभिरुचियों में घनिष्ठ सम्बन्ध स्थापित करती है।

5. यह शिक्षा—सामुदायिक जीवन के आधारभूत व्यवसायों से सम्बन्धित है।

6. यह शिक्षा—सभी भारतीयों को ऐसा आधारभूत ज्ञान प्रदान करती है, जो उनको अपने पर्यावरण को बुद्धिमत्तापूर्वक समझने और प्रयोग करने में सहायता देती है।

7. यह शिक्षा—किसी आधारभूत शिल्प के द्वारा दी जाती है, जिसका प्रयोग व्यक्ति अपने भावी जीवन के निर्वाह के लिए कर सकता है।

इस प्रकार, जैसा कि स्वयं **गाँधीजी** ने लिखा है—**''बुनियादी शिक्षा बच्चों को, चाहे वे नगरों के हों या ग्रामों के, भारत की समस्त सर्वोत्तम और स्थायी बातों से सम्बन्धित करती है।''**

"Basic Education links the children, whether of the cities or of the villages, to all that is best and lasting in India." —**M. K. Gandhi :** *Constructive Programme*, p. 16

बुनियादी शिक्षा का पाठ्यक्रम
(CURRICULUM OF BASIC EDUCATION)

बुनियादी शिक्षा के पाठ्यक्रम में निम्नलिखित विषय निर्धारित किये गये हैं—

1. आधारभूत शिल्प—निम्नांकित शिल्पों में से कोई एक—(i) कृषि, (ii) कताई-बुनाई, (iii) लकड़ी का काम, (iv) चमड़े का काम, (v) मिट्टी का काम (खिलौने और बर्तन बनाना), (vi) पुस्तक-कला (कागज और कार्ड-बोर्ड का काम), (vii) मछली पालना, (viii) फल् और सब्जी की बागवानी, (ix) गृह-विज्ञान

(केवल बालिकाओं के लिए), (x) स्थानीय और भौगोलिक आवश्यकताओं के अनुकूल कोई अन्य उपयुक्त और शिक्षाप्रद हस्तशिल्प।

2. मातृभाषा।

3. गणित।

4. सामाजिक अध्ययन (इतिहास, भूगोल और नागरिकशास्त्र)।

5. सामान्य विज्ञान—(i) प्रकृति अध्ययन, (ii) वनस्पति-विज्ञान, (iii) जीव-विज्ञान, (iv) रसायनशास्त्र, (v) स्वास्थ्य-विज्ञान, (vi) नक्षत्रों का ज्ञान, (vii) महान् अन्वेषकों और वैज्ञानिकों की कहानियाँ।

6. कला—संगीत और चित्रकला।

7. हिन्दी—जहाँ यह मातृभाषा नहीं है।

8. शारीरिक शिक्षा—व्यायाम और खेल-कूद।

वर्धा शिक्षा के पाठ्यक्रम की विशेषताएँ
(CHARACTERISTICS OF SYLLABUS OF WARDHA EDUCATION)

वर्धा शिक्षा के पाठ्यक्रम की मुख्य विशेषताएँ निम्नलिखित हैं—

1. पाँचवीं कक्षा तक सह-शिक्षा है और बालकों एवं बालिकाओं के लिए समान पाठ्यक्रम है।

2. पाँचवीं कक्षा के पश्चात् बालकों और बालिकाओं के लिए पृथक् विद्यालयों की व्यवस्था है।

3. छठवीं और सातवीं कक्षाओं में बालिकाएँ आधारभूत शिल्प के स्थान पर गृह-विज्ञान ले सकती हैं।

4. सातवीं और आठवीं कक्षाओं में संस्कृत, वाणिज्य, आधुनिक भारतीय भाषाओं आदि की शिक्षा की व्यवस्था है।

5. शिक्षा का माध्यम—मातृभाषा है, पर राष्ट्रभाषा हिन्दी का अध्ययन सब बालकों और बालिकाओं के लिए अनिवार्य है।

6. पाठ्यक्रम का स्तर वर्तमान मैट्रिक के समकक्ष है।

7. पाठ्यक्रम में अंग्रेजी और धर्म का कोई स्थान नहीं है।

अपनी योजना में धर्म को स्थान न देने का कारण बताते हुए **महात्मा गाँधी** ने लिखा है—**''हमारी वर्धा शिक्षा-योजना में से धार्मिक शिक्षा का बहिष्कार कर दिया गया है, क्योंकि हमें भय है कि आज जिन धर्मों की शिक्षा दी जाती है अथवा पालन किया जाता है, वे मेल के स्थान पर झगड़े उत्पन्न करते हैं। साथ ही मेरा विश्वास है कि बच्चों को ऐसी शिक्षा अवश्य दी जानी चाहिए, जिसमें सभी मुख्य धर्मों का सार निहित हो। धर्म का यह सार केवल शब्दों और पुस्तकों से नहीं पढ़ाया जा सकता है। इसे तो बालक केवल शिक्षक की दैनिक जीवन-चर्या से ही सीख सकता है।''**

बुनियादी विद्यालयों की समय-सारणी
(TIME-TABLE OF BASIC SCHOOLS)

बुनियादी विद्यालयों में प्रतिदिन 5 घण्टे कार्य होता था और निम्नांकित समय-सारणी का अनुसरण किया जाता था—

विषय	समय
1. आधारभूत शिल्प	3 घण्टे, 20 मिनट
2. मातृभाषा	40 मिनट
3. संगीत, चित्रकला और गणित	40 मिनट
4. सामाजिक अध्ययन और सामान्य विज्ञान	30 मिनट
5. शारीरिक शिक्षा	10 मिनट
6. अल्पावकाश	10 मिनट
	कुल समय 5 घण्टे, 30 मिनट

टिप्पणी—प्रत्येक बुनियादी विद्यालय से एक वर्ष में 288 दिन कार्य करने की आशा की जाती है।

बुनियादी विद्यालयों के शिक्षक व उनका प्रशिक्षण
(TEACHERS OF BASIC SCHOOLS AND THEIR TRAINING)

1. बुनियादी विद्यालयों के शिक्षक—बुनियादी शिक्षा पद्धति में अध्यापक का स्थान अत्यन्त महत्त्वपूर्ण है। उसे सभी विषयों की शिक्षा किसी आधारभूत शिल्प के माध्यम से देनी पड़ती है। इस शिल्प का चयन विशिष्ट विद्यालय की स्थानीय और भौगोलिक आवश्यकताओं को ध्यान में रखकर किया जाता है। अत: बुनियादी विद्यालयों में सामान्यत: उन्हीं शिक्षकों की नियुक्ति की जाती है, जो विद्यालयों से सम्बन्धित क्षेत्रों के निवासी होते हैं। शिक्षण कार्य के लिए पुरुषों की अपेक्षा महिलाओं को प्राथमिकता दी जाती है।

2. शिक्षक-प्रशिक्षण—बुनियादी विद्यालयों की सफलता प्रशिक्षित शिक्षकों पर निर्भर है। अत: इन विद्यालयों में यथासम्भव प्रशिक्षित अध्यापकों की ही नियुक्ति की जाती है। 'बेसिक शिक्षा योजना' को सम्पूर्ण देश में शीघ्रातिशीघ्र क्रियान्वित करने के विचार से अध्यापकों के लिए निम्नांकित दो प्रकार के प्रशिक्षण की व्यवस्था है—

(i) दीर्घकालीन प्रशिक्षण—इस प्रशिक्षण की अवधि 3 वर्ष की है। इसको शिक्षण कार्य का अनुभव रखने वाले या न रखने वाले—दोनों प्रकार के व्यक्ति प्राप्त कर सकते हैं।

(ii) अल्पकालीन प्रशिक्षण—इस प्रशिक्षण की अवधि 1 वर्ष की है। इसको केवल शिक्षण कार्य का अनुभव रखने वाले व्यक्ति ही प्राप्त कर सकते हैं।

प्रशिक्षण काल में छात्राध्यापकों को बुनियादी विद्यालयों के सभी विषयों की शिक्षण विधियों का पूर्ण ज्ञान दिया जाता है। क्योंकि उनको साहित्यिक विषयों के अतिरिक्त हस्तशिल्पों की भी शिक्षा देनी पड़ती है, इसलिए उनको मुख्य हस्तशिल्पों की शिक्षण विधियों से भी परिचित कराया जाता है।

प्रशिक्षण विद्यालयों में उन्हीं व्यक्तियों को प्रवेश दिया जाता है, जो या तो हाईस्कूल परीक्षा में उत्तीर्ण हो चुके हों, या वर्नाक्यूलर फाइनल परीक्षा में उत्तीर्ण होने के पश्चात् कम-से-कम दो वर्ष तक किसी विद्यालय में शिक्षण कार्य कर चुके हों।

बुनियादी शिक्षण-विधि
(BASIC METHOD OF TEACHING)

रायबर्न के अनुसार, **''बेसिक शिक्षा शिक्षण की विधि नहीं है। यह पाठ्यक्रम को निश्चित करने की विधि है। अध्यापक उन विधियों का प्रयोग करता है, जो सबसे अधिक रोचक और प्रभावपूर्ण सिद्ध हुई हैं। सब प्रगतिशील विधियों का बुनियादी शिक्षा में स्थान हो सकता है और प्रयोग किया जा सकता है।''**

"Basic education is not a method of teaching. It is a method of deter-mining the curriculum. The teacher uses the methods have proved to be the most interesting and effective. All progressive methods can have their place and be used in Basic Education."

—**W. M. Ryburn :** *The Progressive School,* p. 263.

बुनियादी शिक्षा में चाहे जिस विधि का प्रयोग किया जाए, पर शिक्षण का वास्तविक कार्य क्रियाओं और अनुभवों पर अनिवार्य रूप से आधारित किया जाता है। दूसरे शब्दों में, शिक्षण-विधि इतनी व्यावहारिक होती है कि बालक विभिन्न विषयों का ज्ञान एक ही समय में प्राप्त करता है। साथ ही उसे यह ज्ञान थोड़े समय में प्राप्त हो जाता है।

बालकों को विभिन्न विषयों की शिक्षा स्वतन्त्र रूप में न दी जाकर किसी आधारभूत शिल्प के माध्यम से प्रदान की जाती है। गणित, सामान्य विज्ञान, सामाजिक विषयों आदि के शिक्षण में इसी विधि को प्रयुक्त किया जाता है। यदि किसी विषय के किसी भाग की आधारभूत शिल्प के माध्यम से शिक्षा नहीं दी जा सकती है, तो उसकी शिक्षा किसी अन्य विधि से दी जाती है।

पाठ्यक्रम के सब विषय परस्पर सम्बन्धित ज्ञान-क्षेत्रों के रूप में बालकों के सम्मुख प्रस्तुत किये जाते हैं। प्राकृतिक परिस्थिति, सामाजिक परिस्थिति और हस्तकला के माध्यम से अनेक विषयों पर परस्पर सम्बन्ध

स्थापित किया जाता है। बालक को अपनी रुचि के अनुसार हस्तशिल्प का चुनाव करने की स्वतन्त्रता दी जाती है।

बुनियादी शिक्षा के उद्देश्य
(AIMS OF BASIC EDUCATION)

बुनियादी शिक्षा के मुख्य उद्देश्य दृष्टव्य हैं—

(1) आर्थिक उद्देश्य (Economic Aim)—इस उद्देश्य से दो अभिप्राय हैं—(i) बालकों द्वारा बनाई जाने वाली वस्तुओं को बेचकर विद्यालय के व्यय की आंशिक पूर्ति करना और (ii) बुनियादी शिक्षा प्राप्त करने के पश्चात् बालकों का किसी उद्योग के द्वारा धन का अर्जन करना। इस सम्बन्ध में स्वयं **गाँधीजी** ने लिखा है—**''प्रत्येक बालक और बालिका को विद्यालय छोड़ने के पश्चात् किसी व्यवसाय में लगाकर स्वावलम्बी बनना चाहिए।''**

(2) नैतिक लक्ष्य (Moral Aim)—आधुनिक भारतीय समाज का अविराम गति से नैतिक पतन हो रहा है। अत: बुनियादी शिक्षा का एक मुख्य उद्देश्य है—बालक का नैतिक विकास करना। नैतिक शिक्षा में अपना विश्वास प्रकट करते हुए **गाँधीजी** ने लिखा है—**''मैंने हृदय की संस्कृति या चारित्रिक निर्माण को सर्वोच्च स्थान दिया है। मुझे विश्वास है कि नैतिक प्रशिक्षण सबको समान रूप से दिया जा सकता है। इस बात से कोई प्रयोजन नहीं है कि उनकी आयु और पालन-पोषण में कितना अन्तर है।''**

(3) सांस्कृतिक उद्देश्य (Cultural Aim)—हमारी शिक्षा-प्रणाली का एक प्रत्यक्ष दोष यह है कि उसमें भारतीय संस्कृति का ज्ञान न कराया जाकर बालकों को पाश्चात्य आदर्शों और विचारों का भक्त बनाया जाता है। फलस्वरूप, वे अपनी परम्परागत संस्कृति से पूर्णतया अनभिज्ञ रहते हैं। इसके दूषित परिणाम को बताते हुए, **गाँधीजी** ने लिखा है—**''यदि किसी स्थिति में पहुँचकर एक पीढ़ी अपने पूर्वजों के प्रयासों से पूर्णतया अनभिज्ञ हो जाती है या उसे अपनी संस्कृति पर लज्जा आने लगती है तो वह नष्ट हो जाती है।''**

अपने इस विचार में दृढ़ विश्वास रखने के कारण गाँधीजी ने शिक्षा की अपेक्षा शिक्षा के सांस्कृतिक पक्ष को अधिक महत्त्व दिया है। इसी उद्देश्य से बुनियादी शिक्षा में भारतीय उद्योगों या शिल्पों को आधारभूत स्थान दिया गया है और शिक्षा को भारतीय संस्कृति के अनुरूप बनाया गया है।

(4) नागरिकता का उद्देश्य (Aim of Citizenship)—जनतन्त्रीय शासन-प्रणाली में प्रत्येक व्यक्ति शासन के प्रति उत्तरदायी होता है और राज्य के प्रति उसके कर्त्तव्यों में वृद्धि हो जाती है। किन्तु इसके साथ-साथ उसे अनेक अधिकार भी प्राप्त हो जाते हैं। वह इन कर्त्तव्यों का पालन और अधिकार का उपयोग तभी कर सकता है जब वह उनके प्रति सजग हो। इसके लिए ऐसी शिक्षा आवश्यक है, जो उसमें नागरिकता के सब गुणों का विकास करे। बुनियादी शिक्षा इन गुणों के विकास में योग देती है।

(5) त्रिविध विकास का उद्देश्य (Aim of Threefold Development)—भारत की वर्तमान शिक्षा-पद्धति में केवल बालक के मानसिक विकास पर बल दिया जाता है। उसमें बालक के शारीरिक और आध्यात्मिक विकास के प्रति रंचमात्र भी ध्यान नहीं दिया जाता है। इस प्रकार बालक का केवल एकांगी विकास होता है। इसके विपरीत, बुनियादी शिक्षा में बालक के शारीरिक, मानसिक और आध्यात्मिक विकास के प्रति पूर्ण ध्यान दिया जाता है। पाठ्यक्रम में इस प्रकार के विषयों का समावेश किया गया है, जिनसे बालक का तीनों प्रकार का अर्थात् त्रिविध विकास होना निश्चित हो जाता है। इस विकास पर बल देते हुए **गाँधीजी** ने कहा है—**''शिक्षा से मेरा अभिप्राय है—बालक और मनुष्य की सम्पूर्ण शारीरिक, मानसिक और आध्यात्मिक शक्तियों का सर्वतोमुखी विकास।''**

(6) सर्वोदय समाज की स्थापना का उद्देश्य (Aim of Establishing Sarvodaya Samaj)—आज का सम्पूर्ण समाज स्वार्थ-सिद्धि की नीति का अनुसरण कर रहा है। यह समाज स्पष्ट रूप से दो वर्गों में विभक्त है—धनवान और धनहीन। ये दोनों वर्ग विकृत हैं—पहला, धन की प्रचुरता के कारण और दूसरा, धन के अभाव के कारण। बुनियादी शिक्षा का एक मुख्य उद्देश्य है—इस 'विकृत समाज' के स्थान पर 'सर्वोदय समाज' की स्थापना करना।

सर्वोदय समाज में श्रम का महत्त्व होगा, धन का नहीं; स्नेह और सहयोग की भावनाएँ होंगी, घृणा और पृथक्ता की नहीं; इस समाज में शोषण का स्थान सेवा; निज-हित का स्थान पर-हित और संचय की प्रवृत्ति का स्थान त्याग की प्रवृत्ति लेगी। बच्चों को इसी सर्वोदय समाज के लिए तैयार करने के विचार से बुनियादी शिक्षा द्वारा उनमें प्रेम, सहयोग, आत्म-बलिदान, आत्म-विश्वास आदि भावनाओं को समाविष्ट करने की चेष्टा की जाती है। इस तथ्य को ध्यान में रखकर **डॉ. एम. एस. पटेल** (Dr. M. S. Patel) ने लिखा है—**''बुनियादी शिक्षा के उद्देश्य में से एक उद्देश्य यह है—गाँधीजी की सर्वोदय समाज की धारणा के अनुसार भारतीय समाज का पुनः संगठन करना।**

बुनियादी शिक्षा के सिद्धान्त
(PRINCIPLES OF BASIC EDUCATION)

बुनियादी शिक्षा के मुख्य सिद्धान्त निम्नांकित हैं—

(1) जनसाधारण की शिक्षा (Education of the Masses)—भारत की अधिकांश साधारण जनता अज्ञानता के अन्धकार से आवृत्त है। यही कारण है कि बुनियादी शिक्षा का सर्वप्रथम सिद्धान्त जनसाधारण को शिक्षित बनाना निर्धारित किया गया है। इस प्रकार, **गाँधीजी** के निम्नांकित कथन के अनुसार कार्य किया जा रहा है—**''जनसाधारण की अशिक्षा भारत का पाप और कलंक है। अतः उसका अन्त किया जाना अनिवार्य है।''**

"Mass illiteracy is India's sin and shame and must be liquidated."

—**M. K. Gandhi :** *India of My Dreams,* p. 181.

(2) निःशुल्क व अनिवार्य शिक्षा (Free and Compulsory Education)—गाँधीजी ने भारत के लिए निःशुल्क और अनिवार्य शिक्षा की व्यवस्था की।

(3) स्वावलम्बी शिक्षा (Self-Supporting Education)—**गाँधीजी** ने बुनियादी शिक्षा के आधारभूत सिद्धान्त की ओर संकेत करते हुए कहा—**''सच्ची शिक्षा स्वावलम्बी होनी चाहिए। इसका अभिप्राय यह है कि शिक्षा से पूँजी के अतिरिक्त वह सब धन मिल जाना चाहिए, जो उसे प्राप्त करने में व्यय किया जाए।''**

बुनियादी शिक्षा के इस स्वावलम्बी पहलू के प्रति विशेष ध्यान देकर उसे स्वावलम्बी बनाया गया है। **डॉ. एम. एस. पटेल** के अनुसार, बुनियादी शिक्षा दो प्रकार से स्वावलम्बी है—(i) बुनियादी शिक्षा प्राप्त करने वाला बालक किसी हस्तशिल्प को सीखकर, उसे अपने भावी जीवन के निर्वाह का साधन बनाए, और (ii) विद्यालय के बालकों द्वारा बनाई जाने वाली वस्तुओं को बेचकर अध्यापकों को वेतन दिया जाए। इस प्रकार, बालक अपने विद्यालय-जीवन और भावी जीवन—दोनों में अपने ऊपर निर्भर होकर स्वावलम्बी बन सकता है।

(4) सामाजिक शिक्षा (Social Education)—बुनियादी शिक्षा के द्वारा एक ऐसे समाज का नव-निर्माण करने का प्रयत्न किया जा रहा है, जो स्वार्थ एवं शोषण विहीन हो, जो प्रेम एवं न्याय पर आधारित हो और जिसके मूलमन्त्र—सत्य एवं अहिंसा हों। यही कारण है कि बुनियादी विद्यालयों में बालकों को इसी प्रकार के समाज में रहने का प्रशिक्षण दिया जाता है। **रायबर्न** (Ryburn) का कथन है—**''बुनियादी विद्यालय एक वास्तविक सामाजिक इकाई बन जाता है और बच्चों को साथ-साथ रहने की कला का वास्तविक प्रशिक्षण मिलता है।''**

(5) शिक्षा का माध्यम 'मातृभाषा' (Mother-Tongue as Medium of Instruction)—बुनियादी शिक्षा का माध्यम 'मातृभाषा' है। इतिहास हमें बताता है कि किसी देश की संस्कृति का विनाश करने के लिए उसके साहित्य का विनाश किया जाता है। इसी सिद्धान्त का अनुगमन करके अंग्रेजों ने हमारे देश में अंग्रेजी को शिक्षा का माध्यम बनाया। बुनियादी शिक्षा में अंग्रेजी को कोई स्थान नहीं दिया गया है और मातृभाषा को शिक्षा का माध्यम बनाया गया है।

(6) हस्तशिल्प की शिक्षा (Training in Handicraft)—बुनियादी शिक्षा में हस्तशिल्प का केन्द्रीय स्थान है और सब विषयों की शिक्षा उसी के माध्यम से दी जाती है। हस्तशिल्प को केन्द्रीय स्थान प्रदान करने

का कारण **गाँधीजी** के निम्नांकित शब्दों में विदित हो जाता है, **"साक्षरता स्वयं शिक्षा नहीं है। अत: मैं बच्चे की शिक्षा उसे एक उपयोगी हस्तशिल्प सिखाकर और जिस समय से वह अपनी शिक्षा आरम्भ करता है, उसी समय से उत्पादन करने के योग्य बनाकर आरम्भ करना चाहता हूँ।"**

(7) **शारीरिक श्रम** (Manual Labour)—बुनियादी शिक्षा में हस्तशिल्प के माध्यम से शारीरिक श्रम को महत्त्वपूर्ण स्थान प्रदान किया है। इससे निम्नांकित चार लाभ होते हैं—(i) इससे बालकों की शिक्षा का व्यय निकल आता है, (ii) इससे उनको किसी व्यवसाय का प्रशिक्षण प्राप्त हो जाता है, (iii) इससे उनमें आत्मविश्वास उत्पन्न होता है और उनमें शारीरिक श्रम के प्रति घृणा नहीं रह जाती है और (iv) **गाँधीजी** के शब्दों में—**"बालक के शरीर के अंगों का विवेकपूर्ण प्रयोग—उसके मस्तिष्क को विकसित करने की सर्वोत्तम और शीघ्रतम विधि है।"**

बुनियादी शिक्षा की विशेषताएँ
(CHARACTERISTICS OF BASIC EDUCATION)

अविनाशलिंगम् ने बुनियादी शिक्षा को महात्मा गाँधी का 'महानतम् उपहार' बताया है। इसका कारण यह है कि इसमें अनेक अद्वितीय गुण या विशेषताएँ हैं, यथा—

(1) **क्रिया-प्रधान शिक्षा** (Activity-Centred Education)—बुनियादी शिक्षा—क्रिया-प्रधान है, क्योंकि इसमें सम्पूर्ण ज्ञान का आधार अनुभव माना जाता है। **रायबर्न** के अनुसार—**"बालक हस्तशिल्प के क्षेत्र में सक्रिय रहकर मानसिक अनुभवों के साथ-साथ अन्य प्रकार के अनुभव की प्राप्ति करता है।"**

(2) **बालक-प्रधान शिक्षा** (Child-Centred Education)—बुनियादी शिक्षा बालक प्रधान है। इसमें बालक को शिक्षा का 'ग्राहक' समझा जाता है। अत: उसकी आवश्यकताओं का अध्ययन किया जाता है और उनको पूर्ण करने का प्रयत्न किया जाता है। **डॉ. एस. एन. मुकर्जी** के शब्दों में—**"नई तालीम बाल-केन्द्रित शिक्षा है और बालक क्रिया द्वारा ज्ञान का अर्जन करता है।"**

"Nai Talim is child-centred education, and the child learns through activity."

—**Dr. D. S. Mukerji :** *Education in India : Today & Tomorrow,* p. 58

(3) **गृह, स्कूल व समाज में सामंजस्य** (Harmony between Home, School and Society)—बुनियादी शिक्षा गृह, स्कूल और समाज के जीवन में पूर्ण सामंजस्य स्थापित करती है। इसका कारण बताते हुए **रायबर्न** ने लिखा है—**"बालक, हस्तशिल्प की शिक्षा प्राप्त करके अपने को गृह, स्कूल और समाज में प्राय: समान वातावरण में पाता है।"**

(4) **आर्थिक आधार** (Economic Basis)—बुनियादी शिक्षा का आधार आर्थिक है। इसके समर्थन में दो तर्क उपस्थित किये जा सकते हैं; यथा—(i) बुनियादी विद्यालयों में बालकों द्वारा बनाई जाने वाली वस्तुओं को बेचने से विद्यालय का कुछ व्यय निकल सकता है और (ii) बालक किसी हस्तशिल्प को सीखकर अपने भावी जीवन में धन का अर्जन कर सकता है। एक अन्य तर्क **डॉ. एस. एन. मुकर्जी** से सुनिये—**"बुनियादी शिक्षा का प्रयोजन बेरोजगारी समस्या का समाधान करता है।"**

(5) **सामाजिक आधार** (Social Basis)—बुनियादी शिक्षा का आधार सामाजिक है, क्योंकि इसमें बालक के अनेक सामाजिक गुणों को विकसित करने की चेष्टा की जाती है। बालक में हस्तशिल्प के माध्यम से सेवा और स्नेह, सहयोग और सहिष्णुता, आत्म-संयम और आत्म-विश्वास के गुणों को सुविकसित करने का पूरा-पूरा प्रयत्न किया जाता है।

(6) **मनोवैज्ञानिक आधार** (Psychological Basis)—बुनियादी शिक्षा का आधार मनोवैज्ञानिक है, क्योंकि इसमें बालक को प्रधानता दी जाती है, न कि उसके द्वारा अध्ययन किये जाने वाले पाठ्य-विषयों को। बालक का स्वाभाविक विकास किसी कार्य में संलग्न होकर ही हो सकता है। इस मनोवैज्ञानिक तथ्य को ध्यान में रखकर बुनियादी शिक्षा में हस्तशिल्प द्वारा उत्पादक कार्य को प्रधान स्थान दिया गया।

(7) **शारीरिक श्रम का सम्मान** (Dignity of Labour)—बुनियादी शिक्षा बालक में शारीरिक श्रम के प्रति सम्मान की भावना का निर्माण करती है। बालक स्वयं हस्तशिल्प के माध्यम से किसी उत्पादक कार्य को

करता है। अतः वह शारीरिक श्रम को महत्त्व देने लगता है और इस प्रकार का श्रम करने वाले व्यक्तियों को आदर की दृष्टि से देखने लगता है।

(8) समवायी शिक्षण विधि (Correlated Method of Teaching)—बुनियादी शिक्षा में 'समवायी शिक्षण विधि' का प्रयोग किया जाता है। बालक को समस्त विषयों की शिक्षा किसी कार्य या हस्तशिल्प के माध्यम से दी जाती है। दूसरे शब्दों में, उसे क्रिया के द्वारा ज्ञान प्रदान किया जाता है। वह कृषि, कताई-बुनाई, काष्ठ-कला आदि में से किसी हस्तशिल्प का चयन करता है। उसके पश्चात्, वह उस कार्य को करके उसका और उससे सम्बन्धित कार्यों का ज्ञान प्राप्त करता है।

हम अपने कथन का स्पष्टीकरण करने के उद्देश्य से **मिलापचन्द्र दुबे** के निम्नांकित शब्द उद्धृत कर रहे हैं—**''बुनियादी शिक्षा में दस्तकारी द्वारा शिक्षा को प्रधानता दी गई है और विविध विषयों के ज्ञान की रचना भी इसी मूल-उद्योग के इर्द-गिर्द की गई है। दस्तकारी को ज्ञान का वाहन अथवा साधन बनाया गया है। तात्पर्य यह है कि विविध विषयों का ज्ञान बालक की क्रियाओं से ही सम्बन्धित किया जाता है। इसी सम्बन्ध के जोड़ने को 'समवाय' कहते हैं।''**

(9) ज्ञान की अखण्डता (Unification of Knowledge)—बुनियादी शिक्षा में ज्ञान को एक अभिन्न और अखण्ड इकाई माना जाता है। अतः शिक्षा के सब विषयों को अलग-अलग विभाजित नहीं किया जाता है और न उनका ज्ञान ही अलग-अलग दिया जाता है। इसके विपरीत, सब विषयों का ज्ञान किसी उपयोगी शिल्प के द्वारा परस्पर सम्बन्धित करके दिया जाता है। **हंसराज भाटिया** के शब्दों में—**''बुनियादी शिक्षा में ज्ञान एक अभिन्न अखण्ड समष्टि (One unified whole) है और उसका अनेक असम्बद्ध और अनेक बार परस्पर अभिवर्जित विषयों (Exclusive Subjects) में विभाजन निषिद्ध है।''**

(10) शिल्प द्वारा शिक्षा (Education Through Craft)—बुनियादी शिक्षा का माध्यम आधारभूत शिल्प (Basic Craft) है। सब विषयों की शिक्षा इसी शिल्प के माध्यम से प्रदान की जाती है। आधुनिक युग के सभी शिक्षाशास्त्रियों द्वारा इस बात को स्वीकार किया जाता है कि बालक की शिक्षा का माध्यम कोई उत्पादक कार्य होना चाहिए। उनका मत है कि केवल इसी प्रकार की शिक्षा बालक का वास्तविक जीवन से सम्बन्ध स्थापित कर सकती है।

अन्त में, हम **टी. एन. सिक्वेरा** के शब्दों में कह सकते हैं—**''वर्धा योजना को भारत की निरक्षरता की महान् समस्या का समाधान करने के लिए अब तक किये जाने वाले प्रयासों में सबसे साहसी और सम्पूर्ण माना जा सकता है।''**

"The Wardha Scheme may be considered the boldest and completest attempt so far made to solve the great problem of India's illiteracy."

—**T. N. Siqueira :** *The Education of India,* pp. 221-222.

बुनियादी शिक्षा के दोष
(DEFECTS OF BASIC EDUCATION)

बुनियादी शिक्षा के कुछ स्पष्ट दोषों की चर्चा नीचे की पंक्तियों में की जा रही है—

1. यह शिक्षा नगरों के बजाय ग्रामों के लिए अधिक उपयुक्त है।

2. यह शिक्षा 'उत्पादन के सिद्धान्त' (Principle of Productivity) पर आवश्यकता से अधिक बल देती है। अतः बुनियादी विद्यालय शिक्षण के केन्द्र न रहकर उद्योग के केन्द्र बन जाते हैं।

3. यह शिक्षा कताई, बुनाई और धुनाई के समान प्राचीन उद्योगों को महत्त्व देती है। इस प्रकार यह शिक्षा भारत की औद्योगिक उन्नति में बाधक है। यह युग मशीनों का है, न कि हस्तशिल्पों का।

4. यह शिक्षा किसी हस्तशिल्प के माध्यम से बालक को सब विषयों का ज्ञान प्रदान करने की चेष्टा करती है, जो पूर्णतया असम्भव है। **डॉ. श्रीधरनाथ मुखोपाध्याय** के शब्दों में—**''केन्द्रीय दस्तकारी के द्वारा सम्पूर्ण शिक्षा नहीं दी जा सकती है।''**

5. यह शिक्षा आधारभूत शिल्प के द्वारा न तो बालक का सर्वांगीण विकास करने में और न उसे सामान्य शिक्षा प्रदान करने में सफल होती है।

6. यह शिक्षा तकली द्वारा कताई पर अत्यधिक बल देती है। तकली से बहुत समय में थोड़ा-सा सूत काता जाता है। इस प्रकार यह शिक्षा न केवल बालक का समय नष्ट करती है, वरन् उसके लिए महँगी भी पड़ती है।

7. **डॉ. मुखोपाध्याय** के अनुसार यह शिक्षा स्वावलम्बी नहीं बन सकती है, क्योंकि बालकों द्वारा बनाई जाने वाली वस्तुओं से शिक्षक के वेतन का व्यय नहीं निकल सकता है।

8. **डॉ. मुकर्जी** के अनुसार—**''यह शिक्षा बालक की रुचियों और प्रवृत्तियों का विकास होने से पूर्व और उनका वास्तविक ज्ञान प्राप्त किये बिना बालक को अल्प आयु में ही किसी हस्तशिल्प से बाँध देती है।''**

9. **झींगरन** व **शर्मा** के शब्दों में—**''यह शिक्षा काल्पनिक है, एक अनावश्यक विश्वास है, एक मनःसृष्टि है और वास्तविक व्यवहार से परे है।''**

10. इस शिक्षा में बालकों के मानसिक और व्यावसायिक प्रशिक्षण में किसी प्रकार का सन्तुलन नहीं है।

11. इस शिक्षा में 'उत्पादन के सिद्धान्त' पर बल दिये जाने के कारण शिक्षकों का नैतिक पतन हो जाता है क्योंकि वे विद्यालयों की फैक्टरियों में और बालकों को धन का उपार्जन करने वाली मशीनों में परिणत कर देते हैं।

12. **'Education in India'** (1947-57) के अनुसार इस शिक्षा में जनता और अध्यापकों को कोई आकर्षण नहीं मिला है। अत: दोनों ने इसका घोर विरोध किया है।

13. **'Modern Review'** (April, 1955) के अनुसार इस शिक्षा का अभिभावकों ने स्वागत नहीं किया है। उनका कहना है कि वे अपने बच्चों को स्कूल में पढ़ने के लिए भेजते हैं न कि कताई-बुनाई और गुड़ाई-निराई करने के लिए।

14. **झींगरन** व **शर्मा** के शब्दों में—**''इस शिक्षा में सुस्थिर शिक्षा दर्शन की अपेक्षा भावुकता अधिक है। इसे गाँधीजी की महानता से प्रभावित व्यक्तियों ने भावुकतावश ही स्वीकार किया है।''**

15. **'मूल्यांकन समिति'** के विचार से—**''सामान्य धारणा यह है कि बुनियादी विद्यालय साधारण विद्यालय से अधिक महँगा है। यही कारण है कि बुनियादी शिक्षा का शीघ्रता से प्रचार नहीं किया जा सकता है।''**

"There is a general view that a Basic School is more costly than an ordinary school. This is followed by the corollary that is why Basic Education cannot be spread quickly."

—*Report of the Assessment Committee on Basic Education*, p. 33

बुनियादी शिक्षा का मूल्यांकन
(EVALUATION OF BASIC EDUCATION)

बुनियादी शिक्षा के उपरिलिखित गुणों के आधार पर हम निस्संकोच भाव से स्वीकार कर सकते हैं कि दरिद्रता के दानव के चंगुल में फँसे हुए हमारे देश के लिए यह शिक्षा एक अनुपम वरदान है। यह न तो प्रचलित शिक्षा के समान पुस्तकीय एवं अव्यावहारिक है और न परीक्षा एवं पाठ्यक्रम की जंजीरों से जकड़ी हुई है। जबकि तत्कालीन शिक्षा केवल बालकों के मानसिक विकास की ओर ध्यान देती है। बुनियादी शिक्षा उनके शारीरिक, मानसिक, नैतिक और आध्यात्मिक विकास के लिए यथेष्ट उद्योग करती है। बुनियादी शिक्षा की सर्वप्रधान विशेषता—उसका उत्पादन का सिद्धान्त है। इस सिद्धान्त को व्यावहारिक रूप प्रदान करके बालक को अपने भावी जीवन में निश्चित रूप से आत्म-निर्भर और स्वावलम्बी बनाया जा सकता है।

बुनियादी शिक्षा के उपर्युक्त और अन्य गुणों के कारण हमारे देश के अनेक राष्ट्रीय नेताओं और शिक्षा-मर्मज्ञों ने इसका गौरव-गान किया है और नतमस्तक होकर इसकी उपयोगिता को स्वीकार किया है। किन्तु यदि इस शिक्षा का सूक्ष्मता से विश्लेषण किया जाए तो वास्तविकता कुछ और ही दिखाई देती है। इसका

आधारभूत कारण यह है कि बेसिक शिक्षा की योजना यथार्थ जगत् से सम्बन्धित न होकर कल्पना-प्रदेश की वस्तु है। **आचार्य कृपलानी** ने तो यहाँ तक कह दिया है—**''बेसिक शिक्षा की योजना शिक्षा के क्षेत्र में गाँधीजी की अन्तिम मनःसृष्टि है।''**

"The Scheme of Basic Education is Gandhiji's latest fad in the domain of Education."

—Acharya Kriplani

अभ्यास प्रश्न

दीर्घ उत्तरीय प्रश्न (Long Answer Type Questions)

1. बुनियादी शिक्षा के आधारभूत सिद्धान्तों का वर्णन कीजिए। उनको कार्य रूप में कहाँ तक परिणत किया जा सकता है ?

2. बुनियादी शिक्षा के मुख्य उद्देश्य क्या हैं ? उनको बालक और देश की आवश्यकताओं को कहाँ तक ध्यान में रखकर निर्धारित किया गया है ?

लघु उत्तरीय प्रश्न (Short Answer Type Questions)

1. 'वर्धा शिक्षा योजना' की यथोचित समीक्षा कीजिए।

2. ''बुनियादी शिक्षा, शिक्षा के क्षेत्र में गाँधीजी की अन्तिम मनःसृष्टि थी।'' विवेचना कीजिए।

3. ''बुनियादी शिक्षा, महात्मा गाँधी की महानतम भेंट थी।'' समीक्षा कीजिए।

4. निम्नलिखित पर संक्षिप्त टिप्पणियाँ लिखिए—(अ) वर्धा शिक्षा सम्मेलन, (ब) जाकिर हुसैन समिति, (स) वर्धा शिक्षा योजना, और (द) बुनियादी शिक्षण विधि।

इकाई—3
स्वतन्त्रता पश्चात् युग में शिक्षा पर चर्चा
(Debate on Education in Independence Era)

अध्याय—8

विश्वविद्यालय शिक्षा आयोग (राधाकृष्णन् कमीशन)

[UNIVERSITY EDUCATION COMMISSION] (RADHAKRISHNAN COMMISSION, 1948-1949)

विषय-प्रवेश (INTRODUCTION)

स्वतन्त्रता प्राप्ति के पश्चात् भारत सरकार ने इस देश की शिक्षा को सुनियोजित और सुसंगठित करने का दृढ़ निश्चय किया। उसने यह कार्य विश्वविद्यालय शिक्षा से आरम्भ किया। इसका मुख्य कारण यह था कि स्वाधीनता के युग में प्रवेश करने के समय से भारतीय विश्वविद्यालयों में अध्ययन करने वाले छात्रों की संख्या में निरन्तर वृद्धि हो रही थी, किन्तु उनमें शिक्षा का स्तर निम्न होने के कारण इस देश के निवासियों में व्यापक असन्तोष था। इसके अतिरिक्त ये विश्वविद्यालय—भारत की नवीन सामाजिक और राजनीतिक परिस्थितियों के अनुसार देश की आवश्यकताओं को पूर्ण करने में असमर्थ थे।

उच्च शिक्षा के उपर्युक्त और अन्य दोषों का निवारण करने के विचार से भारत सरकार ने इस शिक्षा के पुनर्गठन की आवश्यकता का अनुभव किया। उसी समय के आस-पास उच्च शिक्षा की तत्कालीन कमियों से अवगत होने के कारण 'अन्तर्विश्वविद्यालय शिक्षा परिषद्' (Inter-university Board of Education) और 'केन्द्रीय शिक्षा सलाहकार बोर्ड' (Central Advisory Board of Education) ने भारत सरकार के समक्ष एक अखिल भारतीय विश्वविद्यालय शिक्षा आयोग नियुक्त करने का प्रस्ताव प्रस्तुत किया। सरकार ने इस प्रस्ताव को मान्यता प्रदान करके 4 नवम्बर, सन् 1948 को **'विश्वविद्यालय शिक्षा आयोग'** की नियुक्ति की। इसके अध्यक्ष डॉ. सर्वपल्ली राधाकृष्णन् थे। अतः उनके नाम से इस 'आयोग' को **'राधाकृष्णन् कमीशन'** भी कहा जाता है।

आयोग की नियुक्ति के उद्देश्य (AIMS OF THE APPOINTMENT OF THE COMMISSION)

'आयोग' की नियुक्ति के उद्देश्य, स्वयं 'आयोग' के शब्दों में निम्नांकित थे—**''भारतीय विश्वविद्यालय शिक्षा के विषय में रिपोर्ट देना और उन सुधारों एवं विस्तारों के सम्बन्ध में सुझाव प्रस्तुत करना, जो देश की वर्तमान और भावी आवश्यकताओं के लिए वांछनीय हों।''**

"To report on Indian University Education and suggest improvements and extensions that may be desirable to suit present and future requirements of the country."

—*Report of the University Education Commission,* p. 1

आयोग के जाँच के विषय (TERMS OF REFERENCE OF THE COMMISSION)

'आयोग' से लगभग 20 विषयों की जाँच करने के लिए कहा गया था, जिनमें से मुख्य थे—

1. भारत में विश्वविद्यालय शिक्षा एवं अनुसन्धान कार्य के उद्देश्य।

2. भारतीय विश्वविद्यालयों के संगठन, नियन्त्रण, कार्य-क्षेत्र एवं विधान के सम्बन्ध में आवश्यक परिवर्तन।

3. विश्वविद्यालयों एवं उनसे सम्बद्ध कॉलेजों में शिक्षा एवं परीक्षा के स्तरों में उन्नयन।

4. विश्वविद्यालय शिक्षा की अवधि, माध्यम एवं पाठ्यक्रम।

5. विश्वविद्यालयों में धार्मिक शिक्षा।

6. प्रादेशिक या अन्य आधार पर अधिक विश्वविद्यालयों की स्थापना।

7. अध्यापकों की योग्यताएँ, सेवा-दशाएँ, वेतन, कार्य एवं अधिकार।

8. छात्रों के अनुशासन, छात्रावासों, उपकक्षा-कार्य (Tutorial Work) आदि का संयोजन।

सारांश में 'आयोग' से विश्वविद्यालय शिक्षा के सब अंगों का अध्ययन करने और उनमें सुधार करने के लिए सुझाव देने को कहा गया। 'आयोग' ने इन कार्यों को एक वर्ष से कम समय में ही समाप्त करके 25 अगस्त, सन् 1949 को अपना प्रतिवेदन—भारत सरकार को प्रेषित कर दिया।

आयोग के सुझाव व सिफारिशें
(SUGGESTIONS AND RECOMMENDATIONS OF COMMISSION)

'आयोग' ने विश्वविद्यालय शिक्षा के सभी अंगों के सम्बन्ध में अपने विचार प्रकट किये हैं और उनमें सुधार करने के लिए ठोस सुझाव भी दिये हैं। हम महत्त्वपूर्ण अंगों से सम्बन्धित उसके विचारों, सुझावों और सिफारिशों को पृथक्-पृथक् शीर्षकों के अन्तर्गत लेखबद्ध कर रहे हैं; यथा—

(1) विश्वविद्यालय शिक्षा के उद्देश्य (Aims of University Education)—'आयोग' ने विश्वविद्यालय शिक्षा के निम्नांकित उद्देश्य बताये हैं—

1. स्वतन्त्रता प्राप्ति के पश्चात् हमारे देश की आर्थिक, सामाजिक और राजनीतिक परिस्थितियों में महान् परिवर्तन हुए हैं। इन परिवर्तनों ने हमारे विश्वविद्यालयों के कार्यों एवं उत्तरदायित्वों में वृद्धि कर दी है। अतः अब उन्हें राजनीतिक, व्यावसायिक, औद्योगिक एवं वाणिज्यिक क्षेत्रों में नेतृत्व ग्रहण कर सकने वाले व्यक्तियों का निर्माण करना चाहिए।

2. विश्वविद्यालय समाज सुधार के कार्य में महान् योग दे सकते हैं। अतः उन्हें दूरदर्शी, बुद्धिमान और बौद्धिक साहस वाले व्यक्तियों (Intellectual Adventures) को जन्म देना चाहिए।

3. विश्वविद्यालयों को प्रजातन्त्र को सफल बनाने के लिए, शिक्षा का प्रचार और ज्ञान की खोज कर सकने वाले व्यक्तियों को उत्पन्न करना चाहिए।

4. विश्वविद्यालयों को अपनी सांस्कृतिक विरासत को विस्तृत नहीं करना चाहिए। अतः उन्हें राष्ट्रीय विरासत को अपनाने वाले और उसमें योगदान देने वाले नवयुवकों को तैयार करना चाहिए।

5. विश्वविद्यालय—देश की सभ्यता एवं संस्कृति के रक्षक और पोषक हैं। अतः उन्हें सभ्यता एवं संस्कृति के अग्रदूतों का निर्माण करना चाहिए।

6. शिक्षा को व्यक्ति के जन्मजात गुणों की खोज करके, उनका विकास करना चाहिए। विश्वविद्यालयों को अपने छात्रों के प्रति इन दोनों कर्त्तव्यों का पालन करना चाहिए।

7. स्वस्थ शरीर में ही स्वस्थ मस्तिष्क का निवास होता है। अतः विश्वविद्यालयों को अपने छात्रों का न केवल मानसिक विकास वरन् शारीरिक विकास भी करना चाहिए।

8. 'आयोग' के शब्दों में—"**हम न्याय, स्वतन्त्रता, समानता एवं बन्धुता की प्राप्ति द्वारा प्रजातन्त्र की खोज में संलग्न हैं। अतः हमारे विश्वविद्यालयों को अनिवार्यतः इन आदर्शों का प्रतीक एवं संरक्षक होना चाहिए।**"

(2) शिक्षक वर्ग (Teaching Staff)—'आयोग' ने विश्वविद्यालयों के शिक्षकों की दशा में सुधार करने के लिए निम्नांकित सुझाव दिये हैं—

1. शिक्षकों को 'प्राविडेण्ट फण्ड' की अधिक उत्तम सुविधा प्रदान की जानी चाहिए। इस फण्ड में शिक्षक एवं विश्वविद्यालय दोनों को 8-8 प्रतिशत देना चाहिए।

2. शिक्षकों के लिए किराये के निवास-स्थानों की विश्वविद्यालय के समीप ही व्यवस्था होनी चाहिए।

3. शिक्षकों (Teachers) को 60 वर्ष की अवस्था में अपने पदों से अवकाश दिया जाना चाहिए। अच्छे स्वास्थ्य वाले प्रोफेसरों (Professors) को 64 वर्ष की अवस्था तक अपने पदों पर कार्य करने की अनुमति दी जानी चाहिए।

4. शिक्षकों को अध्ययन के लिए एक बार में 1 वर्ष का और सम्पूर्ण सेवा-काल में 3 वर्ष का आधे वेतन पर अवकाश दिया जाना चाहिए।

5. शिक्षकों को एक सप्ताह में 18 घण्टे (Periods) से अधिक का शिक्षण कार्य नहीं दिया जाना चाहिए।

(3) शिक्षण के स्तर (Standards of Teaching)—'आयोग' ने कॉलेजों और विश्वविद्यालयों के शिक्षण स्तर का उन्नयन करने के लिए अधोलिखित सिफारिशें की हैं—

1. छात्रों की बढ़ती हुई भीड़ को रोकने के लिए शिक्षण विश्वविद्यालयों में 3,000 और उनसे सम्बद्ध कॉलेजों में 1,500 से अधिक छात्र नहीं होने चाहिए।

2. कॉलेजों और विश्वविद्यालयों में परीक्षा दिवसों को छोड़कर एक वर्ष में कम-से-कम 180 दिन शिक्षण कार्य किया जाना चाहिए।

3. शिक्षकों के व्याख्यान, परिश्रम और सावधानी से तैयार किये जाने चाहिए। उनके व्याख्यानों की पूर्ति करने के लिए लिखित कार्य, ट्यूटोरियल कक्षाओं और पुस्तकालयों में अध्ययन की व्यवस्था की जानी चाहिए।

4. अध्ययन के किसी भी कोर्स के लिए पाठ्य-पुस्तकें निर्धारित नहीं की जानी चाहिए।

5. स्नातकोत्तर (Post-Graduate) कक्षाओं के विद्यार्थियों को व्याख्यानों में उपस्थित होने के लिए विवश नहीं किया जाना चाहिए।

6. स्नातकोत्तर कक्षाओं में विचार-गोष्ठियों (Seminars) की योजना क्रियान्वित की जानी चाहिए।

7. विभिन्न व्यवसायों में संलग्न व्यक्तियों के लिए सायंकालीन कक्षाएँ (Evening Classes) प्रारम्भ की जानी चाहिए।

8. परीक्षाओं के स्तर को ऊँचा उठाने के लिए प्रथम, द्वितीय और तृतीय श्रेणी के लिए न्यूनतम प्राप्तांक क्रमश: 70, 55 और 40 प्रतिशत होना चाहिए।

(4) पाठ्यक्रम (Courses of Study)—'आयोग' के पाठ्यक्रम सम्बन्धी विचार निम्नांकित हैं—

1. स्नातक की उपाधि प्राप्त करने के लिए अध्ययन की अवधि 3 वर्ष की होनी चाहिए।

2. स्नातकोत्तर अवधि स्नातक बनने के 2 वर्ष पश्चात् और 'ऑनर्स कोर्स' के 1 वर्ष पश्चात् दी जानी चाहिए।

3. विशेषीकृत शिक्षा (Specialization) के दोषों का निवारण करने के लिए विश्व-विद्यालयों और माध्यमिक स्कूलों में 'सामान्य शिक्षा के सिद्धान्त एवं प्रयोग' (Theory and Practice of General Education) का शिक्षण आरम्भ किया जाना चाहिए।

4. शिक्षा के विभिन्न क्षेत्रों में सामान्य और विशेषीकृत शिक्षा में समन्वय स्थापित किया जाना चाहिए।

5. कॉलेजों और विश्वविद्यालयों में उन्हीं छात्रों को प्रवेश दिया जाना चाहिए, जो 12 वर्ष की विद्यालय शिक्षा समाप्त कर चुके हों।

(5) स्नातकोत्तर प्रशिक्षण व अनुसंधान कार्य (Post-Graduate Training and Research Work)—'आयोग' ने विश्वविद्यालयों में स्नातकोत्तर प्रशिक्षण और अनुसंधान कार्य के स्तरों को ऊँचा उठाने के लिए निम्नलिखित सुझाव दिये हैं—

1. स्नातकोत्तर कक्षाओं के पाठ्यक्रमों में एक विशेष विषय के उच्च अध्ययन एवं अनुसंधान की विधियों के प्रशिक्षण को स्थान दिया जाना चाहिए।

2. स्नातकोत्तर कक्षाओं में छात्रों को प्रवेश अखिल भारतीय स्तर पर दिया जाना चाहिए और छात्रों एवं शिक्षकों में घनिष्ठ व्यक्तिगत सम्बन्ध स्थापित किये जाने चाहिए।

3. पी-एच. डी. के छात्रों का चयन, अखिल भारतीय स्तर पर किया जाना चाहिए और उनके अनुसंधान कार्य की अवधि दो वर्ष से कम नहीं होनी चाहिए।

4. एम. एस-सी. एवं पी-एच. डी. के छात्रों को 'शिक्षा मन्त्रालय' द्वारा बड़ी संख्या में छात्रवृत्तियाँ दी जानी चाहिए।

5. डी. लिट्. और डी. एस-सी. उपाधियाँ केवल उच्च कोटि के मौलिक एवं प्रकाशित कार्यों पर दी जानी चाहिए।

(6) शिक्षा का माध्यम (Medium of Instruction)—'आयोग' ने सब राज्यों और जातियों की भाषाओं पर विचार करने के बाद शिक्षा के माध्यम के विषय में निम्नांकित विचार व्यक्त किये हैं—

1. उच्च शिक्षा का माध्यम अंग्रेजी के बजाय प्रादेशिक भाषाएँ होनी चाहिए, पर संघीय भाषा (हिन्दी) को शिक्षा का माध्यम बनाने की स्वतन्त्रता होनी चाहिए।

2. संघीय भाषा के लिए केवल देवनागरी लिपि का प्रयोग किया जाना चाहिए और इस लिपि के दोषों को यथाशीघ्र दूर किया जाना चाहिए।

3. उच्चतर माध्यमिक एवं विश्वविद्यालय स्तर पर छात्रों को 3 भाषाओं की शिक्षा दी जानी चाहिए—(i) मातृभाषा अर्थात् प्रादेशिक भाषा, (ii) हिन्दी अर्थात् संघीय भाषा और (iii) अंग्रेजी।

4. संघीय और प्रादेशिक भाषाओं का विकास करने के लिए शीघ्र ही ठोस कदम उठाये जाने चाहिए।

5. विद्यार्थियों को नवीन ज्ञान के सम्पर्क में रखने के लिए हाईस्कूलों, कॉलेजों और विश्वविद्यालयों में अंग्रेजी की शिक्षा को बनाये रखना चाहिए।

(7) परीक्षाएँ (Examinations)—'आयोग' ने विश्वविद्यालयों की परीक्षा-प्रणाली को सबसे अधिक दोषपूर्ण पाया है। अत: **'आयोग'** ने यह विचार प्रकट किया है—**''हमें इस बात का विश्वास है कि यदि हमसे विश्वविद्यालय शिक्षा में केवल एक बात के बारे में सुझाव देने के लिए कहा जाए, तो वह सुझाव परीक्षाओं के सम्बन्ध में होगा।''** इन परीक्षाओं को दोषमुक्त करने के लिए 'आयोग' ने निम्नलिखित सिफारिशें की हैं—

1. छात्रों की प्रगति का मूल्यांकन करने के लिए यथाशीघ्र 'वस्तुनिष्ठ प्रगति परीक्षाओं का कुलक' (Set of Objective Progressive Tests) तैयार किया जाना चाहिए।

2. त्रिवर्षीय डिग्री कोर्स की परीक्षा 3 वर्ष पश्चात् न ली जाकर, प्रत्येक वर्ष के अन्त में ली जानी चाहिए। यह परीक्षा 'स्वत: पूर्ण इकाइयों' (Self-Contained Units) में ली जानी चाहिए और छात्रों के लिए प्रत्येक इकाई अर्थात् प्रति वर्ष की परीक्षा में उत्तीर्ण होना अनिवार्य होना चाहिए।

3. परीक्षाओं के स्तर का उन्नयन करने के लिए प्रथम, द्वितीय और तृतीय श्रेणी के न्यूनतम प्राप्तांक क्रमश: 70, 55 एवं 40 प्रतिशत होने चाहिए।

4. सब विश्वविद्यालयों की सब परीक्षाओं में कृपांक (Grace Marks) देने की पद्धति समाप्त कर दी जानी चाहिए।

5. प्रत्येक विश्वविद्यालय में कम-से-कम 5 वर्ष के शिक्षण का अनुभव रखने वाले 3 सदस्यों का एक पूर्णकालीन बोर्ड संगठित किया जाना चाहिए। इस बोर्ड के निम्नांकित 3 मुख्य कार्य होने चाहिए—

(i) विश्वविद्यालयों एवं उनसे सम्बद्ध कॉलेजों के शिक्षकों को वस्तुनिष्ठ परीक्षाओं की नवीन योजनाएँ बनाने में सहायता देना।

(ii) उक्त शिक्षकों को पाठ्यक्रम में संशोधन करने के लिए सामग्री की व्यवस्था करना।

(iii) सम्बद्ध कॉलेजों के छात्रों की प्रगति का समय-समय पर **'प्रगति परीक्षाओं'** द्वारा मूल्यांकन करना।

(8) धार्मिक शिक्षा (Religious Education)—'आयोग' ने अपने प्रतिवेदन में यह मत अंकित किया है कि यद्यपि भारत धर्म-निरपेक्ष राज्य है, तथापि इसका अभिप्राय यह नहीं है कि शिक्षा-संस्थाओं में धार्मिक शिक्षा नहीं दी जा सकती है। इसका अभिप्राय धार्मिक कट्टरता और संकीर्णता का निषेध करना है, न कि व्यक्तिगत धार्मिक स्वतन्त्रता का। अपने इन विचारों के आधार पर 'आयोग' ने धार्मिक शिक्षा के विषय में अनेक व्यावहारिक सुझाव दिये हैं; यथा—

1. सब शिक्षा-संस्थाओं को अपना दैनिक कार्य कुछ मिनट के मौन चिन्तन के पश्चात् आरम्भ करना चाहिए।

2. डिग्री कोर्स के प्रथम वर्ष में विश्व के सुप्रसिद्ध धार्मिक नेताओं की जीवनियाँ पढ़ाई जानी चाहिए; यथा—बुद्ध, ईसा, गाँधी, शंकर, कबीर, नानक, माधव, सुकरात, रामानुज, मुहम्मद एवं कनफ्यूशियस।

3. डिग्री कोर्स के द्वितीय वर्ष में विश्व के प्रसिद्ध धार्मिक ग्रन्थों में से सार्वभौमिक महत्त्व के कुछ चुने हुए भाग पढ़ाए जाने चाहिए।

4. डिग्री कोर्स के तृतीय वर्ष में धर्म-दर्शन (Philosophy of Religion) की मुख्य समस्याएँ पढ़ाई जानी चाहिए।

(9) व्यावसायिक शिक्षा (Professional Education)—'आयोग' ने व्यावसायिक शिक्षा के महत्त्व को स्वीकार किया है और उसके विभिन्न अंगों के सम्बन्ध में अपनी सिफारिशों को लिखित रूप प्रदान किया है; यथा—

(i) कृषि (Agriculture)—

1. प्राथमिक, माध्यमिक एवं उच्च शिक्षा में कृषि को सर्वप्रथम स्थान दिया जाना चाहिए।

2. छात्रों को कृषि का प्रत्यक्ष और व्यावहारिक ज्ञान प्रदान करने के लिए ग्रामीण क्षेत्रों में कृषि-शिक्षा की संस्थाओं की स्थापना की जानी चाहिए।

3. कृषि के वर्तमान कॉलेजों को उदारतापूर्वक आर्थिक सहायता देकर अधिक साधन-सम्पन्न बनाया जाना चाहिए।

4. कृषि के नवीन कॉलेजों को यथासम्भव नवीन ग्रामीण विश्वविद्यालयों से सम्बद्ध किया जाना चाहिए।

5. कृषि अनुसन्धान कार्य के लिए केन्द्रीय एवं राज्य सरकारों द्वारा 'प्रयोगात्मक फार्म' (Experimental Farms) खोले जाने चाहिए।

(ii) वाणिज्य (Commerce)—

1. बी. कॉम. की शिक्षा प्राप्त करते समय छात्रों को 3 या 4 प्रकार की विभिन्न व्यावसायिक फर्मों में व्यावहारिक कार्य करने का अवसर दिया जाना चाहिए।

2. बी. कॉम. परीक्षा में उत्तीर्ण होने वाले छात्रों को किसी विशेष शाखा में विशेषज्ञ बनने का परामर्श दिया जाना चाहिए।

3. एम. कॉम. में केवल विशेष योग्यता रखने वाले छात्रों को अध्ययन करने की अनुमति दी जानी चाहिए। इस परीक्षा में पुस्तकीय ज्ञान की अपेक्षा व्यावहारिक ज्ञान पर अधिक बल दिया जाना चाहिए।

(iii) शिक्षण (Teaching)—

1. प्रशिक्षण कॉलेजों के पाठ्यक्रम में संशोधन एवं सुधार किया जाना चाहिए और पुस्तकीय ज्ञान की अपेक्षा अध्यापन के अभ्यास पर अधिक बल दिया जाना चाहिए।

2. छात्राध्यापकों के वार्षिक कार्य का मूल्यांकन करने के समय उनकी शिक्षण-योग्यता को विशेष महत्त्व दिया जाना चाहिए।

3. प्रशिक्षण कॉलेजों में अधिकांश अध्यापक वही होने चाहिए जो स्कूलों में पढ़ाने का पर्याप्त अनुभव प्राप्त कर चुके हों।

4. शिक्षा सिद्धान्त के पाठ्यक्रम को लचीला एवं स्थानीय परिस्थितियों के अनुकूल बनाया जाना चाहिए।

5. एम. एड. की डिग्री के लिए केवल उन्हीं व्यक्तियों को प्रोत्साहन दिया जाना चाहिए, जो कुछ वर्षों का शिक्षण-अनुभव प्राप्त कर चुके हों।

(iv) इंजीनियरिंग व टेक्नॉलॉजी (Engineering and Technology)—

1. वर्तमान इंजीनियरिंग एवं टेक्नॉलॉजी की संस्थाओं को देश की राष्ट्रीय सम्पत्ति समझा जाना चाहिए और उनकी उपयोगिता में वृद्धि की जानी चाहिए।

2. फोरमैन, ड्राफ्ट्समैन और ओवरसियरों को शिक्षा देने वाले इंजीनियरिंग स्कूलों की संख्या में वृद्धि करने के लिए कदम उठाये जाने चाहिए।

3. देश की विभिन्न आवश्यकताओं को पूर्ण करने के लिए इंजीनियरिंग की विभिन्न शाखाओं में विभिन्न प्रकार की संस्थाओं का शिलान्यास किया जाना चाहिए।

4. इंजीनियरिंग के स्कूलों एवं कॉलेजों में शिक्षा ग्रहण करने वाले छात्रों को कारखानों में कार्य करने, व्यावहारिक ज्ञान प्राप्त करने का पूर्ण अवसर दिया जाना चाहिए।

5. उच्च व्यावसायिक शिक्षा प्रदान करने के लिए टेक्नॉलॉजिकल संस्थाओं (Techno-logical Institutes) की शीघ्र-से-शीघ्र सृष्टि की जानी चाहिए।

(v) कानून (Law)—

1. कानून का अध्ययन करने की आज्ञा केवल उन्हीं छात्रों को दी जानी चाहिए, जो 3 वर्ष के 'पूर्व-कानूनी एवं सामान्य डिग्री कोर्स' (Pre-Legal and General Degree Course) को प्राप्त कर चुके हों।

2. कानून के विशेष विषयों के पाठ्यक्रम की अवधि 3 वर्ष की होनी चाहिए।

3. कानून के विद्यार्थियों को अपने अध्ययन-काल में अन्य डिग्री कोर्स लेने की अनुमति केवल विशेष परिस्थितियों में प्रदान की जानी चाहिए।

4. कानून के अध्यापकों में 'पूर्णकालीन' और 'अल्पकालीन' दोनों प्रकार के अध्यापक नियुक्त किये जाने चाहिए।

5. प्रत्येक स्थान को कानून की कक्षाओं में कानून सम्बन्धी अनुसन्धान की व्यवस्था होनी चाहिए।

(vi) चिकित्सा (Medicine)—

1. किसी भी मेडिकल कॉलेज में 100 से अधिक छात्रों को प्रवेश नहीं दिया जाना चाहिए।

2. प्रत्येक मेडिकल कॉलेज में योग्य अध्यापक और प्रचुर शिक्षण-सामग्री होनी चाहिए।

3. मेडिकल कॉलेज में अध्ययन करने वाले प्रत्येक छात्र के लिए 10 रोगी होने चाहिए।

4. स्नातक-पूर्व और स्नातकोत्तर कक्षाओं के विद्यार्थियों को ग्रामीण क्षेत्रों में प्रशिक्षण दिया जाना चाहिए।

5. देशी चिकित्सा पद्धतियों में अनुसन्धान कार्य के लिए सुविधाएँ प्रदान की जानी चाहिए।

(10) छात्र-क्रियाएँ व कल्याण (Students' Activities and Welfare)—**'आयोग'** का कथन है—**''छात्र का निर्माण विश्वविद्यालय के लिए नहीं, वरन् विश्वविद्यालय का निर्माण छात्र के लिए होता है। अतः विश्वविद्यालय को प्रत्येक सम्भव-प्रयास एवं उपाय करके छात्रों की शारीरिक, मानसिक एवं आध्यात्मिक शक्तियों का पूर्णतम और अधिकतम विकास करना चाहिए।''** अपनी इस धारणा के अनुसार **'आयोग'** ने छात्रों की क्रियाओं और कल्याण के लिए अधोलिखित सुझाव उपस्थित किये—

1. प्रवेश के समय और उसके पश्चात् एक वर्ष में कम-से-कम एक बार प्रत्येक छात्र एवं छात्रा की निःशुल्क स्वास्थ्य परीक्षा की जानी चाहिए।

2. प्रत्येक विश्वविद्यालय में छात्रों की चिकित्सा के लिए एक चिकित्सालय होना चाहिए।

3. छात्रों को मध्याह्न के समय उचित मूल्य पर पौष्टिक आहार दिया जाना चाहिए।

4. प्रत्येक विश्वविद्यालय और प्रत्येक सम्बद्ध कॉलेज में छात्रों के स्वास्थ्य में उन्नति करने के लिए एक 'स्वास्थ्य-शिक्षा निर्देशक' (Director of Physical Education) की नियुक्ति की जानी चाहिए।

5. छात्रों को स्वस्थ रखने के लिए जेमनेशियमों, व्यायामशालाओं, खेल के मैदानों आदि की समुचित व्यवस्था की जानी चाहिए।

6. सब छात्रों एवं छात्राओं के लिए दो वर्ष की शारीरिक शिक्षा अनिवार्य बना दी जानी चाहिए।

7. सब कॉलेजों एवं विश्वविद्यालयों में एन. सी. सी. की स्थापना की जानी चाहिए और छात्रों को उसका सदस्य बनने के लिए प्रोत्साहित किया जाना चाहिए।

8. सब कॉलेजों एवं विश्वविद्यालयों में उत्तम प्रकार के छात्रावासों की व्यवस्था होनी चाहिए, जिनमें शाकाहारी एवं अशाकाहारी—दोनों प्रकार के भोजन का प्रबन्ध होना चाहिए।

9. छात्र संघों (Students' Unions) को छात्रों की सामूहिक क्रियाओं का प्रमुख केन्द्र होना चाहिए। इन संघों का संचालन छात्रों के द्वारा एवं छात्रों के लिए किया जाना चाहिए। कॉलेजों एवं विश्वविद्यालयों के अधिकारियों को उनके कार्यों में हस्तक्षेप नहीं करना चाहिए।

10. छात्रों की प्रशासन में रुचि उत्पन्न करने के लिए 'प्रॉक्टोरियल प्रणाली' (Proctorial System) का प्रचलन किया जाना चाहिए।

11. प्रत्येक विश्वविद्यालय में 'छात्र कल्याण सलाहकार बोर्ड' (Advisory Board of Student Welfare) का निर्माण किया जाना चाहिए।

(11) ग्रामीण विश्वविद्यालय (Rural Universities)—'आयोग' का कथन है कि बड़े नगरों में स्थित होने के कारण भारत के विश्वविद्यालयों को यहाँ के ग्रामों से कोई सरोकार नहीं है, क्योंकि भारत ग्रामों का देश है, इसलिए यह परम आवश्यक है कि ग्रामीण भारत की सामान्य उन्नति और आवश्यकताओं की पूर्ति के लिए ग्रामीण कॉलेजों और विश्वविद्यालयों की पद्धति को अविलम्ब आरम्भ किया जाए। अपने इस विचार से अनुप्राणित होकर 'आयोग' ने ग्राम-निवासियों की शिक्षा के विषय में अग्रांकित सुझाव दिये हैं—

1. ग्रामों में छोटे सावासिक (Residential) स्नातक-पूर्व कॉलेजों की स्थापना की जानी चाहिए। इन कॉलेजों के केन्द्र में एक ग्रामीण विश्वविद्यालय का निर्माण किया जाना चाहिए।

2. एक कॉलेज के छात्रों की संख्या लगभग 300 और विश्वविद्यालय एवं उससे सम्बद्ध सब कॉलेजों के छात्रों की संख्या 2,500 से अधिक नहीं होनी चाहिए।

3. सब कॉलेजों के लिए पृथक् अध्यापक होने चाहिए, किन्तु एक विश्वविद्यालय से सम्बद्ध अधिक-से-अधिक कॉलेजों के लिए पुस्तकालयों, प्रयोगशालाओं, चिकित्सालयों, खेल के मैदानों आदि की व्यवस्था एक ही स्थान पर होनी चाहिए।

4. ग्रामीण कॉलेजों का प्रमुख उद्देश्य विद्यार्थियों को सामान्य शिक्षा देना और उनकी व्यक्तिगत रुचियों एवं मनोवृत्तियों का अधिकतम विकास करना होना चाहिए।

5. ग्रामीण कॉलेजों में स्नातक-पूर्व शिक्षा ग्रहण करने वाले विद्यार्थियों को विश्वविद्यालय या व्यावसायिक स्कूल में किसी विशेष विषय का अध्ययन करने की सुविधा होनी चाहिए।

6. स्नातक-पूर्व स्नातकोत्तर पाठ्यक्रमों में इस प्रकार विभाजन किया जाना चाहिए कि जो छात्र, स्नातक-पूर्व शिक्षा प्राप्त कर रहे हैं वे कुछ विषयों में स्नातकोत्तर शिक्षा भी ग्रहण कर सकें।

आयोग का मूल्यांकन
(EVALUATION OF THE COMMISSION)

'राधाकृष्णन् आयोग' ने विश्वविद्यालय शिक्षा के सभी पक्षों का विस्तृत और विधिवत् अध्ययन करने के पश्चात् उनको सशक्त बनाने के लिए व्यावहारिक और रचनात्मक सुझाव दिये। भारत के लगभग सभी श्रेष्ठ शिक्षा-मर्मज्ञों ने इन सुझावों में विश्वविद्यालय शिक्षा के नवीन स्वरूप का सन्देश पढ़ा है। ग्रामों में उच्च शिक्षा की आवश्यकता की ओर जनता एवं सरकार का ध्यान सर्वप्रथम आकर्षित करने का श्रेय इसी 'कमीशन' को

प्राप्त है। इसी की सारगर्भित सिफारिश को स्वीकार करके भारत सरकार ने सन् 1954 में 'ग्रामीण उच्चतर शिक्षा समिति' (Rural Higher Education Committee) का निर्माण करके ग्रामीण शिक्षा का उत्तरदायित्व उसको सौंप दिया।

सम्भवत: यह कहना सत्य से दूर न होगा कि आज तक भारत में विश्वविद्यालय शिक्षा का निरीक्षण करने और उसके सुधार के लिए सुझाव देने के विचार से जिन आयोगों और समितियों का आविर्भाव हुआ है, उनमें 'विश्वविद्यालय शिक्षा आयोग' का नाम ही सबसे पहले लिया जाता है। यदि हमारी सरकार ने उसके सब सुझावों और प्रस्तावों को क्रियान्वित कर दिया होता, तो आज हमारी विश्वविद्यालय शिक्षा का नक्शा ही कुछ और होता। इस तथ्य से पूर्णतया अवगत होने के कारण भारत के तत्कालीन राष्ट्रपति **डॉ. राजेन्द्र प्रसाद** ने जनता को अपना यह सन्देश प्रसारित किया था—

''विश्वविद्यालय आयोग के प्रतिवेदन का महत्त्व अधिकांश रूप में इस बात में है कि वह इस देश की प्रचलित शिक्षा-पद्धति में आधारभूत परिवर्तन की आवश्यकता को स्वीकार करता है और इस आधार पर उसकी शिक्षा विषयक समस्याओं की विवेचना करता है। यही कारण है कि प्रतिवेदन को अनेक क्रान्तिकारी परिवर्तनों के सुझाव देने पड़े हैं। साथ ही, प्रतिवेदन का एक गुण यह भी है कि वह अतीत से पूर्ण सम्बन्ध-विच्छेद नहीं करना चाहता है, वरन् उसमें उपलब्ध सर्वोत्तम बातों को सुरक्षित रखना चाहता है।''

अभ्यास प्रश्न

दीर्घ उत्तरीय प्रश्न (Long Answer Type Questions)

1. राधाकृष्णन् आयोग द्वारा भारत की विश्वविद्यालय शिक्षा के सम्बन्ध में प्रस्तावित सुधारों का संक्षेप में वर्णन कीजिए।

2. राधाकृष्णन् आयोग के अनुसार भारत में विश्वविद्यालय शिक्षा के क्या उद्देश्य होने चाहिए ? आप उनसे कहाँ तक सहमत हैं ?

लघु उत्तरीय प्रश्न (Short Answer Type Question)

1. निम्नलिखित पर विश्वविद्यालय शिक्षा आयोग के विचारों को व्यक्त कीजिए—

(अ) ग्रामीण विश्वविद्यालय, (ब) परीक्षाओं में सुधार, और (स) शिक्षा का माध्यम।

अध्याय—9

माध्यमिक शिक्षा आयोग (मुदालियर कमीशन)

[SECONDARY EDUCATION COMMISSION] (MUDALIAR COMMISSION, 1952-1953)

विषय-प्रवेश (INTRODUCTION)

स्वतन्त्र भारत की आर्थिक, सामाजिक एवं राजनीतिक परिस्थितियों में अत्यन्त द्रुत गति से परिवर्तन हो रहे थे। इन परिस्थितियों में समन्वय की स्थापना करने के लिए माध्यमिक शिक्षा का पुनर्गठन करने की आवश्यकता का अनुभव किया गया। अत: सन् 1948 में 'केन्द्रीय शिक्षा सलाहकार बोर्ड' (Central Advisory Board of Education) ने भारत सरकार को एक आयोग नियुक्त करने का सुझाव दिया। सन् 1951 में उसने अपने सुझाव की यह कहकर पुनरावृत्ति की कि माध्यमिक शिक्षा 'एकमार्गीय' (Unilateral) है और उसे ग्रहण करने वाले विद्यार्थियों के समक्ष उच्च शिक्षा प्राप्त करने या नौकरी खोजने के अतिरिक्त और कोई मार्ग नहीं है। अत: माध्यमिक शिक्षा का पुनर्गठन इस प्रकार किया जाना चाहिए कि विद्यार्थी अपनी अभिरुचियों एवं आवश्यकताओं के अनुसार माध्यमिक शिक्षा से लाभान्वित हो सकें।

'बोर्ड' के सुझाव से सन्तुष्ट होकर भारत सरकार ने 23 सितम्बर, 1952 को मद्रास विश्वविद्यालय के उपकुलपति डॉ. ए. लक्ष्मणस्वामी मुदालियर की अध्यक्षता में '**माध्यमिक शिक्षा आयोग**' की नियुक्ति की घोषणा की। अध्यक्ष के नाम पर इस 'आयोग' को '**मुदालियर कमीशन**' भी कहा जाता है।

आयोग के जाँच के विषय (TERMS OF REFERENCE OF THE COMMISSION)

'**आयोग**' के शब्दों में आयोग के जाँच के विषय थे—"**भारत की तत्कालीन माध्यमिक शिक्षा के सब पक्षों की जाँच करना एवं उनके विषय में रिपोर्ट देना और उसके पुनर्गठन एवं सुधार के सम्बन्ध में सुझाव प्रस्तुत करना।**"

"To enquire into and report on the present position of Secondary Education all his aspects and suggest measures for its reorganization and improvement."

—*Secondary Education Commission Report,* p. 2.

'आयोग' ने माध्यमिक शिक्षा के सब पहलुओं और उससे सम्बन्धित सब समस्याओं का गहन अध्ययन करने के पश्चात् अपना प्रतिवेदन तैयार किया। यह प्रतिवेदन 244 पृष्ठों का है और 15 अध्यायों में विभाजित है। 'आयोग' ने अपने इस प्रतिवेदन को जून 1953 में भारत सरकार की सेवा में प्रस्तुत किया।

आयोग के सुझाव व सिफारिशें (SUGGESTIONS AND RECOMMENDATIONS OF THE COMMISSION)

हम 'आयोग' के प्रतिवेदन में निहित माध्यमिक शिक्षा के महत्त्वपूर्ण अंगों के विषय में उसके विचारों, सुझावों और सिफारिशों का विवरण प्रस्तुत कर रहे हैं; यथा—

(1) माध्यमिक शिक्षा के दोष (Defects of Secondary Education)—'आयोग' के अनुसार, माध्यमिक शिक्षा के प्रमुख दोष निम्नलिखित हैं—

1. माध्यमिक शिक्षा—एकपक्षीय है। अत: यह छात्रों को केवल उच्च शिक्षा के लिए तैयार करती है।
2. माध्यमिक शिक्षा—नीरस, पुस्तकीय, संकुचित एवं रूढ़िबद्ध है। अत: यह छात्रों के व्यक्तित्व का पूर्ण विकास नहीं करती है।

3. माध्यमिक शिक्षा—छात्रों के चरित्र-निर्माण के प्रति रंचमात्र भी ध्यान नहीं देती है। अतः यह उनमें अनुशासनहीनता की भावना उत्पन्न करती है।

4. माध्यमिक शिक्षा—छात्रों में नैतिकता, सहयोग, अनुशासन एवं नेतृत्व के गुणों का विकास नहीं करती है। अतः यह उनको उत्तम नागरिक नहीं बनाती है।

5. माध्यमिक शिक्षा का जीवन से कोई सम्बन्ध नहीं है। अतः यह छात्रों को व्यावहारिक जीवन का ज्ञान नहीं देती है।

6. माध्यमिक शिक्षा का पाठ्यक्रम संकीर्ण है। अतः यह छात्रों को अपनी रुचियों और मनोवृत्तियों के अनुसार विषयों का चयन करने का अवसर नहीं देती है।

7. शिक्षण-विधियाँ परम्परागत होने के कारण छात्रों को प्रभावित नहीं करती हैं और परीक्षा-प्रणाली उनके ज्ञान की वास्तविक परीक्षा नहीं लेती है।

8. अंग्रेजी—शिक्षा का माध्यम एवं अध्ययन का अनिवार्य विषय है। अतः जिन छात्रों को अंग्रेजी का पर्याप्त ज्ञान नहीं होता है, वे इसके अध्ययन में अपनी शक्ति एवं समय को नष्ट करते हैं।

(2) माध्यमिक शिक्षा के उद्देश्य (Aims of Secondary Education)—'आयोग' ने भारत की आर्थिक, सामाजिक एवं राजनैतिक आवश्यकताओं को ध्यान में रखकर माध्यमिक शिक्षा के निम्नलिखित उद्देश्य निर्धारित किये हैं—

1. जनतन्त्रीय नागरिकता का विकास (Development of Democratic Citizenship)—माध्यमिक शिक्षा का पहला उद्देश्य छात्रों में जनतन्त्रीय नागरिकता का विकास करना होना चाहिए। अतः माध्यमिक शिक्षा की व्यवस्था इस प्रकार की जानी चाहिए, जिससे छात्रों में अनुशासन, देश-प्रेम, सहयोग, सहिष्णुता, स्पष्ट विचार आदि गुणों का विकास हो। इन गुणों से सम्पन्न होकर छात्र इस देश के योग्य नागरिक बनेंगे और भारत में धर्म-निरपेक्ष गणतन्त्र की स्थापना में योग देंगे। इसी गणतन्त्र की स्थापना करना भारत का उद्देश्य है।

2. व्यावसायिक कुशलता में उन्नति (Improvement of Vocational Efficiency)—माध्यमिक शिक्षा का दूसरा उद्देश्य छात्रों में व्यावसायिक कुशलता की उन्नति करना होना चाहिए। अतः माध्यमिक शिक्षा में औद्योगिक एवं व्यावसायिक विषयों को स्थान दिया जाना चाहिए। इन विषयों की शिक्षा से छात्रों और देश—दोनों का हित होगा। छात्र अपनी शिक्षा समाप्त करने के पश्चात् किसी व्यवसाय को स्वतन्त्र रूप से ग्रहण कर सकेंगे। अतः उनको नौकरी खोजने के लिए इधर-उधर नहीं भटकना पड़ेगा। देश का हित यह होगा कि उसे अपने विभिन्न उद्योगों एवं व्यवसायों के लिए प्रशिक्षित व्यक्ति सरलता से मिल जायेंगे।

3. व्यक्तित्व का विकास (Development of Personality)—माध्यमिक शिक्षा का तीसरा उद्देश्य छात्रों के व्यक्तित्व का सर्वांगीण विकास करना होना चाहिए। अतः माध्यमिक शिक्षा का संगठन इस प्रकार किया जाना चाहिए, जिससे छात्रों का साहित्यिक, सांस्कृतिक एवं कलात्मक विकास हो। इस विकास के फलस्वरूप छात्र अपनी सांस्कृतिक विरासत के महत्त्व को समझ सकेंगे और उसकी वृद्धि में योग दे सकेंगे।

4. नेतृत्व का विकास (Development of Leadership)—माध्यमिक शिक्षा का चौथा और अन्तिम उद्देश्य छात्रों में नेतृत्व ग्रहण करने की क्षमता का विकास करना होना चाहिए। अतः माध्यमिक शिक्षा का आयोजन इस प्रकार किया जाना चाहिए, जिससे छात्र सामाजिक, सांस्कृतिक, औद्योगिक, व्यावसायिक और राजनीतिक क्षेत्रों में नेतृत्व का दायित्व ग्रहण कर सकें। प्रजातन्त्र तभी सफल हो सकता है, जब इन क्षेत्रों में नेतृत्व का दायित्व ग्रहण करने वाले व्यक्ति उपलब्ध हों।

(3) माध्यमिक शिक्षा का नवीन संगठित स्वरूप (New Organizational Pattern of Secondary Education)—'आयोग' ने माध्यमिक शिक्षा के संगठन को देश की नवीन परिस्थितियों के लिए अनुपयुक्त बताकर उसके पुनर्संगठन पर बल दिया है। इस सम्बन्ध में उसने निम्नांकित सुझाव दिये हैं—

1. माध्यमिक शिक्षा की अवधि 7 वर्ष की होनी चाहिए।

2. माध्यमिक शिक्षा 11 से 17 वर्ष तक की अवस्था के बालकों एवं बालिकाओं के लिए होनी चाहिए।

3. माध्यमिक शिक्षा की अवधि निम्नांकित दो स्तरों में विभक्त की जानी चाहिए—

(i) 3 वर्ष का मिडिल या जूनियर माध्यमिक या सीनियर बेसिक स्तर (Middle or Junior Secondary or Senior Basic Stage)।

(ii) 4 वर्ष का उच्चतर माध्यमिक स्तर (Higher Secondary Stage)।

4. वर्तमान इण्टरमीडिएट कक्षाओं को भंग कर दिया जाना चाहिए। उनकी 11वीं कक्षा को हाईस्कूलों से और 12वीं कक्षा को कॉलेजों से सम्बद्ध कर दिया जाना चाहिए।

5. डिग्री कोर्स की अवधि 3 वर्ष की कर दी जानी चाहिए।

6. बहुउद्देश्यीय स्कूलों (Multi-purpose Schools) की स्थापना की जानी चाहिए। इन स्कूलों में पाठ्यक्रम का विभिन्नीकरण (Diversification of Course) किया जाना चाहिए, ताकि छात्र अपने विभिन्न उद्देश्यों, रुचियों और योग्यताओं के अनुसार पाठ्यक्रम का चयन कर सकें।

7. ग्रामीण स्कूलों में कृषि-शिक्षा की सुविधाओं में विस्तार किया जाना चाहिए। अतः इन स्कूलों में उद्यान विज्ञान (Horticulture), पशु-पालन (Animal Husbandry) एवं कुटीर उद्योग-धन्धों की शिक्षा की व्यवस्था की जानी चाहिए।

8. औद्योगिक क्षेत्रों में टेक्निकल स्कूलों की बहुत बड़ी संख्या में स्थापना की जानी चाहिए।

9. बड़े नगरों में प्रौद्योगिक संस्थानों (Technological Institutes) का निर्माण किया जाना चाहिए।

10. सब बालिका-विद्यालयों में बालिकाओं को गृह-विज्ञान (Domestic Science) के अध्ययन की सुविधा प्रदान की जानी चाहिए।

(4) भाषाओं का अध्ययन (Study of Language)—'आयोग' ने मुख्यतः तीन भाषाओं के स्थान एवं अध्ययन के सम्बन्ध में अपने सुझाव दिये हैं; यथा—

(अ) हिन्दी का स्थान—'आयोग' ने इस बात पर बल दिया है कि हिन्दी को विद्यालय-स्तर पर अध्ययन का अनिवार्य विषय बनाया जाना चाहिए। इस पक्ष में 'आयोग' के तर्क निम्नलिखित हैं—

1. भारत के संविधान में हिन्दी को राजभाषा का स्थान प्रदान किया गया है।

2. कुछ समय के पश्चात् हिन्दी केन्द्रीय एवं राज्य सरकारों के मध्य विचारों के आदान-प्रदान की भाषा बन जायेगी।

3. कुछ समय के उपरान्त हिन्दी भारत के अधिकांश व्यक्तियों के विचारों के विनिमय की भाषा बन जायेगी।

4. राजभाषा के रूप में हिन्दी इस देश की राष्ट्रीय एकता एवं सुदृढ़ता के विकास में योग देगी।

5. जो व्यक्ति हिन्दी का अध्ययन नहीं करेंगे, उनको सरकारी नौकरियाँ नहीं मिलेंगी और न वे हिन्दी जानने वाले व्यक्तियों के विचारों को समझ पायेंगे।

(ब) अंग्रेजी का स्थान—'आयोग' का कथन है कि अंग्रेजी लगभग सभी राज्यों में माध्यमिक स्तर पर अध्ययन का अनिवार्य विषय है। 'आयोग' का मत है कि भविष्य में भी अंग्रेजी को इसी स्थान पर रखा जाना चाहिए। इस सम्बन्ध में 'आयोग' ने अधोलिखित तर्क प्रस्तुत किये हैं—

1. अंग्रेजी भारत के शिक्षित वर्गों की अत्यन्त लोकप्रिय भाषा है।

2. अंग्रेजी के अध्ययन ने भारत में राजनीतिक एवं अन्य क्षेत्रों में एकता स्थापित करने में पर्याप्त योग दिया है।

3. भारत की अन्तर्राष्ट्रीय क्षेत्र में जो स्थिति है, वह अंग्रेजी के अध्ययन का परिणाम है।

4. यदि हम राष्ट्रीय भावना से निर्देशित होकर अंग्रेजी को माध्यमिक विद्यालयों के पाठ्यक्रम से हटा देंगे तो इसके परिणाम भारत के हित के प्रतिकूल सिद्ध होंगे।

(स) संस्कृत का स्थान—'आयोग' ने माध्यमिक विद्यालयों के पाठ्यक्रम में संस्कृत को स्थान दिये जाने के पक्ष में अनेक अकाट्य तर्क दिये हैं; यथा—

1. संस्कृत भारत की अधिकांश भाषाओं की जननी है। अतः इसका ज्ञान अनिवार्य है।

2. संस्कृत ने धार्मिक एवं सांस्कृतिक दृष्टियों से व्यक्तियों को सदैव अपनी ओर आकृष्ट किया है। अतः इसकी उपेक्षा करना विवेक का प्रमाण नहीं है।

3. संस्कृत का अध्ययन करके ही भारत के प्राचीन ग्रन्थों में विद्यमान ज्ञान की जानकारी प्राप्त की जा सकती है। अतः इसके अध्ययन को प्रोत्साहित करना आवश्यक है।

(5) पाठ्यक्रम (Curriculum)—'आयोग' ने पाठ्यक्रम के दोषों का निराकरण करने के विचार से निम्नलिखित सुझाव दिये हैं—

1. पाठ्यक्रम में पर्याप्त विविधता एवं लचीलापन होना चाहिए, ताकि यह छात्रों की विभिन्न रुचियों एवं आवश्यकताओं को पूर्ण कर सके।

2. पाठ्यक्रम का निर्माण स्थानीय आवश्यकताओं एवं परिस्थितियों को ध्यान में रखकर किया जाना चाहिए।

3. पाठ्यक्रम का सामाजिक जीवन से घनिष्ठ सम्बन्ध होना चाहिए और छात्रों को इस जीवन की महत्त्वपूर्ण क्रियाओं के सम्पर्क में लाया जाना चाहिए।

4. पाठ्यक्रम के विषयों का एक-दूसरे से एवं जीवन से प्रत्यक्ष सम्बन्ध होना चाहिए।

(6) पाठ्यक्रम के विषय (Subjects of the Curriculum)—'आयोग' ने माध्यमिक शिक्षा की अवधि को जिन दो स्तरों में विभाजित किया है, उनके पाठ्यक्रमों में निम्नांकित विषयों को स्थान दिया है—

(अ) मिडिल या जूनियर माध्यमिक या सीनियर बेसिक स्कूल—इन तीनों प्रकार के स्कूलों के पाठ्यक्रमों में निम्नलिखित विषयों को सम्मिलित किया जाना चाहिए—

(i) भाषाएँ (Languages), (ii) सामाजिक अध्ययन (Social Studies), (iii) सामान्य विज्ञान (General Science), (iv) गणित (Mathematics), (v) कला तथा संगीत (Art and Music), (vi) शिल्प (Craft), और (vii) शारीरिक शिक्षा (Physical Education)।

(ब) हाई या हायर सेकण्डरी स्कूल—'आयोग' ने इस बात की सिफारिश की है कि माध्यमिक शिक्षा के उच्चतर स्तर पर पाठ्यक्रम के विषयों का विभिन्नीकरण (Diversifi-cation) किया जाना चाहिए, ताकि वे छात्रों की अभिरुचियों एवं आवश्यकताओं की पूर्ति कर सकें। इस उद्देश्य से 'आयोग' ने पाठ्यक्रम के विषयों को दो भागों में विभाजित किया है—(क) आन्तरक विषय (Core Subjects) और (ख) वैकल्पिक विषय (Optional Subjects)। 'आन्तरक विषयों' का अध्ययन सब छात्रों के लिए अनिवार्य होगा। 'वैकल्पिक विषयों' के 7 समूह होंगे, जिनमें से छात्रों को किसी एक समूह के विषयों का अध्ययन करना होगा। इन्हीं विषयों में पाठ्यक्रम का विभिन्नीकरण किया गया है। 'आयोग' के अनुसार 'आन्तरक' एवं 'वैकल्पिक' विषय इस प्रकार हैं—

(क) आन्तरक विषय
(CORE SUBJECTS)

आन्तरक विषय सभी बालकों एवं बालिकाओं के लिए अनिवार्य हैं और इस प्रकार हैं—

(अ) (1) मातृभाषा या प्रादेशिक भाषा या मातृभाषा और शास्त्रीय भाषा (Mother Tongue or Regional Language or Mother Tongue and Classical Language)।

(2) निम्नलिखित में से चुनी जाने वाली कोई एक और भाषा—

(i) हिन्दी (उन छात्रों के लिए, जिनकी मातृभाषा हिन्दी नहीं है।)

(ii) प्रारम्भिक अंग्रेजी (उन छात्रों के लिए, जिन्होंने जूनियर माध्यमिक स्तर पर इसका अध्ययन नहीं किया है)।

(iii) उच्च अंग्रेजी (उन छात्रों के लिए, जिन्होंने जूनियर माध्यमिक स्तर पर अंग्रेजी का अध्ययन किया है)।

(iv) हिन्दी के अतिरिक्त एक अन्य आधुनिक भारतीय भाषा।

(v) अंग्रेजी के अतिरिक्त एक अन्य आधुनिक विदेशी भाषा।

(vi) एक शास्त्रीय भाषा।

टिप्पणी—(1) में मातृभाषा और शास्त्रीय भाषा का मिश्रित पाठ्यक्रम होगा। (vi) में शास्त्रीय भाषा का पृथक् अध्ययन होगा।

(ब) (1) सामाजिक अध्ययन—अध्ययन के इन विषयों की शिक्षा केवल प्रथम दो वर्षों में दी जायेगी।

(2) गणित और सामान्य विज्ञान—इन विषयों की शिक्षा केवल प्रथम दो वर्षों में दी जायेगी।

(स) निम्नलिखित में से चुना जाने वाला कोई एक शिल्प (Craft)—

(1) कताई और बुनाई, (2) धातु का काम, (3) दर्जी का काम, (4) लकड़ी का काम, (5) मुद्रण का काम (Typography), (6) वर्कशॉप-अभ्यास (Workshop Practice), (7) मॉडल बनाना, (8) उद्यान-विज्ञान और (9) कसीदा एवं क्रोशिया का काम।

(ख) वैकल्पिक विषय
(OPTIONAL SUBJECTS)

पाठ्यक्रम का विभिन्नीकरण वैकल्पिक विषयों में होगा। वैकल्पिक विषयों के निम्नलिखित 7 समूह होंगे। छात्रों को किसी एक समूह के 3 विषयों का अध्ययन करना होगा।

समूह 1—मानव-विज्ञान (Humanities)—(1) एक शास्त्रीय भाषा या 'अ 2' में से न ली गई एक भाषा, (2) इतिहास, (3) भूगोल, (4) अर्थशास्त्र और नागरिकशास्त्र, (5) मनोविज्ञान और अर्थशास्त्र, (6) गणित, (7) संगीत, (8) गृह-विज्ञान।

समूह 2—विज्ञान (Science)—(1) भौतिकशास्त्र, (2) रसायनशास्त्र, (3) जीवशास्त्र, (4) भूगोल, (5) गणित, (6) शरीर-विज्ञान और स्वास्थ्य-विज्ञान।

समूह 3—प्राविधिक (Technical)—(1) व्यावहारिक गणित (Applied Mathe-matics) और ज्यामितीय ड्राइंग (Geometrical Drawing), (2) व्यावहारिक विज्ञान, (3) मैकेनिकल इंजीनियरिंग, (4) विद्युत इंजीनियरिंग।

समूह 4—वाणिज्य (Commercial)—(1) वाणिज्यिक प्रयोग (Commercial Practice), (2) बहीखाता, (3) वाणिज्य-भूगोल या अर्थशास्त्र और नागरिकशास्त्र, (4) शॉर्ट-हैण्ड और टाइपराइटिंग।

समूह 5—कृषि (Agriculture)—(1) सामान्य कृषि, (2) पशु-पालन, (3) औद्योगिक (Horticulture) और बागवानी, (4) कृषि-रसायन (Agricultural Chemistry) और (5) वनस्पति विज्ञान।

समूह 6—ललित कलाएँ (Fine Arts)—(1) कला का इतिहास, (2) ड्राइंग और डिजाइन बनाना, (3) चित्रकला, (4) मॉडल बनाना. (5) संगीत, (6) नृत्य।

समूह 7—गृह-विज्ञान (Domestic Science)—(1) गृह-अर्थशास्त्र, (2) पोषण और पाक-कला (Nutrition & Cookery), (3) मातृकला और शिशु-पालन, (4) गृह-प्रबन्ध और गृह-उपचारण (Home Nursing)।

(7) पाठ्य-पुस्तकें (Text-Books)—'आयोग' ने पाठ्य-पुस्तकों में सुधार करने के लिए निम्नलिखित सुझाव अंकित किये हैं—

1. पाठ्य-पुस्तकों के स्तर को ऊँचा उठाने के लिए प्रत्येक राज्य में एक 'उच्चस्तरीय पाठ्य-पुस्तक समिति' (High Power Text-Book Committee) का संगठन किया जाना चाहिए।

2. पुस्तकों में चित्र बनाने की कला में प्रशिक्षण देने के लिए केन्द्रीय सरकार द्वारा एक संस्था का निर्माण किया जाना चाहिए।

3. एक विषय में एक पाठ्य-पुस्तक निर्धारित करने के बजाय पाठ्य-पुस्तकों की पर्याप्त संख्या निश्चित की जानी चाहिए। विद्यालयों को इन पाठ्य-पुस्तकों में से किसी एक को चुनने का अधिकार प्रदान किया जाना चाहिए।

4. पाठ्य-पुस्तकों एवं अध्ययन की अन्य पुस्तकों में शीघ्र परिवर्तन करने की प्रचलित प्रथा का अन्त किया जाना चाहिए।

(8) शिक्षण की प्रावैगिक विधियाँ (Dynamic Methods of Teaching)—'आयोग' के विचारानुसार, माध्यमिक विद्यालयों में प्रयोग की जाने वाली शिक्षण-विधियाँ नीरस एवं निर्जीव हैं। अत: उनके स्थान पर प्रावैगिक अथवा सक्रिय एवं स्फूर्तिपूर्ण शिक्षण-विधियों का प्रयोग किया जाना चाहिए। 'आयोग' ने इन विधियों का निम्नलिखित प्रकार से स्पष्टीकरण किया है—

1. शिक्षण-विधियों का उद्देश्य छात्रों को केवल कुशलतापूर्वक ज्ञान प्रदान करना ही नहीं होना चाहिए, वरन् उनमें उचित मूल्यों, उचित दृष्टिकोणों एवं कार्य करने की उचित आदतों का निर्माण करना भी होना चाहिए।

2. शिक्षण में मौलिक बातों और कण्ठस्थ करने के कार्य का कोई स्थान नहीं होना चाहिए। अत: इन पर बल न देकर शिक्षण इस प्रकार किया जाना चाहिए कि वह उद्देश्यपूर्ण, वास्तविक और साभिप्रायिक हो। इस लक्ष्य की प्राप्ति के लिए शिक्षण-विधियों में 'क्रिया-विधि' (Activity Method) एवं 'योजना-विधि' (Project Method) को महत्त्वपूर्ण स्थान दिया जाना चाहिए।

3. छात्रों में सामाजिक जीवन एवं सहयोगी कार्य के गुणों का विकास करने के उद्देश्य से, उनको समूहों में कार्य करने के लिए अधिक-से-अधिक अवसर दिये जाने चाहिए।

4. प्रावैगिक शिक्षण-विधियों को लोकप्रिय बनाने के लिए 'प्रयोगात्मक' एवं 'प्रदर्शनात्मक' (Experimental and Demonstration) विद्यालयों की विभिन्न स्थानों पर स्थापना की जानी चाहिए।

(9) धार्मिक शिक्षा (Religious Instruction)—'आयोग' का विचार है कि चरित्र के निर्माण में धार्मिक शिक्षा का महत्त्वपूर्ण स्थान है। अत: उसने धार्मिक शिक्षा के विषय में निम्नलिखित सुझाव दिये हैं—

1. धार्मिक शिक्षा विद्यालयों में दी जा सकती है।

2. धार्मिक शिक्षा विद्यालय के शिक्षण के समय से पहले या बाद में दी जानी चाहिए।

3. धार्मिक शिक्षा छात्रों के अभिभावकों की अनुमति प्राप्त करने के बाद दी जानी चाहिए।

4. धार्मिक शिक्षा को ग्रहण करने के लिए किसी छात्र को विवश नहीं किया जाना चाहिए।

(10) चरित्र-निर्माण की शिक्षा (Education of Character)—'आयोग' ने चरित्र-निर्माण की शिक्षा पर अत्यधिक बल दिया है और इसके विषय में निम्नलिखित सुझाव दिये हैं—

1. छात्रों के चरित्र का निर्माण करना सब शिक्षकों का अनिवार्य उत्तरदायित्व होना चाहिए।

2. प्रत्येक विद्यालय के प्रत्येक कार्यक्रम का उद्देश्य चरित्र-निर्माण की शिक्षा देना होना चाहिए।

3. विद्यालय विस्तृत समाज के अन्दर लघु समाज है। अत: जिन मूल्यों और दृष्टिकोणों का राष्ट्रीय जीवन के लिए महत्त्व है, उनको विद्यालय-जीवन में प्रतिबिम्बित किया जाना चाहिए।

4. छात्रों में उत्तम अनुशासन की भावना का विकास करने के लिए उनमें और शिक्षकों में घनिष्ठ सम्बन्ध स्थापित किये जाने चाहिए।

5. विद्यालयों में स्वशासन-प्रणाली (System of Self-Government) को महत्त्वपूर्ण स्थान दिया जाना चाहिए।

6. विद्यालयों में 'अतिरिक्त पाठ्यक्रम क्रियाओं' (Extra-Curricular Activities) एवं 'पाठ्यक्रम सहगामी क्रियाओं' (Co-Curricular Activities) को स्थान दिया जाना चाहिए।

7. 17 वर्ष से कम आयु के छात्रों को राजनीतिक कार्यों से पृथक् रखने के लिए सरकार द्वारा कानून बना दिया जाना चाहिए।

8. सब विद्यालयों में एन. सी. सी., फर्स्ट-एड, स्काउटिंग, सेण्ट जॉन्स एम्बुलैंस एवं जूनियर रेड-क्रॉस की व्यवस्था की जानी चाहिए।

(11) निर्देशन व परामर्श (Guidance and Counselling)—'आयोग' ने उच्चतम माध्यमिक स्तर पर 'पाठ्यक्रम का विभिन्नीकरण' किया है, ताकि छात्रों को अपनी रुचियों के अनुसार विषयों का अध्ययन करने का अवसर प्राप्त हो, किन्तु अनुभवहीन बालक विधियों का चयन करने में गलती कर सकते हैं। अत: उनको

निर्देशन और परामर्श दिये जाने की आवश्यकता है। अपनी इस धारणा के आधार पर 'आयोग' ने निर्देशन और परामर्श के सम्बन्ध में निम्नांकित सुझाव दिये हैं—

1. शिक्षा के अधिकारियों को छात्रों के शैक्षिक निर्देशन के प्रति विशेष ध्यान देना चाहिए।

2. छात्रों को विभिन्न उद्योगों के कारखानों में ले जाया जाना चाहिए और उनको इन उद्योगों के फिल्म दिखाये जाने चाहिए, ताकि उनको विभिन्न उद्योगों से सम्बन्धित विभिन्न व्यवसायों की जानकारी प्राप्त हो जाए।

3. छात्रों को व्यवसायों के विषय में सूचना देने के लिए विद्यालय में समय-समय पर 'जीविकोपार्जन सम्मेलनों' (Career Conferences) का आयोजन किया जाना चाहिए।

4. विद्यालयों में 'निर्देशन अधिकारियों' (Guidance Officers) और 'जीविकोपार्जन शिक्षकों' (Career Masters) की नियुक्ति की जानी चाहिए।

(12) छात्रों का शारीरिक कल्याण (Physical Welfare of Students)—'आयोग' का मत है कि छात्रों के शारीरिक कल्याण के प्रति विशेष ध्यान दिये जाने की आवश्यकता है, क्योंकि वे भावी नागरिक हैं। स्वस्थ नागरिक ही अपने देश का कल्याण कर सकते हैं। इस विचार से प्रेरित होकर 'आयोग' ने छात्रों के शारीरिक कल्याण के सम्बन्ध में अधोलिखित सुझाव दिये हैं—

1. सब राज्यों में 'स्कूल स्वास्थ्य सेवा' (School Medical Service) की सुसंगठित योजना क्रियान्वित की जानी चाहिए।

2. सब विद्यालयों के सब छात्रों की एक वर्ष में कम-से-कम एक बार स्वास्थ्य-परीक्षा अवश्य की जानी चाहिए।

3. कठिन रोगों से ग्रस्त छात्रों की स्वास्थ्य-परीक्षा बार-बार की जानी चाहिए।

4. रोगी छात्रों एवं छात्राओं का 'विद्यालय स्वास्थ्य अधिकारी' (School Health Officer) द्वारा मुफ्त उपचार किया जाना चाहिए।

5. छात्रावासों एवं सावास विद्यालयों (Residential Schools) में विद्यार्थियों के लिए पौष्टिक तथा सन्तुलित भोजन का प्रबन्ध किया जाना चाहिए।

(13) परीक्षा व मूल्यांकन (Examination and Evaluation)—'आयोग' की धारणा है कि प्रचलित परीक्षा-प्रणाली छात्रों के वास्तविक ज्ञान का मूल्यांकन करने में असमर्थ है। अत: 'आयोग' ने अधोलिखित सुझावों द्वारा एक नवीन परीक्षा-प्रणाली की रूपरेखा प्रदर्शित की है—

1. बाह्य परीक्षाओं (External Examinations) की संख्या में कमी की जानी चाहिए।

2. माध्यमिक शिक्षा का सम्पूर्ण पाठ्यक्रम समाप्त करने के पश्चात् केवल एक 'सार्वजनिक परीक्षा' (Public Examination) होनी चाहिए।

3. परीक्षाओं में पूछे जाने वाले प्रश्न निबन्धात्मक प्रकार (Essay Type) के न होकर वस्तुनिष्ठ प्रकार (Objective Type) के होने चाहिए, ताकि परीक्षाओं के 'आत्मगत तत्त्वों' (Subjective Elements) का अन्त किया जा सके।

4. छात्रों के कार्य का अन्तिम मूल्यांकन करते समय निम्नलिखित को उचित महत्त्व दिया जाना चाहिए—आन्तरिक परीक्षाएँ (Internal Examinations), नियतकालिक परीक्षाएँ (Periodical Tests) एवं विद्यालय-अभिलेख (School Records)।

5. बाह्य एवं आन्तरिक परीक्षाओं का मूल्यांकन अंकों में न किया जाकर प्रतीकों (Symbols) में किया जाना चाहिए।

(14) अध्यापकों की स्थिति में सुधार (Improvement of Teacher's Status)—**'आयोग'** का कथन है—"अध्यापकों की स्थिति, वेतन एवं कार्य करने की दशाएँ बहुत ही असन्तोषजनक हैं।" इस बात को ध्यान में रखकर 'आयोग' ने उनकी स्थिति में सुधार करने के लिए अनेक मूल्यवान सुझाव दिये हैं; यथा—

1. देश के माध्यमिक विद्यालयों में अध्यापकों के चुनाव एवं नियुक्ति की विधि समान होनी चाहिए।

2. अध्यापकों को उचित वेतन नहीं मिलता है। अत: विशिष्ट समितियों की नियुक्ति करके उनसे यह सुझाव माँगा जाना चाहिए कि वर्तमान स्थिति में उनका वेतन कितना होना चाहिए।

3. सब अध्यापकों के लिए 'त्रिमुखी लाभ योजना' (Triple Benefit Scheme) आरम्भ की जानी चाहिए। इस योजना के अन्तर्गत उनको पेन्शन, जीवन बीमा एवं प्रॉविडेण्ट फण्ड की सुविधाएँ प्रदान की जानी चाहिए।

4. अध्यापकों की विशेष कठिनाइयों का समाधान करने और उनकी शिकायतों को सुनने के लिए 'निर्णायक मण्डल' (Arbitration Board) की नियुक्ति की जानी चाहिए।

5. अध्यापकों को निम्नांकित सुविधाएँ प्रदान की जानी चाहिए—उनके बच्चों को नि:शुल्क शिक्षा, उनके लिए विद्यार्थियों के समीप निवास-स्थान, उनको स्वास्थ्यवर्द्धक स्थानों व शिक्षा के सम्मेलनों में जाने के लिए अवकाश एवं यात्रा के किराये में कमी और चिकित्सालयों में मुफ्त चिकित्सा।

(15) अध्यापक-प्रशिक्षण (Teacher Training)—'आयोग' का विश्वास है कि माध्यमिक शिक्षा की जिस नवीन संरचना को वह भारत में देखने का अभिलाषी है, उसके लिए विशेष प्रकार का प्रशिक्षण प्राप्त अध्यापकों की आवश्यकता है। भारत की तत्कालीन प्रशिक्षण-संस्थाएँ अपने सीमित दृष्टिकोण के कारण इस प्रकार के शिक्षकों का निर्माण करने में सफल नहीं हो सकती हैं। अत: 'आयोग' ने अध्यापक-प्रशिक्षण में निम्नांकित विचार व्यक्त किये हैं—

1. प्रशिक्षण-संस्थाएँ दो प्रकार की होनी चाहिए—

(i) उच्चतर माध्यमिक शिक्षा प्राप्त व्यक्तियों के लिए। इनके प्रशिक्षण की अवधि दो वर्ष की होनी चाहिए।

(ii) स्नातकों के लिए। इनके प्रशिक्षण की अवधि अभी एक वर्ष की होनी चाहिए, पर कुछ समय के पश्चात् दो वर्ष की कर दी जानी चाहिए।

2. प्रथम प्रकार की प्रशिक्षण-संस्थाएँ एक बोर्ड के अधीन होनी चाहिए, जिसका निर्माण इसी उद्देश्य से किया जाना चाहिए। स्नातकों की प्रशिक्षण-संस्थाएँ विश्वविद्यालयों के अधीन और उन्हीं से सम्बद्ध होनी चाहिए।

3. छात्राध्यापकों को एक या एक से अधिक 'अतिरिक्त पाठ्यक्रम क्रियाओं' (Extra-Curricular Activities) में प्रशिक्षण दिया जाना चाहिए।

4. प्रशिक्षण-संस्थाओं के अध्यापकों से शुल्क नहीं लिया जाना चाहिए और उनको राज्य द्वारा शिष्यवृत्तियों (Stipends) के रूप में पर्याप्त आर्थिक सहायता दी जानी चाहिए। जो अप्रशिक्षित शिक्षक, विद्यालयों में काम कर रहे हैं, उन्हें प्रशिक्षण प्राप्त करने के लिए पूर्ण वेतन पर अवकाश दिया जाना चाहिए।

5. प्रशिक्षण-काल में छात्राध्यापकों का प्रशिक्षण-संस्थाओं से सम्बद्ध छात्रावासों में रहना अनिवार्य होना चाहिए और उनके लिए सामाजिक जीवन से सम्बन्धित क्रियाओं का आयोजन किया जाना चाहिए।

6. ट्रेनिंग कॉलेजों अर्थात् स्नातकों की प्रशिक्षण-संस्थाओं में निम्नलिखित की व्यवस्था की जानी चाहिए—'अभिनवन पाठ्यक्रम' (Refresher Courses), 'लघु गहन पाठ्यक्रम' (Short Intensive Courses) एवं 'कार्यशाला में व्यावहारिक प्रशिक्षण' (Practical Training in Workshops)।

7. ट्रेनिंग कॉलेजों में शिक्षण-शास्त्र के महत्त्वपूर्ण अंगों के सम्बन्ध में अनुसन्धान किया जाना चाहिए। इस कार्य को सुविधाजनक बनाने के लिए प्रत्येक ट्रेनिंग कॉलेजों के अधीन एक 'प्रदर्शनात्मक विद्यालय' (Demonstration School) होना चाहिए।

8. ट्रेनिंग कॉलेजों के अध्यापकों, माध्यमिक स्कूलों के कुछ विशेष प्रधानाध्यापकों एवं विद्यालय-निरीक्षकों में समय-समय पर प्रशिक्षण के सम्बन्ध में विचार-विनिमय होना चाहिए।

9. एम. एड. कक्षाओं में उन्हीं व्यक्तियों को प्रवेश दिया जाना चाहिए, जो प्रशिक्षित स्नातक हों और किसी विद्यालय में कम-से-कम तीन वर्ष तक शिक्षण का कार्य कर चुके हों।

10. अध्यापिकाओं के अभाव को दूर करने के लिए विशिष्ट अल्पकालीन परीक्षण-पाठ्यक्रम (Special Part-Time Training Course) की योजना क्रियान्वित की जानी चाहिए।

आयोग का मूल्यांकन

(EVALUATION OF THE COMMISSION)

यह कहना असंगत प्रतीत नहीं होता है कि भारतीय शिक्षा के इतिहास में 'मुदालियर कमीशन' का स्थान बेजोड़ है। उसने माध्यमिक शिक्षा के पुनर्निर्माण के सम्बन्ध में अनेक सुन्दर एवं सुदूरगामी सुझाव दिये हैं; यथा—स्वतन्त्र भारत की आवश्यकताओं को पूर्ण करने के लिए शिक्षा के नवीन उद्देश्यों का निर्धारण, छात्रों की व्यक्तिगत अभिरुचियों एवं अभिवृत्तियों को सन्तुष्ट करने के लिए पाठ्यक्रम का विभिन्नीकरण, छात्रों की अपनी वैयक्तिक क्षमताओं एवं योग्यताओं के अनुकूल विभिन्न विषयों का अध्ययन सुलभ बनाने के लिए बहु-उद्देश्यीय विद्यालयों की योजना, छात्रों को अपने भावी व्यवसायों का चयन करने में सहायता देने के लिए निर्देशन एवं परामर्श की उपलब्धि, कृषि-प्रधान देश की आवश्यकताओं की पूर्ति करने के लिए कृषि-शिक्षा की अनिवार्यता का समर्थन, देश के उद्योगों एवं व्यवसायों के लिए प्रशिक्षित व्यक्तियों को तैयार करने के लिए तकनीकी स्कूलों एवं प्राविधिक संस्थानों की व्यवस्था और परीक्षा-प्रणाली, अध्यापक-प्रशिक्षण एवं शिक्षकों की स्थिति में सुधार किये जाने पर बल।

यदि हम उसके सुझावों पर समग्र रूप से विचार करें तो हम संशयरहित होकर कह सकते हैं कि उसके सुझावों को क्रियान्वित करने से माध्यमिक शिक्षा का कलेवर बदल जाता, उसका स्वरूप नवीन एवं आकर्षक हो जाता। इस नवीन माध्यमिक शिक्षा को ग्रहण करके भारत के भावी नागरिक बनने वाले छात्र अपनी मातृभूमि की आर्थिक, सामाजिक एवं राजनीतिक क्षेत्रों में उन्नति करके उसकी बहुमुखी प्रगति में योग देते। हम अपने इस कथन के समर्थन में 'आयोग' के सुझावों को क्रियान्वित किये जाने से पूर्व **भगवान दयाल** द्वारा व्यक्त किये जाने वाले विचार अंकित कर रहे हैं—**''यदि आयोग के अधिकांश सुझावों को क्रियान्वित कर दिया जायेगा, तो माध्यमिक शिक्षा इस देश में निश्चित रूप से एक स्वस्थ आधार पर प्रतिष्ठित हो जायेगी, जिसके फलस्वरूप सम्पूर्ण देश के हित में सुनियोजित प्रगति सम्भव हो जायेगी।''**

अभ्यास प्रश्न

दीर्घ उत्तरीय प्रश्न (Long Answer Type Questions)

1. माध्यमिक शिक्षा के नवीन संगठन के विषय में माध्यमिक शिक्षा आयोग की सिफारिशों का संक्षेप में वर्णन कीजिए।
2. मुदालियर आयोग द्वारा प्रस्तावित माध्यमिक शिक्षा के राष्ट्रीय स्वरूप के विषय में उसकी मुख्य सिफारिशों पर प्रकाश डालिए।

लघु उत्तरीय प्रश्न (Short Answer Type Question)

1. भारत में माध्यमिक शिक्षा के पुनर्गठन के बारे में मुदालियर आयोग की सिफारिशों का आलोचनात्मक निरीक्षण कीजिए।

अध्याय—10

शिक्षा आयोग
(कोठारी कमीशन)
[EDUCATION COMMISSION]
(KOTHARI COMMISSION, 1964-1966)

विषय-प्रवेश
(INTRODUCTION)

सन् 1882 से 1952 तक भारत में पाँच आयोगों की नियुक्ति हो चुकी थी। इनमें अन्तिम दो, अर्थात् 'राधाकृष्णन् कमीशन' (1948-49) एवं 'मुदालियर कमीशन' (1952-53) की नियुक्ति स्वतन्त्र भारत में हुई थी। इन दोनों कमीशनों ने शिक्षा के लगभग सभी अवयवों को दोषमुक्त करने एवं सुदृढ़ बनाने के लिए अनेक बहुमूल्य सुझाव प्रस्तुत किये थे। भारत सरकार ने बहुत समय तक सोच-विचार करने के बाद, उनमें से कुछ सुझावों को क्रियान्वित किये जाने का आदेश दिया।

सुझावों को क्रियान्वित किए कुछ ही वर्ष बीते थे कि सरकार ने सन् 1964 में 'शिक्षा आयोग' नामक एक नवीन आयोग की नियुक्ति कर दी और उस पर 15 लाख रुपये से अधिक धनराशि व्यय कर दी। सरकार ने 'राधाकृष्णन् आयोग' एवं 'मुदालियर आयोग' के सुझावों के क्रियान्वित किये जाने के परिणामों को देखने की प्रतीक्षा किए बिना किन कारणों से विवश होकर यह कदम उठाया ? हम पहले इस प्रश्न का उत्तर देकर आपकी जिज्ञासा को शान्त कर रहे हैं।

आयोग की नियुक्ति के कारण व प्रयोजन
(REASONS AND PURPOSES FOR APPOINTMENT THE COMMISSION)

भारत सरकार ने अपने 14 जुलाई, सन् 1964 के 'प्रस्ताव' (Resolution) में आयोग की नियुक्ति के कारणों एवं प्रयोजनों को निम्नांकित शब्दों में प्रकाशित किया—

1. स्वतन्त्रता प्राप्ति के समय में ही भारत सरकार ने अपने देश की लोकप्रिय परम्पराओं एवं आधारभूत मान्यताओं और आधुनिक समाज की आवश्यकताओं एवं आकांक्षाओं के अनुसार राष्ट्रीय शिक्षा प्रणाली के विकास के प्रति पर्याप्त ध्यान दिया है। इस दिशा में कुछ कार्य भी किया गया है, पर सामान्यत: समय की माँगों के अनुसार राष्ट्रीय शिक्षा प्रणाली का विकास नहीं हुआ है। शिक्षा के अनेक महत्त्वपूर्ण क्षेत्रों में अब भी 'विचार एवं कार्य' (Thought and Action) में महान अन्तर विद्यमान है।

2. स्वतन्त्रता प्राप्ति के समय से ही देश की आर्थिक एवं सामाजिक प्रगति में शिक्षा के महत्त्वपूर्ण स्थान को स्वीकार किया गया है। शिक्षा ही सच्चे लोकतन्त्रीय समाज का निर्माण कर सकती है। शिक्षा ही राष्ट्रीय एकता को सम्भव बना सकती है। शिक्षा ही व्यक्ति को श्रेष्ठता एवं पूर्णता की अनन्त खोज के लिए प्रेरणा दे सकती है। इन सब बातों को ध्यान में रखकर अब यह अनिवार्य समझा जाने लगा है कि शिक्षा के सम्पूर्ण क्षेत्र की जाँच की जाए, जिसके फलस्वरूप कम से कम सम्भव समय में एक ऐसी सुसन्तुलित एवं सुसंगठित राष्ट्रीय शिक्षा प्रणाली का विकास किया जा सके, जो राष्ट्रीय जीवन के सब क्षेत्रों को महत्त्वपूर्ण योगदान दे।

3. स्वतन्त्रता प्राप्ति के समय से ही भारत ने राष्ट्रीय विकास के नवयुग में प्रवेश किया है। इस युग में भारत के लक्ष्य हैं—न केवल शासन, वरन् जीवन के ढंग में भी धर्मनिरपेक्ष लोकतन्त्र (Secular Democracy) की स्थापना, जनता की निर्धनता की समाप्ति, कृषि का आधुनिकीकरण एवं उद्योगों का शीघ्र विकास करके सब व्यक्तियों के रहन-सहन के स्तर का उन्नयन; आधुनिक विज्ञान एवं प्रौद्योगिकी (Technology) का प्रयोग और परम्परागत आध्यात्मिक मूल्यों से उनका समन्वय; समाजवादी ढंग से समाज की स्थापना करने, धन का उचित वितरण; और सब व्यक्तियों को शिक्षा, रोजगार एवं सांस्कृतिक प्रगति के लिए अवसरों की समानता।

इन लक्ष्यों को प्राप्त करने के लिए शिक्षा को सबसे अधिक शक्तिशाली साधन माना जाने लगा है किन्तु शिक्षा इन लक्ष्यों की प्राप्ति में तभी सहायता दे सकती है, जब उसके परम्परागत स्वरूप में आमूल परिवर्तन कर दिया जाए और उसमें आधुनिक विज्ञान एवं प्रौद्योगिकी को महत्त्वपूर्ण स्थान दिया जाए।

4. स्वतन्त्रता प्राप्ति के समय से ही सब स्तरों पर शिक्षा का असाधारण विस्तार हुआ है, किन्तु इस विस्तार के बावजूद शिक्षा के अनेक अंगों के सम्बन्ध में व्यापक असन्तोष है। उदाहरणार्थ—14 वर्ष की अवस्था तक के सब बच्चों के लिए नि:शुल्क एवं अनिवार्य शिक्षा की व्यवस्था नहीं की गई है। जनसाधारण की निरक्षरता का समाधान नहीं किया गया है। माध्यमिक स्कूलों एवं विश्वविद्यालयों में शिक्षा के स्तरों का पर्याप्त उन्नयन नहीं किया गया है। माध्यमिक एवं उच्च शिक्षा में पाठ्यक्रमों का विभिन्नीकरण (Diversification of Courses) की योजना को पूर्ण नहीं किया गया है, जिसके फलस्वरूप एक ओर शिक्षित व्यक्तियों की बेरोजगारी पहले से अधिक हो गई है और दूसरी ओर अनेक उद्योगों एवं व्यवसायों के लिए प्रशिक्षित व्यक्तियों का अत्यधिक अभाव है। शिक्षकों के वेतनों एवं कार्य की दशाओं (Service Conditions) में वांछनीय परिवर्तन नहीं किये गये हैं। शिक्षा की अनेक महत्त्वपूर्ण समस्याओं पर अब भी तीव्र विवाद चल रहा है।

संक्षेप में जिस गति से शिक्षा की संख्यात्मक (Quantitative) उन्नति हुई है, उस गति से गुणात्मक (Qualitative) उन्नति नहीं हुई है। इसके अलावा शिक्षा की गुणात्मक उन्नति के लिए निर्धारित की जाने वाली नीतियों और निश्चित किये जाने वाले कार्यक्रमों को सन्तोषजनक ढंग से क्रियान्वित नहीं किया गया है।

5. स्वतन्त्रता प्राप्ति के समय से ही भारत सरकार का दृढ़ विश्वास है कि शिक्षा राष्ट्रीय प्रगति एवं कल्याण का आधार है। सरकार का यह भी दृढ़ विश्वास है कि देश एवं जनता का जितना हित शिक्षा से हो सकता है, उतना किसी अन्य वस्तु से नहीं हो सकता है। सरकार ने शिक्षा के क्षेत्र में विज्ञान एवं प्रौद्योगिकी के सब साधनों का प्रयोग करने का और इन पर अधिक से अधिक धन व्यय करने का निश्चय कर लिया है। पर यह तभी किया जा सकता है, जब शिक्षा का आधार उत्तम एवं प्रगतिशील हो। सरकार ने शिक्षा को इस आधार पर प्रतिष्ठित करने का दृढ़ संकल्प किया है।

6. भारत में राष्ट्रीय शिक्षा प्रणाली का विकास करने के लिए, शिक्षा के सम्पूर्ण क्षेत्र की जाँच किया जाना आवश्यक है, क्योंकि शिक्षा प्रणाली के सब अंग एक-दूसरे पर शक्तिशाली प्रतिक्रिया करते हैं और प्रभाव भी डालते हैं। उत्तम माध्यमिक विद्यालयों के बिना शक्तिशाली एवं प्रगतिशील विश्वविद्यालय नहीं हो सकते हैं और माध्यमिक विद्यालय तभी उत्तम हो सकते हैं, जब प्राथमिक विद्यालय कुशलतापूर्वक कार्य करें।

अत: आवश्यक है कि शिक्षा के विभिन्न अंगों एवं स्तरों की अलग-अलग जाँच न करके शिक्षा के सम्पूर्ण क्षेत्र की जाँच की जाए। उक्त '**प्रस्ताव**' के अन्त में लिखा गया है—"**पिछले समय में अनेक आयोगों एवं समितियों ने शिक्षा के सीमित क्षेत्रों एवं विशिष्ट अंगों का सर्वेक्षण किया है। इसके विपरीत अब सम्पूर्ण शिक्षा प्रणाली का सूक्ष्म सर्वेक्षण किया जायेगा।**"

आयोग की नियुक्ति
(APPOINTMENT OF THE COMMISSION)

भारत सरकार ने 14 जुलाई, सन् 1964 के अपने 'प्रस्ताव' में नवीन शिक्षा आयोग की नियुक्ति के कारणों एवं प्रयोजनों का स्पष्टीकरण करके उसी 'प्रस्ताव' के द्वारा 'विश्वविद्यालय अनुदान आयोग' (University Grants Commission) के अध्यक्ष प्रोफेसर डी. एस. कोठारी (D. S. Kothari) की अध्यक्षता में 'शिक्षा आयोग' की नियुक्ति की घोषणा की। प्रोफेसर कोठारी के नाम से इस आयोग को 'कोठारी कमीशन' भी कहा जाता है। 'आयोग' में कुल 17 सदस्य थे, जिनमें से 6 अन्य देशों के शिक्षा-विशेषज्ञ थे।

आयोग के जाँच के विषय
(TERMS OF REFERENCE OF THE COMMISSION)

14 जुलाई, 1964 के '**प्रस्ताव**' में 'शिक्षा-आयोग' की जाँच के विषयों को निम्नांकित शब्दों में लेखबद्ध किया गया—"**आयोग भारत सरकार को शिक्षा के राष्ट्रीय स्वरूप और उनके सब स्तरों एवं पक्षों पर**

शिक्षा के विकास के लिए सामान्य सिद्धान्तों एवं नीतियों के विषय से परामर्श देगा। आयोग को चिकित्सा या कानून की शिक्षा की समस्याओं की जाँच करने की आवश्यकता नहीं है, पर वह इन समस्याओं के उन पक्षों की जाँच कर सकता है, जो व्यापक जाँच की दृष्टि से आवश्यक हों।''

("The commission will advise the Government of India on the national pattern of education and on general principles and policies for the development of education at all stages and in all its aspects. It need not, however, examine the problems of medical or legal education, but such aspects of these problems are necessary for its comprehensive enquiry may be looked into." —*Resolution of the Government of India Setting-up Education Commission,* dated the 14th of July, 1964.

'शिक्षा-आयोग' को अपना प्रतिवेदन 31 मार्च, सन् 1966 तक प्रस्तुत करने का आदेश दिया गया था। किन्तु, कुछ कठिनाइयों के कारण, उसने अपने प्रतिवेदन को निर्धारित तिथि से लगभग 3 माह पश्चात् अर्थात् 29 जून, सन् 1966 को भारत सरकार के तत्कालीन शिक्षामन्त्री श्री एम. सी. छागला (M. C. Chagla) के समक्ष प्रस्तुत किया। लगभग 700 पृष्ठों का यह प्रतिवेदन तीन भागों में विभाजित है और इसका नाम है—**'शिक्षा एवं राष्ट्रीय प्रगति'** (Education and National Development)।

आयोग के सुझाव एवं सिफारिशें
(SUGGESTIONS AND RECOMMENDATIONS OF THE COMMISSION)

'आयोग' ने शिक्षा के सभी अंगों के विषय में अपने विचार व्यक्त किये हैं। इनमें से महत्त्वपूर्ण अंग निम्नलिखित हैं—

1. शिक्षा एवं राष्ट्रीय लक्ष्य : Education and National Objectives
2. शिक्षा की संरचना एवं स्तर : Educational Structure and Standards
3. अध्यापक की स्थिति : Teacher Status
4. अध्यापक शिक्षा : Teacher Education
5. छात्र संख्या एवं जनबल : Enrolment and Manpower
6. शैक्षिक अवसरों की समानता : Equalization of Educational Opportu-nities
7. विद्यालय शिक्षा का विस्तार : Expansion of School Education
8. विद्यालय पाठ्यक्रम : School Curriculum
9. शिक्षण विधियाँ, निर्देशन एवं मूल्यांकन : Teaching Methods, Guidance and Evaluation
10. उच्च शिक्षा : Higher Education
11. स्त्री शिक्षा : Women's Education
12. वयस्क शिक्षा : Adult Education
13. विज्ञान की शिक्षा : Science Education
14. कृषि की शिक्षा : Agricultural Education
15. व्यावसायिक, प्राविधिक एवं इंजीनियरिंग की शिक्षा : Vocational, Technical and Engineering Education।

उपर्युक्त अंगों के सम्बन्ध में 'आयोग' ने जिन विचारों, सुझावों एवं सिफारिशों को अपने प्रतिवेदन में अंकित किया है, उनका वर्णन क्रमबद्ध शीर्षकों के अन्तर्गत प्रस्तुत किया जा रहा है; यथा—

1. शिक्षा व राष्ट्रीय लक्ष्य
(EDUCATION AND NATIONAL OBJECTIVES)

'आयोग' का मत है—**''शिक्षा में सबसे महत्त्वपूर्ण तथा आवश्यक सुधार यह है कि इसको इस प्रकार परिवर्तित करने का प्रयास किया जाये कि इसका व्यक्तियों के जीवन, आवश्यकताओं तथा आकांक्षाओं से सम्बन्ध स्थापित हो जाये। इस प्रकार, शिक्षा को उस सामाजिक, आर्थिक एवं**

सांस्कृतिक परिवर्तनों का शक्तिशाली साधन बनाया जाय, जो राष्ट्रीय लक्ष्यों की प्राप्ति के लिए आवश्यक हैं।''

"The most important and urgent reform needed in education is to transform it, to endeavour to relate it to the life, needs and aspirations of the people; and thereby make it a powerful instrument of social, economic and cultural transformation, necessary for the realization of the national goals." —*Education Commission Report,* p. 612.

शिक्षा द्वारा उपर्युक्त उद्देश्यों की प्राप्ति के लिए, 'आयोग' ने निम्नांकित 'पंचमुखी कार्यक्रम' का विचार प्रकट किया है—

1. शिक्षा द्वारा उत्पादन में वृद्धि।
2. शिक्षा द्वारा सामाजिक एवं राष्ट्रीय एकता का विकास।
3. शिक्षा द्वारा प्रजातन्त्र की सुदृढ़ता।
4. शिक्षा द्वारा आधुनिकीकरण की प्रक्रिया में तीव्रता।
5. शिक्षा द्वारा सामाजिक, नैतिक एवं आध्यात्मिक मूल्यों का विकास करके चरित्र का निर्माण।

हम इसी क्रम में इनका विवरण प्रस्तुत कर रहे हैं।

(1) शिक्षा व उत्पादन (Education and Productivity)—'आयोग' ने शिक्षा द्वारा उत्पादन में वृद्धि करने के लिए निम्नांकित सुझाव दिये हैं—

1. विज्ञान की शिक्षा को विद्यालय-शिक्षा एवं विश्वविद्यालय-शिक्षा के पाठ्यक्रमों का अभिन्न अंग बनाया जाना चाहिए।
2. विज्ञान को कृषि एवं उत्पादन के कार्यों के लिए प्रयोग किया जाना चाहिए।
3. कार्य-अनुभव (Work-Experience) को सम्पूर्ण शिक्षा का विशिष्ट अंग बनाया जाना चाहिए।
4. माध्यमिक शिक्षा को अधिक-से-अधिक व्यावसायिक रूप प्रदान किया जाना चाहिए।
5. उच्च शिक्षा में कृषि-शिक्षा एवं प्राविधिक शिक्षा पर बल दिया जाना चाहिए।

(2) सामाजिक व राष्ट्रीय एकता (Social and National Integration)—'आयोग' ने शिक्षा द्वारा सामाजिक एवं राष्ट्रीय एकता का विकास करने के विचार से अधोलिखित सुझाव दिये हैं—

1. सार्वजनिक शिक्षा के लिए 'सामान्य-विद्यालय-प्रणाली' (Common School System) को राष्ट्रीय लक्ष्य माना जाना चाहिए और इस प्रणाली को 2 वर्ष की अवधि में पूर्ण कर दिया जाना चाहिए।

2. शिक्षा के सब स्तरों पर सामाजिक एवं राष्ट्रीय सेवा (Social and National Service) को सब विद्यार्थियों के लिए अनिवार्य बना दिया जाना चाहिए।

3. सामाजिक एवं राष्ट्रीय सेवा के कार्यक्रमों का आयोजन अध्ययन के विषयों के साथ ही किया जाना चाहिए।

4. प्रत्येक शिक्षा-संस्था में सामाजिक एवं सामुदायिक सेवा के कार्यक्रमों को आरम्भ किया जाना चाहिए और प्रत्येक छात्र द्वारा इन कार्यक्रमों में उचित ढंग से भाग लिया जाना चाहिए।

5. प्रत्येक जिले में 'श्रम एवं सामाजिक सेवा शिविरों' (Labour and Social Service Camp) की नियमित रूप से व्यवस्था की जानी चाहिए और इनमें प्रत्येक छात्र की उपस्थिति अनिवार्य होनी चाहिए।

6. सामाजिक एवं राष्ट्रीय एकता के विकास में सहायता देने के लिए सरकार द्वारा उपयुक्त 'भाषा-नीति' (Language Policy) का निर्माण किया जाना चाहिए।

7. मातृभाषा अर्थात् प्रादेशिक भाषा को सब स्तरों पर शिक्षा का माध्यम बनाया जाना चाहिए और इस कार्यक्रम को 10 वर्ष में पूर्ण कर दिया जाना चाहिए।

8. अखिल भारतीय शिक्षा-संस्थाओं में अंग्रेजी को ही शिक्षा का माध्यम रखना चाहिए, किन्तु कुछ समय के पश्चात् अंग्रेजी के स्थान पर हिन्दी को प्रतिष्ठित करने के प्रश्न पर विचार किया जाना चाहिए।

9. जिन क्षेत्रों में प्रादेशिक भाषाएँ प्रयोग की जाती हैं, उन क्षेत्रों में इन भाषाओं को यथाशीघ्र प्रशासन की भाषाओं के रूप में प्रयोग किया जाना चाहिए।

10. अंग्रेजी के शिक्षण एवं अध्ययन को विद्यालय-स्तर से ही प्रोत्साहित किया जाना चाहिए।

11. रूसी भाषा एवं अन्तर्राष्ट्रीय महत्त्व की अन्य भाषाओं के अध्ययन के प्रति विशेष ध्यान दिया जाना चाहिए।

12. विश्व की कुछ महत्त्वपूर्ण भाषाओं की शिक्षा देने के लिए कुछ स्कूलों एवं विश्वविद्यालयों की स्थापना की जानी चाहिए।

13. बी. ए. एवं एम. ए. के स्तरों पर छात्रों को दो भारतीय भाषाओं के अध्ययन की सुविधा प्रदान की जानी चाहिए।

14. सामाजिक एवं राष्ट्रीय चेतना के विकास को विद्यालय-शिक्षा का एक महत्त्वपूर्ण उद्देश्य माना जाना चाहिए।

15. सभी पाठ्यक्रमों में नागरिकता, संविधान के सिद्धान्तों एवं लोकतन्त्रीय समाजवादी समाज के स्वरूप को विशेष स्थान दिया जाना चाहिए।

(3) शिक्षा व प्रजातन्त्र की सुदृढ़ता (Education and Consolidation of Democracy)—'आयोग' ने शिक्षा द्वारा प्रजातन्त्र को सुदृढ़ बनाने के लिए निम्नांकित सुझाव दिये हैं—

1. 14 वर्ष की आयु तक के बालकों एवं बालिकाओं को निःशुल्क एवं अनिवार्य शिक्षा प्रदान की जानी चाहिए।

2. वयस्क-शिक्षा के कार्यक्रमों को दो उद्देश्यों को सामने रखकर आयोजित किया जाना चाहिए—(i) निरक्षरता का उन्मूलन, एवं (ii) व्यक्ति की नागरिक एवं राष्ट्रीय कुशलता और सामान्य सांस्कृतिक स्तर का उन्नयन।

3. माध्यमिक एवं उच्च शिक्षा का विस्तार किया जाना चाहिए और छात्रों को इन दोनों स्तरों पर कुशल नेतृत्व का प्रशिक्षण दिया जाना चाहिए।

4. धर्म, वर्ण, लिंग, जाति एवं स्थिति का भेदभाव किये बिना सब बालकों एवं बालिकाओं को शिक्षा के समान अवसर दिये जाने चाहिए।

5. सब व्यक्तियों में वैज्ञानिक विचार एवं दृष्टिकोण का और सहिष्णुता, पहलकदमी, जन-हित, समाज-सेवा, आत्म-निर्भरता एवं आत्म-अनुशासन के गुणों का विकास किया जाना चाहिए।

(4) शिक्षा व आधुनिकीकरण (Education and Modernization)—'आयोग' ने शिक्षा द्वारा भारत का आधुनिकीकरण करने के लिए निम्नलिखित सुझाव दिये हैं—

1. आधुनिकीकरण करने के लिए विज्ञान पर आधारित प्रौद्योगिकी (Technology) का प्रयोग किया जाना चाहिए।

2. आधुनिकीकरण करने के लिए शिक्षा को महत्त्वपूर्ण साधन बनाया जाना चाहिए और आधुनिकीकरण की प्रगति एवं शैक्षिक प्रसार की गतियों में समन्वय स्थापित किया जाना चाहिए।

3. शिक्षा द्वारा छात्रों में उचित मूल्यों एवं दृष्टिकोणों का विकास किया जाना चाहिए।

4. शिक्षा द्वारा छात्रों में स्वतन्त्र विचार, स्वतन्त्र निर्णय एवं स्वतन्त्र अध्ययन की आदतों का निर्माण किया जाना चाहिए।

5. सामान्य व्यक्ति के शैक्षिक स्तर का उन्नयन किया जाना चाहिए।

(5) सामाजिक, नैतिक व आध्यात्मिक मूल्यों का विकास (Development of Social, Moral and Spiritual Values)—'आयोग' ने यह विचार प्रकट किया है कि शिक्षा द्वारा विद्यार्थियों के सामाजिक, नैतिक और आध्यात्मिक मूल्यों का विकास करके, उनके चरित्र का निर्माण किया जाना चाहिए। इन कार्यों में सफलता प्राप्त करने के लिए, 'आयोग' ने निम्नलिखित सुझाव दिये हैं—

1. सब प्रकार की शिक्षा-संस्थाओं में सामाजिक, नैतिक एवं आध्यात्मिक मूल्यों की शिक्षा की व्यवस्था की जानी चाहिए। यह शिक्षा 'विश्वविद्यालय-शिक्षा-आयोग' द्वारा दिये गये सुझावों के अनुसार प्रदान की जानी चाहिए।

2. प्राथमिक विद्यालयों में इन मूल्यों की शिक्षा रोचक कहानियों द्वारा दी जानी चाहिए।

3. माध्यमिक विद्यालयों में इन मूल्यों के सम्बन्ध में अध्यापकों एवं विद्यार्थियों में विचार-विनिमय होना चाहिए।

4. उपर्युक्त दोनों प्रकार के विद्यालयों के वातावरण को सामाजिक, नैतिक एवं आध्यात्मिक मूल्यों से निमज्जित किया जाना चाहिए। इस कार्य का दायित्व सब शिक्षकों एवं अधिकारियों पर रखा जाना चाहिए।

5. प्रत्येक विश्वविद्यालय में 'तुलनात्मक धर्म' (Comparative Religion) नामक विभाग की सृष्टि की जानी चाहिए। इस विभाग द्वारा यह खोज की जानी चाहिए कि इन मूल्यों की प्रभावशाली ढंग से किस प्रकार शिक्षा दी जा सकती है।

2. शिक्षा की संरचना व स्तर
(EDUCATIONAL STRUCTURE AND STANDARDS)

'आयोग' ने शिक्षा की नवीन संरचना अर्थात् ढाँचे और शिक्षा-स्तरों के उन्नयन के सम्बन्ध में जो विचार अभिव्यक्त किये हैं, हम उनका वर्णन निम्नांकित शीर्षकों के अन्तर्गत कर रहे हैं—

(1) विद्यालय-शिक्षा की नवीन संरचना (New Structure of School Education)—'आयोग' ने विद्यालय-शिक्षा के प्रचलित स्वरूप को ध्यान में रखते हुए, इस शिक्षा की नवीन संरचना को इस प्रकार प्रस्तुत किया है—

10 वर्ष की सामान्य शिक्षा
(GENERAL EDUCATION OF 10 YEARS)

2 या 3 वर्ष की उच्चतर माध्यमिक शिक्षा,
2 या 3 वर्ष की निम्न माध्यमिक शिक्षा,
3 वर्ष की उच्च प्राथमिक शिक्षा,
4 या 5 वर्ष की निम्न प्राथमिक शिक्षा,
1 से 3 वर्ष की पूर्व-विद्यालय शिक्षा।

(2) संरचना-सम्बन्धी सुझाव (Suggestions regarding Structure)—'आयोग' ने विद्यालय-शिक्षा की नवीन संरचना के विषय में निम्न सुझाव दिये हैं—

1. सामान्य शिक्षा (General Education) की अवधि 10 वर्ष की होनी चाहिए और इनमें प्राथमिक एवं निम्न माध्यमिक शिक्षा को सम्मिलित किया जाना चाहिए।

2. सामान्य शिक्षा आरम्भ करने से पूर्व छात्रों को 1 या 3 वर्ष तक की पूर्व-विद्यालय (Pre-school) या पूर्व-प्राथमिक (Pre-primary) शिक्षा दी जानी चाहिए।

3. प्राथमिक शिक्षा की अवधि 7 से 8 वर्ष की होनी चाहिए और इसको निम्नलिखित दो भागों में विभाजित किया जाना चाहिए—(i) 4 या 5 वर्ष की निम्न प्राथमिक शिक्षा (Lower Primary Education), और (ii) 3 वर्ष की उच्च प्राथमिक शिक्षा (Higher Primary Education)।

4. निम्न माध्यमिक (Lower Secondary) शिक्षा की अवधि 2 या 3 वर्ष की होनी चाहिए।

5. निम्न माध्यमिक स्तर पर छात्रों को निम्नांकित दो प्रकार की शिक्षा दी जानी चाहिए—(i) 2 या 3 वर्ष की सामान्य शिक्षा, और (ii) 1 से 3 वर्ष की व्यावसायिक शिक्षा (Vocational Education)।

6. उच्चतर माध्यमिक (Higher Secondary) शिक्षा की अवधि 2 या 3 वर्ष की होनी चाहिए।

7. उच्चतर माध्यमिक स्तर पर छात्रों को निम्नांकित दो प्रकार की शिक्षा दी जानी चाहिए—(i) 2 वर्ष की सामान्य शिक्षा, और (ii) 1 से 3 वर्ष की व्यावसायिक शिक्षा।

8. प्रथम सार्वजनिक बाह्य परीक्षा (First Public External Examination) 10 वर्ष की विद्यालय-शिक्षा के पश्चात् होनी चाहिए।

9. कक्षा 1 में प्रवेश करने की आयु साधारणत: 6 वर्ष से कम नहीं होनी चाहिए।

10. 9वीं कक्षा से पृथक् विद्यालय स्थापित किये जाने की प्रचलित विधि का अन्त कर देना चाहिए।

11. 10वीं कक्षा तक छात्रों को किसी विषय में विशिष्टीकरण (Specialization) की अनुमति नहीं दी जानी चाहिए।

12. माध्यमिक विद्यालय केवल निम्नांकित दो प्रकार के होने चाहिए—(i) हाईस्कूल, और (ii) हायर सेकेण्डरी स्कूल। हाईस्कूल में शिक्षा की अवधि 10 वर्ष की और हायर सेकेण्डरी स्कूलों में यह अवधि 12 वर्ष की होनी चाहिए।

(3) उच्च शिक्षा की नवीन संरचना (New Structure of Higher Education)—'आयोग' ने उच्च शिक्षा की नवीन संरचना इस प्रकार प्रस्तुत की है—

2 या 3 वर्ष अनुसंधान

2 या 3 वर्ष द्वितीय डिग्री-कोर्स

3 वर्ष का प्रथम डिग्री-कोर्स

(4) संरचना-सम्बन्धी सुझाव (Suggestions regarding Structure)—'आयोग' ने उच्च शिक्षा की नवीन संरचना के विषय में निम्नांकित सुझाव दिये हैं—

1. उच्चतर माध्यमिक शिक्षा के पश्चात् प्रथम डिग्री-कोर्स की अवधि कम-से-कम 3 वर्ष की होनी चाहिए।

2. द्वितीय डिग्री-कोर्स की अवधि 2 या 3 वर्ष की होनी चाहिए।

3. कुछ विश्वविद्यालयों में 'ग्रेजुएट स्कूलों' (Graduate Schools) की सृष्टि की जानी चाहिए, जिनमें कुछ विशेष विषयों में 3 वर्ष के स्नातकोत्तर (Post-Graduate) कोर्स की व्यवस्था की जानी चाहिए।

4. उत्तर-प्रदेश में त्रिवर्षीय डिग्री-कोर्स (Three Years Degree Course) को कुछ विशिष्ट विषयों और विशिष्ट विश्वविद्यालयों में आरम्भ किया जाना चाहिए। अन्य विश्वविद्यालयों में यह कोर्स 15 से 20 वर्ष की अवधि में आरम्भ कर दिया जाना चाहिए।

(5) स्तरों का उन्नयन (Raising of Standards)—'आयोग' ने शिक्षा के सब स्तरों का उन्नयन करने के लिए अधोलिखित सुझाव दिए हैं—

1. 10 वर्ष की विद्यालय-शिक्षा में गुणात्मक उन्नति की जानी चाहिए, ताकि इस स्तर पर होने वाले अपव्यय (Wastage) में कमी की जा सके।

2. 10 वर्ष की अवधि में कक्षा 10 के स्तर का इतना उन्नयन कर दिया जाना चाहिए कि वह वर्तमान हायर सेकेण्डरी के स्तर पर पहुँच जाये।

3. विश्वविद्यालयों की उपाधियों के स्तरों का उन्नयन करने के लिए, इन उपाधियों के पाठ्यक्रमों में अधिक उन्नत विषय-वस्तु को स्थान दिया जाना चाहिए।

4. शिक्षा-स्तरों का उन्नयन करने के लिए शिक्षा के विभिन्न अंगों में समन्वय स्थापित किया जाना चाहिए।

5. 'विद्यालय-संकुलों' (School Complexes) का यथाशीघ्र निर्माण किया जाना चाहिए। एक संकुल में एक माध्यमिक स्कूल और उसके निकटवर्ती सब प्राथमिक स्कूल होने चाहिए। प्रत्येक संकुल के सब स्कूलों द्वारा सामूहिक रूप से स्तरों के उन्नयन के लिए प्रयत्न किये जाने चाहिए।

3. अध्यापक की स्थिति
(STATUS OF TEACHER)

अध्यापक की वर्तमान करुणाजनक स्थिति का 'आयोग' के लगभग सभी सदस्यों को व्यक्तिगत अनुभव था। उनकी यह दृढ़ धारणा थी कि जब तक शिक्षक की स्थिति में समुन्नति नहीं की जायेगी, तब तक सुयोग्य व्यक्ति—शिक्षण-व्यवसाय का आलिंगन नहीं करेंगे। इस बात को ध्यान में रखकर **'आयोग'** ने यह विचार लिपिबद्ध किया है—**''शिक्षकों की आर्थिक, सामाजिक एवं व्यावसायिक स्थिति को समुन्नत बनाने के लिए प्रतिभाशाली तरुण व्यक्तियों को शिक्षण-व्यवसाय के प्रति पुनः आकर्षित करने के लिए सघन एवं सतत प्रयासों की आवश्यकता है।''**

"Intensive and continuous efforts are necessary to raise the economic, social and professional status of teachers and to feed back talented young persons into the profession."

—*Education Commission Report,* p. 617.

'आयोग' ने शिक्षक की स्थिति में सुधार करने के लिए जो विचार व्यक्त किए हैं, हम उनका क्रमबद्ध विवरण प्रस्तुत कर रहे हैं; यथा—

(1) वेतन (Remuneration)—'आयोग' ने शिक्षकों के वेतन के विषय में अधोलिखित विचार प्रकट किए हैं—

1. भारत सरकार द्वारा विद्यालयों के शिक्षकों के न्यूनतम वेतनक्रम (Minimum Scales of Pay) निश्चित किए जाने चाहिए।

2. सरकारी और गैर-सरकारी—दोनों प्रकार के विद्यालयों के शिक्षकों के वेतन-क्रमों में समानता के सिद्धान्त का पालन किया जाना चाहिए।

3. विश्वविद्यालयों एवं उनसे सम्बद्ध कॉलेजों के अध्यापकों के वेतन-क्रमों में पर्याप्त वृद्धि की जानी चाहिए।

(2) शिक्षकों के वेतन-क्रम (Scales of Pay of Teachers)—'आयोग' ने शिक्षा के विभिन्न स्तरों और विभिन्न शैक्षिक योग्यताओं वाले शिक्षकों के लिए निम्नांकित वेतन-क्रमों की सिफारिश की है—

शिक्षक	वेतन व वेतन-क्रम	
1. माध्यमिक कोर्स पास प्राथमिक विद्यालयों के अप्रशिक्षित शिक्षक	न्यूनतम वेतन	100 रु.
2. उक्त शिक्षकों का 5 वर्ष की सेवा के बाद	न्यूनतम वेतन	125 रु.
3. माध्यमिक कोर्स व 2 वर्ष का प्रशिक्षण प्राप्त माध्यमिक विद्यालयों के शिक्षक	न्यूनतम वेतन	125 रु.
4. उक्त शिक्षकों का 5 वर्ष की सेवा के बाद	न्यूनतम वेतन	150 रु.
5. सेकेण्डरी कोर्स व 2 वर्ष का प्रशिक्षण प्राप्त शिक्षक	न्यूनतम वेतन	150 रु.
6. उक्त शिक्षकों का 20 वर्ष बाद	अधिकतम वेतन	250 रु.
7. श्रेणी (6) में से 15% चुने जाने वाले शिक्षक		230-300 रु.
8. 1 वर्ष का प्रशिक्षण प्राप्त ग्रेजुएट	न्यूनतम वेतन	220 रु.
9. उक्त शिक्षकों का 20 वर्ष बाद		400 रु.
10. श्रेणी (9) में से 15% चुने जाने वाले शिक्षक		400-500 रु.
11. अप्रशिक्षित ग्रेजुएट	न्यूनतम वेतन	220 रु.
12. अप्रशिक्षित स्नातकोत्तर उपाधि प्राप्त		300-600 रु.
13. प्रशिक्षण प्राप्त करने के बाद श्रेणी 11 व 12 के शिक्षक	जितना वेतन पा रहे हैं, उसमें एक वर्ष की वेतन-वृद्धि।	
14. माध्यमिक स्कूलों में प्रधानाचार्य	इनका वेतन उनकी योग्यताओं एवं विद्यालय के आकार पर निर्भर होगा। इनको सम्बद्ध कॉलेजों के शिक्षकों के लिए निर्धारित कोई भी वेतन-क्रम दिया जा सकता है।	
15. सम्बद्ध कॉलेजों के शिक्षक	(i) लेक्चरार, जूनियर स्केल	300-25-600 रु.
	(ii) लेक्चरार, सीनियर स्केल	400-30-640-40-800 रु.
	(iii) सीनियर लेक्चरार या रीडर	700-40-1100 रु.
	(iv) प्रिंसीपल I	700-40-1100 रु.
	II	800-50-1500 रु.
	III	1000-50-1500 रु.
16. विश्वविद्यालय के शिक्षक	(i) लेक्चरार	500-40-800-50-950 रु.
	(ii) रीडर	700-50-1200 रु.
	(iii) प्रोफेसर	1100-50-1300-60-1600 रु.

(3) वेतन-क्रम सम्बन्धी सुझाव (Suggestions Regarding Pay-Scales)—'आयोग' ने शिक्षकों के वेतन-क्रम के विषय में अधोलिखित सुझाव दिए हैं—

1. शिक्षकों को सरकारी कर्मचारियों के बराबर महँगाई भत्ता दिया जाना चाहिए।

2. शिक्षकों के वेतन-क्रम प्रत्येक 5 वर्ष के पश्चात् दोहराये जाने चाहिए।

3. शिक्षकों के वेतन-क्रमों के विषय में जो सुझाव दिये गये हैं, उन्हें तत्काल क्रियान्वित किया जाना चाहिए।

4. वेतन-क्रमों को क्रियान्वित करने के साथ-साथ शिक्षकों की योग्यताओं एवं नियुक्ति की विधियों में सुधार किया जाना चाहिए।

(4) कार्य व सेवा की दशाएँ (Conditions of Work and Service)—'आयोग' ने शिक्षकों के कार्य एवं सेवा की दशाओं में सुधार करने के लिए अधोलिखित सुझाव दिए हैं—

1. शिक्षा-संस्थाओं में शिक्षकों को कुशलतापूर्वक कार्य करने के लिए न्यूनतम सुविधाएँ प्रदान की जानी चाहिए।

2. शिक्षक को अपनी व्यावसायिक उन्नति करने के लिए उपयुक्त सुविधाएँ प्रदान की जानी चाहिए।

3. शिक्षकों के अध्यापन-कार्य के घण्टों को निश्चित करते समय, उसके द्वारा किये जाने वाले अन्य कार्यों को ध्यान में रखा जाना चाहिए।

4. शिक्षकों को 5 वर्ष में कम-से-कम एक बार, देश के किसी स्थान में भ्रमण करने के लिए, उनके वेतन के अनुसार रियायती दर पर रेल के टिकट दिये जाने चाहिए।

5. सरकारी एवं गैर-सरकारी विद्यालयों के शिक्षकों की सेवा-दशाओं में समानता स्थापित की जानी चाहिए।

6. ग्रामों में कार्य करने वाले शिक्षकों को निवास-स्थान प्रदान किये जाने के लिए प्रयत्न किये जाने चाहिए।

7. शिक्षकों को बड़े नगरों के मकान के किराए के लिए भत्ता देने की प्रथा आरम्भ की जानी चाहिए।

8. शिक्षकों के लिए सरकारी गृह-निर्माण योजनाओं को प्रोत्साहित किया जाना चाहिए।

9. शिक्षकों को सभी नागरिक अधिकारों का उपयोग करने की स्वतन्त्रता दी जानी चाहिए।

10. शिक्षकों में प्रचलित व्यक्तिगत ट्यूशनों की प्रथा को नियन्त्रित किया जाना चाहिए।

11. शिक्षकों पर किसी प्रकार के निर्वाचनों में भाग लेने पर कोई प्रतिबन्ध नहीं होना चाहिए।

12. शिक्षा के सभी स्तरों पर अध्यापिकाओं की नियुक्ति को प्रोत्साहन दिया जाना चाहिए।

13. अध्यापिकाओं के लिए 'पत्र-व्यवहार द्वारा शिक्षा' (Correspondence Courses) की सुविधाओं में विस्तार किया जाना चाहिए।

14. ग्रामीण क्षेत्रों में कार्य करने वाली अध्यापिकाओं को विशेष भत्ते दिये जाने चाहिए।

4. अध्यापक-शिक्षा
(TEACHER EDUCATION)

'आयोग' ने अध्यापकों की व्यावसायिक शिक्षा के महत्त्व को दर्शाते हुए लिखा है—**''शिक्षा की गुणात्मक उन्नति के लिए अध्यापकों की व्यावसायिक शिक्षा का ठोस कार्यक्रम अनिवार्य है।''**

"A sound programme of professional education of teachers is essential for the qualitative improvement of education." —*Education Commission Report,* p. 67.

अध्यापक-शिक्षा के उपर्युक्त महत्त्व को ध्यान में रखते हुए 'आयोग' ने पहले अध्यापक-शिक्षा के दोषों का उल्लेख किया है और उसके बाद इस शिक्षा के सुधार के सम्बन्ध में अपने विचारों को लेखबद्ध किया है; यथा—

(1) शिक्षक-शिक्षा के दोष (Defects of Teacher Education)—'आयोग' के मतानुसार शिक्षक-शिक्षा के प्रमुख दोष इस प्रकार हैं—

1. प्रशिक्षण-संस्थाओं का कार्य—निम्न या साधारण कोटि का है।

2. प्रशिक्षण-संस्थाओं में योग्य अध्यापकों का अभाव है।

3. प्रशिक्षण-संस्थाओं के पाठ्यक्रमों में नवीनता, सजीवता एवं वास्तविकता का अभाव है।

4. प्रशिक्षण-संस्थाओं द्वारा दिया जाने वाला प्रशिक्षण अधिकांश रूप से परम्परागत है।

5. प्रशिक्षण-संस्थाओं में सिखाई जाने वाली शिक्षण-विधियाँ घिसी-पिटी हैं और शिक्षा के वर्तमान उद्देश्यों की प्राप्ति में सहायता नहीं देती हैं।

6. प्राथमिक विद्यालयों के शिक्षकों को प्रशिक्षण देने वाली संस्थाओं का इन विद्यालयों की दैनिक समस्याओं से कोई सम्बन्ध नहीं है।

7. माध्यमिक विद्यालयों में शिक्षकों को प्रशिक्षण देने वाली संस्थाओं का इन विद्यालयों की दैनिक समस्याओं और विश्वविद्यालय के साहित्यिक जीवन से कोई सम्बन्ध नहीं है।

अध्यापक-शिक्षा के उपरिवर्णित दोषों का निराकरण करने के लिए 'आयोग' ने जो सुझाव दिये हैं, उनमें से निम्नांकित महत्त्वपूर्ण हैं—

(2) शिक्षक-शिक्षा की पृथक्ता का अन्त (Removal of Isolation of Teacher Education)—'**आयोग**' का कथन है—"**अध्यापकों की व्यावसायिक शिक्षा को प्रभावपूर्ण बनाने के लिए, उसे एक ओर विश्वविद्यालयों के साहित्यिक जीवन से और दूसरी ओर विद्यालय जीवन एवं शिक्षा सम्बन्धी नवीनतम विचारों के सम्पर्क में लाया जाना परम आवश्यक है।**" इस उद्देश्य की प्राप्ति के लिए 'आयोग' ने निम्नलिखित सुझाव प्रस्तुत किये हैं—

1. 'शिक्षा' विषय को विश्वविद्यालयों के बी. ए. एवं एम. ए. के पाठ्यक्रमों में सम्मिलित किया जाना चाहिए।

2. कुछ विशिष्ट विश्वविद्यालयों में अध्यापक शिक्षा के कार्यक्रमों के विकास, अध्ययन एवं अनुसन्धान के लिए 'शिक्षा-विभागों' (Schools of Education) की सृष्टि की जानी चाहिए।

3. सब प्रशिक्षण-संस्थाओं में 'प्रसार-सेवा विभाग' (Extension Service Depart-ment) का निर्माण किया जाना चाहिए।

4. प्रशिक्षण-काल के अध्यापकों के शिक्षण-अभ्यास के लिए केवल मान्यता प्राप्त स्कूलों का ही चयन किया जाना चाहिए।

5. प्रशिक्षण-संस्थाओं एवं उनसे सम्बद्ध शिक्षण अभ्यास (Teaching Practice) के स्कूलों के अध्यापकों को समय-समय पर एक-दूसरे के स्थान पर कार्य करना चाहिए।

6. विभिन्न प्रकार की शिक्षण-संस्थाओं की पृथक्ता का अन्त करने के लिए सबको 'ट्रेनिंग कॉलेजों' की संज्ञा दी जानी चाहिए और उनको अपने क्षेत्रों के विश्वविद्यालयों से सम्बद्ध किया जाना चाहिए।

7. सब राज्यों में 'कॉम्प्रीहेन्सिव कॉलेजों' (Comprehensive Colleges) की स्थापना की जानी चाहिए और उनमें शिक्षा के विभिन्न स्तरों के लिए अध्यापकों को प्रशिक्षण दिया जाना चाहिए।

8. प्रत्येक राज्य में 'अध्यापक-शिक्षा की राज्य-परिषद्' (State Board of Teacher Education) का निर्माण किया जाना चाहिए, जिस पर सब क्षेत्रों एवं स्तरों के प्रशिक्षण का उत्तरदायित्व होना चाहिए।

(3) व्यावसायिक शिक्षा की उन्नति (Improvement in Professional Education)—'**आयोग**' ने अध्यापकों की व्यावसायिक शिक्षा की गुणात्मक उन्नति करने के लिए निम्नांकित सिफारिशें की हैं—

1. शिक्षण के अभ्यास में गुणात्मक उन्नति करने के प्रयास किये जाने चाहिए।

2. छात्राध्यापकों के लिए विशिष्ट कार्यक्रमों एवं पाठ्यक्रमों का निर्माण किया जाना चाहिए।

3. अध्यापक-शिक्षा के सब स्तरों पर कार्यक्रमों एवं पाठ्यक्रमों को उन आधारभूत उद्देश्यों को ध्यान रखकर दोहराया जाना चाहिए जिनके लिए छात्राध्यापकों को तैयार किया जा रहा है।

4. सब प्रशिक्षण-संस्थाओं के पाठ्यक्रमों की शिक्षा एवं विषय-सामग्री में इस प्रकार रूपान्तर किया जाना चाहिए जिससे छात्राध्यापकों को विद्यालयों में पढ़ाये जाने वाले विषयों के उद्देश्यों, प्रयोजन एवं जटिलताओं का समुचित ज्ञान प्राप्त हो जाए।

5. विश्वविद्यालयों में सामान्य एवं व्यावसायिक शिक्षा के एकीकृत (Integrated) पाठ्यक्रम प्रचलित किये जाने चाहिए।

(4) प्रशिक्षण की अवधि (Period of Training)—**'आयोग'** ने विभिन्न प्रशिक्षण स्तरों की अवधि के विषय में निम्नलिखित विचार अंकित किये हैं—

1. प्राथमिक विद्यालयों के उन अध्यापकों के लिए जिन्होंने सेकण्डरी स्कूल कोर्स पास किया है, प्रशिक्षण की अवधि 2 वर्ष की होनी चाहिए।

2. माध्यमिक विद्यालयों के उन अध्यापकों के लिए, जो स्नातक हैं, प्रशिक्षण की अवधि अभी तो 1 वर्ष की होनी चाहिए, पर कुछ समय के पश्चात् 2 वर्ष की कर दी जानी चाहिए।

3. शिक्षा में स्नातकोत्तर (M.Ed.) पाठ्यक्रम की अवधि $1\frac{1}{2}$ वर्ष की होनी चाहिए।

(5) प्रशिक्षण-संस्थाओं की उन्नति (Improvement in Training Institutions)—**'आयोग'** ने प्रशिक्षण-संस्थाओं की गुणात्मक उन्नति करने के लिए निम्नांकित सिफारिशें की हैं—

1. ट्रेनिंग कॉलेजों के अध्यापकों के पास शिक्षा की उपाधि (Degree in Education) के अतिरिक्त दो स्नातकोत्तर उपाधियाँ (Post-Graduate Degree) होनी चाहिए।

2. ट्रेनिंग कॉलेजों के अध्यापकों को 'डॉक्टर' (Doctorate) की उपाधियों वाले शिक्षकों की संख्या उचित अनुपात में होनी चाहिए।

3. गणित, विज्ञान, मनोविज्ञान एवं समाजशास्त्र जैसे विषयों की शिक्षा देने के लिए विशेषज्ञों की नियुक्ति की जानी चाहिए, चाहे उन्होंने प्रशिक्षण प्राप्त न किया हो।

4. प्रत्येक प्रशिक्षण-संस्था से एक प्रयोगात्मक (Experimental) विद्यालय संलग्न होना चाहिए।

5. प्रशिक्षण-संस्थाओं में छात्राध्यापकों से किसी प्रकार का शुल्क नहीं लिया जाना चाहिए और उनको ऋण एवं छात्रवृत्तियों के रूप में आर्थिक सहायता देने की व्यवस्था की जानी चाहिए।

6. वर्तमान प्रशिक्षण-संस्थाओं के पुस्तकालयों, प्रयोगशालाओं आदि में सुधार किया जाना चाहिए, क्योंकि उनकी दशा अत्यधिक असन्तोषजनक है।

7. विद्यालयों में कार्य करने वाले अप्रशिक्षित शिक्षकों को प्रशिक्षण देने के लिए केन्द्रीय स्थानों पर 'ग्रीष्मकालीन संस्थाओं' (Summer Institutes) की योजना आरम्भ की जानी चाहिए।

8. प्राथमिक विद्यालयों के शिक्षकों को प्रशिक्षण देने वाली संस्थाओं के अध्यापकों के पास या तो 'शिक्षा' में एम. ए. (M.A. in Education) की उपाधि होनी चाहिए या बी. एड. (B.Ed.) की उपाधि के साथ-साथ कोई स्नातकोत्तर (M.A., M.Sc.) उपाधि होनी चाहिए।

(6) प्रशिक्षण सुविधाओं का विस्तार (Expansion of Training Facilities)—**'आयोग'** ने प्रशिक्षण-सुविधाओं का विस्तार करने के उद्देश्य से निम्नांकित विचार व्यक्त किये हैं—

1. प्रशिक्षण-संस्थाओं के आकार में एक निश्चित योजना के अनुसार पर्याप्त विस्तार किया जाना चाहिए।

2. पत्र-व्यवहार द्वारा शिक्षा एवं अल्पकालीन प्रशिक्षण की सुविधाओं में विस्तार किया जाना चाहिए।

3. शिक्षकों की माँग की पूर्ति करने और शिक्षण कार्य में संलग्न अप्रशिक्षित शिक्षकों को प्रशिक्षण देने के लिए प्रत्येक राज्य को प्रशिक्षण की सुविधाओं में विस्तार करने के लिए योजना तैयार करनी चाहिए।

4. विद्यालय शिक्षकों को अध्यापन कार्य करते हुए शिक्षा तथा प्रशिक्षण प्राप्त करने की सुविधाएँ प्रदान करने के लिए विश्वविद्यालयों तथा प्रशिक्षण-संस्थानों को विभिन्न प्रकार के कार्यक्रमों का आयोजन करना चाहिए।

5. छात्र-संख्या व जनबल
(NO. OF STUDENT AND MANPOWER)

'आयोग' ने 'छात्र-संख्या एवं जनबल' के अन्तर्गत 2 मुख्य विषयों पर विचार किया है—छात्र-संख्या की राष्ट्रीय नीति और माध्यमिक एवं उच्च शिक्षा की छात्र-संख्या सम्बन्धी नीतियाँ। हम निम्नांकित पंक्तियों में इनका वर्णन कर रहे हैं; यथा—

(1) छात्र-संख्या की राष्ट्रीय नीति (National Enrolment Policy)—**'आयोग'** का कथन है—आगामी बीस वर्षों में छात्र-संख्या से सम्बन्धित राष्ट्रीय नीति से सामान्य रूप से निम्नलिखित लक्ष्य होने चाहिए—

1. प्रत्येक बालक एवं बालिका को कम-से-कम 7 वर्ष तक निःशुल्क एवं अनिवार्य शिक्षा देना।
2. निम्न माध्यमिक शिक्षा का अधिक-से-अधिक सम्भव विस्तार करना।
3. इच्छुक एवं योग्य व्यक्तियों के लिए उच्चतर माध्यमिक एवं विश्वविद्यालय शिक्षा का प्रबन्ध करना।
4. उपर्युक्त दोनों प्रकार की शिक्षा को प्रशिक्षित व्यक्तियों की माँग के अनुरूप बनाना।
5. उपर्युक्त दोनों प्रकार की शिक्षा के आवश्यक स्तरों को यथावत् बनाए रखना।
6. उपर्युक्त दोनों प्रकार की शिक्षा ग्रहण करने के लिए निर्धन छात्रों को पर्याप्त आर्थिक सहायता देना।
7. व्यावसायिक, प्राविधिक एवं जीविका-सम्बन्धी शिक्षा (Professional, Technical and Vocational Education) के विस्तार पर बल देना।
8. कृषि एवं उद्योगों की उन्नति के लिए प्रशिक्षित व्यक्तियों को तैयार करना।
9. प्रतिभाशाली छात्रों का चयन करके, उनको अपनी सब शक्तियों का पूर्ण विकास करने में सहायता देना।
10. जनसाधारण की निरक्षरता का उन्मूलन करना।
11. वयस्क-शिक्षा एवं अनवरत शिक्षा (Continuation Education) के उपयुक्त कार्यक्रमों को क्रियान्वित करना।
12. शैक्षिक अवसरों में समानता स्थापित करने के लिए निरन्तर प्रयत्न करना।

(2) माध्यमिक व उच्च शिक्षा में छात्र-सम्बन्धी नीतियाँ (Enrolment Policies in Secondary and Higher Education)—इन नीतियों का मुख्य उद्देश्य, जैसा कि 'आयोग' के निम्नांकित विचारों से विदित हो जायेगा, छात्रों की बढ़ती हुई भीड़ को रोकना है—

1. उत्तर-प्राथमिक शिक्षा (Post-Primary Education) में छात्र-संख्या सम्बन्धी नीति को निम्नांकित 3 तथ्यों को ध्यान में रखकर निर्धारित किया जाना चाहिए—(i) माध्यमिक एवं उच्च शिक्षा के लिए जनता की माँग, (ii) छात्रों की सब जन्मजात योग्यताओं का पूर्ण विकास; (iii) शिक्षा के विभिन्न स्तरों पर उत्तम शैक्षिक सुविधाओं की व्यवस्था करने की समाज की क्षमता, और (iv) जनबल की आवश्यकताएँ।

2. प्रथम तीन पंचवर्षीय योजनाओं में मानसिक एवं उच्च शिक्षा के लिए जनता की माँग में अत्यधिक वृद्धि हुई है और भविष्य में होती रहेगी। शिक्षा की इस बढ़ती हुई माँग को पूर्ण करने के लिए शिक्षकों, धन या शिक्षण-सामग्री को जुटाना देश की आर्थिक स्थिति को ध्यान में रखते हुए असम्भव है। अतः हायर सेकेण्डरी स्कूलों, कॉलेजों एवं विश्वविद्यालयों में शिक्षा ग्रहण करने के इच्छुक छात्रों के सम्बन्ध में 'चयनात्मक प्रवेश-प्रणाली' (Policy of Selective Admissions) की नीति का अनुसरण किया जाना आवश्यक है।

3. समस्त योग्य छात्रों को माध्यमिक एवं उच्च शिक्षा प्रदान करने के लक्ष्य को प्राप्त करने में धनी समाज भी कठिनाई का अनुभव करते हैं। कम-से-कम निकट भविष्य में भारत द्वारा इस लक्ष्य की प्राप्ति असम्भव है। हमें इस लक्ष्य की प्राप्ति का प्रयास करना चाहिए। पर जब तक हम ऐसा न कर सकें, तब तक

हमारी छात्र-संख्या सम्बन्धी राष्ट्रीय नीति का लक्ष्य यह होना चाहिए—माध्यमिक शिक्षा समाप्त करने वाले प्रतिभाशाली छात्रों में से 5 से 15 प्रतिशत को उच्च शिक्षा प्राप्त करने की आज्ञा दी जानी चाहिए और इन छात्रों को आर्थिक कठिनाइयों का समाधान करने के लिए इनको उदारतापूर्वक छात्रवृत्तियाँ दी जानी चाहिए।

4. पिछले समय में धन, योग्य शिक्षकों, शिक्षण-सामग्री आदि के अभाव के प्रति ध्यान न देकर माध्यमिक एवं उच्च शिक्षा का विस्तार तीव्र गति से किया गया है। परिणामस्वरूप, शिक्षा का स्तर गिर गया है। अत: देश के हित को ध्यान में रखकर भविष्य में इस नीति का अनुसरण नहीं किया जाना चाहिए।

5. भविष्य में शिक्षा की सुविधाओं का विस्तार—शिक्षित व्यक्तियों को रोजगार मिलने के अवसरों को ध्यान में रखकर किया जाना चाहिए।

6. शैक्षिक अवसरों की समानता
(EQUALIZATION OF EDUCATIONAL OPPORTUNITIES)

'आयोग' के शब्दों में—**''शिक्षा का एक महत्त्वपूर्ण सामाजिक उद्देश्य—शिक्षा प्राप्त करने के अवसरों में समानता स्थापित करना है, ताकि पिछड़े हुए या कम अधिकारों वाले वर्ग एवं व्यक्ति अपनी दशा में सुधार करने के लिए शिक्षा को साधन के रूप में प्रयोग कर सकें।''**

"One of the important social objectives of education is to equalize opportunity enabling the backward or underprivileged classes and individuals to use education as a lever for the improvement of their condition." —*Education Commission Report,* p. 108.

'आयोग' ने शिक्षा के क्षेत्र में दो मुख्य प्रकार की व्यापक असमानताएँ बताई हैं—(i) शिक्षा के सब पक्षों एवं स्तरों पर बालकों एवं बालिकाओं की शिक्षा में व्यापक असमानता, और (ii) उन्नत वर्गों, पिछड़े वर्गों, अछूत जातियों, पहाड़ी जातियों एवं आदिवासियों की शिक्षा में व्यापक असमानता। इन दोनों प्रकार की असमानताओं को दूर करने के लिए, 'आयोग' ने 4 सुझाव दिये हैं—(1) नि:शुल्क शिक्षा की व्यवस्था, (2) शिक्षा के खर्चों में कमी, (3) छात्रवृत्तियों की व्यवस्था, और (4) छात्रवृत्तियों की योजना। हम इन चारों सुझावों से सम्बन्धित 'आयोग' के विचारों को लिपिबद्ध कर रहे हैं; यथा—

(1) नि:शुल्क शिक्षा (Free Education)—**'आयोग'** ने नि:शुल्क शिक्षा के सम्बन्ध में अधोलिखित विचार व्यक्त किये हैं—

1. चौथी पंचवर्षीय योजना के अन्त से प्राथमिक शिक्षा को नि:शुल्क कर दिया जाना चाहिए।

2. पाँचवीं पंचवर्षीय योजना के अन्त तक या उससे पूर्व निम्न माध्यमिक शिक्षा को नि:शुल्क कर दिया जाना चाहिए।

3. पाँचवीं पंचवर्षीय योजना के अन्त से 10 वर्ष की अवधि में उच्चतर माध्यमिक एवं विश्वविद्यालय शिक्षा को योग्य एवं निर्धन छात्रों के लिए नि:शुल्क कर दिया जाना चाहिए।

(2) शिक्षा के खर्चों में कमी (Reduction in Costs of Education)—**'आयोग'** ने शिक्षा के खर्चों में कमी करने के लिए निम्नलिखित विचार प्रकट किये हैं—

1. प्राथमिक विद्यालयों के छात्रों को पाठ्य-पुस्तकें एवं लेखन-सामग्री मुफ्त दी जानी चाहिए।

2. माध्यमिक विद्यालयों, कॉलेजों एवं विश्वविद्यालयों में 'पुस्तक-गृहों' (Book-Banks) की व्यवस्था की जानी चाहिए, जहाँ से छात्रों को पाठ्य-पुस्तकें दी जानी चाहिए।

3. माध्यमिक विद्यालयों एवं उच्च शिक्षा की संस्थाओं के पुस्तकालयों में पाठ्य-पुस्तकें पर्याप्त संख्या में होनी चाहिए, ताकि छात्र उनका प्रयोग कर सकें।

4. योग्य छात्रों को पाठ्य-पुस्तकों एवं अन्य आवश्यक पुस्तकों को खरीदने के लिए आर्थिक सहायता दी जानी चाहिए।

(3) छात्रवृत्तियों की व्यवस्था (Provision for Scholarship)—**'आयोग'** ने छात्रवृत्तियों के सम्बन्ध में निम्नांकित विचार लिपिबद्ध किए हैं—

1. निम्न प्राथमिक स्तर के उपरान्त शिक्षा के सभी स्तरों पर छात्रवृत्तियों के कार्यक्रम को संगठित किया जाना चाहिए।

2. जब छात्र—शिक्षा के एक स्तर से दूसरे स्तर पर पहुँचे, तब इस बात का पूर्ण ध्यान रखा जाना चाहिए कि कोई निर्धन पर योग्य विद्यार्थी—छात्रवृत्ति न मिल सकने के कारण अपनी भावी शिक्षा से वंचित न रह जाय।

3. उच्चतर प्राथमिक स्तर पर सन् 1975-76 तक 2·5 प्रतिशत प्रतिभाशाली छात्रों को और सन् 1985-86 तक 5 प्रतिशत योग्य छात्रों को छात्रवृत्तियाँ दी जानी चाहिए।

4. माध्यमिक स्तर पर 15 प्रतिशत प्रतिभाशाली छात्रों को छात्रवृत्तियाँ दी जानी चाहिए।

5. पूर्व-स्नातक-स्तर पर सन् 1975-76 तक 15 प्रतिशत योग्य छात्रों को और सन् 1985-86 तक 25 प्रतिशत योग्य छात्रों को छात्रवृत्तियाँ दी जानी चाहिए।

6. स्नातकोत्तर-स्तर पर सन् 1975-76 तक 25 प्रतिशत छात्रों को और सन् 1985-86 तक 50 प्रतिशत योग्य छात्रों को छात्रवृत्तियाँ दी जानी चाहिए।

7. विश्वविद्यालय-स्तर पर दो प्रकार की छात्रवृत्तियों की व्यवस्था की जानी चाहिए—(i) छात्रावासों में रहकर कॉलेज या विश्वविद्यालय में अध्ययन करने वाले छात्रों के लिए। इन छात्रों को छात्रवृत्तियों के रूप में इतना धन दिया जाना चाहिए, जिससे शिक्षा से सम्बन्धित सम्पूर्ण प्रत्यक्ष एवं अप्रत्यक्ष व्यय की पूर्ति हो जाय। (ii) अपने घरों पर रहकर अध्ययन करने वाले छात्रों के लिए। इन छात्रों को केवल इतनी आर्थिक सहायता दी जानी चाहिए, जिससे अधिकांश प्रत्यक्ष एवं अप्रत्यक्ष व्यय की पूर्ति हो जाय।

(4) छात्रवृत्तियों की योजनाएँ (Schemes of Scholarship)—**'आयोग'** ने छात्रवृत्तियों की अनेक प्रकार की योजनाओं के बारे में अपने विचार अंकित किए हैं; यथा—

1. राष्ट्रीय छात्रवृत्तियों (National Scholarship) की योजना का विस्तार एवं विकेन्द्रीकरण किया जाना चाहिए।

2. राष्ट्रीय छात्रवृत्तियों की योजना की पूर्ति करने के लिए 'विश्वविद्यालय-अनुदान आयोग' द्वारा 'विश्वविद्यालय-छात्रवृत्तियों' (University Scholarship) की योजना आरम्भ की जानी चाहिए।

3. व्यावसायिक शिक्षा (Vocational Education) ग्रहण करने वाले विद्यार्थियों से विद्यालय-स्तर पर 30 प्रतिशत को एवं कॉलेज-स्तर पर 50 प्रतिशत छात्रों को छात्रवृत्तियाँ प्रदान की जानी चाहिए।

4. ऋण-छात्रवृत्तियों (Loan Scholarship) की योजना को कुछ सीमा तक सामान्य शिक्षा प्राप्त करने वाले योग्य छात्रों के लिए क्रियान्वित किया जाना चाहिए।

5. उक्त योजना को विज्ञान एवं व्यावसायिक शिक्षा ग्रहण करने वाले सब छात्रों के लिए अनिवार्य रूप से लागू किया जाना चाहिए।

6. असाधारण प्रतिभा के विद्यार्थियों को विदेशों में उच्च शिक्षा प्राप्त करने के लिए प्रतिवर्ष 500 छात्रवृत्तियाँ प्रदान की जानी चाहिए।

7. छात्रवृत्तियों पर किये जाने वाले व्यय को कम करने के लिए विद्यार्थियों को आवागमन एवं अध्ययन-काल में धनोपार्जन की सुविधाएँ दी जानी चाहिए।

7. विद्यालय-शिक्षा का विस्तार
(EXPANSION OF SCHOOL EDUCATION)

'आयोग' की धारणा है कि यद्यपि पिछले समय में विद्यालय-शिक्षा का पर्याप्त विस्तार हुआ है, तथापि देश की आवश्यकताओं को पूर्ण न कर सकने के कारण, उसको सन्तोषजनक नहीं कहा जा सकता है। अपनी इस धारणा के फलस्वरूप 'आयोग' ने विद्यालय-शिक्षा के विभिन्न अंगों के विस्तार के विषय में अपने विचार प्रकट किये हैं और सुझाव भी दिए हैं। हम इनका वर्णन निम्नांकित शीर्षकों के अन्तर्गत उपस्थित कर रहे हैं; यथा—

(1) पूर्व-प्राथमिक शिक्षा का विस्तार (Expansion of Pre-Primary Education)—'आयोग' ने पूर्व-प्राथमिक शिक्षा के विस्तार के लिए निम्नांकित सुझाव दिये हैं—

1. प्रत्येक राज्य के 'राज्य-शिक्षा-संस्थान' (State Institute of Education) में पूर्व-प्राथमिक शिक्षा के विस्तार के लिए राज्य-स्तर पर केन्द्र की स्थापना की जानी चाहिए।

2. प्रत्येक जिले में पूर्व-प्राथमिक शिक्षा का विस्तार करने के लिए एक केन्द्र की सृष्टि की जानी चाहिए। इस केन्द्र के मुख्य कार्य निम्नांकित होने चाहिए—(i) पूर्व-प्राथमिक विद्यालयों के शिक्षकों को प्रशिक्षण देना, (ii) इन विद्यालयों में कार्य करने वाले शिक्षकों के अध्यापक का निरीक्षण करना और इन शिक्षकों के लिए 'अभिनवन-पाठ्यक्रमों' (Refresher Courses) का संचालन करना।

3. व्यक्तिगत प्रबन्धकों को उदार आर्थिक सहायता देकर, पूर्व-प्राथमिक विद्यालयों की स्थापना एवं संचालन करने के लिए प्रेरणा दी जानी चाहिए।

4. पूर्व-प्राथमिक शिक्षा में परीक्षण-कार्य (Experimentation) को प्रोत्साहित किया जाना चाहिए ताकि इस शिक्षा के विस्तार के लिए कम खर्चीले उपायों की खोज की जा सके।

5. पूर्व-प्राथमिक विद्यालयों के कार्यक्रमों में ज्ञानेन्द्रिय-शिक्षा (Sensorial Education) के अतिरिक्त विभिन्न प्रकार की शारीरिक क्रियाओं को स्थान दिया जाना चाहिए।

6. शिशुओं के 'खेल-केन्द्रों' (Play Centres) को प्राथमिक विद्यालयों से सम्बद्ध किया जाना चाहिए।

(2) प्राथमिक शिक्षा का विस्तार (Expansion of Primary Education)—'आयोग' ने प्राथमिक शिक्षा के विस्तार के लिए निम्नांकित सुझाव दिये हैं—

1. सन् 1975-76 तक देश के सब बच्चों के लिए 5 वर्ष की उत्तम प्राथमिक शिक्षा की व्यवस्था की जानी चाहिए।

2. सन् 1985-86 तक देश के सब बच्चों के लिए 7 वर्ष की उत्तम प्राथमिक शिक्षा की योजना पूर्ण कर दी जानी चाहिए और भारतीय संविधान द्वारा प्रतिपादित लक्ष्य की प्राप्ति हो जानी चाहिए।

3. अपव्यय व अवरोधन (Wastage and Stagnation) को अधिक-से-अधिक कम करने के लिए प्रयास किये जाने चाहिए।

4. जो बालक कक्षा 7 पास करने के समय 14 वर्ष के न हों और अपनी सामान्य शिक्षा के क्रम को जारी न रखना चाहते हों, उनको इस आयु तक उनकी रुचि के अनुसार व्यावसायिक शिक्षा दी जानी चाहिए।

5. प्राथमिक शिक्षा का विस्तार करने के लिए प्राथमिक विद्यालयों की स्थापना इस प्रकार की जानी चाहिए कि लोअर प्राइमरी स्कूल और अपर प्राइमरी स्कूल किसी बालक के घर से क्रमशः 1 और 3 मील से अधिक दूर न हों।

6. जो बालक निम्न प्राथमिक शिक्षा प्राप्त करने के बाद आगे अध्ययन न करना चाहते हों, उनके लिए अल्पकालीन शिक्षा की व्यवस्था की जानी चाहिए।

(3) माध्यमिक शिक्षा का विस्तार (Expansion of Secondary Education)—'आयोग' का मत है कि धनाभाव के कारण कुछ वर्षों तक माध्यमिक शिक्षा का सार्वभौमिक बनाया जाना सम्भव नहीं है। अतः माध्यमिक शिक्षा का विस्तार निम्नलिखित उपायों एवं सिद्धान्तों को ध्यान में रखकर किया जाना चाहिए—

1. माध्यमिक विद्यालयों में विद्यार्थियों की संख्या को शिक्षित व्यक्तियों की आवश्यकता के अनुसार निश्चित किया जाना चाहिए।

2. माध्यमिक शिक्षा का व्यवसायीकरण (Vocationalization) इस प्रकार किया जाना चाहिए कि निम्न माध्यमिक स्तर पर 20 प्रतिशत छात्रों को एवं उच्चतर माध्यमिक स्तर पर 50 प्रतिशत छात्रों को व्यावसायिक शिक्षा प्रदान की जा सके।

3. माध्यमिक शिक्षा के अवसरों की समानता स्थापित की जानी चाहिए।

4. बालिकाओं, जनजातियों एवं अछूत जातियों में माध्यमिक शिक्षा का प्रसार करने के लिए विशेष योजनाओं का निर्माण किया जाना चाहिए।

5. प्रत्येक जिले में माध्यमिक शिक्षा के प्रसार के लिए योजनाएँ तैयार की जानी चाहिए और उनको 1[illegible] वर्ष की अवधि में पूर्णरूप से क्रियान्वित कर दिया जाना चाहिए।

6. माध्यमिक विद्यालयों में अध्ययन करने के लिए केवल योग्य छात्रों का ही चयन किया जाना चाहिए।

7. निम्न एवं उच्चतर माध्यमिक स्तरों पर छात्रों की पूर्णकालीन एवं अल्पकालीन व्यावसायिक शिक्षा की सुविधाएँ प्रदान की जानी चाहिए।

8. बालिकाओं की शिक्षा का विस्तार करने के लिए आगामी 20 वर्षों में ठोस कदम उठाये जाने चाहिए।

(4) माध्यमिक शिक्षा का व्यवसायीकरण (Vocationalization of Secondary Education)—**'आयोग'** ने माध्यमिक शिक्षा के व्यवसायीकरण पर विशेष बल दिया है और इसका कारण बताते हुए लिखा है—**''माध्यमिक स्कूल के स्तर पर शिक्षा का व्यवसायीकरण करके, शिक्षा और उत्पादन में सम्बन्ध स्थापित किया जा सकता है।''**

"The link between education and productivity can be forged through vocationalization of education at the secondary school level."

—*Education Commission Report,* p. 6.

'आयोग' ने अपने विचार को ध्यान में रखते हुए, पहले व्यावसायिक शिक्षा के विषय में सामान्य सुझाव दिए हैं और उसके बाद निम्न एवं उच्च माध्यमिक स्तरों पर व्यावसायिक शिक्षा के सम्बन्ध में अपनी सिफारिशें प्रस्तुत की हैं; यथा—

(i) सामान्य सुझाव (General Suggestions)—'आयोग' ने व्यावसायिक शिक्षा के सम्बन्ध में निम्नांकित सुझाव दिये हैं—

1. माध्यमिक शिक्षा का विशेष रूप से अधिक-से-अधिक व्यवसायीकरण किया जाना चाहिए।

2. उद्योगों के लिए प्रशिक्षित व्यक्तियों की माँग की पूर्ति करने के लिए माध्यमिक शिक्षा को व्यावसायिक बनाया जाना चाहिए।

3. निम्न एवं उच्चतर माध्यमिक स्तरों पर पूर्णकालीन एवं अल्पकालीन व्यावसायिक शिक्षा की व्यवस्था की जानी चाहिए।

4. माध्यमिक विद्यालयों को व्यावसायिक बनाने के लिए केन्द्रीय सरकार द्वारा राज्य-सरकारों को विशेष अनुदान दिए जाने चाहिए।

5. बालिकाओं को व्यावसायिक शिक्षा की सुविधाएँ प्राप्त की जानी चाहिए।

(ii) निम्न माध्यमिक स्तर (Lower Secondary Stage)—'आयोग' ने निम्न माध्यमिक स्तर पर व्यावसायिक शिक्षा के सम्बन्ध में निम्नांकित सिफारिशें की हैं—

1. निम्न माध्यमिक स्तर पर व्यावसायिक शिक्षा प्राप्त करने वाले विद्यार्थियों की संख्या सन् 1986 तक इस स्तर की सम्पूर्ण छात्र-संख्या की लगभग 20 प्रतिशत कर दी जानी चाहिए।

2. औद्योगिक प्रशिक्षण-संस्थाओं (Industrial Training Institutes) में प्राथमिक शिक्षा समाप्त करने वाले छात्र प्रवेश कर सकते हैं। इस समय इन संस्थाओं में प्रवेश करने की आयु 15 वर्ष है। इस प्रवेश-आयु को कम करके 14 वर्ष कर दिया जाना चाहिए ताकि प्राथमिक शिक्षा समाप्त करने वाले छात्रों को इन संस्थाओं में प्रवेश करने के लिए 1 वर्ष तक प्रतीक्षा न करनी पड़े।

3. टेकनिकल स्कूलों में पढ़ाए जाने वाले 'अन्तिम पाठ्यक्रमों' (Terminal Courses) में विस्तार किया जाना चाहिए, ताकि छात्रों को विभिन्न उद्योगों के लिए प्रशिक्षण प्राप्त हो सके।

4. कुछ छात्र 7वीं या 8वीं कक्षा के बाद अपने पारिवारिक व्यवसाय में प्रवेश करने के लिए या कोई छोटा-मोटा निजी कारोबार करने के लिए विद्यालयों को छोड़ देते हैं। ऐसे छात्रों के लिए विविध प्रकार की अल्पकालीन शिक्षा की व्यवस्था की जानी चाहिए।

5. ग्रामीण क्षेत्रों के अनेक बालक अपने परिवारों के कृषि-सम्बन्धी कार्यों में सहयोग देने के लिए प्राथमिक शिक्षा समाप्त करने के बाद किसी प्रकार की शिक्षा ग्रहण नहीं करते हैं। ऐसे बालकों के लिए कृषि-सम्बन्धी पाठ्यक्रमों का आयोजन किया जाना चाहिए।

6. प्राथमिक शिक्षा पूर्ण करने से पूर्व या कुछ समय पश्चात् अनेक बालिकाओं में विवाह हो जाते हैं। ऐसी बालिकाओं के लिए गृह-विज्ञान एवं सामान्य शिक्षा का प्रबन्ध किया जाना चाहिए।

(iii) उच्चतर माध्यमिक स्तर (Higher Secondary Stage)—'आयोग' ने उच्चतर माध्यमिक स्तर पर व्यावसायिक शिक्षा के विषय में नीचे लिखी सिफारिशें की हैं—

1. उच्चतर माध्यमिक स्तर पर व्यावसायिक शिक्षा प्राप्त करने वाले विद्यार्थियों की संख्या सन् 1986 तक इस स्तर की सम्पूर्ण छात्र-संख्या की लगभग 50 प्रतिशत कर दी जानी चाहिए।

2. पॉलिटेकनीकों (Polytechnics) में विभिन्न विषयों के पूर्णकालीन पाठ्यक्रमों की सुविधाओं में विस्तार किया जाना चाहिए।

3. उच्चतर माध्यमिक विद्यालयों में विभिन्न उद्योगों से सम्बन्धित पूर्णकालीन और अल्पकालीन शिक्षा का आयोजन किया जाना चाहिए।

4. विभिन्न उद्योगों में कार्य करने वाले जो व्यक्ति व्यावसायिक शिक्षा ग्रहण करना चाहते हैं, उन्हें अवकाश दिया जाना चाहिए और उनके लिए 'पत्राचार पाठ्यक्रमों' (Correspondence Courses) का कार्यक्रम आरम्भ किया जाना चाहिए।

5. कृषि एवं इंजीनियरिंग के कार्यों में संलग्न उन व्यक्तियों के लिए जो अपने ज्ञान का नवीनीकरण करना चाहते हैं, कृषि और इंजीनियरिंग के पॉलिटेकनीकों में 'संक्षिप्त सघन-पाठ्यक्रमों' (Short Condensed Courses) की व्यवस्था की जानी चाहिए।

6. कुछ औद्योगिक प्रशिक्षण-संस्थाएँ ऐसी हैं, जिनमें 10वीं कक्षा पास करने के बाद ही बालकों का प्रवेश होता है। इन संस्थाओं के पाठ्यक्रमों में अति तीव्र गति से विस्तार किया जाना चाहिए।

7. स्वास्थ्य, वाणिज्य, प्रशासन, लघु-उद्योगों आदि से सम्बन्धित 6 माह से 3 वर्ष तक के पाठ्यक्रमों की व्यवस्था की जानी चाहिए।

8. विद्यालय-पाठ्यक्रम
(SCHOOL CURRICULUM)

'आयोग' का मत है कि विद्यालय-पाठ्यक्रम में अनेक दोषों का समावेश हो गया है। इन दोषों को दूर करने और पाठ्यक्रम में सुधार करने के लिए, 'आयोग' ने विभिन्न कक्षाओं के लिए जो पाठ्यक्रम निर्धारित किये हैं, उनका वर्णन द्रष्टव्य है—

1. निम्न प्राथमिक स्तर : Lower Primary Stage : Classes I to IV

1. एक भाषा—मातृभाषा या क्षेत्रीय भाषा (Mother Tongue or Regional Language), 2. गणित (Mathematics), 3. वातावरण का अध्ययन (Study of Environment)—कक्षा 3 और 4 में विज्ञान एवं सामाजिक अध्ययन की शिक्षा, 4. सृजनात्मक क्रियाएँ (Creative Activities), 5. कार्य-अनुभव एवं समाज-सेवा (Work Experience and Social Service), 6. स्वास्थ्य-शिक्षा (Health Education)।

2. उच्चतर माध्यमिक स्तर : Higher Primary Stage : Classes V to VII

1. दो भाषाएँ—(अ) मातृभाषा या क्षेत्रीय भाषा, (ब) हिन्दी या अंग्रेजी, 2. गणित, 3. विज्ञान, 4. सामाजिक अध्ययन (इतिहास, भूगोल एवं नागरिकशास्त्र), 5. कला (Art), 6. कार्य-अनुभव एवं समाज-सेवा, 7. शारीरिक शिक्षा (Physical Education), 8. नैतिक एवं आध्यात्मिक मूल्यों की शिक्षा (Education in Moral and Spiritual Values)।

3. निम्न माध्यमिक स्तर : Lower Secondary Stage : Classes VIII to X

1. तीन भाषाएँ—अहिन्दी-भाषी क्षेत्रों में सामान्य रूप से निम्नांकित भाषाएँ होनी चाहिए—(अ) मातृभाषा या क्षेत्रीय भाषा, (ब) उच्च या निम्न स्तर की हिन्दी, (स) उच्च या निम्न स्तर की अंग्रेजी। हिन्दी-भाषी क्षेत्रों में सामान्य रूप से निम्नांकित भाषाएँ होनी चाहिए—(अ) मातृभाषा या क्षेत्रीय भाषा, (ब) अंग्रेजी (या हिन्दी, यदि अंग्रेजी मातृभाषा की रूप में ली गई है), (स) हिन्दी के अतिरिक्त एक अन्य आधुनिक भारतीय भाषा, 2. गणित, 3. विज्ञान, 4. इतिहास, भूगोल तथा नागरिकशास्त्र, 5. कला, 6. कार्य-अनुभव एवं समाज-सेवा, 7. शारीरिक शिक्षा, 8. नैतिक एवं आध्यात्मिक मूल्यों की शिक्षा।

4. उच्चतर माध्यमिक स्तर : Higher Secondary Stage : Classes XI & XII

1. कोई दो भाषाएँ—जिसमें कोई आधुनिक भारतीय भाषा, कोई आधुनिक विदेशी भाषा एवं कोई शास्त्रीय भाषा सम्मिलित हों, 2. निम्नलिखित में से कोई तीन विषय—(i) एक अतिरिक्त भाषा, (ii) इतिहास, (iii) भूगोल, (iv) अर्थशास्त्र, (v) तर्कशास्त्र (Logic), (vi) मनोविज्ञान, (vii) समाजशास्त्र, (viii) कला, (ix) भौतिकशास्त्र, (x) रसायनशास्त्र, (xi) गणित, (xii) जीव-विज्ञान, (xiii) भूगर्भशास्त्र (Geology), (xiv) गृह-विज्ञान (Home Science), 3. कार्य-अनुभव एवं समाज-सेवा, 4. शारीरिक शिक्षा, 5. कला या शिल्प (Art or Craft), 6. नैतिक एवं आध्यात्मिक मूल्यों की शिक्षा।

5. त्रिभाषा-सूत्र में संशोधन : Amendment in the Three-Language Formula

त्रिभाषा-सूत्र के सम्बन्ध में 'आयोग' ने लिखा है—यह फार्मूला सन् 1956 में 'केन्द्रीय शिक्षा सलाहकार बोर्ड' (Central Advisory Board of Education) के द्वारा प्रतिपादित किया गया था और सन् 1961 में मुख्यमन्त्रियों के सम्मेलन में स्वीकार किया गया था, किन्तु व्यावहारिक रूप में इस फार्मूले को सफलता प्राप्त नहीं हुई है और इसका यह कहकर घोर विरोध किया जा रहा है कि इसने पाठ्यक्रम को भाषाओं की दृष्टि से बहुत बोझिल बना दिया है। अतः इस सूत्र में संशोधन किया जाना अनिवार्य है। यह संशोधन अधोलिखित सिद्धान्तों के आधार पर किया जाना चाहिए—

1. संघ की राजभाषा के रूप में हिन्दी—मातृभाषा के बाद महत्त्वपूर्ण स्थान प्राप्त करे।
2. छात्रों के लिए अंग्रेजी का ज्ञान उपयोगी है।
3. तीन भाषाओं की शिक्षा प्राप्त करने के लिए सबसे अधिक उपयुक्त स्तर—निम्नतर माध्यमिक है।
4. हिन्दी या अंग्रेजी की शिक्षा उस समय आरम्भ की जाय, जब इनके लिए प्रेरणा या आवश्यकता का अनुभव किया जाय।
5. किसी भी स्तर पर चार भाषाओं के अध्ययन को अनिवार्य न बनाया जाय।

'आयोग' ने उपरिअंकित सिद्धान्तों के आधार पर त्रिभाषा-सूत्र का संशोधित रूप इस प्रकार प्रस्तावित किया है—

(i) मातृभाषा या क्षेत्रीय अथवा प्रादेशिक भाषा।
(ii) संघ की राजभाषा या सह-राजभाषा (जिस समय तक वह है)।
(iii) एक आधुनिक भारतीय भाषा या यूरोपीय भाषा, छात्र ने पाठ्यक्रम में से चुनी न हो और जो शिक्षा का माध्यम न हो।

6. भाषाओं का अध्ययन : Study of Languages

'आयोग' ने शिक्षा के विभिन्न स्तरों पर भाषाओं के अध्ययन के विषय में निम्नांकित विचार लिपिबद्ध किये हैं—

1. निम्न प्राथमिक स्तर पर छात्रों को साधारणतः एक भाषा का अध्ययन करना चाहिए। यह भाषा—मातृभाषा या क्षेत्रीय अथवा प्रादेशिक भाषा होनी चाहिए।

2. उच्चतर प्राथमिक स्तर पर छात्रों को दो भाषाओं का अध्ययन करना चाहिए। ये भाषाएँ—मातृभाषा या प्रादेशिक भाषा और उनके राज्य की राजभाषा या सह-राजभाषा होनी चाहिए।

3. निम्न माध्यमिक स्तर पर छात्रों की तीन भाषाओं का अध्ययन करना चाहिए। वे भाषाएँ—मातृभाषा या प्रादेशिक भाषा, राजभाषा या सह-राजभाषा और एक आधुनिक भारतीय भाषा होनी चाहिए।

4. प्रत्येक राज्य के कुछ चुने हुए विद्यालयों में अंग्रेजी के अलावा अन्य विदेशी भाषाओं की शिक्षा दी जानी चाहिए और छात्रों को उन्हें अंग्रेजी या हिन्दी के बजाय अध्ययन करने के लिए प्रोत्साहित किया जाना चाहिए।

5. अहिन्दी क्षेत्रों के कुछ चुने हुए विद्यालयों में आधुनिक भारतीय भाषाओं की शिक्षा दी जानी चाहिए और छात्रों को उन्हें अंग्रेजी या हिन्दी के बजाय अध्ययन करने के लिए प्रेरित किया जाना चाहिए।

6. उच्च शिक्षा की संस्थाओं में छात्रों के लिए किसी भी भाषा का अध्ययन अनिवार्य नहीं होना चाहिए।

7. हिन्दी के अध्ययन को प्रोत्साहित करने के लिए सम्पूर्ण देश के विभिन्न स्थानों में कार्यक्रमों का आयोजन किया जाना चाहिए, पर किसी को हिन्दी का अध्ययन करने के लिए विवश नहीं किया जाना चाहिए।

8. अंग्रेजी की शिक्षा 5वीं कक्षा से पहले आरम्भ नहीं होनी चाहिए।

9. संस्कृत या अरबी के समान शास्त्रीय भाषाओं की शिक्षा 8वीं कक्षा से आरम्भ होनी चाहिए, पर इन भाषाओं को वैकल्पिक विषयों में स्थान दिया जाना चाहिए।

10. शास्त्रीय भाषाओं के अध्ययन के लिए उच्च शिक्षा के केन्द्रों की स्थापना की जानी चाहिए।

9. शिक्षण-विधियाँ, निर्देशन व मूल्यांकन
(TEACHING METHODS, GUIDANCE AND EVALUATION)

'आयोग' ने विद्यालयों में शिक्षण-विधियों, पाठ्य-पुस्तकों, निर्देशन एवं मूल्यांकन के विषय में अत्यन्त सारगर्भित विचार वाक्यबद्ध किये हैं। हम आपके समक्ष इनका वर्णन उपस्थित कर रहे हैं; यथा—

(1) शिक्षण-विधियों में सुधार (Improvement in Teaching Methods)—'आयोग' के मतानुसार, हमारे विद्यालयों में प्रयोग की जाने वाली शिक्षण-विधियाँ अब भी प्राचीन तथा परम्परागत हैं। अत: वे छात्रों की दृष्टि से तनिक भी लाभप्रद नहीं हैं। उनमें सुधार करने के लिए 'आयोग' ने अनेक उपयोगी सुझाव दिए हैं; यथा—

1. शिक्षण-विधियों में लचीलेपन एवं गतिशीलता के गुणों का समावेश किया जाना चाहिए। इस कार्य के लिए स्वयं शिक्षकों को व्यक्तिगत रूप से कदम उठाने चाहिए।

2. शिक्षा-संस्थाओं के प्रधानाचार्यों एवं शिक्षा के अधिकारियों को शिक्षण-विधियों में सुधार करने के लिए उपयुक्त वातावरण का निर्माण करना चाहिए।

3. शिक्षण-विधियों में गतिशीलता का समावेश करने के लिए अध्यापकों में परीक्षण, पहलकदमी एवं सृजनात्मकता के गुणों का विकास किया जाना चाहिए।

4. नवीन शिक्षण-विधियों का प्रसार करने के लिए प्रदर्शनों, वर्कशॉपों, परीक्षणों, सेमीनारों एवं अभिनव-पाठ्यक्रमों के कार्यक्रम आरम्भ किये जाने चाहिए।

5. शिक्षण-विधियों में अनुसन्धान-कार्य की उपयुक्त सुविधाएँ प्रदान की जानी चाहिए।

(2) पाठ्य-पुस्तकों में सुधार (Improvement in Text-Books)—**'आयोग'** का कथन है—**"उत्तम पाठ्य-पुस्तकें—शिक्षण-स्तर के उन्नयन में अतिशय योग देती हैं।"**

'आयोग' ने इस बात पर खेद प्रकट किया है कि हमारे देश के विद्यालयों में प्रयोग की जाने वाली पाठ्य-पुस्तकें अत्यन्त निम्न कोटि की हैं। अत: 'आयोग' ने उनमें सुधार करने के लिए निम्नांकित विचारों की अभिव्यक्ति की है—

1. पाठ्य-पुस्तकों को तैयार करने के लिए राष्ट्रीय स्तर पर एक व्यापक योजना का निर्माण किया जाना चाहिए।

2. पाठ्य-पुस्तकों को 'राष्ट्रीय शैक्षिक अनुसंधान एवं प्रशिक्षण-परिषद्' (NCERT) के द्वारा निर्धारित किए गए सिद्धान्तों के अनुसार तैयार किया जाना चाहिए।

3. पाठ्य-पुस्तकों को लिखने के लिए देश के प्रतिभाशाली व्यक्तियों को पर्याप्त पारिश्रमिक देकर प्रोत्साहित किया जाना चाहिए।

4. पाठ्य-पुस्तकों को तैयार करवाने एवं उनका मूल्यांकन करने का उत्तरदायित्व राज्य के शिक्षा-विभाग पर होना चाहिए।

5. पाठ्य-पुस्तकों के निर्माण-कार्य को राष्ट्रीय स्तर पर करने के लिए शिक्षा-मन्त्रालय द्वारा एक 'स्वायत्त संगठन' (Autonomous Organization) की स्थापना की जानी चाहिए।

6. प्रत्येक राज्य में पाठ्य-पुस्तकों के निर्माण के लिए एक विशेष समिति का गठन किया जाना चाहिए।

7. शिक्षा-विभाग को स्वयं पाठ्य-पुस्तकों की बिक्री न करके, इस कार्य को विद्यालयों के सहकारी भण्डारों को सौंप देना चाहिए।

8. शिक्षा-विभाग को आकाशवाणी से सम्पर्क स्थापित करके रेडियो द्वारा विभिन्न पाठों के शिक्षण की व्यवस्था करनी चाहिए।

(3) प्राथमिक स्तर पर निर्देशन (Guidance at Primary Stage)—'आयोग' का मत है कि निर्देशन का कार्य, प्राथमिक स्तर से ही प्रारम्भ हो जाना चाहिए। इस सम्बन्ध में 'आयोग' ने नीचे लिखे सुझाव प्रस्तुत किये हैं—

1. प्राथमिक विद्यालयों में निम्नतम कक्षा से निर्देशन दिये जाने का कार्य आरम्भ किया जाना चाहिए।

2. प्राथमिक विद्यालयों के अध्यापकों को प्रशिक्षण-काल में निर्देशन-सम्बन्धी सब बातों का ज्ञान प्रदान किया जाना चाहिए।

3. अध्यापकों को निर्देशन-कार्य में सहायता देने के लिए व्यावसायिक साहित्य का निर्माण किया जाना चाहिए।

4. आगे की शिक्षा के विषयों का चयन करने के लिए विद्यार्थियों और उनके अभिभावकों की सहायता की जानी चाहिए।

(4) माध्यमिक स्तर पर निर्देशन (Guidance at the Secondary Stage)—'आयोग' ने माध्यमिक स्तर पर छात्रों को निर्देशन प्रदान करने के लिए निम्नांकित सुझाव दिये हैं—

1. माध्यमिक विद्यालयों के सब शिक्षकों को सेवा-काल या प्रशिक्षण-काल में निर्देशन-सम्बन्धी जानकारी प्रदान की जानी चाहिए।

2. सब माध्यमिक विद्यालयों के लिए न्यूनतम निर्देशन का कार्यक्रम तैयार किया जाना चाहिए।

3. 10 माध्यमिक विद्यालयों के लिए एक परामर्शदाता (Counsellor) की नियुक्ति की जानी चाहिए।

4. प्रत्येक जिले में कम-से-कम एक माध्यमिक विद्यालय में निर्देशन का सघन कार्यक्रम संचालित किया जाना चाहिए।

(5) मूल्यांकन (Evaluation)—'आयोग' के अनुसार, मूल्यांकन—शिक्षा का अभिन्न अंग है और इसका शिक्षा के उद्देश्यों से घनिष्ठ सम्बन्ध है। अत: मूल्यांकन की विधियाँ—वस्तुनिष्ठ, विश्वसनीय एवं व्यावहारिक होनी चाहिए, किन्तु भारत में प्रचलित परीक्षा-प्रणाली में इन गुणों का सर्वथा अभाव है। इस प्रणाली में सुधार करने और इसे उपयोगी बनाने के लिए 'आयोग' ने निम्नलिखित सुझाव दिये हैं—

1. मूल्यांकन की नवीन धारणा के अनुसार लिखित परीक्षाओं में सुधार करने के लिए प्रयत्न किये जाने चाहिए, ताकि वे छात्रों की शैक्षिक उपलब्धियों का विश्वसनीय ढंग से माप कर सकें।

2. छात्रों की जिन उपलब्धियों का माप, लिखित परीक्षाओं द्वारा किया जाना असम्भव है, उनका माप करने के लिए अन्य विधियों का विकास किया जाना चाहिए।

3. निम्न-प्राथमिक स्तर पर मूल्यांकन का मुख्य उद्देश्य—छात्रों की मूलभूत कुशलताओं में सुधार करना और उनमें अच्छी आदतों एवं अभिवृत्तियों का विकास करना होना चाहिए।

4. उच्चतर माध्यमिक स्तर पर छात्रों की उपलब्धियों का मूल्यांकन करने के लिए लिखित परीक्षाओं के अलावा मौखिक एवं निदानात्मक (Diagnostic) परीक्षाओं का प्रयोग किया जाना चाहिए। छात्रों के संचित अभिलेख-पत्रों (Cumulative Record Cards) पर भी ध्यान दिया जाना चाहिए।

5. प्राथमिक स्तर की शिक्षा प्राप्त करने पर जिले के शिक्षा-अधिकारी द्वारा छात्रों की बाह्य परीक्षा की व्यवस्था की जानी चाहिए। परीक्षा में उत्तीर्ण होने वाले छात्रों को सर्टिफिकेट दिये जाने चाहिए।

6. बाह्य परीक्षाओं के प्रश्न-पत्रों में वस्तुनिष्ठ (Objective) प्रश्न देने की प्रथा प्रचलित की जानी चाहिए।

7. आन्तरिक जाँचों (Internal Assessment) को इतना व्यापक बना दिया जाना चाहिए कि उनकी सहायता से छात्रों के सभी पक्षों का मूल्यांकन किया जा सके। बाह्य परीक्षाओं के साथ-साथ इन जाँचों को भी प्रमाणपत्र प्रदान करने का आधार बनाया जाना चाहिए।

8. मूल्यांकन की नवीन विधियों को क्रियान्वित करने के लिए कुछ प्रयोगात्मक विद्यालयों (Experimental Schools) की स्थापना की जानी चाहिए। इन विद्यालयों को कक्षा 10 के अपने छात्रों की स्वयं परीक्षा लेने का अधिकार प्रदान किया जाना चाहिए।

10. उच्च शिक्षा
(HIGHER EDUCATION)

'आयोग' ने उच्च शिक्षा के लगभग सभी अंगों के विषय में महत्त्वपूर्ण विचार अंकित किये हैं। हम इनका वर्णन अधोलिखित शीर्षकों के अन्तर्गत उपस्थित कर रहे हैं; यथा—

(1) विश्वविद्यालयों के लक्ष्य (Objectives of Universities)—'आयोग' के मतानुसार, आधुनिक भारतीय विश्वविद्यालयों के मुख्य लक्ष्य अधोलिखित होने चाहिए—

1. नवीन ज्ञान की खोज एवं उसका विकास करना।
2. सत्य की खोज के लिए साहस एवं निर्भरता से कार्य करना।
3. सामाजिक एवं सांस्कृतिक विभिन्नताओं को कम करना।
4. समानता एवं सामाजिक न्याय को प्रोत्साहित करना।
5. राष्ट्रीय चेतना को विकसित करने के लिए कार्य करना।
6. नवीन खोजों एवं आवश्यकताओं को ध्यान में रखकर प्राचीन ज्ञान का विश्लेषण करना।
7. जीवन के सब क्षेत्रों में उचित प्रकार का नेतृत्व करने वाले व्यक्तियों को सहायता प्रदान करना।
8. प्रतिभाशाली नवयुवकों की खोज करना और उनको अपनी शक्तियों एवं प्रतिभाओं का विकास करने में सहायता देना।
9. देश के कला, कृषि, विज्ञान, चिकित्सा, प्रौद्योगिकी एवं अन्य व्यवसायों के लिए कुशल एवं प्रशिक्षित व्यक्तियों का निर्माण करना।
10. छात्रों एवं शिक्षकों में और उनके द्वारा समाज के व्यक्तियों में उचित मान्यताओं और दृष्टिकोणों का विकास करना।

(2) नवीन विश्वविद्यालय की स्थापना (Establishment of New Universities)—'आयोग' का मत है कि नवीन विश्वविद्यालयों की स्थापना करने के समय निम्नलिखित सिद्धान्तों को ध्यान में रखा जाना चाहिए—

1. कोई नवीन विश्वविद्यालय—'विश्वविद्यालय अनुदान आयोग' की सहमति के बिना स्थापित नहीं किया जाना चाहिए।
2. नवीन विश्वविद्यालय सामान्य रूप से उस स्थान पर स्थापित नहीं किये जाने चाहिए, जहाँ कुछ समय से कोई विश्वविद्यालय कार्य कर रहा है।
3. नवीन विश्वविद्यालय की स्थापना तभी की जानी चाहिए जब इस बात का पूरा भरोसा हो कि उससे शिक्षा के स्तर में उन्नति होगी, उसके लिए योग्य शिक्षक उपलब्ध होंगे और उसमें स्तर का शिक्षण एवं अनुसंधान कार्य किया जायेगा।
4. जिन स्थानों पर अनेक स्नातकोत्तर कॉलेज कार्य कर रहे हैं, उनको संगठित करके विश्वविद्यालयों का रूप प्रदान किया जाना चाहिए।

(3) वरिष्ठ विश्वविद्यालयों का विकास (Development of Major Univer-sities)—वरिष्ठ विश्वविद्यालयों के विषय में 'आयोग' ने अपने विचार इस प्रकार उपस्थित किये हैं—''उच्च शिक्षा में सबसे महत्त्वपूर्ण सुधार—कुछ वरिष्ठ विश्वविद्यालयों का विकास करना है, जिनमें सर्वोत्तम प्रकार का स्नातकोत्तर-कार्य एवं अनुसंधान सम्भव होगा और जिनके स्तर की संसार के किसी भाग में इस प्रकार की सर्वोत्तम संस्थाओं के स्तर से तुलना की जा सकेगी। 'विश्वविद्यालय अनुदान आयोग' को जल्दी-से-जल्दी वर्तमान विश्वविद्यालयों में से लगभग 6 विश्वविद्यालयों को वरिष्ठ विश्वविद्यालयों के रूप में विकसित करने के लिए चुन लेना चाहिए। इनमें से 1 प्रौद्योगिकी का और 1 कृषि का होना चाहिए। यह कार्यक्रम सन् 1966-67 में आरम्भ हो जाना चाहिए। वरिष्ठ विश्वविद्यालयों में असाधारण क्षमता एवं अध्यवसाय के छात्र एवं अध्यापक होने चाहिए।''

'आयोग' के अनुसार, वरिष्ठ विश्वविद्यालयों का विकास करने में निम्नलिखित बातों की ओर विशेष ध्यान दिया जाना चाहिए—

1. वरिष्ठ विश्वविद्यालयों के व्यय का भार 'विश्वविद्यालय अनुदान आयोग' को वहन करना चाहिए।

2. वरिष्ठ विश्वविद्यालयों में 'उच्च अध्ययन-केन्द्रों के समूहों' (Clusters of Advanced Centres) की स्थापना की जानी चाहिए।

3. वरिष्ठ विश्वविद्यालयों में पूर्व-स्नातक स्तर के लिए कुछ छात्रवृत्तियाँ होनी चाहिए, ताकि उनको स्नातकोत्तर-कक्षाओं के लिए प्रतिभाशाली छात्र पर्याप्त संख्या में उपलब्ध हो सकें।

4. वरिष्ठ विश्वविद्यालयों के अध्यापकों की नियुक्ति—राष्ट्रीय एवं अन्तर्राष्ट्रीय आधारों पर की जानी चाहिए। यदि आवश्यक हो, तो चुने जाने वाले अध्यापकों को अग्रिम वेतन-वृद्धि या विशेष वेतन-क्रम दिये जाने चाहिए। इन अध्यापकों को अनुसंधान करने के लिए सभी सुविधाएँ प्रदान की जानी चाहिए।

(4) कॉलेजों व विश्वविद्यालयों में सुधार (Improvement in Colleges and Universities)—'आयोग' ने वर्तमान कॉलेजों एवं विश्वविद्यालयों में सुधार के लिए निम्नांकित सुझाव दिये हैं—

1. विश्वविद्यालयों से सम्बद्ध कॉलेजों का उनके कार्य के आधार पर वर्गीकरण किया जाना चाहिए।

2. यदि किसी विश्वविद्यालय से सम्बद्ध कोई असाधारण कॉलेज है, तो उसे 'स्वायत्त कॉलेज' (Autonomous College) बना दिया जाना चाहिए।

3. वरिष्ठ विश्वविद्यालयों को दूसरे विश्वविद्यालयों एवं उनसे सम्बद्ध कॉलेजों के सुयोग्य अध्यापक प्रदान करने चाहिए।

4. विश्वविद्यालयों एवं उनसे सम्बद्ध कॉलेजों को पहली बार नियुक्त किये जाने वाले अपने अध्यापकों को कुछ समय के लिए वरिष्ठ विश्वविद्यालयों में भेजना चाहिए, ताकि वे वहाँ अपने विषयों से सम्बन्धित नवीनतम तथ्यों एवं विचारों का ज्ञान प्राप्त कर लें।

5. विश्वविद्यालयों एवं उनसे सम्बद्ध कॉलेजों को समय-समय पर विभिन्न विषयों के सुप्रसिद्ध विद्वानों एवं वैज्ञानिकों को आमन्त्रित करके, सेमीनारों एवं अनुसंधान-कार्यों का आयोजन करना चाहिए।

6. 'विश्वविद्यालय अनुदान आयोग' को विश्वविद्यालयों में 'उच्च-अध्ययन केन्द्रों' की स्थापना करने के लिए उदारतापूर्वक आर्थिक सहायता देनी चाहिए।

(5) शिक्षण में सुधार (Improvement in Teaching)—'आयोग' ने विश्वविद्यालयों एवं उनसे सम्बद्ध कॉलेजों में शिक्षण में सुधार करने के विचार से अधोलिखित सुझाव दिये हैं—

1. कॉलेजों एवं विश्वविद्यालयों में उत्तम पुस्तकालयों की व्यवस्था की जानी चाहिए।

2. छात्रों में प्रचलित निष्क्रिय रटने की प्रवृत्ति को निरुत्साहित किया जाना चाहिए और उनमें मौलिक चिन्तन को प्रोत्साहित किया जाना चाहिए।

3. व्याख्यान के बाद उसकी सामग्री को याद करने के लिए छात्रों को 45 मिनट का समय दिया जाना चाहिए।

4. औपचारिक कक्षा-कार्य और प्रयोगशाला-कार्य के घण्टों में कमी की जानी चाहिए। छात्रों द्वारा इस प्रकार बचने वाले समय का प्रयोग एक निर्देशक (Instructor) के मार्गदर्शन में स्वाध्याय, लेखन-कार्य, समस्या-समाधान, अनुसंधान-कार्य आदि के लिए किया जाना चाहिए।

5. नये अध्यापकों की नियुक्तियाँ गर्मी की छुट्टियों में कर दी जानी चाहिए, ताकि नियुक्त किया जाने वाला प्रत्येक अध्यापक सत्र के आरम्भ से ही शिक्षण-कार्य करने लगे।

6. सत्र (Term) के मध्य में किसी अध्यापक को एक संस्था को छोड़कर दूसरी संस्था में जाने की आज्ञा नहीं दी जानी चाहिए।

7. किसी भी शिक्षक को एक सत्र में 7 दिन से अधिक का अवकाश नहीं दिया जाना चाहिए।

8. शिक्षण-विधियों में सुधार करने के लिए, 'विश्वविद्यालय अनुदान आयोग' द्वारा एक विशेष समिति की नियुक्ति की जानी चाहिए।

(6) मूल्यांकन में सुधार (Improvement in Evaluation)—'आयोग' ने मूल्यांकन में सुधार करने के लिए निम्नलिखित विचार व्यक्त किये हैं—

1. 'विश्वविद्यालय अनुदान आयोग' को विश्वविद्यालयों की सहायता से 'केन्द्रीय-परीक्षा-सुधार यूनिट' (Central Examination Reform Unit) का निर्माण करना चाहिए।

2. शिक्षण विश्वविद्यालयों में बाह्य परीक्षाओं की प्रणाली को समाप्त करके, स्वयं अध्यापकों द्वारा 'आन्तरिक तथा क्रमिक मूल्यांकन' (Internal and Continuous Evaluation) की प्रणाली का प्रचलन किया जाना चाहिए।

3. सम्बद्धीकरण विश्वविद्यालयों में बाह्य परीक्षाओं के साथ-साथ आन्तरिक जाँचों (Internal Assessment) का भी प्रयोग किया जाना चाहिए।

4. विश्वविद्यालयों के अध्यापकों को सेमिनारों, वर्कशॉपों एवं विचार-सम्मेलनों का आयोजन करके, मूल्यांकन की नवीन एवं उन्नत विधियों की जानकारी प्रदान की जानी चाहिए।

5. परीक्षकों को उत्तर-पुस्तिकाओं की जाँच करने के लिए किसी प्रकार का पारिश्रमिक नहीं दिया जाना चाहिए।

6. एक परीक्षक को 1 वर्ष में 500 से अधिक उत्तर-पुस्तिकायें जाँचने के लिए नहीं दी जानी चाहिए।

(7) शिक्षा का माध्यम (Medium of Education)—'आयोग' ने कॉलेजों एवं विश्वविद्यालयों में शिक्षा के माध्यम के बारे में निम्नांकित सुझाव अंकित किये हैं—

1. पूर्व-स्नातक स्तर पर शिक्षा का माध्यम यथासम्भव क्षेत्रीय भाषाएँ और स्नातकोत्तर-स्तर पर शिक्षा का माध्यम—अंग्रेजी होना चाहिए।

2. क्षेत्रीय अथवा प्रादेशिक भाषाओं (Regional Languages) को 10 वर्ष की अवधि में विश्वविद्यालयों में शिक्षा का माध्यम बना दिया जाना चाहिए।

3. उच्च शिक्षा की संस्थाओं में कार्य करने वाले सब शिक्षकों को यथासम्भव दो भाषाओं का ज्ञान होना चाहिए।

4. आधुनिक भारतीय भाषाओं (जिनमें उर्दू भी है) के विकास के लिए उच्च अध्ययन-केन्द्रों की व्यवस्था की जानी चाहिए।

5. शास्त्रीय एवं आधुनिक भारतीय भाषाओं को विश्वविद्यालयों में अनिवार्य विषयों का स्थान न देकर, वैकल्पिक विषयों का स्थान दिया जाना चाहिए।

6. विश्वविद्यालयों एवं सम्बद्ध कॉलेजों में छात्रों की अंग्रेजी का अध्ययन करने के लिए विशेष सुविधाएँ प्रदान की जानी चाहिए।

7. उक्त शिक्षा-संस्थाओं में छात्रों को रूसी भाषा का अध्ययन करने के लिए उपयुक्त सुविधाएँ दी जानी चाहिए।

(8) चयनात्मक प्रवेश-प्रणाली (System of Selective Admission)—'आयोग' का मत है कि भविष्य में जिस अनुपात में उच्च शिक्षा की माँग में वृद्धि होगी, उस अनुपात में उच्च शिक्षा की सुविधाओं में विस्तार करना सम्भव नहीं होगा। अतः जनबल (Manpower) की आवश्यकता को ध्यान में रखकर 'चयनात्मक प्रवेश-प्रणाली' का प्रयोग किया जाना अनिवार्य है। इस प्रणाली की उपयोगिता पर प्रकाश डालते हुए, **'आयोग'** ने लिखा है—"सामान्य रूप में यह होता है कि श्रेष्ठ क्षमताओं वाले थोड़े-से छात्रों को उच्च शिक्षा की संस्थाओं में प्रवेश नहीं मिल पाता है और उनमें छात्रों की उस विशाल संख्या का प्रवेश हो जाता है, जो उच्च शिक्षा के लिए पूरी तरह से तैयार नहीं रहते हैं।" इस दोष का निवारण करने के लिए, आयोग ने चयनात्मक प्रवेश-प्रणाली के प्रयोग पर बल दिया है और उसके सम्बन्ध में निम्नांकित सुझाव दिये हैं—

1. विश्वविद्यालयों द्वारा प्रवेश-योग्यता के नियमों का निर्माण किया जाना चाहिए।

2. विश्वविद्यालयों में प्रवेश चाहने वाले छात्रों में से योग्यतम छात्रों का ही चुनाव किया जाना चाहिए।

3. उच्च शिक्षा की संस्थाओं में विद्यार्थियों की संख्या का निश्चय इन संस्थाओं में उपलब्ध शिक्षक-संख्या और शिक्षण-सुविधाओं के आधार पर किया जाना चाहिए।

4. जब तक प्रवेश-सम्बन्धी नवीन विधियों की खोज न हो जाय, तब तक परीक्षाओं में प्राप्त होने वाले अंकों को प्रवेश का आधार बनाया जाना चाहिए।

(9) विश्वविद्यालय-स्वाधीनता (University Autonomy)—विश्वविद्यालय-स्वाधीनता की आवश्यकता पर प्रकाश डालते हुए, **'आयोग'** ने लिखा है—**''यह स्वीकार किया जाना आवश्यक है कि स्वाधीनता के अभाव में विश्वविद्यालय अपने शिक्षण, अनुसंधान एवं समाज-सेवा के मुख्य कार्यों को कुशलतापूर्वक नहीं कर सकते हैं।''**

"It is important to recognise that without autonomy universities cannot discharge effectively their principal function of teaching, research and service of the community."

—*Education Commission Report,* p. 326.

'आयोग' ने निम्नांकित क्षेत्रों में विश्वविद्यालयों की स्वाधीनता का समर्थन किया है—छात्रों का चुनाव, शिक्षकों की नियुक्ति एवं पदोन्नति और पाठ्य-विषयों, शिक्षण-विधियों एवं अनुसंधान-कार्य के क्षेत्रों एवं समस्याओं का निर्धारण। इन क्षेत्रों में विश्वविद्यालयों की स्वाधीनता को ध्यान में रखते हुए, 'आयोग' ने निम्नलिखित विचार प्रकट किये हैं—

1. विश्वविद्यालयों को अपने विभागों को कार्य करने की पर्याप्त स्वतन्त्रता देनी चाहिए।

2. प्रत्येक विभाग के अध्यक्ष की अधीनता में एक प्रबन्ध समिति का निर्माण किया जाना चाहिए। इस समिति को व्यापक आर्थिक एवं प्रशासकीय शक्तियों से सम्पन्न किया जाना चाहिए।

3. विश्वविद्यालयों को अपने प्रशासन में इस सिद्धान्त को ध्यान में रखना चाहिए कि श्रेष्ठ विचारों का जन्म साधारणत: निम्न स्तरों में होता है।

4. विश्वविद्यालयों को कॉलेजों की स्वतन्त्रता का उतना ही आदर करना चाहिए, जितना वे अपनी स्वतन्त्रता से करते हैं।

5. विश्वविद्यालयों की 'साहित्यिक परिषदों' (Academic Councils) एवं सभाओं (Courts) में छात्र-प्रतिनिधियों की उपयुक्त संख्या को स्थान दिया जाना चाहिए।

6. विश्वविद्यालयों को अपनी स्वाधीनता को बनाये रखने के लिए सदैव प्रयत्नशील रहना चाहिए। इस कार्य में सफलता प्राप्त करने के लिए, उनको अपने बौद्धिक एवं सार्वजनिक कार्यों को सदैव तत्परता से करना चाहिए।

7. प्रत्येक कॉलेज के प्रत्येक विभाग में छात्रों एवं अध्यापकों की संयुक्त समितियों (Joint Committees) का निर्माण किया जाना चाहिए।

8. प्रत्येक कॉलेज में प्रधानाचार्य की अध्यक्षता में एक केन्द्रीय समिति का संगठन किया जाना चाहिए, जिसके द्वारा कॉलेज की सामान्य समस्याओं एवं कठिनाइयों का अध्ययन किया जाना चाहिए।

9. 'विश्वविद्यालय अनुदान आयोग', 'अन्तर विश्वविद्यालय परिषद्' (Inter-University Board) एवं शिक्षित व्यक्तियों द्वारा विश्वविद्यालय स्वाधीनता के पक्ष में जनमत का निर्माण किया जाना चाहिए।

10. सरकार, विश्वविद्यालयों, 'विश्वविद्यालय अनुदान आयोग' एवं 'अन्तर-विश्व-विद्यालय-परिषद्' को संयुक्त रूप से निम्नांकित कार्य करने चाहिए—विभिन्न प्रश्नों पर विचार-विमर्श करना, प्रवेश दिये जाने वाले छात्रों की संख्या निश्चित करना एवं प्रयोगात्मक अनुसंधान की समस्याओं का समाधान करने के लिए उपाय खोजना।

11. स्त्री शिक्षा
(WOMEN'S EDUCATION)

स्त्री शिक्षा के महत्त्व पर प्रकाश डालते हुए **'आयोग'** ने लिखा है—**''हमारे मानव साधनों के पूर्ण विकास, परिवारों की उन्नति एवं शैशवावस्था के वर्षों में अत्यधिक सरलता से प्रभावित होने वाले बच्चों के चरित्र का निर्माण करने के लिए स्त्रियों की शिक्षा का महत्त्व पुरुषों की शिक्षा से भी अधिक है।''**

"For full development of our human resources, the improvement of homes and for moulding the character of children during the most impre-ssionable years of infancy, the education of women is of even greater importance than that of men."

—*Education Commission Report,* p. 135.

'आयोग' ने स्त्री शिक्षा के लगभग सभी अंगों के विषय में अपने विचारों को लेखबद्ध किया है। हम प्रमुख अंगों से सम्बन्धित उसके विचारों का वर्णन कर रहे हैं; यथा—

(1) प्राथमिक एवं माध्यमिक शिक्षा (Primary and Secondary Education)—'आयोग' ने बालिकाओं की प्राथमिक एवं माध्यमिक शिक्षा के विषय में निम्नांकित सुझाव दिये हैं—

1. भारतीय संविधान में अंकित लक्ष्य की प्राप्ति के लिए बालिकाओं को प्राथमिक शिक्षा का अधिक से अधिक विस्तार किया जाना चाहिए।

2. माध्यमिक स्तर पर बालिकाओं की शिक्षा के विस्तार की गति इतनी तीव्र कर दी जानी चाहिए, जिससे 20 वर्ष के अन्त में निम्न माध्यमिक स्तर पर बालिकाओं और बालकों की संख्या का अनुपात 1 : 3 और उच्चतर माध्यमिक स्तर पर 1 : 2 हो जाए।

3. बालिकाओं के लिए पृथक् विद्यालयों एवं छात्रावासों और छात्रवृत्तियों की व्यवस्था की जानी चाहिए।

(2) उच्च शिक्षा (Higher Education)—'आयोग' ने बालिकाओं एवं स्त्रियों की उच्च शिक्षा के विषय में निम्नांकित सिफारिशें की हैं—

1. स्त्रियों के लिए पर्याप्त छात्रवृत्तियों की व्यवस्था की जानी चाहिए।

2. स्त्रियों के लिए उचित प्रकार के और मितव्ययी छात्रावासों की स्थापना की जानी चाहिए।

3. शिक्षा, गृह-विज्ञान एवं सामाजिक कार्य (Social Work) के पाठ्य-विषयों का विस्तार करके उनको समुन्नत बनाया जाना चाहिए।

4. एक या दो विश्वविद्यालयों में स्त्री शिक्षा से सम्बन्धित 'अनुसन्धान यूनिटों' (Research Units) की सृष्टि की जानी चाहिए।

5. स्त्रियों को कला, विज्ञान, प्रौद्योगिकी, मानवशास्त्र आदि विषयों में से अपने अध्ययन के विषयों का चुनाव करने की आज्ञा दी जानी चाहिए।

6. जिन स्थानों में माँग है, वहाँ स्त्रियों के लिए पृथक् पूर्व-स्नातक कॉलेजों का निर्माण किया जाना चाहिए।

7. स्त्रियों के लिए पृथक् स्नातकोत्तर कॉलेजों की स्थापना नहीं की जानी चाहिए।

(3) पाठ्यक्रम (Curriculum)—'स्त्री-शिक्षा की राष्ट्रीय समिति' (National Council of Women's Education) द्वारा श्रीमती हंसा मेहता की अध्यक्षता में नियुक्त की जाने वाली समिति के विचारानुसार बालकों और बालिकाओं के पाठ्यक्रम में अन्तर नहीं होना चाहिए। 'शिक्षा-आयोग'—'हंसा मेहता समिति' (Hansa Mehta Committee) के विचारों से सहमत हैं। फिर भी, 'आयोग' ने बालिकाओं के लिए विभिन्न पाठ्यक्रम के विषय में निम्नांकित विचार व्यक्त किये हैं—

1. कक्षा 10 के अन्त तक सब बालकों एवं बालिकाओं के लिए समान पाठ्यक्रम होना चाहिए और उनको केवल कार्य-अनुभव (Work Experience) या भाषा में पृथक् चुनाव करने का अवसर दिया जाना चाहिए।

2. उच्चतर माध्यमिक स्तर पर बालिकाओं को गृह-विज्ञान की शिक्षा दी जानी चाहिए, पर उनके लिए यह विषय अनिवार्य नहीं बनाया जाना चाहिए।

3. बालिकाओं को संगीत एवं कलाओं की शिक्षा देने के लिए अधिक उत्तम व्यवस्था की जानी चाहिए।

4. माध्यमिक स्तर पर बालिकाओं को विज्ञान या गणित का अध्ययन करने के लिए विशेष प्रोत्साहन दिया जाना चाहिए।

(4) स्त्री शिक्षा का विस्तार (Expansion of Women's Education)—**'आयोग'** ने स्त्री शिक्षा के विस्तार के लिए निम्नांकित सुझाव दिये हैं—

1. स्त्री शिक्षा के विस्तार के लिए उदारतापूर्वक आर्थिक सहायता दी जानी चाहिए।

2. स्त्री शिक्षा का प्रसार करने के लिए कुछ वर्षों तक इसे शिक्षा के सम्पूर्ण कार्यक्रम का अभिन्न एवं महत्त्वपूर्ण अंग बनाया जाना चाहिए।

3. स्त्री शिक्षा के मार्ग से समस्त बाधाओं को हटाने के लिए ठोस एवं निश्चित कदम उठाये जाने चाहिए।

4. स्त्रियों और पुरुषों की शिक्षा के मध्य जो विशाल अन्तर उत्पन्न हो गया है, उसे समाप्त करने के लिए विशेष योजनाओं का निर्माण किया जाना चाहिए।

5. स्त्री शिक्षा का सतर्कतापूर्वक निरीक्षण करने के लिए केन्द्र और राज्य दोनों स्तरों पर शक्तिशाली प्रशासकीय संगठनों का निर्माण किया जाना चाहिए।

6. विवाहित स्त्रियों के लिए अल्पकालीन और अविवाहित स्त्रियों के लिए पूर्णकालीन रोजगारों की व्यवस्था की जानी चाहिए।

7. बालिकाओं एवं स्त्रियों के लिए अल्पकालीन व्यावसायिक शिक्षा के कार्यक्रमों का आयोजन किया जाना चाहिए।

12. वयस्क शिक्षा
(ADULT EDUCATION)

'आयोग' ने वयस्क शिक्षा के विषय में जो विचार अंकित किये हैं, हम उनका वर्णन क्रमबद्ध शीर्षकों के अन्तर्गत प्रस्तुत कर रहे हैं; यथा—

1. वयस्क शिक्षा की आवश्यकता (Need of Adult Education)—**'आयोग'** ने वयस्क शिक्षा का पर्याप्त विस्तार में वर्णन किया है। हम इस वर्णन को **'आयोग'** के निम्नांकित शब्दों से आरम्भ कर रहे हैं—''विद्यालय शिक्षा के बाद शिक्षा का अन्त नहीं होता है, क्योंकि शिक्षा आजीवन चलने वाली प्रक्रिया है। आज के वयस्क को तीव्र गति से परिवर्तित होने वाले संसार की और समाज की बढ़ती हुई जटिलताओं की जानकारी होना आवश्यक है। जिन व्यक्तियों ने सर्वोत्तम प्रकार की शिक्षा प्राप्त की है, उनके लिए भी जीवन में शिक्षा की आवश्यकता है।'' अत: वयस्क शिक्षा का संगठन अनिवार्य है।

'आयोग' ने अपने वर्णन में आगे लिखा है—''जो देश आर्थिक उन्नति, सामाजिक परिवर्तन एवं राष्ट्रीय सुरक्षा चाहता है, उसे अपने वयस्क नागरिकों को विकास कार्यक्रमों में कुशलता एवं बुद्धिमत्ता से भाग लेने की शिक्षा देनी चाहिए। यह बात भारत के लिए विशेष रूप से सत्य है, क्योंकि यहाँ के विशाल जनसमूहों को विद्यालयों में किसी प्रकार की शिक्षा प्राप्त नहीं हुई है और जिनको शिक्षा प्राप्त भी हुई है, वह विकास कार्यक्रमों के लिए व्यर्थ है। जो कृषक भूमि को जोतता है, उसे भूमि की बनावट का ज्ञान होना चाहिए। जो श्रमिक मशीन को चलाता है, उसे मशीन के अंगों का ज्ञान होना चाहिए। कृषकों, श्रमिकों आदि को अपने कार्यों का ज्ञान नहीं है।'' अत: उनको ज्ञान प्रदान करने के लिए वयस्क शिक्षा की व्यवस्था किया जाना आवश्यक है।

'आयोग' ने अपने वर्णन को जारी रखते हुए लिखा है—''कोई भी राष्ट्र अपनी सुरक्षा के भार को केवल पुलिस एवं सेना को नहीं सौंप सकता है। वस्तुत: राष्ट्रीय सुरक्षा बहुत बड़ी सीमा तक नागरिकों की शिक्षा, विभिन्न कार्यक्रमों के उनके ज्ञान, कुशलतापूर्वक भाग लेने की क्षमता पर आधारित रहती है।'' अत: नागरिकों में इन गुणों का विकास करने के लिए वयस्क शिक्षा का कार्यक्रम आवश्यक है।

'आयोग' ने भारत में वयस्क शिक्षा की आवश्यकता के दो मूलभूत कारण बताये हैं—**पहला,** भारत के 70 प्रतिशत व्यक्ति निरक्षर हैं, जिनको साक्षर बनाया जाना आवश्यक है; **दूसरा,** भारत जनतन्त्रीय गणतन्त्र है। अत: उसका कर्त्तव्य प्रत्येक वयस्क नागरिक को ऐसी शिक्षा प्राप्त करने का अवसर प्रदान करना है, जो वह प्राप्त करना चाहता है और जो उसे अपनी व्यक्तिगत उन्नति, व्यावसायिक प्रगति और सामाजिक एवं राजनीतिक कार्यों में सक्रिय भाग लेने के लिए प्राप्त करनी चाहिए।

2. वयस्क-शिक्षा का कार्यक्रम (Programme of Adult Education)—'आयोग' ने वयस्क-शिक्षा के अन्तर्गत निम्नलिखित कार्यक्रमों को स्थान दिया है—

(i) निरक्षरता का उन्मूलन	:	Liquidation of Illiteracy
(ii) अनवरत शिक्षा	:	Continuation Education
(iii) पत्राचार-पाठ्यक्रम	:	Correspondence Courses
(iv) पुस्तकालय	:	Libraries
(v) विश्वविद्यालयों के कार्य	:	Role of Universities
(vi) संगठन व प्रशासन	:	Organization and Administration

इन कार्यक्रमों का संक्षिप्त वर्णन द्रष्टव्य है—

(i) निरक्षरता का उन्मूलन(Liquidation of Illiteracy)—**'आयोग'** ने निरक्षरता का उन्मूलन करने के लिए अधोलिखित सुझाव दिये हैं--

1. सभी सम्भव विधियों का प्रयोग करके 20 वर्ष की अवधि में निरक्षरता का पूर्ण उन्मूलन कर दिया जाना चाहिए।

2. साक्षरता को 1971 में 60 प्रतिशत पर और 1967 में 80 प्रतिशत पर पहुँचा दिया जाना चाहिए।

3. निरक्षरता का उन्मूलन करने के लिए विद्यालयों को सामुदायिक जीवन के केन्द्रों का रूप प्रदान किया जाना चाहिए।

4. ग्रामों में निवास करने वाली स्त्रियों को साक्षर बनाने के लिए, 'ग्राम-सेविकाएँ' (Village-Sisters) नियुक्त की जानी चाहिए।

5. सामान्य स्त्रियों को साक्षर बनाने के लिए 'केन्द्रीय समाज-कल्याण परिषद्' (Central Social Welfare Board) द्वारा 'संक्षिप्त पाठ्यक्रमों' (Condensed Courses) की व्यवस्था की जानी चाहिए।

6. साक्षरता को कायम रखने के लिए पुस्तकालयों की स्थापना की जानी चाहिए, पठन-सामग्री का निर्माण किया जाना चाहिए एवं 'अनुसरण कार्यक्रम' (Follow-up Programme) क्रियान्वित किया जाना चाहिए।

7. निरक्षरता की वृद्धि को रोकने के लिए निम्नांकित उपायों का प्रयोग किया जाना चाहिए—

(i) 6-11 वय-वर्ग के सब बच्चों के लिए 5 वर्ष की सार्वभौमिक शिक्षा की व्यवस्था।

(ii) 11-14 वय-वर्ग के उन बच्चों के लिए अल्पकालीन शिक्षा की व्यवस्था, जिन्होंने बीच में विद्यालय जाना बन्द कर दिया हो या जिन्होंने विद्यालय जाने की सुविधा से लाभ उठाया हो।

(iii) 15-30 वय-वर्ग के पुरुषों एवं स्त्रियों के अल्पकालीन एवं व्यावसायिक शिक्षा की व्यवस्था।

(ii) अनवरत शिक्षा (Continuation Education)—**'आयोग'** ने साक्षर वयस्कों की साक्षरता को बनाये रखने के लिए अधोलिखित सुझाव उपस्थित किये हैं—

1. सब प्रकार की शिक्षा-संस्थाओं को अपने शिक्षण-समय में पहले या बाद में उन व्यक्तियों को ऐसे पाठ्य-विषयों की शिक्षा प्रदान करने के लिए प्रोत्साहित किया जाना चाहिए, जिनकी शिक्षा वे प्राप्त करना चाहते हैं।

2. उक्त शिक्षा-संस्थाओं को उक्त समय में इस प्रकार के पाठ्यक्रमों का आयोजन करने के लिए प्रेरित किया जाना चाहिए, जिससे वयस्कों को अपनी समस्याओं का समाधान करने और अधिक ज्ञान एवं अनुभव प्राप्त करने में सहायता मिले।

3. साक्षर वयस्कों को स्कूलों एवं कॉलेजों के छात्रों के समान डिप्लोमा एवं डिग्री प्राप्त करने का अवसर देने के लिए अल्पकालीन शिक्षा की प्रणाली प्रचलित की जानी चाहिए।

4. जीवन के विभिन्न क्षेत्रों में कार्य करने वाले व्यक्तियों के ज्ञान एवं कुशलता में उन्नति करने, जीवन के प्रति उनके दृष्टिकोण का विस्तार करने और उनमें अपने व्यवसायों के प्रति उत्तरदायित्व की भावना का विकास करने के लिए विशेष प्रकार की अनवरत शिक्षा का प्रबन्ध किया जाना चाहिए।

(iii) पत्राचार-पाठ्यक्रम (Correspondence Courses)—'आयोग' ने वयस्क-शिक्षा का विस्तार करने के उद्देश्य से पत्राचार-पाठ्यक्रमों का सुझाव दिया है और इनके सम्बन्ध में अधोलिखित विचार प्रकट किये हैं—

1. पत्राचार-पाठ्यक्रमों की व्यवस्था उन व्यक्तियों के लिए की जानी चाहिए, जो अल्पकालीन शिक्षा से लाभ उठाने में असमर्थ हैं।

2. पत्राचार-पाठ्यक्रमों की व्यवस्था उन व्यक्तियों के लिए भी की जानी चाहिए, जो सांस्कृतिक एवं सौन्दर्यात्मक विषयों का ज्ञान प्राप्त करके, अपने जीवन को समृद्ध बनाना चाहते हैं।

3. पत्राचार-पाठ्यक्रमों की व्यवस्था उन व्यक्तियों के लिए भी की जानी चाहिए, जो देश के 'माध्यमिक शिक्षा-बोर्डों' एवं विश्वविद्यालयों की परीक्षाएँ पास करना चाहते हैं।

4. पत्राचार-पाठ्यक्रमों की व्यवस्था—कृषि, विभिन्न उद्योगों और अन्य क्षेत्रों में कार्य करने वाले व्यक्तियों के लिए भी की जानी चाहिए।

5. पत्राचार-पाठ्यक्रमों द्वारा शिक्षा प्राप्त करने वाले व्यक्तियों को कभी-कभी अपने शिक्षकों से भेंट करने का अवसर दिया जाना चाहिए।

6. पत्राचार-पाठ्यक्रमों का रेडियो एवं टेलीविजन के कार्यक्रमों से निकट सम्बन्ध स्थापित किया जाना चाहिए।

(iv) पुस्तकालय (Libraries)—**'आयोग'** ने वयस्क-शिक्षा से सम्बन्धित पुस्तकालयों के विषय में नीचे लिखे विचार प्रस्तुत किये हैं—

1. वयस्कों के पुस्तकालय प्रगतिशील होने चाहिए।

2. उक्त पुस्तकालयों को वयस्कों को शिक्षित एवं आकर्षित करना चाहिए।

3. विद्यालयों के पुस्तकालयों को सार्वजनिक पुस्तकालयों का रूप दिया जाना चाहिए और उनमें बच्चों एवं नव-साक्षरों (Neo-Literates) की रुचियों को ध्यान में रखकर पुस्तकों का संग्रह किया जाना चाहिए।

4. 'पुस्तकालय-सलाहकार समिति' (Advisory Committee on Libraries) द्वारा प्रस्तावित सम्पूर्ण देश में पुस्तकालयों की स्थापना की योजना को क्रियान्वित किया जाना चाहिए।

(v) वयस्क-शिक्षा में विश्वविद्यालयों के कार्य (Role of Universities in Adult Education)—'आयोग' के मतानुसार, विश्वविद्यालयों को वयस्क-शिक्षा के प्रसार के लिए निम्नांकित कार्य करने चाहिए—

1. विश्वविद्यालयों को वयस्कों को शिक्षा प्रदान करने का उत्तरदायित्व ग्रहण करना चाहिए।

2. विश्वविद्यालयों को विभिन्न कार्यक्रमों का आयोजन करके वयस्कों के आर्थिक, शैक्षिक, सामाजिक एवं सांस्कृतिक विकास में योग देना चाहिए।

3. विश्वविद्यालयों को दिल्ली विश्वविद्यालय के समान पत्राचार पाठ्यक्रमों की योजना आरम्भ करनी चाहिए।

4. विश्वविद्यालयों को राजस्थान विश्वविद्यालय के समान वयस्क शिक्षा के विभाग की स्थापना करनी चाहिए।

5. विश्वविद्यालयों को अपने वयस्क-शिक्षा सम्बन्धी कार्यक्रमों को संचालित करने के लिए सरकार से उदार आर्थिक सहायता प्राप्त होनी चाहिए।

(vi) वयस्क-शिक्षा का संगठन व प्रशासन (Organization and Administration of Adult Education)—'आयोग' ने वयस्क-शिक्षा के संगठन एवं प्रशासन के विषय में निम्नांकित सुझाव दिये हैं—

1. वयस्क-शिक्षा के क्षेत्र में कार्य करने वाली व्यक्तिगत संस्थाओं को सरकार द्वारा आर्थिक एवं प्राविधिक सहायता दी जानी चाहिए।

2. शिक्षा-मन्त्रालय द्वारा 'राष्ट्रीय वयस्क-शिक्षा परिषद्' (National Board of Adult Education) की स्थापना की जानी चाहिए।

3. उक्त 'परिषद्' पर निम्नलिखित कार्यों को सम्पादित करने का उत्तरदायित्व रखा जाना चाहिए—

(i) केन्द्र एवं राज्य सरकारों को अनौपचारिक वयस्क शिक्षा एवं प्रशिक्षण के बारे में परामर्श देना और इनसे सम्बन्धित योजनाओं एवं कार्यक्रमों का निर्माण करना।

(ii) वयस्कों की शिक्षा के लिए उपयुक्त साहित्य, पाठन-सामग्री एवं प्रशिक्षण-कार्यक्रमों के उत्पादन को प्रोत्साहन देना।

(iii) विभिन्न मन्त्रालयों और सरकारी एवं गैर-सरकारी संस्थाओं के कार्यों में सामंजस्य स्थापित करना।

(iv) समय-समय पर वयस्क-शिक्षा के प्रसार की जाँच करना और उसमें सुधार एवं परिवर्तन करने के लिए सुझाव देना।

(v) वयस्क-शिक्षा के क्षेत्र में अन्वेषण, अनुसंधान एवं मूल्यांकन करना।

4. उक्त 'परिषद्' के समान राज्य-स्तर पर परिषदों का और जिला-स्तर पर समितियों का निर्माण किया जाना चाहिए। ग्राम-स्तर पर 'परिषद्' के कार्यों को विद्यालयों को सौंपा जाना चाहिए।

13. विज्ञान की शिक्षा
(SCIENCE EDUCATION)

'आयोग' का मत है कि विज्ञान की शिक्षा भारत की प्रगति, सुरक्षा एवं कल्याण के लिए परम आवश्यक है। अत: उसने विज्ञान की शिक्षा (जिसमें उसने गणित एवं प्रौद्योगिकी को भी सम्मिलित किया है) के प्रसार के लिए अनेक महत्त्वपूर्ण सुझाव दिये हैं; यथा—

1. आधुनिक युग में विज्ञान एवं प्रौद्योगिकी के महत्त्व को स्वीकार करके इनको शिक्षा प्रणाली का अभिन्न अंग बनाया जाना चाहिए।

2. विज्ञान एवं प्रौद्योगिकी शिक्षा को देश के आर्थिक एवं औद्योगिक विकास से सम्बन्धित किया जाना चाहिए।

3. विज्ञान एवं गणित के पूर्व-स्नातक एवं स्नातकोत्तर स्तरों के पाठ्यक्रमों में आमूल संशोधन करके उनको उच्च बनाया जाना चाहिए।

4. विज्ञान एवं गणित की शिक्षा के लिए उच्च अध्ययन केन्द्रों की स्थापना की जानी चाहिए और उनमें योग्य एवं अनुभवी अध्यापकों की नियुक्ति की जानी चाहिए।

5. विज्ञान की शिक्षा में सुधार करने के लिए विद्यालयों, कॉलेजों एवं विश्वविद्यालयों के अध्यापकों के लिए 'ग्रीष्मकालीन संस्थानों' (Summer Institutes) की योजना संचालित की जानी चाहिए।

6. विज्ञान से सम्बन्धित विषयों के सैद्धान्तिक एवं प्रयोगात्मक पक्षों में समन्वय स्थापित किया जाना चाहिए।

7. देश की औद्योगिक आवश्यकताओं की पूर्ति के लिए विज्ञान के छात्रों की संख्या में वृद्धि की जानी चाहिए।

8. प्रत्येक कॉलेज एवं विश्वविद्यालय में विज्ञान की पूर्णतया सुसज्जित प्रयोगशालाएँ एवं वर्कशॉप होने चाहिए, जिनमें छात्रों को विभिन्न यन्त्रों का प्रयोग भली-भाँति सिखाया जाना चाहिए।

9. विदेशी वैज्ञानिकों एवं विदेशों में कार्य करने बाले अन्तर्राष्ट्रीय ख्याति के भारतीय वैज्ञानिकों को भारत में शिक्षण कार्य करने के लिए आमन्त्रित किया जाना चाहिए।

10. 'विश्वविद्यालय अनुदान आयोग' को एक अखिल भारतीय समिति का निर्माण करना चाहिए। इस समिति को 2 या 3 वर्ष के इकरारनामे पर विज्ञान के 'विजिटिंग प्रोफेसरों' (Visiting Professors) की नियुक्ति करनी चाहिए।

11. प्रायोगिक भौतिकशास्त्र एवं रसायनशास्त्र का विकास करने के लिए विशेष प्रयास किये जाने चाहिए।

12. एम. एस-सी. स्तर के बाद वैकल्पिक आधार पर एक नवीन उपाधि प्रदान करने की व्यवस्था की जानी चाहिए।

13. वर्तमान वैज्ञानिक, औद्योगिक एवं अन्य आवश्यकताओं को पूर्ण करने के लिए 2 वर्ष के एम. एस-सी. के कोर्स के अतिरिक्त 1 वर्ष या कम अवधि का कोई विशेष कोर्स आरम्भ किया जाना चाहिए।

14. अन्तिम परीक्षण में प्रयोगात्मक परीक्षा नहीं होनी चाहिए वरन् कक्षा के रिकार्ड के आधार पर प्रयोगात्मक कार्य का मूल्यांकन किया जाना चाहिए।

15. औद्योगिकी कार्यकर्त्ताओं को पत्र-व्यवहार एवं सायंकालीन कक्षाओं के द्वारा प्रयोगशालाओं में प्रयोग करने की सुविधाएँ प्रदान की जानी चाहिए।

14. कृषि की शिक्षा
(AGRICULTURAL EDUCATION)

कृषि-प्रधान देश, भारत में कृषि की हीन दशा और देश के लिए उसके महत्त्व को ध्यान में रखते हुए, 'आयोग' ने कृषि की शिक्षा में सुधार एवं विस्तार करने के लिए जो सुझाव प्रस्तुत किये हैं, उनका विवरण द्रष्टव्य है—

(1) कृषि-विश्वविद्यालय (Agricultural Universities)—'आयोग' ने कृषि-विश्वविद्यालयों की स्थापना, कार्यों आदि के विषय में निम्नलिखित सुझाव दिये हैं—

1. प्रत्येक राज्य में कम-से-कम एक कृषि-विश्वविद्यालय की स्थापना की जानी चाहिए।

2. कृषि-विश्वविद्यालयों में कृषि की शिक्षा, अनुसंधान एवं प्रसार-कार्यक्रमों की उत्तम व्यवस्था होनी चाहिए।

3. कृषि-विश्वविद्यालयों में स्नातकोत्तर-शिक्षा का उन्नयन करने के लिए योग्य एवं प्रतिभाशाली शिक्षकों की नियुक्ति की जानी चाहिए।

4. कृषि-विश्वविद्यालयों में कक्षा-शिक्षण की अपेक्षा प्रायोगिक एवं प्रयोगशाला-कार्यों पर अधिक बल दिया जाना चाहिए।

5. कृषि-विश्वविद्यालयों के 25 प्रतिशत छात्रों को छात्रवृत्तियाँ दी जानी चाहिए।

6. कृषि-विश्वविद्यालयों में कृषि-शिक्षा के अध्यापकों के लिए प्रशिक्षण-केन्द्रों की स्थापनी की जानी चाहिए।

7. प्रत्येक कृषि-विश्वविद्यालय से सम्बद्ध कम-से-कम 1,000 एकड़ भूमि का फार्म होना चाहिए, जिसमें से 500 एकड़ भूमि कृषि के योग्य होनी चाहिए।

8. प्रथम डिग्री-कोर्स की अवधि 10 वर्ष की विद्यालय-शिक्षा के पश्चात् 5 वर्ष की होनी चाहिए।

9. उपाधि प्रदान करने से पूर्व प्रत्येक छात्र के लिए फार्म पर 1 वर्ष का कृषि-कार्य अनिवार्य होना चाहिए।

10. केन्द्रीय अनुसंधान-केन्द्रों एवं कृषि-विश्वविद्यालयों को पारस्परिक सहयोग से स्नातकोत्तर शिक्षा के लिए उत्तम केन्द्रों का निर्माण करना चाहिए।

11. सभी कृषि-विश्वविद्यालय यथासम्भव शिक्षण-विश्वविद्यालय होने चाहिए।

12. बाह्य परीक्षाओं को समाप्त करने का यथाशक्ति प्रयास किया जाना चाहिए।

(2) कृषि-कॉलेज (Agricultural Colleges)—**'आयोग'** ने कृषि-कॉलेजों के विषयों में अधोलिखित सुझाव दिये हैं—

1. नवीन कृषि-कॉलेजों की स्थापना नहीं की जानी चाहिए, वरन् पुराने कॉलेजों में सुधार करके, उनको सुचारु रूप से संचालित किया जाना चाहिए।

2. प्रत्येक कृषि-कॉलेज के पास कम-से-कम 200 एकड़ भूमि का सुव्यवस्थित फार्म होना चाहिए।

3. कुछ कॉलेजों में डिग्री कोर्सों के बजाय उच्च टेकनिशियन (Technician) स्तर के कोर्सों का आयोजन किया जाना चाहिए।

4. कृषि-कॉलेजों का प्रत्येक 5 वर्ष के पश्चात् 'विश्वविद्यालय अनुदान आयोग' एवं 'भारतीय कृषि अनुसंधान परिषद्' (Indian Agricultural Research Institute) द्वारा संयुक्त निरीक्षण किया जाना चाहिए।

(3) कृषि-पॉलिटेकनीक (Agricultural Polytechnics)—**'आयोग'** ने सिफारिश की है कि कृषि-शिक्षा की सुविधाओं का विस्तार करने के लिए 'कृषि-पॉलिटेकनीकों' का शिलान्यास किया जाना चाहिए और उनके सम्बन्ध में अपने विचार इस प्रकार लेखबद्ध किये हैं—

1. मेट्रीकुलेशन-स्तर के बाद प्रत्येक राज्य में कृषि-पॉलिटेकनीकों की स्थापना को प्राथमिकता दी जानी चाहिए।

2. पॉलिटेकनीकों को कृषि-विश्वविद्यालयों से सम्बद्ध किया जाना चाहिए।

3. पॉलिटेकनीकों में अधिकतम छात्र-संख्या 1,000 होनी चाहिए।

4. पॉलिटेकनीकों में कृषि की ऐसी शिक्षा दी जानी चाहिए, जिसे समाप्त करने के पश्चात् छात्रों को कृषि की उच्च शिक्षा-संस्थाओं में प्रवेश मिल सके।

5. पॉलिटेकनीकों में कृषकों एवं कृषि में विशेष रुचि रखने वाले व्यक्तियों के लिए सघन एवं संक्षिप्त पाठ्यक्रमों का आयोजन किया जाना चाहिए।

6. कृषि-शिक्षा की तात्कालिक माँग को पूर्ण करने के लिए ग्रामीण क्षेत्रों के निकट स्थित पॉलिटेकनीकों में कुछ समय तक कृषि की शिक्षा प्रदान करने का प्रबन्ध किया जाना चाहिए।

(4) विद्यालयों में कृषि-शिक्षा (Agricultural Education in Schools)—'आयोग' की धारणा है कि कृषि-शिक्षा को विद्यालयों की सामान्य शिक्षा का अभिन्न अंग होना चाहिए। अपनी इस धारणा के अनुसार, 'आयोग' ने विद्यालयों में कृषि-शिक्षा के बारे में अधोलिखित सुझाव अंकित किये हैं—

1. ग्रामीण एवं शहरी क्षेत्रों के सब प्राथमिक विद्यालयों में कृषि-सम्बन्धी जानकारी को सामान्य शिक्षा का अनिवार्य अंग बनाया जाना चाहिए।

2. विद्यालय-स्तर पर कृषि को कार्य-अनुभव (Work Experience) का महत्त्वपूर्ण अंग बनाया जाना चाहिए।

3. अध्यापक-शिक्षा के कार्यक्रमों में कृषि एवं ग्रामीण समस्याओं को उपयुक्त स्थान दिया जाना चाहिए।

15. व्यावसायिक, प्राविधिक व इंजीनियरिंग की शिक्षा
(VOCATIONAL, TECHNICAL AND ENGINEERING EDUCATION)

'आयोग' का कथन है कि देश के औद्योगीकरण को सफल बनाने के लिए प्रशिक्षित व्यक्तियों की आवश्यकता है। अत: औद्योगीकरण की योजनाएँ बनाने वालों का यह कर्त्तव्य है कि वे विभिन्न उद्योगों के लिए प्रशिक्षित व्यक्तियों की संख्या का अनुमान लगाएँ और उनके प्रशिक्षण के लिए उपयुक्त कार्यक्रमों का निर्माण करें। इस कार्य में हाथ बँटाने के लिए, 'आयोग' ने व्यावसायिक, प्राविधिक एवं इंजीनियरिंग की शिक्षा के विषय में कुछ विचार व्यक्त किये हैं, जिनकी चर्चा यथास्थान की जा रही है—

(1) व्यावसायिक व प्राविधिक शिक्षा (Vocational and Technical Education)—'आयोग' ने व्यावसायिक एवं प्राविधिक शिक्षा के विषय में जो विचार अंकित किये हैं, वे निम्नांकित हैं—

1. व्यावसायिक शिक्षा का प्रसार, सुसंगठित योजना के अनुसार इस प्रकार किया जाना चाहिए, जिससे 1985-86 में निम्न माध्यमिक स्तर पर 20 प्रतिशत छात्र एवं उच्चतर माध्यमिक स्तर पर 50 प्रतिशत छात्र पूर्वकालीन एवं अंशकालीन व्यावसायिक शिक्षा ग्रहण कर रहे हों।

2. विद्यालय स्तर पर व्यावसायिक शिक्षा के पाठ्यक्रम अपने आप में सम्पूर्ण होने चाहिए, ताकि छात्रों को उच्च शिक्षा की संस्थाओं में शिक्षा ग्रहण करने में किसी प्रकार की कठिनाई का अनुभव न हो।

3. औद्योगिक प्रशिक्षण-संस्थाओं (Industrial Training Institutes) में सर्वेक्षण के आधार पर प्रशिक्षण की सुविधाओं का अधिक-से-अधिक विस्तार किया जाना चाहिए।

4. विद्यालय-शिक्षा समाप्त करने वाले छात्रों को व्यावसायिक एवं प्राविधिक प्रशिक्षण प्रदान करने के लिए पत्राचार-पाठ्यक्रमों, अल्पकालीन पाठ्यक्रमों एवं संक्षिप्त-सघन पाठ्यक्रमों (Short-Intensive Courses) की व्यवस्था की जानी चाहिए।

5. जूनियर टेकनिकल स्कूलों को टेकनिकल हाई स्कूलों की संज्ञा दी जानी चाहिए।

6. टेकनिकल स्कूलों एवं औद्योगिक प्रशिक्षण-संस्थाओं में व्यावहारिक कार्य पर विशेष बल दिया जाना चाहिए एवं उनको उत्पादनोन्मुखी (Production Oriented) बनाया जाना चाहिए।

7. नवीन पॉलिटेकनीकों की स्थापना औद्योगिक क्षेत्रों में की जानी चाहिए।

8. जो पॉलिटेकनीक—ग्रामीण क्षेत्रों के चल रहे हैं, उनमें कृषि एवं कृषि से सम्बन्धित उद्योगों की शिक्षा प्रदान की ज़ानी चाहिए।

9. पॉलिटेकनीकों में बालिकाओं की विशेष रुचियों को ध्यान में रखकर पाठ्यक्रमों का आयोजन किया जाना चाहिए।

10. पॉलिटेकनीकों के शिक्षकों की साहित्यिक योग्यताओं (Academic Qualifica-tions) में कमी की जानी चाहिए और साधारणतः उन्हीं शिक्षकों को नियुक्त किया जाना चाहिए, जो विभिन्न उद्योगों में कार्य करके औद्योगिक अनुभव प्राप्त कर चुके हों।

11. पॉलिटेकनीकों में होने वाले अपव्यय को समाप्त करनें एवं उनको अधिक-से-अधिक उपयोगी बनाने के प्रयास किये जाने चाहिए।

12. कुछ पॉलिटेकनीकों में डिप्लोमा प्राप्त कर चुकने वाले छात्रों के लिए पोस्ट-डिप्लोमा (Post-Diploma) कोर्सों की व्यवस्था की जानी चाहिए।

(2) इंजीनियरिंग की शिक्षा (Engineering Education)—'आयोग' ने इंजीनियरिंग की शिक्षा के सम्बन्ध में निम्नांकित सुझाव दिये हैं—

1. इंजीनियरिंग के जो कॉलेज उच्च स्तर की शिक्षा प्रदान नहीं कर रहे हैं, उनमें या तो सुधार किया जाना चाहिए या उनको बन्द कर दिया जाना चाहिए।

2. इंजीनियरिंग की अग्रांकित शाखाओं का अध्ययन करने के लिए केवल योग्य एवं प्रतिभाशाली बी. एस-सी. पास विद्यार्थियों का ही चनाव किया जाना चाहिए—उपकरण एवं विद्युत-अणु (Instrumentation and Electronics)।

3. इंजीनियरिंग की शिक्षा के पाठ्यक्रमों को वर्तमान आवश्यकताओं की पूर्ति करने के लिए विभिन्न प्रकार का बनाया जाना चाहिए।

4. इंजीनियरिंग की शिक्षा के प्रचलित पाठ्यक्रमों में विशेषज्ञों के परामर्श के अनुसार संशोधन किया जाना चाहिए।

5. इंजीनियरिंग की शिक्षा में निम्नांकित पाठ्य-विषयों को सम्मिलित किया जाना चाहिए—विमान-विज्ञान, नक्षत्र-विज्ञान, रासायनिक प्रौद्योगिकी (Aeronautics, Astro-nautics, Chemical Technology), आदि।

6. छात्रों को डिग्री-कोर्स के तृतीय वर्ष में व्यावहारिक प्रशिक्षण दिया जाना चाहिए और कार्यशाला-कार्य (Workshop Practice) में उत्पादन-कार्य पर विशेष रूप से बल दिया जाना चाहिए।

7. इंजीनियरिंग की शिक्षा में सम्बन्धित शिक्षकों को नवीनतम ज्ञान से सम्पन्न करने के लिए 'ग्रीष्मकालीन संस्थानों' (Summer Institutes) की व्यवस्था की जानी चाहिए।

8. प्रतिभाशाली व्यक्तियों को शिक्षण-व्यवसाय के प्रति आकृष्ट करने के लिए शिक्षकों के वेतन-क्रमों में वृद्धि की जानी चाहिए और उनको लागू किया जाना चाहिए।

9. टेक्नॉलॉजी की संस्थाओं में उच्च अध्ययन-केन्द्रों की स्थापना की जानी चाहिए।

10. टेक्नॉलॉजी की संस्थाओं को उद्योगों की आवश्यकताओं को पूर्ण करने के लिए प्रोत्साहित किया जाना चाहिए।

आयोग का मूल्यांकन
(EVALUATION OF THE COMMISSION)

'शिक्षा आयोग' के सदस्यों में देश और विदेश के माने हुए विद्वान् और सुलझे हुए शिक्षा-मर्मज्ञ थे। सभी को अपने-अपने क्षेत्रों का लम्बा अनुभव था, गहरी जानकारी थी। इसलिए, उन्होंने भारतीय शिक्षा का नख से शिख तक कायाकल्प करने के लिए अनोखे और अनुपम सुझाव दिये।

इन सुझावों में से विशेष रूप से उल्लेखनीय हैं—शिक्षा का नवीन संगठन, विज्ञान की शिक्षा पर बल, प्रौद्योगिकी एवं व्यावसायिक शिक्षा की व्यवस्था, शैक्षिक अवसरों की समानता, त्रिभाषा-सूत्र में संशोधन, प्राथमिक स्तर से निर्देशन की आवश्यकता, प्रतिभाशाली छात्रों की खोज और शिक्षकों की स्थिति में उन्नति।

'शिक्षा आयोग' के उपरिअंकित सभी सुझाव सारगर्भित हैं, सराहना के योग्य हैं। पर यदि हम थोड़ा-सा समय निकालकर और एकाग्रचित होकर, उन पर विचार करें, तो हमको यह जानने में देर नहीं लगेगी कि उनमें सरलता के बजाय जटिलता है, व्यावहारिकता के बजाय आदर्शवादिता है। अतः उनकी अभिपूर्ति असम्भव है। उसकी अभिपूर्ति के लिए इतने अपार धन की आवश्यकता है कि भारत के समान दरिद्र देश के लिए उसे जुटाना असम्भव है।

यदि हम 'आयोग' के कुछ सुझावों पर अलग-अलग विचार करें, तो हमसे उनकी निरर्थकता और निस्सारता छिपी नहीं रह सकती है। उदाहरणार्थ—उसने शिक्षकों के पदों की सुरक्षा के बारे में एक शब्द भी नहीं लिखा है। उसने संस्कृत के अध्ययन को अनुपयोगी बताकर, उसके उन्मूलन का अच्छा प्रबन्ध कर दिया है। उसने बेसिक शिक्षा को शिक्षा के सब स्तरों से बाहर निकाल कर, उसकी मृत्यु के अनुमति-पत्र पर हस्ताक्षर कर दिये हैं। उसने भारत में अंग्रेजी को अनिश्चित काल तक बनाए रखने की सिफारिश करके, एक अन्तर्राष्ट्रीय षड्यन्त्र से नाता जोड़ लिया है।

सारांश यह है कि 'आयोग' के अधिकांश सुझाव चौंकाने वाले हैं, परेशानी में डालने वाले हैं। सत्य बात तो यह है कि भारतीय परिस्थितियों से अनभिज्ञ जिन विदेशियों से भारतीय शिक्षा के विकास के लिए परामर्श लिया गया, उनसे इसी प्रकार के काल्पनिक और कंटकपूर्ण सुझावों की आशा की जा सकती थी। अतः हम केवल यह लिखकर अपने मूल्यांकन को समाप्त करते हैं कि 'आयोग' के केवल दो-चार सुझाव ही क्रियान्वित करने के योग्य हैं। शेष केवल इसी योग्य है कि उनको कागज पर लिखा हुआ रहने दिया जाय।

अभ्यास प्रश्न

दीर्घ उत्तरीय प्रश्न (Long Answer Type Questions)

1. शिक्षक-शिक्षा के सम्बन्ध में शिक्षा-आयोग की सिफारिशों का संक्षिप्त सारांश लिखिए। वे शिक्षा के स्तर में सुधार करने के लिए कहाँ तक सहायक सिद्ध हो सकती हैं ?
2. इस मत की समालोचना कीजिए कि सन् 1966 के भारतीय शिक्षा-आयोग की रिपोर्ट राष्ट्रीय शिक्षा-प्रणाली की एक व्यापक योजना का प्रथम वास्तविक प्रयास है।
3. प्राथमिक तथा माध्यमिक अध्यापकों की प्रशिक्षण-संस्थाओं का विश्वविद्यालयों के विद्वत्परिषद् के जीवन तथा विद्यालयों की दैनिक समस्याओं से पार्थक्य को हटाने के लिए शिक्षा-आयोग ने क्या सुधार प्रस्तुत किये हैं ?

लघु उत्तरीय प्रश्न (Short Answer Type Questions)

4. भारत में माध्यमिक शिक्षा के व्यवसायीकरण की आवश्यकता की समीक्षात्मक आलोचना लिखिए। ऐसा करने से क्या कठिनाई उठ सकती हैं और उनको कैसे दूर किया जा सकता है ?
5. निम्नलिखित पर कोठारी कमीशन की सिफारिशों को संक्षेप में लिखिए—

   (अ) त्रिभाषा-सूत्र, (ब) विश्वविद्यालय-स्वाधीनता, (स) माध्यमिक शिक्षा का स्वरूप, (द) स्त्री-शिक्षा में सुधार, और (य) विश्वविद्यालय शिक्षा में उन्नति।

अध्याय—11

राष्ट्रीय शिक्षा नीतियाँ एवं संशोधित राष्ट्रीय नीतियाँ

[NATIONAL EDUCATION POLICIES AND REVISED NATIONAL POLICIES OF EDUCATION]

राष्ट्रीय शिक्षा नीति (1968)
(NATIONAL EDUCATION POLICY) (1968)

प्रत्येक राष्ट्र अपने विभिन्न क्षेत्रों के लिए नीतियों का निर्धारण करता है। शिक्षा राष्ट्रीय उद्देश्यों को प्राप्त करने का महत्त्वपूर्ण साधन है।

15 अगस्त, 1947 को स्वतन्त्रता की सुरभि में भारतीय शिक्षा में परिवर्तन हुआ। पराधीनता के कारण भारत में जो विष फैल गया था, उसे दूर करने और जन-चेतना को प्रेरित करके, जनतन्त्र के लिए शिक्षा को एक नवीन दिशा देने का निश्चय किया गया। इसी उद्देश्य से प्रेरित होकर जनवरी, 1948 में भारत के शिक्षा मन्त्री ने एक अखिल भारतीय शिक्षा सम्मेलन का आयोजन किया।

उस अवसर पर भारत के तत्कालीन प्रधानमन्त्री **पं. जवाहरलाल नेहरू** ने कहा—

''पराधीन भारत में जब कभी शिक्षा की योजना बनाने के लिए सम्मेलन होते थे, तब उनमें सामान्य रूप से कुछ संशोधनों के बाद प्रचलित शिक्षा-प्रणाली को स्वीकार करने की प्रवृत्ति पाई जाती थी। किन्तु अब हमें इस प्रवृत्ति का त्याग कर देना चाहिए और शिक्षा-प्रणाली में आमूल परिवर्तन करके उसे देश की नवीन परिस्थितियों के अनुरूप ढालना चाहिए।''

कोठारी आयोग का यह विश्वास है कि शिक्षा ही सामाजिक परिवर्तन कर सकती है। राष्ट्रीय शिक्षा नीति की आवश्यकता को देखते हुए **आयोग** ने कहा है—**''यदि राष्ट्रीय प्रगति को तीव्र बनाना है तो एक सबल, सुनिश्चित एवं सुविचारपूर्ण शिक्षा नीति की आवश्यकता है।''**

शिक्षा आयोग का यह कथन राष्ट्रीय शिक्षा नीति की आवश्यकता का अनुभव करता है—**''शिक्षा में सबसे महत्त्वपूर्ण और आवश्यक सुधार यह है कि इसको परिवर्तित करके व्यक्तियों से इसका सम्बन्ध स्थापित करने का प्रयास किया जाए और इस प्रकार इसको सामाजिक, आर्थिक और सांस्कृतिक परिवर्तन का शक्तिशाली साधन बनाया जाए जो राष्ट्रीय लक्ष्यों की प्राप्ति के लिए आवश्यक है।''**

कोठारी आयोग की सिफारिशों के आधार पर राष्ट्रीय शिक्षा नीति को तैयार किया गया है। राष्ट्रीय शिक्षा नीति का तात्पर्य शिक्षा के उन सिद्धान्तों तथा नीतियों के निर्धारण से है जिनके आधार पर पूरे राष्ट्र की शैक्षिक गतिविधियों का संचालन होता है।

राष्ट्रीय शिक्षा नीति, 1968
(NATIONAL EDUCATION POLICY, 1968)

भारत सरकार ने शिक्षा के विकास और सुसंगठित राष्ट्रीय शिक्षा-प्रणाली के विषय में परामर्श देने के लिए सन् 1964 में 'शिक्षा आयोग' की नियुक्ति की। 'आयोग' ने भारतीय शिक्षा के सम्पूर्ण क्षेत्र का गहन एवं विस्तृत अध्ययन किया। इस अध्ययन के परिणामस्वरूप वह इस निष्कर्ष पर पहुँचा कि भारतीयों की कुशलताओं एवं आकांक्षाओं, धारणाओं एवं मान्यताओं में क्रान्तिकारी परिवर्तन करके इस देश के रूढ़िवादी, मध्यकालीन एवं अप्रगतिशील समाज को रूपान्तरित करके आर्थिक, औद्योगिक एवं व्यावसायिक उन्नति की शिक्षा में उन्मुख किया जाना सम्भव है। इस क्रान्तिकारी परिवर्तन के लिए शिक्षा से अधिक उत्तम साधन और कोई नहीं है। इस सन्दर्भ में **'आयोग'** ने लिखा है—

''अन्य साधन सहायता दे सकते हैं और वास्तव में कभी-कभी उनका अधिक प्रत्यक्ष प्रभाव हो सकता है, किन्तु शिक्षा की राष्ट्रीय प्रणाली ही वह साधन है, जो सब व्यक्तियों तक पहुँच सकती है।''

"Other agencies may help and can indeed sometimes have a more apparent impact. But the national system of education is the only instrument that can reach all the people."

—**Education Commission Report,** p. 4

'आयोग' ने अपने प्रतिवेदन में शिक्षा की राष्ट्रीय शिक्षा प्रणाली के विषय में जो विचार अंकित किए, उनको संसद के सदस्यों, विभिन्न दलों के प्रतिनिधियों, राज्यों के शिक्षा-मंत्रियों और भारतीय विश्वविद्यालयों के उपकुलपतियों ने कुछ संशोधनों के पश्चात् स्वीकार किया। इसी के आधार पर भारत सरकार ने शिक्षा की राष्ट्रीय नीति को सरकारी प्रस्ताव के रूप में 24 जुलाई, 1968 को जारी किया।

भारत सरकार द्वारा सन् 1968 में घोषित राष्ट्रीय शिक्षा नीति में 17 आधारभूत सिद्धान्तों को स्थापित किया गया है तथा कहा गया था कि भारत सरकार इन सिद्धान्तों के अनुरूप देश में शिक्षा का विकास करेगी। राष्ट्रीय शिक्षा नीति 1968 में शिक्षा के ऊपर किये जाने वाले व्यय को बढ़ाकर यथाशीघ्र राष्ट्रीय आय के छः प्रतिशत के बराबर लाने का भी प्रस्ताव किया गया था। राष्ट्रीय शिक्षा नीति में शामिल सिद्धान्त निम्नलिखित हैं—

(1) निःशुल्क एवं अनिवार्य शिक्षा
(FREE AND COMPULSORY EDUCATION)

भारतीय संविधान की धारा 45 के अनुसार, 14 वर्ष तक के बालकों और बालिकाओं हेतु निःशुल्क और अनिवार्य शिक्षा की व्यवस्था करने के लिए प्रयत्न किया जाना चाहिए। प्राथमिक शिक्षा में अपव्यय व अवरोधन कम करने के लिए, यह सुनिश्चित करने के लिए कि विद्यालय में प्रवेश लेने वाला प्रत्येक छात्र अपना पाठ्यक्रम सफलतापूर्वक कर रहा है, उपयुक्त कार्यक्रमों का निर्माण किया जाना चाहिए।

(2) शिक्षकों का स्तर, वेतन तथा शिक्षा
(STATUS, EMOLUMENTS AND EDUCATION OF TEACHERS)

(1) शिक्षा के स्तर को उन्नत करने में अध्यापकों का महत्त्वपूर्ण स्थान है। उनके व्यक्तिगत चरित्र के गुणों, शैक्षिक योग्यताओं तथा व्यावसायिक अर्हताओं पर ही शिक्षा की सफलता निर्भर होती है। अतः समाज में उन्हें उचित सम्मान मिलना चाहिए। उनके वेतन-भत्ते तथा अन्य सेवा-शर्तें उनकी योग्यताओं तथा उत्तरदायित्वों को देखते हुए पर्याप्त तथा सन्तोषजनक होने चाहिए।

(2) शिक्षकों को स्वतन्त्र चिन्तन, अध्ययन एवं शोध-कार्य की सुविधाएँ प्रदान की जाएँ। राष्ट्रीय व अन्तर्राष्ट्रीय समस्याओं पर लिखने या भाषण देने की शैक्षिक स्वतन्त्रता की रक्षा की जानी चाहिए।

(3) शिक्षक-शिक्षा विशेषकर अन्तःसेवा अध्यापक-शिक्षा पर विशेष जोर दिया जाना चाहिए।

(3) सभी भारतीय भाषाओं का विकास
(DEVELOPMENT OF ALL INDIAN LANGUAGES)

(i) हिन्दी—हिन्दी के विकास को प्रोत्साहित करने हेतु यथासम्भव प्रयास किये जाने चाहिए। हिन्दी को सम्पर्क भाषा के रूप में विकसित करते समय इस बात का ध्यान रखा जाए कि यह संविधान की धारा 351 के प्रावधान के अनुरूप भारत की विविधतापूर्ण संस्कृति के सभी अंगों के लिए अभिव्यक्ति का माध्यम बन सके। अहिन्दी भाषी राज्यों में हिन्दी की संस्थाओं को स्थापित करने के प्रयत्नों को प्रोत्साहित करना चाहिए।

(ii) संस्कृत—भारतीय भाषाओं के विकास में संस्कृत के विशेष महत्त्व तथा राष्ट्र की सांस्कृतिक एकता में उसके योगदान को दृष्टिगत रखते हुए विद्यालय तथा विश्वविद्यालय स्तर पर सांस्कृतिक शिक्षण की सुविधाएँ उदारतापूर्वक प्रदान की जानी चाहिए। इसके शिक्षण की नवीन विधियों की खोज को प्रोत्साहित करना चाहिए तथा उन विषयों (जैसे प्राचीन भारत का इतिहास, भारतीय संस्कृति, भारतीय दर्शन) में जिनमें संस्कृत का ज्ञान उपयोगी है, संस्कृत के अध्ययन की सम्भावनाओं की खोज करनी चाहिए।

(iii) क्षेत्रीय भाषाएँ—शैक्षिक तथा सांस्कृतिक विकास के लिए यह एक आवश्यक कदम भारतीय भाषाओं तथा साहित्य का उत्साह के साथ विकास करना है। जब तक यह नहीं किया जायेगा तब तक लोगों

की सृजनात्मक शक्तियाँ क्रियाशील नहीं होंगी, शिक्षा के स्तर में सुधार नहीं आयेगा, जनसाधारण तक ज्ञान नहीं फैलेगा तथा जनसाधारण व बुद्धिजीवी वर्ग के बीच की खाई यदि और चौड़ी नहीं हुई तो भी यथावत् बनी रहेगी। प्राथमिक व माध्यमिक स्तर की शिक्षा के लिए क्षेत्रीय भाषाओं को माध्यम के रूप में पहले से ही प्रयुक्त किया जा रहा है। अब इनका प्रयोग विश्वविद्यालय स्तर की शिक्षा के माध्यम के रूप में करने के लिए तेजी से कदम उठाने चाहिए।

(iv) त्रिभाषा-सूत्र—राज्य सरकारों को माध्यमिक स्तर पर त्रिभाषा-सूत्र अपनाना व लागू करना चाहिए। त्रिभाषा-सूत्र में, हिन्दी भाषी राज्यों में हिन्दी व अंग्रेजी के अतिरिक्त किसी एक आधुनिक भाषा, अंग्रेजी के साथ हिन्दी को रखना चाहिए। विश्वविद्यालयों तथा कॉलेजों में हिन्दी व अंग्रेजी के उपयुक्त पाठ्यक्रमों की व्यवस्था की जानी चाहिए, जिससे छात्र विश्वविद्यालय मानकों के अनुरूप इन भाषाओं में प्रवीणता प्राप्त कर लें।

(v) अन्तर्राष्ट्रीय भाषाएँ—अंग्रेजी तथा अन्य अन्तर्राष्ट्रीय भाषाओं के अध्ययन पर विशेष बल दिया जाना चाहिए। विश्वज्ञान में तेजी से बढ़ोत्तरी हो रही है विशेषकर विज्ञान व तकनीकी के क्षेत्र में। भारत को न केवल इस विकास को बनाये रखना है, बल्कि अपनी ओर से इसमें सार्थक योगदान भी करना है। इस दृष्टि से अंग्रेजी के अध्ययन को पुष्ट करना है।

(4) शैक्षिक अवसरों का समानीकरण
(EQUALIZATION OF EDUCATION OPPORTUNITIES)

शिक्षा के अवसरों के समानीकरण हेतु निम्नलिखित प्रयत्न किए जाने चाहिए—

(i) शिक्षा प्राप्त करने का अवसर देश के सभी वर्गों को मिलना चाहिए। क्षेत्रीय असन्तुलन का अन्त किया जाना चाहिए। ग्रामीण व अन्य पिछड़े क्षेत्रों में शिक्षा की अच्छी सुविधाएँ उपलब्ध कराई जानी चाहिए।

(ii) सामाजिक समाकलन तथा राष्ट्रीय एकता को बढ़ाने हेतु समान स्कूल पद्धति को अपनाया जाए। सामान्य स्कूल में शिक्षा के स्तर को सुधारा जाना चाहिए तथा पब्लिक स्कूलों में छात्रों को प्रवेश योग्यता के आधार पर दिया जाना चाहिए। सामाजिक स्तर के केन्द्रीकरण को रोकने के लिए आनुपातिक आधार पर छात्रों को शुल्क मुक्ति दी जानी चाहिए।

(iii) पिछड़े वर्गों की शिक्षा के लिए प्रयास किए जाने चाहिए।

(iv) शारीरिक तथा मानसिक रूप से विकलांग बालकों के लिए शैक्षिक सुविधाओं का विकास करना चाहिए।

(v) लड़कियों की शिक्षा पर विशेष ध्यान दिया जाना चाहिए।

(5) प्रतिभाशाली छात्रों की पहचान
(IDENTITY OF GIFTED CHILDREN)

विभिन्न क्षेत्रों में प्रतिभाशाली व्यक्तियों की खोज करना आवश्यक है। इसके लिए विशेष परीक्षणों की सहायता से प्रतिभावान बालकों की पहचान अल्पायु में ही हो जाए और उनकी प्रतिभा के विकास का उचित अवसर प्रदान किया जाए।

(6) कार्यानुभव तथा राष्ट्रीय सेवा
(WORK EXPERIENCE AND NATIONAL SERVICE)

कार्यानुभव तथा राष्ट्रीय शिक्षा को शिक्षा के कार्यक्रम में महत्त्व दिया जाना चाहिए। परस्पर सेवा तथा सहयोग के उपयुक्त कार्यक्रमों के द्वारा विद्यालय तथा समुदाय को एक-दूसरे के निकट लाया जाना चाहिए। अतः सामुदायिक सेवा तथा राष्ट्रीय पुनर्निर्माण के सार्थक व चुनौतीपूर्ण कार्यक्रमों के भाग सहित कार्यानुभव तथा राष्ट्रीय सेवा, शिक्षा के अभिन्न अंग होने चाहिए। इन कार्यक्रमों में स्वावलम्बन, चरित्र-निर्माण व सामाजिक संकल्प की भावना के विकास पर बल दिया जाना चाहिए।

(7) विज्ञान शिक्षा एवं अनुसंधान
(SCIENCE EDUCATION AND RESEARCH)

देश के आर्थिक विकास की गति को तीव्र करने के लिए विज्ञान की शिक्षा एवं शोध-कार्य को विशेष महत्त्व दिया जाए। 10वीं कक्षा तक सामान्य शिक्षा के पाठ्यक्रम में विज्ञान एवं गणित के अध्ययन को अनिवार्य कर दिया जाए।

(8) कृषि एवं उद्योगों हेतु शिक्षा
(EDUCATION FOR AGRICULTURE AND INDUSTRY)

कृषि तथा उद्योगों की शिक्षा पर जोर दिया जाना चाहिए—

(i) कृषि और उद्योगों की शिक्षा को प्राथमिकता द्री जाए। इसके लिए प्रत्येक राज्य में कम-से-कम एक कृषि-विश्वविद्यालय स्थापित किया जाना चाहिए। अन्य विश्वविद्यालयों में भी यदि आवश्यक हो तो कृषि के किसी एक पक्ष या अधिक पक्षों के अध्ययन के लिए सशक्त विभाग खोले जाने चाहिए।

(ii) छात्रों को तकनीकी शिक्षा के विभिन्न अंग के रूप में उद्योगों से सम्बन्धित व्यावहारिक प्रशिक्षण प्रदान किया जाना चाहिए।

(iii) राष्ट्र की कृषि, औद्योगिक तथा अन्य तकनीकी जनशक्ति की आवश्यकता की निरन्तर समीक्षा होती रहनी चाहिए तथा शिक्षा-संस्थाओं से निकले छात्रों व रोजगार के अवसरों के मध्य सन्तुलन बनाये रखने हेतु निरन्तर प्रयास किये जाने चाहिए।

(9) पुस्तकों का उत्पादन
(PRODUCTION OF BOOKS)

अच्छी पुस्तकों के लेखन हेतु पुस्तकों को उदार पारिश्रमिक या सहायता तथा प्रोत्साहन देकर आकर्षित किया जाए। बार-बार पाठ्य-पुस्तकों को बदला न जाए। पाठ्य-पुस्तकों का मूल्य भी ऐसा हो जिसे सामान्य विद्यार्थी आसानी से खरीद सके। बाल-साहित्य के प्रकाशन व प्रादेशिक भाषाओं में विश्वविद्यालय स्तर की पुस्तकों के प्रकाशन पर ध्यान दिया जाए।

(10) परीक्षाएँ
(EXAMINATIONS)

परीक्षाओं की विश्वसनीयता एवं वैधता की ओर ध्यान दिया जाए। अनवरत मूल्यांकन विधि अपनायी जाए। इससे छात्रों की शैक्षिक योग्यता बढ़ाने में सहायता मिलेगी।

(11) माध्यमिक शिक्षा
(SECONDARY EDUCATION)

(i) माध्यमिक शिक्षा की सुविधा सभी क्षेत्रों और वर्गों को प्रदान की जाए।

(ii) माध्यमिक स्तर पर तकनीकी तथा व्यावसायिक शिक्षा की सुविधाओं को भी बढ़ाये जाने की आवश्यकता है। माध्यमिक तथा व्यावसायिक शिक्षा की सुविधाओं का प्रावधान मोटे तौर पर विकासशील अर्थव्यवस्था तथा रोजगार के वास्तविक अवसरों के अनुरूप होना चाहिए। तकनीकी तथा व्यावसायिक शिक्षा की सुविधाएँ विभिन्न क्षेत्रों जैसे कृषि, उद्योग व चिकित्सा व जनस्वास्थ्य, गृह प्रबन्ध, कला व शिल्प, सचिव प्रशिक्षण आदि में भी दी जानी चाहिए।

(12) विश्वविद्यालय शिक्षा
(UNIVERSITY EDUCATION)

विश्वविद्यालयी शिक्षा के सम्बन्ध में राष्ट्रीय शिक्षा नीति, 1968 में प्रावधान किये गये हैं कि—

(i) विश्वविद्यालय या महाविद्यालयों में छात्रों की प्रवेश संख्या प्रयोगशालाओं, पुस्तकालयों तथा अन्य सुविधाओं और कर्मचारियों की संख्या के आधार पर निश्चित की जाए।

(ii) नये विश्वविद्यालय की स्थापना में पर्याप्त सावधानी की आवश्यकता है। जब आवश्यक धन उपलब्ध हो तथा शिक्षा मानकों को बनाये रखने में पर्याप्त सावधानी रखी जाए, तब ही नये विश्वविद्यालय खोले जाने चाहिए।

(iii) स्नातकोत्तर पाठ्यक्रम की व्यवस्था पर ध्यान दिया जाए।

(iv) उच्च अध्ययन-केन्द्रों को सशक्त बनाया जाना चाहिए तथा अनुसंधान व प्रशिक्षण के उच्चतम सम्भव स्तर के लिए केन्द्रों के कुछ समूह स्थापित किये जाने चाहिए।

(v) उच्च शिक्षा के केन्द्र में सुविधा बढ़ाई जाए और उच्च अध्ययन-केन्द्र में कुछ ऐसे केन्द्रीय स्कूल स्थापित किये जाएँ, जिनका उद्देश्य प्रशिक्षण और अनुसंधान के उच्चतम मानकों को स्थापित करना हो।

(13) अंशकालीन शिक्षा एवं पत्राचार पाठ्यक्रम
(PART-TIME EDUCATION AND CORRESPONDENCE COURSES)

विश्वविद्यालय स्तर पर अंशकालीन शिक्षा और पत्राचार की व्यवस्था की जाए। इस प्रकार की सुविधा माध्यमिक विद्यालय के उत्तीर्ण छात्रों को वहाँ अध्ययन करने वाले अध्यापकों को तथा उद्योग और कृषि में लगे हुए कर्मचारियों को दी जाए। इस योजना द्वारा उन सभी लोगों को जो पढ़ने की इच्छा रखते हैं, किन्तु पूरे समय तक विद्यालय में रहकर नहीं पढ़ सकते, यह सुविधा दी जाए।

(14) साक्षरता और प्रौढ़-शिक्षा का प्रसार
(SPREAD OF LITERACY AND ADULT EDUCATION)

(i) न केवल लोकतान्त्रिक संस्थाओं की कार्यवाही में सहभागिता को बढ़ाने तथा उत्पादन कार्यक्रमों, विशेषकर कृषि क्षेत्र में, को गति देने के लिए, वरन् राष्ट्रीय विकास की गति को तीव्र करने के लिए लोक निरक्षरता को समाप्त करना आवश्यक है। बड़े-बड़े व्यावसायिक, औद्योगिक तथा अन्य संस्थाओं के कर्मचारियों को यथाशीघ्र कार्यवाहक साक्षर बनाया जाना चाहिए। शिक्षकों तथा छात्रों को साक्षरता अभियान आयोजित करने में, विशेष रूप से सामाजिक व राष्ट्रीय सेवा कार्यक्रमों के अंग के रूप में, सक्रिय ढंग से भाग लेना चाहिए।

(ii) नवयुवक किसानों की शिक्षा तथा स्वरोजगार के लिए युवा वर्ग के प्रशिक्षण पर विशेष बल देना चाहिए।

(15) खेलकूद
(GAMES AND SPORTS)

खेलकूद की व्यवस्था व्यापक रूप से की जाए। शारीरिक शिक्षा कार्यक्रमों पर ध्यान दिया जाए। खेलकूद का उद्देश्य छात्रों की शारीरिक योग्यता की वृद्धि करना तथा कुशल खिलाड़ियों को प्रोत्साहन प्रदान करना होना चाहिए। खेल के मैदान तथा राष्ट्रीय स्तर पर शारीरिक शिक्षा कार्यक्रमों का आयोजन किया जाए।

(16) अल्पसंख्यकों की शिक्षा
(EDUCATION OF MINORITIES)

न केवल अल्पसंख्यकों के अधिकारों को बनाये रखने के लिए, वरन् उनकी शैक्षिक अभिरुचि को भी बढ़ाने के लिए यथासम्भव प्रयत्न किये जाने चाहिए।

(17) शैक्षिक ढाँचा
(EDUCATIONAL STRUCTURE)

राष्ट्र के प्रत्येक भाग में शैक्षिक ढाँचे का मोटे तौर पर एकसमान होना आवश्यक है। इसके लिए 10 + 2 + 3 के ढाँचे को अपनाया जाना चाहिए जिसमें दो वर्ष का उच्च माध्यमिक स्तर स्थानीय आवश्यकताओं के अनुरूप विद्यालयों में अथवा कॉलेजों में अथवा दोनों में हो सकता है।

राष्ट्रीय शिक्षा नीति, 1968 की घोषणा होने पर इसके सम्बन्ध में मिश्रित प्रतिक्रियाएँ हुईं। कुछ ने इसका स्वागत किया, जबकि कुछ ने इसकी आलोचना की। वस्तुतः सन् 1968 में राष्ट्रीय शिक्षा नीति की घोषणा

भारतीय शिक्षा के इतिहास की एक अत्यन्त महत्त्वपूर्ण घटना है, जिसने राष्ट्र की लक्ष्यविहीन शिक्षा-प्रणाली को एक स्पष्ट दिशा प्रदान करने का प्रयत्न किया। इस नीति के फलस्वरूप एक लम्बी अवधि तक राष्ट्र की शिक्षा व्यवस्था का विकास इस शिक्षा नीति के अनुरूप होता रहा।

राष्ट्रीय शिक्षा नीति, 1979
(NATIONAL EDUCATION POLICY, 1979)

मार्च, 1979 में भारत में जनता दल की सरकार बनी। तत्कालीन सरकार ने अप्रैल, 1979 में राष्ट्रीय शिक्षा नीति का प्रारूप संसद में प्रस्तुत किया। परन्तु यह शिक्षा नीति कागजों पर रही, क्योंकि 1980 में पुन: सत्ता का परिवर्तन हो गया। केन्द्र में पुन: काँग्रेस की सरकार बनी।

राष्ट्रीय शिक्षा नीति, 1979 की प्रस्तावना में कहा गया—"**शिक्षा की आदर्श प्रणाली को लोगों को यह जानने के लिए तत्पर बनाना चाहिए कि उनकी शारीरिक एवं बौद्धिक क्षमताएँ क्या हैं और उनका अधिकतम विकास किस प्रकार किया जा सकता है। आदर्श शिक्षा-प्रणाली लोगों में सामाजिक तथा मानवीय मूल्यों के प्रति जागरूकता विकसित करके उनमें उत्तम चरित्र का विकास करती है और समाज के उत्तरदायी सदस्यों के रूप में उन्हें उत्तम जीवन व्यतीत करना सिखाती है।**"

सन् 1979 में भारत सरकार ने नवीन राष्ट्रीय शिक्षा नीति का मसौदा तैयार किया। इस मसौदे में विभिन्न शीर्षकों के अन्तर्गत राष्ट्रीय नीति को लिपिबद्ध किया गया है। इन शीर्षकों के अन्तर्गत निम्नलिखित बातें शामिल की गई हैं—

(1) सर्वव्यापी प्रारम्भिक शिक्षा
(UNIVERSAL ELEMENTARY EDUCATION)

प्रारम्भिक शिक्षा सभी के लिए—14 वर्ष की आयु तक सभी को नि:शुल्क शिक्षा को सर्वोच्च प्राथमिकता दी जानी चाहिए। इस स्तर पर शिक्षा सामान्य दी जानी चाहिए तथा वैज्ञानिक दृष्टिकोण विकसित करने में सक्षम होनी चाहिए।

एक समेकित स्तर पर प्रारम्भिक शिक्षा होनी चाहिए।

प्रारम्भिक शिक्षा का उद्देश्य एवं पाठ्यक्रम—(a) व्यक्तित्व व चरित्र पर प्रारम्भिक शिक्षा में विशेष जोर दिया जाना चाहिए। न केवल राष्ट्र की वैभिन्यपूर्ण संस्कृति को बनाने वाली परम्पराओं व मान्यताओं को वरन् वास्तविकताओं व समान भविष्य को भी ध्यान में रखते हुए प्रारम्भिक शिक्षा की पाठ्य-वस्तु के पुनर्गठन की आवश्यकता है।

(b) प्रारम्भिक शिक्षा के शुरू के वर्षों की अधिगम प्रक्रिया में परिवर्तन की आवश्यकता है। औपचारिक शिक्षा की अपेक्षा सृजनात्मक व आनन्ददायक क्रियाओं पर जोर देना चाहिए। विद्यालय-सत्र को स्थानीय आवश्यकताओं के अनुसार निर्धारित किया जाना चाहिए।

सुविधाएँ (Facilities)—(a) स्कूल छोड़ देने वाले बालकों हेतु तथा इस आयु-वर्ग के बच्चों के लिए, जो स्कूल गये ही नहीं हैं, अनौपचारिक शिक्षा की योजनाएँ बनायी जाएँ। अगले दस वर्ष में 6-14 आयु-वर्ग के सभी बालकों को इसमें शामिल कर लेने का लक्ष्य होना चाहिए। अपव्यय की समस्या का अध्ययन विस्तारपूर्वक किया जाना चाहिए।

(b) पाठ्यक्रम, छात्रों व अधिगम परिस्थितियों को विशाल शृंखला की आवश्यकताओं को ध्यान रखने में समर्थ होना चाहिए तथा स्थानीय आवश्यकताओं के अनुरूप बनाया जाना चाहिए। संस्थागत व्यवस्थाएँ इतनी कठोर नहीं होनी चाहिए कि वे छात्र, जो उनका आंशिक उपयोग करना चाहते हैं, उनसे वंचित हो जाएँ।

प्रोत्साहन (Incentives)—गरीब बच्चों को मध्यान्ह भोजन, नि:शुल्क पाठ्य-पुस्तकें, पाठ्य-सामग्री व परिवेश जैसे प्रोत्साहन प्रदान किये जाने चाहिए। लड़कियों तथा अनुसूचित जाति व जनजाति के बच्चों की शिक्षा पर ध्यान दिया जाना चाहिए।

विद्यालय तथा समुदाय—स्कूल को अपने समीप के विकास के एक मुख्य केन्द्र के रूप में काम करना चाहिए। समुदाय को भी शैक्षिक प्रयत्न में सम्मिलित कर लेना चाहिए।

कॉमन स्कूल पद्धति—पार्श्व स्कूल योजना स्कूल व्यवस्था की मुख्य विशेषता होगी जिसके द्वारा किसी क्षेत्र के सभी विद्यालयों में अपने-अपने समीप के सभी बच्चों को नामांकित करना होगा। यह समान हितों व सामाजिक एकता को विकसित करेगी।

(2) प्रौढ़-शिक्षा
(ADULT EDUCATION)

इस शिक्षा नीति की दूसरी प्रमुख प्राथमिकता प्रौढ़-शिक्षा थी।

प्रौढ़-शिक्षा की आवश्यकता (Need of Adult Education)—इस शिक्षा नीति में कहा गया कि इस समय 230 मिलियन व्यक्ति निरक्षर हैं। ये समाज के निर्धनों तथा उपेक्षित वर्गों से सम्बन्धित हैं। राष्ट्र को इनको शिक्षा देने को अपना गुरुतर कर्त्तव्य मानना चाहिए। अत: 2 अक्टूबर, 1978 को जो राष्ट्रीय प्रौढ़-शिक्षा का कार्यक्रम (NAEP) औपचारिक रूप में शुरू किया गया उसका उद्देश्य 1978-79 से 1983-84 तक की अवधि में 15-35 आयु-वर्ग के 10 करोड़ असाक्षर व्यक्तियों को प्रौढ़-शिक्षा की सुविधाएँ प्रदान करना निर्धारित किया गया। यह कार्यक्रम बुनियादी साक्षरता की सुविधाएँ देने के साथ-साथ कार्यात्मक कुशलता बढ़ाने का लक्ष्य लेकर भी शुरू किया गया।

संशोधित न्यूनतम आवश्यकता कार्यक्रम (Revised Minimum Needs Programme)—इस नीति में प्रौढ़-शिक्षा को पुन: संशोधित न्यूनतम आवश्यकता कार्यक्रम (Revised Minimum Needs Programme—RMNP) का एक अभिन्न अंग माना गया जिसमें निम्नलिखित पर बल दिया गया—

(i) प्रौढ़-शिक्षा गरीबों तक पहुँचाना।

(ii) इस कार्यक्रम को विकासात्मक विभागों से सम्बन्धित करना।

(iii) इसके क्षेत्रीय नियोजन को एकीकृत करना।

(iv) खण्ड योजना में उन्हें समेकित करने पर बल देना एक अभिन्न अंग है।

(v) इस कार्यक्रम को सतत् शिक्षा से जोड़ना।

ग्रामीण क्षेत्रों पर ध्यान—प्रौढ़-निरक्षरता की प्रमुख समस्या अधिकांशत: ग्रामीण क्षेत्रों में होती है। इसलिए इस कार्यक्रम को चलाने में ग्रामीण समुदाय तथा ग्रामीण क्षेत्रों के अध्यापकों का सहयोग प्राप्त करने पर विशेष जोर देना होगा।

महिला प्रशिक्षक—यह वांछनीय होगा कि इस कार्यक्रम में परिवार नियोजन, स्वास्थ्य व पोषण, शिशु व मातृ सुरक्षा जैसे कार्यक्रमों को भी रखा जाए। इसके लिए नवनियुक्त प्रशिक्षकों का यथासम्भव महिला होना वांछनीय होगा।

कौशल विकास—यह कार्यक्रम संदर्भित समूहों के कौशल में वृद्धि पर भी केन्द्रित होना चाहिए, जिससे उनकी उत्पादकता बढ़ सके।

(3) माध्यमिक शिक्षा
(SECONDARY EDUCATION)

इस शिक्षा नीति की तीसरी प्राथमिकता माध्यमिक शिक्षा थी।

माध्यमिक शिक्षा की गुणवत्ता में सुधार—माध्यमिक शिक्षा को स्वयं में पूर्ण बनाने पर जोर दिया गया है, जिससे बालक इसको प्राप्त करके अपने जीवन में प्रवेश कर सके।

शैक्षिक भार—(a) माध्यमिक शिक्षा के पाठ्यक्रम का विभेदीकरण करना चाहिए तथा आवश्यक शैक्षिक भार हटाकर इसके बोझ को कम करने का प्रयत्न करना चाहिए जिससे व्यक्तित्व के पूर्ण विकास में सहायता व सहयोग मिल सके।

(b) शिक्षा कार्यक्रम के विभेदीकरण में ग्रामीण क्षेत्रों की विभेदीकृत विकेन्द्रित अर्थव्यवस्था के तरीके को ध्यान में रखा जाना चाहिए।

माध्यमिक शिक्षा की भूमिका—माध्यमिक शिक्षा दोनों ही प्रकार के छात्रों के लिए, जो आगे शिक्षा प्राप्त करना नहीं चाहते या पढ़ नहीं सकते हैं, उनके लिए समापन बिन्दु के रूप में तथा उच्च शिक्षा के लिए योग्यता व अभिरुचि प्रदर्शित करते हैं, उनके लिए उच्च अध्ययन की सुदृढ़ शैक्षिक आधारशिला के रूप में, व्यापक होनी चाहिए।

माध्यमिक शिक्षा का प्रसार—ग्रामीण व नगरीय जनसंख्या के मध्य की दूरी को कम करने हेतु ग्रामीण क्षेत्रों व छोटे शहरों में माध्यमिक शिक्षा की सुविधाओं को बढ़ाना होगा।

सामुदायिक लगाव—(a) विद्यालय तथा समुदाय को परस्पर पास लाना होगा।

(b) व्यावसायिकता के कार्यक्रम को विकेन्द्रित करना होगा तथा स्थानीय संस्थाओं व समुदाय को इसके बनाने व क्रियान्वयन में शामिल करना होगा।

व्यवसायपरक शिक्षा—(a) माध्यमिक शिक्षा के दोनों पक्षों के पाठ्यक्रमों में पर्याप्त व्यावसायिक अंश होना चाहिए तथा उनकी आवश्यकताओं के अनुरूप विविधता होनी चाहिए।

(b) व्यावसायिक शिक्षा के पक्ष में ज्ञान व कौशल का समूह, तकनीकों के प्रशिक्षण के साथ सम्बन्धित विज्ञानों का अध्ययन, कृषि तथा प्रयोगात्मक कार्य शामिल होंगे।

(c) व्यवसायीकरण के कार्यक्रमों में इनकी प्रकृति के अनुरूप, सभी विकासात्मक विभागों को शामिल करना होगा।

(d) व्यवसायीकरण के कार्यक्रमों का क्रियान्वयन ऐसे सर्वेक्षणों के आधार पर करना होगा जो उभरती रोजगार सम्भावनाओं, जो स्थानीय विशिष्ट हैं, के मोटे व गुणात्मक अनुमान को ईंगित करेंगे।

(e) स्वरोजगार हेतु व्यवसायीकरण करना चाहिए तथा इसका लक्ष्य जिला उद्योग केन्द्र व देश की अन्य संस्थाओं के साथ प्रभावशाली सम्बन्धों की सम्भावनाओं के क्षेत्र में विकास करना होना चाहिए।

(f) अनौपचारिक तरीके से उपयुक्त डिप्लोमा व प्रमाण-पत्रों के प्रावधान की सहायता से क्षैतिज व ऊर्ध्वाधर गतिशीलता हेतु व्यावसायिक पाठ्यक्रम व अवसर प्रदान करने के प्रयत्न करने चाहिए।

(4) उच्च शिक्षा
(HIGHER EDUCATION)

राष्ट्रीय विकास में महत्त्व—राष्ट्रीय विकास के लिए उच्च शिक्षा की भूमिका व योगदान का महत्त्व स्वीकार किया गया है।

दबाव कम करना—उच्च शिक्षा पर दबाव को कम करने के उपाय खोजे जाएँगे।

सुविधाएँ—इस स्तर पर प्रवेश को सीमित करने पर जोर दिया जाना चाहिए। इस शिक्षा के विस्तार हेतु पत्राचार पाठ्यक्रम, अंशकालीन पाठ्यक्रम तथा व्यक्तिगत छात्रों को विश्वविद्यालय परीक्षाओं में बैठने की अनुमति देकर, उच्च शिक्षा की सुविधाओं को अधिक किया जा सकता है। उच्च शिक्षा की गुणवत्ता को सुधारने हेतु पर्याप्त प्रयत्न किये जाने चाहिए।

पूर्व-स्नातक शिक्षा—उच्च शिक्षा के पूर्व-स्नातक अवधि 3 वर्ष हो। इसका अनुगमन स्नातकोत्तर अध्ययन व अनुसंधान के द्वारा किया जायेगा। पाठ्यक्रमों को पुनर्गठित किया जायेगा तथा अन्तर्विषयी बनाया जायेगा, जिससे ये छात्रों की आवश्यकताओं को पूरा कर सकें तथा सामाजिक रूपान्तरण व राष्ट्रीय विकास में सहायता कर सकें।

अनुसंधान—विश्वविद्यालयों को राष्ट्रीय विकास की आवश्यकताओं से सम्बन्धित मूल तथा प्रयुक्त अनुसंधान को, विशेषकर विज्ञान में, राष्ट्रीय प्रयोगशालाओं से, करने के लिए, प्रोत्साहित करने के प्रयत्न किये जाएँगे।

प्रवीणता केन्द्र—ऐसे प्रवीणता केन्द्र जिनका स्तर विश्व की सर्वश्रेष्ठ संस्थाओं से तुलनीय हो, आवश्यक है तथा उनके विकास के लिए प्रयत्न किया जायेगा।

(5) तकनीकी शिक्षा
(TECHNICAL EDUCATION)

तकनीकी शिक्षा-व्यवस्था—सामाजिक-आर्थिक विकास को ध्यान में रखते हुए तकनीकी शिक्षा को सभी स्तरों पर संगठित किया जाए। प्रत्येक स्तर की तकनीकी शिक्षा के क्षेत्र में एक प्रभावशाली राष्ट्रीय जनशक्ति सूचना व्यवस्था आवश्यक है जिसे अगले 5 वर्षों में विकसित किया जाना चाहिए।

पाठ्यक्रम—(a) तकनीकी शिक्षा पाठ्यक्रमों को व्यावसायिक उद्यम के कौशलों को भी प्रदान करने हेतु बनाया जाना चाहिए। तकनीकी शिक्षा संस्थानों में मान्य मूल्य व्यवस्था (Sound Value System) को विकसित करने के लिए मानविकी व सामाजिक अध्ययन के उपयुक्त पाठ्यक्रम होने चाहिए।

(b) तकनीकी शिक्षा की सन्तुलित व्यवस्था को बनाये रखने में तथा अनुसंधान व विकासात्मक पृष्ठभूमि बनाने में तकनीकी जनशक्ति के अधिकतम उपयोग में उद्योगों को अधिक भूमिका अदा करनी चाहिए।

अनुसंधान—औद्योगिक व ग्रामीण विकास पर अनुसंधान में ध्यान दिया जाना चाहिए। संस्थान से राष्ट्र के लिए जीवन महत्त्व के क्षेत्रों, जैसे ऊर्जा स्रोत व ग्रामीण विकास के लिए तकनीकी, में उच्च अनुसंधान करने की आशा की जायेगी।

(6) शैक्षिक ढाँचा
(STRUCTURE OF EDUCATION)

शिक्षा नीति में 8 + 4 + 3 की शिक्षा संरचना को स्वीकार किया गया। इसमें 8 वर्ष की प्रारम्भिक शिक्षा, 4 वर्षीय माध्यमिक शिक्षा तथा 3 वर्षीय उच्च शिक्षा को स्थान दिया गया। इसमें कहा गया कि यदि विश्वविद्यालय चाहे तो वे 2 वर्ष का पास कोर्स 3 वर्ष का ऑनर्स कोर्स रख सकती हैं।

(7) कृषि शिक्षा
(AGRICULTURE EDUCATION)

कृषि विज्ञान केन्द्र—कृषि विश्वविद्यालय ग्रामीण क्षेत्र के लोगों को प्रशिक्षित करने हेतु कृषि विज्ञान केन्द्र स्थापित करें।

गाँवों को नई तकनीकी के हस्तान्तरण को सरल बनाने के लिए कृषि विश्वविद्यालयों तथा विकासात्मक विभागों के मध्य सम्बन्ध बनाया जाना चाहिए।

अनुसंधान-कार्य—सभी राज्यों में कृषि शिक्षा की सुविधाओं के विस्तार हेतु कदम उठाये जाएँ। प्रत्येक कृषि विश्वविद्यालय में प्रमुखतः अनुसंधान-कार्य पर बल दिया जाए। ये अनुसंधान क्षेत्र की भूमि, जलवायु आदि के अनुकूल होने चाहिए, जिससे उस राज्य की आवश्यकताओं की पूर्ति की जा सके।

(8) चिकित्सा शिक्षा
(MEDICAL EDUCATION)

राष्ट्र की स्वास्थ्य जनशक्ति की आवश्यकताओं के वास्तविक आकलन के आधार पर हमारे राष्ट्र की चिकित्सा व्यवस्था के पुनर्गठन की आवश्यकता है।

राष्ट्रीय साधनों के अधिकतम उपयोग की दृष्टि से यह आवश्यक है कि देशी चिकित्सा पद्धतियों (जैसे आयुर्वेद, यूनानी, सिद्धियाँ, योग, प्राकृतिक तथा होम्योपैथी) के साथ-साथ आधुनिक पद्धति को अपनी सीमाओं व क्षमताओं को जानना चाहिए, परस्पर एक-दूसरे का सहयोग करना चाहिए तथा प्रेरणा लेनी चाहिए।

(9) संस्कृति
(CULTURE)

सांस्कृतिक कार्यक्रम की एक रचनात्मक योजना का विकास करना, जिससे संस्कृति को सभी स्तरों पर शिक्षा का अभिन्न अंग बनाया जा सके।

(10) शारीरिक शिक्षा
(PHYSICAL EDUCATION)

शारीरिक शिक्षा को शिक्षा का एक अभिन्न अंग बनाया जाए। शारीरिक शिक्षा, जिसमें ग्रामीण खेलों, देशी खेलकूद, योगाभ्यास व रोमांच की भावना बढ़ाने वाली क्रियाओं सहित खेलकूद तथा कसरत शामिल हैं, को विभिन्न स्तरों पर शिक्षा का अंग होना चाहिए। स्वास्थ्य व शारीरिक अनुकूलता बनाए रखने का व्यावहारिक ज्ञान सभी स्तरों पर प्रदान किया जाना चाहिए।

(11) शिक्षा का माध्यम
(MEDIUM OF EDUCATION)

(a) शिक्षा के सभी स्तरों पर (प्राथमिक शिक्षा को छोड़कर) क्षेत्रीय भाषा शिक्षा का माध्यम होनी चाहिए।

(b) विद्यालयों में अंग्रेजी या एक विदेशी भाषा के अध्ययन की भी सुविधा प्रदान की जाएगी, जिससे छात्र चयनित विषयों में विशिष्ट व विश्व के बढ़ते ज्ञान तक सीधी पहुँच रख सकें।

(12) त्रिभाषा सूत्र
(THREE LANGUAGE FORMULA)

त्रिभाषा-सूत्र को माध्यमिक स्तर पर लागू किया जाए। इसमें हिन्दी भाषी राज्यों में हिन्दी व अंग्रेजी के साथ एक आधुनिक भारतीय भाषा, दक्षिणी भाषा को वरीयता के साथ तथा अहिन्दी भाषी राज्यों में क्षेत्रीय भाषा व अंग्रेजी के साथ हिन्दी होगी।

(13) भाषाओं का विकास
(DEVELOPMENT OF LANGUAGES)

(a) भारतीय भाषाओं व साहित्य को विकसित करने के प्रयत्न जारी रखे जाएँगे तथा बढ़ाये जाएँगे।

(b) संस्कृत का प्रचार करने हेतु प्रयत्न किये जाएँगे।

(c) भाषा-शिक्षण की तकनीकों को सुधारने के प्रयास किये जाएँगे।

(d) अन्य शास्त्रीय भाषाओं के अध्ययन को प्रोत्साहित किया जाएगा।

(e) उर्दू को भी प्रोत्साहन दिया जाएगा।

(f) सिन्धी के अध्ययन को बढ़ावा दिया जाएगा।

(g) हिन्दी को सम्पर्क भाषा के रूप में विकसित करने व फैलाने के कार्यक्रमों को बढ़ाया जाएगा।

(14) परीक्षा सुधार
(EXAMINATION REFORMS)

परीक्षाओं की विश्वसनीयता—परीक्षाओं विशेषकर सार्वजनिक परीक्षाओं को अधिक वस्तुनिष्ठ तथा विश्वसनीय बनाया जाना चाहिए। शिक्षक को अपने शिक्षण की प्रभावशीलता जानने में तथा छात्रों को अपने अधिगम प्रयासों के परिणामों को देखने में मूल्यांकन की सहायता करनी चाहिए।

मूल्यांकन—मूल्यांकन रटन्त विद्या को निरुत्साहित करने वाला होना चाहिए तथा यह व्यापक होना चाहिए, ताकि पाठ्य व पाठ्य-सहगामी कार्यक्रमों के सभी अधिगम अनुभव इसमें सन्निहित हो जाएँ।

परीक्षाएँ—पूर्व-स्नातक स्तर की समाप्ति तक की सम्पूर्ण शिक्षा में सामान्यतः तीन से अधिक परीक्षाएँ नहीं होनी चाहिए। ये प्रारम्भिक, माध्यमिक व पूर्व-स्नातक स्तरों की समाप्ति पर हो सकती हैं।

आन्तरिक मूल्यांकन—अन्य सभी परीक्षाएँ आन्तरिक होनी चाहिए।

क्रेडिट व्यवस्था—ऐसी क्रेडिट व्यवस्था को अपनाया जाना चाहिए जो बहुबिन्दु प्रवेश का सरल-सा प्रयत्न करे तथा खुली अधिगम व्यवस्था को बढ़ाए।

(15) पुस्तक विकास
(BOOK DEVELOPMENT)

पाठ्य-पुस्तकों को उचित मूल्य पर छात्रों को उपलब्ध कराया जाए। पाठ्य-पुस्तकों की गुणवत्ता व पाठ्यवस्तु को सुधारने के प्रयास किए जाएँगे।

(16) शैक्षिक अवसर
(EDUCATIONAL OPPORTUNITIES)

(a) लड़कियों, अनुसूचित जातियों, अनुसूचित जनजातियों, पिछड़े वर्गों, मलिन बस्तियों के बच्चों आदि की शिक्षा हेतु विशेष प्रयत्न किये जाएँ, जिससे शैक्षिक समानता प्राप्त करने में सहायता मिल सके।

(b) शिक्षा के विभिन्न स्तरों पर योग्यता निर्धनता पर आधारित छात्रवृत्तियों को बढ़ाया जाना चाहिए। कमजोर वर्गों के प्रतिभाशाली छात्रों को पहचानने तथा उन्हें अच्छी शिक्षा प्राप्त करने में सहायता देने हेतु इनमें से कुछ छात्रवृत्तियाँ ग्रामीण व पिछड़े क्षेत्रों तथा कमजोर वर्गों हेतु सुरक्षित होनी चाहिए।

कार्यक्रमों का निरीक्षण—शिक्षा के सभी स्तरों पर वंचित वर्ग हेतु बनाये कार्यक्रमों का राजकीय व राष्ट्रीय स्तरों पर कड़ा निरीक्षण करना चाहिए।

पब्लिक स्कूल—पब्लिक स्कूलों को आम शिक्षा-व्यवस्था के नियमों व कानूनों, विशेषकर शुल्क व पाठ्यवस्तु के सम्बन्ध में, के अन्तर्गत लाना चाहिए। उनमें क्षेत्रीय भाषा-शिक्षा के माध्यम के रूप में हो तथा शुल्क व प्रवेश नियम एकसमान हों। अल्पसंख्यकों के द्वारा प्रबन्धित संस्थाओं के विशेषाधिकारों को देय मान्यता दी जायेगी।

क्षेत्रीय असन्तुलन—क्षेत्रीय असन्तुलनों को दूर करने के लिए कारगर कदम उठाये जाएँ।

विकलांगों हेतु शिक्षा—सभी विकलांग बालकों को शैक्षिक धारा में शामिल करने हेतु शैक्षिक अवसर बढ़ाने का प्रत्येक प्रयत्न करना चाहिए।

(17) अध्यापक
(TEACHER)

शिक्षक-शिक्षा के पाठ्यक्रमों का पुनर्गठन किया जाए, जिससे इस शिक्षा को वर्तमान परिस्थितियों के अनुकूल बनाया जा सके।

अध्यापक समुदाय को राष्ट्र के भावी नागरिकों के जीवन व चरित्र को बनाने में अपनी भूमिका के सार्थक महत्त्व के प्रति अधिक जागरूक होना चाहिए। उन्हें राष्ट्रीय कार्य व सामाजिक पुनर्निर्माण के प्रति समर्पित आदर्श नागरिक बनना चाहिए।

(18) सामुदायिक सहभागिता
(COMMUNITY PARTICIPATION)

स्थानीय समितियों, जो संस्थाओं को सुविधाएँ उपलब्ध कराएँगी व उन्हें अधिक प्रभावशाली तरीके से कार्य करने में सहायता करेंगी, की स्थापना के द्वारा स्थानीय समुदाय को अपने क्षेत्र के विद्यालयों से जोड़ना वांछनीय है।

(19) स्वैच्छिक संगठन
(VOLUNTARY ORGANIZATIONS)

राष्ट्रीय नीति को लागू करने हेतु बनाये कार्यक्रमों को सहायता व सहयोग देने हेतु स्वैच्छिक संगठनों को प्रोत्साहित किया जायेगा।

(20) अल्पसंख्यकों की शिक्षा
(EDUCATION OF MINORITIES)

अल्पसंख्यकों की शिक्षा के लिए उपयुक्त व्यवस्था की जाए। इन समुदायों को अपने विद्यालय खोलने की सुविधाएँ प्रदान की जाएँ।

(21) शिक्षा में निवेश
(INVESTMENT IN EDUCATION)

(a) माध्यमिक व उच्च शिक्षा स्तरों पर जनसंख्या के उस वर्ग से, जो शिक्षा की लागत के सापेक्ष उचित दरों पर शुल्क दे सकता है, शुल्क लिया जा सकता है।

(b) मितव्ययिता, उपलब्ध साधनों का अधिक प्रभावशाली ढंग से उपयोग, अतिरिक्त तथा कार्य के बदले भोजन जैसे कार्यक्रमों के द्वारा शिक्षा उद्देश्यों को प्राप्त करने के प्रयत्न किये जाने चाहिए।

(c) स्थानीय समुदाय को नकद व सामान के रूप में वर्तमान से अधिक सहायता देने हेतु बड़े पैमाने पर प्रोत्साहित करना चाहिए।

(22) समीक्षा
(REVIEW)

भारत सरकार प्रत्येक पाँच वर्ष बाद इस नीति की समीक्षा करेगी और अनुभवों के आधार पर उसमें संशोधन करेगी।

राष्ट्रीय शिक्षा नीति, 1979 की प्रमुख विशेषताएँ
(CHIEF CHARACTERISTICS OF NATIONAL EDUCATION POLICY, 1979)

1. इस नीति में सार्वभौम प्रारम्भिक शिक्षा को उच्चतम प्राथमिकता प्रदान की गई। इस शिक्षा में भाषा, गणित, कला आदि विषयों के अध्यापन पर बल दिया गया। इस शिक्षा का उद्देश्य वैज्ञानिक स्वभाव (Scientific Temper) का विकास निर्धारित किया गया।

2. सार्वभौम प्रारम्भिक शिक्षा के विकास के लिए 'कॉमन स्कूल पद्धति' की स्थापना पर बल दिया गया।

3. 'कॉमन स्कूल पद्धति' की मुख्य विशेषता 'पड़ौसी विद्यालय योजना' (Neighbourhood School Plan) है। इस योजना में पड़ौस के समस्त बच्चों को नामांकित करने की योजना थी, जिससे बच्चों में समान रुचियों तथा सामाजिक एकीकरण की भावना का विकास किया जा सके।

4. इस शिक्षा-नीति की दूसरी प्रमुख प्राथमिकता प्रौढ़-शिक्षा थी। नीति में कहा गया कि इस समय 230 मिलियन व्यक्ति निरक्षर हैं। ये समाज के गरीबों तथा उपेक्षित वर्गों से सम्बन्धित हैं। राष्ट्र का प्रमुख कर्त्तव्य है कि वह इनको शिक्षित करे। अत: 2 अक्टूबर, 1978 को जो राष्ट्रीय प्रौढ़-शिक्षा कार्यक्रम (NAEP) औपचारिक रूप में शुरू किया गया उसका उद्देश्य 1978-79 से 1983-84 तक की अवधि में 15-35 आयु वर्ग के 10 करोड़ असाक्षर व्यक्तियों को प्रौढ़-शिक्षा की सुविधाएँ प्रदान करना निर्धारित किया गया। यह कार्यक्रम बुनियादी साक्षरता की सुविधाएँ देने के साथ-साथ कार्यात्मक कुशलता बढ़ाने का लक्ष्य लेकर भी शुरू किया गया।

5. इस नीति में प्रौढ़-शिक्षा को पुन: संशोधित न्यूनतम आवश्यकता कार्यक्रम (Revised Minimum Needs Programme—RMNP) का एक अभिन्न अंग माना गया, जिसमें निम्नलिखित पर बल दिया गया—

(i) प्रौढ़-शिक्षा को गरीबों तक पहुँचाना।

(ii) इस कार्यक्रम को विकासात्मक विभागों से सम्बन्धित करना।

(iii) इसके क्षेत्रीय नियोजन को एकीकृत करना।

(iv) इस कार्यक्रम को ग्रामीण क्षेत्रों में चलाना, क्योंकि इन क्षेत्रों में असाक्षरों की संख्या अधिक थी।

(v) इस कार्यक्रम को सतत् शिक्षा से जोड़ना।

6. इस शिक्षा-नीति की तीसरी प्राथमिकता माध्यमिक शिक्षा थी। इस शिक्षा को स्वयं में पूर्ण बनाने पर बल दिया गया, जिससे बालक इसको प्राप्त करके अपने जीवन में प्रवेश कर सके।

7. माध्यमिक शिक्षा को कम शास्त्रीय बनाने पर बल दिया गया। इसमें विभिन्नीकृत पाठ्यक्रमों को महत्त्वपूर्ण स्थान दिया गया।

8. माध्यमिक शिक्षा को दो धाराओं—सामान्य तथा व्यावसायिक—में बाँटा गया।

9. माध्यमिक शिक्षा के विकास एवं विस्तार में समुदाय के सहयोग पर बल दिया गया।

10. शिक्षा-नीति में उच्च शिक्षा की भूमिका को स्वीकार किया गया, परन्तु इस स्तर पर प्रवेश को सीमित करने पर बल दिया गया। इस शिक्षा के विस्तार के लिए पत्राचार-पाठ्यक्रम, अंशकालीन पाठ्यक्रम, स्वयं के समय के अनुकूल अध्ययन कार्यक्रम आदि को महत्त्वपूर्ण माना।

11. शैक्षिक स्वतन्त्रता पर बल दिया जाये।

12. शिक्षा में नवीन प्रयोगों को प्रोत्साहन दिया जाय।

13. दुर्बल एवं पिछड़े वर्गों के हितों को ध्यान में रखते हुए शैक्षिक अवसरों की समानता प्रदान की जाये।

14. सामान्य स्कूलों के समीप स्थित पब्लिक स्कूलों के समीकरण पर बल दिया जाये।

15. शिक्षा-नीति में 8 + 4 + 3 की शिक्षा संरचना को स्वीकार किया गया। इसमें 8 वर्ष की प्रारम्भिक शिक्षा (Elementary Education), 4 वर्षीय माध्यमिक शिक्षा तथा 3 वर्षीय उच्च शिक्षा को स्थान दिया गया। इसमें कहा गया कि यदि विश्वविद्यालय चाहें तो वे 2 वर्ष का पास कोर्स तथा 3 वर्ष का आनर्स कोर्स रख सकती हैं।

16. सामाजिक-आर्थिक विकास को ध्यान में रखते हुए तकनीकी शिक्षा को सभो स्तरों पर संगठित किया जाय। प्रत्येक स्तर की तकनीकी शिक्षा के कोर्सों का पुनर्गठन ग्रामीण क्षेत्रों की आवश्यकताओं को ध्यान में रखकर किया जाना चाहिए।

17. सभी राज्यों में कृषि-शिक्षा की सुविधाओं के विस्तार के लिए कदम उठाये जायें। प्रत्येक कृषि विश्वविद्यालय में प्रमुखतः अनुसंधान-कार्य पर बल दिया जाय। ये अनुसंधान क्षेत्र की भूमि, जलवायु आदि के अनुकूल होने चाहिए, जिससे उस राज्य की आवश्यकताओं की पूर्ति की जा सके।

18. कृषि-विश्वविद्यालय ग्रामीण क्षेत्र के लोगों को प्रशिक्षित करने के लिए कृषि-विज्ञान केन्द्र स्थापित करें।

19. सांस्कृतिक कार्यक्रम की एक रचनात्मक योजना का विकास करना, जिससे संस्कृति को सभी स्तरों पर शिक्षा का अभिन्न अंग बनाया जा सके।

20. शारीरिक शिक्षा को शिक्षा का एक अभिन्न अंग बनाया जाय।

21. शिक्षा के सभी स्तरों पर (प्राथमिक शिक्षा को छोड़कर) क्षेत्रीय भाषा शिक्षा का माध्यम होनी चाहिए।

22. त्रिभाषा-सूत्र को माध्यमिक स्तर पर लागू किया जाय।

23. सार्वजनिक परीक्षा को वस्तुपरक तथा विश्वसनीय बनाया जाय।

24. रटन्त विद्या को निरुत्साहित किया जाय।

25. प्रारम्भिक, माध्यमिक तथा विश्वविद्यालीय स्तर (प्रथम डिग्री) के अन्त पर सार्वजनिक परीक्षा की व्यवस्था होनी चाहिए।

26. आन्तरिक मूल्यांकन पद्धति को लागू किया जाय। साथ ही क्रेडिट (Credit) प्रणाली को लागू किया जाय।

27. क्षेत्रीय असन्तुलनों को दूर करने के लिए कारगर कदम उठाये जायें।

28. लड़कियों, अनुसूचित जातियों, अनुसूचित जनजातियों, पिछड़े वर्गों, मलिन बस्तियों के बच्चों आदि की शिक्षा के लिए विशेष प्रयास किये जायें, जिससे शैक्षिक समानता प्राप्त करने में सहायता मिल सके।

29. शिक्षक-शिक्षा के पाठ्यक्रमों का पुनर्गठन किया जाय जिससे इस शिक्षा को वर्तमान परिस्थितियों के अनुकूल बनाया जा सके।

30. सेवाकालीन प्रशिक्षण के लिए कारगर कदम उठाये जायें।

31. अल्पसंख्यकों की शिक्षा के लिए उपयुक्त व्यवस्था की जाय। इन समुदायों को अपने विद्यालय खोलने की सुविधाएँ प्रदान की जायें।

32. भारत सरकार प्रत्येक पाँच वर्ष बाद इस नीति की समीक्षा करेगी और अनुभवों के आधार पर उसमें संशोधन करेगी।

राष्ट्रीय शिक्षा नीति, 1986
(NATIONAL POLICY OF EDUCATION, 1986)

आज मानव जीवन के प्रत्येक क्षेत्र में तेजी से परिवर्तन हो रहा है। स्वतन्त्रता-प्राप्ति के समय से शिक्षा के क्षेत्र में भी अनेक परिवर्तन हुए हैं। इन परिवर्तनों को लाने में सन् 1968 की राष्ट्रीय शिक्षा नीति की अहम् भूमिका रही है।

स्वतन्त्रता के बाद सन् 1968 में घोषित प्रथम राष्ट्रीय शिक्षा नीति की घोषणा व तत्पश्चात् क्रियान्वयन के लगभग 17 वर्षों के उपरान्त परिवर्तित परिस्थितियों व आवश्यकताओं के अनुरूप नई राष्ट्रीय शिक्षा नीति राष्ट्रीय निर्माण की प्रक्रिया के दौरान भारत सरकार ने अगस्त, 1985 में एक दस्तावेज 'शिक्षा की चुनौती नीति सम्बन्धी परिप्रेक्ष्य' जारी किया था। इस दस्तावेज को जारी करने का मुख्य उद्देश्य शिक्षा-नीति के सम्बन्ध में देशव्यापी विचार-विमर्श को प्रोत्साहित करना था, जिससे नई शिक्षा-नीति के निर्माण हेतु आधार तैयार हो सके तथा समाज के विभिन्न वर्ग अपने विचारों, माँगों तथा आवश्यकताओं को नई राष्ट्रीय शिक्षा नीति के निर्माणकों के सामने रख सकें। आशा के अनुरूप इस दस्तावेज पर पूरे भारत में पर्याप्त विचार-विमर्श व चिन्तन किया गया एवं विभिन्न बौद्धिक, सामाजिक, राजनैतिक, व्यावसायिक, प्रशासकीय आदि व्यक्तियों ने अपनी-अपनी प्रतिक्रिया व्यक्त की। मई, 1986 में भारत सरकार ने नवीन राष्ट्रीय शिक्षा नीति के प्रारूप को अन्तिम रूप देकर राष्ट्रीय शिक्षा नीति—1986 को तैयार करके जारी कर दिया। इस राष्ट्रीय शिक्षा नीति प्रारूप में राष्ट्रीय शिक्षा-प्रणाली का ढाँचा तैयार किया गया।

(1) राष्ट्रीय शिक्षा-प्रणाली
(NATIONAL SYSTEM OF EDUCATION)

इस शिक्षा-प्रणाली की प्रमुख बातें निम्नलिखित हैं—

1. राष्ट्रीय शिक्षा पद्धति से अभिप्राय है कि एक निश्चित स्तर तक, सभी छात्रों की जाति, मत या भेदभाव के बिना तुलनीय गुणवत्ता वाली शिक्षा तक पहुँच हो। उक्त लक्ष्य को प्राप्त करने के लिए सरकार उपर्युक्त रूप से वित्त पोषित कार्यक्रमों को प्रारम्भ करेगी। सन् 1968 की नीति में अनुशंसित सामान्य स्कूल प्रणाली को क्रियान्वित करने की दिशा में प्रभावी कदम उठाये जाएँगे।

2. राष्ट्रीय शिक्षा-प्रणाली के अन्तर्गत सम्पूर्ण देश के लिए 10 + 2 + 3 की संरचना को स्वीकार किया गया है। इस ढाँचे के पहले दस वर्षों के सम्बन्ध में यह प्रयास किया जायेगा कि उसका विभाजन इस प्रकार हो—प्रारम्भिक शिक्षा (Elementary Education) में 5 वर्ष का प्राथमिक स्तर तथा 3 वर्ष का उच्च प्राथमिक स्तर तथा उसके बाद 2 वर्ष का हाईस्कूल।

3. शिक्षा की राष्ट्रीय प्रणाली राष्ट्रीय पाठ्यक्रम ढाँचे पर आधारित होगी, जिसमें पाठ्यक्रम का एक अनिवार्य अंग तथा शेष लोचनीय अंग होंगे।

4. नवीन शिक्षा-प्रणाली आने वाली सन्तति में विश्वव्यापी दृष्टिकोण को सुदृढ़ बनाने, साथ ही अन्तर्राष्ट्रीय सहयोग और शान्तिपूर्ण सह-अस्तित्व की भावना का विकास करे।

5. समानता के उद्देश्य को पूरा करने के लिए राष्ट्रीय शिक्षा-प्रणाली में सभी को शिक्षा का समान अवसर ही उपलब्ध नहीं कराया जायेगा, वरन् सभी को शिक्षा में सफलता प्राप्त करने के समान अवसर प्रदान किये जायेंगे। अतः राष्ट्रीय शिक्षा-प्रणाली का उद्देश्य है कि सामाजिक माहौल तथा जन्म के संयोग से उत्पन्न पूर्वाग्रहों तथा कुण्ठाओं को समाप्त किया जाये।

6. प्रत्येक चरण पर दी जाने वाली शिक्षा का न्यूनतम स्तर निर्धारित किया जायेगा। ऐसे उपाय भी किये जायेंगे कि विद्यार्थी देश के विभिन्न भागों की संस्कृति, परम्पराओं तथा सामाजिक व्यवस्था को समझ सकें।

युवा वर्ग को अपनी कल्पना और सूझबूझ के अनुसार देश की महिमा तथा गरिमा पहचानने के लिए प्रोत्साहित किया जायेगा।

7. शोध, विकास तथा विज्ञान एवं तकनीकी शिक्षा के विषयों में देश की विभिन्न संस्थाओं के मध्य व्यापक तानाबाना (Network) स्थापित करने हेतु विशेष व्यवस्था की जायेगी, जिससे वे अपने-अपने साधन शामिल कर राष्ट्रीय महत्त्व की परियोजनाओं में भाग ले सकें।

8. देश में सम्पर्क भाषा को बढ़ावा देने के लिए प्रयास किया जायेगा।

9. शैक्षिक प्रत्यावर्तन, प्रारम्भिक शिक्षा का सार्वभौमीकरण, प्रौढ़ साक्षरता, वैज्ञानिकी व तकनीकी अनुसंधान के कार्यक्रमों को संसाधन सहायता प्रदान करने का उत्तरदायित्व राष्ट्र एक समग्र की तरह से उठायेगा।

10. उच्च शिक्षा, सामान्य तथा खास तौर से तकनीकी शिक्षा प्राप्त करने की योग्यता रखने वाले प्रत्येक छात्र को बराबर के अवसर दिये जाने की व्यवस्था की जायेगी। साथ ही एक क्षेत्र से दूसरे क्षेत्र में जाकर अध्ययन करने की सुविधा दी जायेगी। विश्वविद्यालयों तथा उच्च शिक्षा की अन्य संस्थाओं में सार्वदेशिक स्वरूप पर जोर दिया जायेगा।

11. शिक्षा-प्रक्रिया का एक पोषक उद्देश्य जीवनपर्यन्त शिक्षा है। युवकों, गृहणियों, कृषकों, औद्योगिक मजदूरों तथा प्रोफेशनलों को अपनी शिक्षा जारी रखने के अवसर प्रदान किये जाएँगे। मुफ्त एवं दूरस्थ अधिगम पर बल दिया जायेगा।

12. विश्वविद्यालय अनुदान आयोग (UGC), अखिल भारतीय तकनीकी शिक्षा (AICTE), भारतीय कृषि अनुसंधान परिषद् (ICAR) तथा भारतीय चिकित्सा परिषद् (IMC) को राष्ट्रीय शिक्षा-प्रणाली के क्रियान्वयन में महत्त्वपूर्ण भूमिका निभाने के लिए सुदृढ़ किया जायेगा। एकीकृत योजना को लागू किया जायेगा। ये संस्थाएँ राष्ट्रीय शैक्षिक अनुसंधान तथा प्रशिक्षण परिषद् (NCERT), राष्ट्रीय शैक्षिक योजना एवं प्रशासन संस्थान (NIEPA) तथा अन्तर्राष्ट्रीय विज्ञान एवं तकनीकी शिक्षा संस्थान (IISTE) के साथ मिलकर शिक्षा-नीति के क्रियान्वयन में सहभागी होंगे।

(2) समानता के लिए शिक्षा
(EDUCATION FOR EQUALITY)

नई शिक्षा-नीति विषमताओं को दूर करने पर विशेष बल देगी और अब तक वंचित रहे लोगों की विशेष आवश्यकताओं को ध्यान में रखते हुए शिक्षा के समान अवसर मुहैया करेगी—

(a) महिलाओं की समानता हेतु शिक्षा (Education for Women)—(i) महिलाओं की स्थिति में आधारभूत परिवर्तन लाने के लिए शिक्षा का उपयोग किया जाएगा।

(ii) महिलाओं में साक्षरता प्रसार को तथा उन रुकावटों को दूर करने को, जिनके कारण लड़कियाँ प्रारम्भिक शिक्षा से वंचित रह जाती हैं, सर्वोपरि प्राथमिकता दी जायेगी।

(iii) महिलाओं से सम्बन्धित अध्ययन को विभिन्न पाठ्यचर्याओं के भाग के रूप में प्रोत्साहन दिया जायेगा और शिक्षा-संस्थाओं को महिला विकास के सक्रिय कार्यक्रम शुरू करने के लिए प्रेरित किया जायेगा।

(b) अनुसूचित जातियों की शिक्षा (Education of S.C.)—अनुसूचित जातियों के शैक्षिक विकास पर बल दिया जायेगा, जिससे वे गैर-अनुसूचित जाति के लोगों के बराबर आ सकें। इस मकसद के तहत नई शिक्षा में निम्न उपाय सोचे गये हैं—

(i) गरीब परिवार को प्रोत्साहित किया जाए, जिससे वे अपने बच्चों को 14 वर्ष की आयु तक नियमित रूप से स्कूल भेज सकें।

(ii) अनुसूचित जातियों के शिक्षकों की नियुक्ति पर विशेष ध्यान देना।

(iii) अनुसूचित जातियों हेतु शैक्षिक सुविधाओं का विस्तार करने के लिए राष्ट्रीय ग्रामीण रोजगार कार्यक्रम तथा ग्रामीण भूमिहीन रोजगार गारण्टी के कार्यक्रम के साधनों का उपयोग करना।

(iv) सफाई कार्य, पशुओं की चमड़ी उतारने तथा चर्म शोधन जैसे व्यवसायों में लगे परिवारों के बच्चों के लिए मैट्रिक-पूर्व छात्रवृत्ति योजना पहली कक्षा से शुरू की जायेगी।

(v) जिला केन्द्रों पर अनुसूचित जातियों के छात्रों के लिए छात्रावासों की सुविधाएँ क्रमिक रूप से बढ़ाना।

(v) विद्यालयों, भवनों, बालवाड़ियों तथा प्रौढ़-शिक्षा केन्द्रों का स्थान चुनते समय अनुसूचित जाति के व्यक्तियों की सहूलियत पर विशेष ध्यान देना।

(vii) अनुसूचित जातियों का शिक्षा की प्रक्रिया में समावेश बढ़ाने हेतु लगातार नवीन तरीकों की खोज जारी रखना।

(c) अनुसूचित जनजातियों की शिक्षा (Education of S.T.)—इन जनजातियों को अन्य लोगों की बराबरी पर लाने के लिए निम्नलिखित कदम तत्काल उठाये जायेंगे—

(i) आदिवासी इलाकों में प्राथमिक शालाएँ खोलने के काम को प्राथमिकता दी जायेगी।

(ii) आदिवासी भाषाओं के माध्यम से प्रारम्भ में शिक्षा दी जायेगी।

(iii) शिक्षित प्रतिभाशाली आदिवासी युवकों को प्रशिक्षण देकर अपने क्षेत्र में ही शिक्षक बनने के लिए प्रोत्साहन दिया जायेगा।

(iv) बड़ी संख्या में आश्रमशालाएँ तथा आवासीय विद्यालय खोले जाएँगे।

(v) उच्च शिक्षा के लिए दी जाने वाली छात्रवृत्तियों में तकनीकी तथा व्यावसायिक पढ़ाई के लिए अधिक महत्त्व दिया जायेगा।

(vi) आँगनबाड़ी, अनौपचारिक शिक्षा केन्द्र तथा प्रौढ़-शिक्षा केन्द्र आदिवासी बहुल इलाकों में प्राथमिकता के आधार पर खोले जाएँगे।

(vii) आदिवासियों की समृद्ध सांस्कृतिक अस्मिता तथा विशाल सृजनात्मक प्रतिभा के बारे में चेतना सभी स्तरों के पाठ्यक्रमों का अनिवार्य अंग होगी।

(d) विकलांग (Handicapped)—शारीरिक तथा मानसिक दृष्टि से विकलांगों को शिक्षा देने का उद्देश्य यह होना चाहिए कि वे समाज के साथ कन्धे-से-कन्धा मिलाकर चल सकें। इस सम्बन्ध में निम्नलिखित उपाय किये जाएँगे—

(i) विकलांगता मामूली-सी होने पर ऐसे बच्चों की शिक्षा आम बच्चों के साथ हो।

(ii) गम्भीर रूप से विकलांग बच्चों के लिए छात्रावास वाले विद्यालयों की व्यवस्था की जायेगी। ऐसे विद्यालय जिला मुख्यालयों पर स्थापित किये जायेंगे।

(iii) विकलांगों की शिक्षा के लिए स्वैच्छिक प्रयासों को हर सम्भव तरीके से प्रोत्साहित किया जायेगा।

(iv) विकलांगों के लिए व्यावसायिक प्रशिक्षण की पर्याप्त व्यवस्था की जायेगी।

(3) प्रौढ़-शिक्षा
(ADULT EDUCATION)

सामाजिक एवं आर्थिक उन्नति, जन-चेतना, राष्ट्रीय एकता, पर्यावरण संरक्षण, लोगों की सांस्कृतिक सृजनशीलता का संवर्धन और महिलाओं की समानता आदि सामाजिक प्रगति के कार्यक्रम देश की सामान्य जनता की साक्षरता तथा अनवरत् शिक्षा पर निर्भर करते हैं। नई शिक्षा-नीति में 15 से 35 वर्ष आयु वर्ग के लोगों हेतु निरक्षरता उन्मूलन का कार्यक्रम चलाया जायेगा। इस कार्य में केन्द्र सरकार, राज्य सरकारें, राजनैतिक दल, जन-संगठन, जनसंचार के माध्यमों और शिक्षा-संस्थाओं को जन-साक्षरता कार्यक्रमों में अपना सहयोग देना होगा। प्रौढ़ एवं सतत् शिक्षा का एक व्यापक कार्यक्रम कार्यान्वित किया जायेगा। इसके अन्तर्गत निम्न प्रकार के कार्यक्रम प्रारम्भ किये जाएँगे—

(1) ग्रामीण क्षेत्रों में सतत् शिक्षा केन्द्रों की स्थापना।

(2) नियोजकों, मजदूर संगठनों तथा सम्बन्धित सरकारी एजेन्सियों के द्वारा श्रमिकों की शिक्षा।

(3) उच्च शिक्षा की संस्थाओं द्वारा सतत् शिक्षा।

(4) जन-शिक्षण तथा समूह-शिक्षण के साधन के रूप में रेडियो, दूरदर्शन तथा फिल्मों का उपयोग।

(5) दूर-शिक्षण के कार्यक्रम।

(6) आवश्यकता और रुचि पर आधारित व्यावसायिक प्रशिक्षण कार्यक्रम आदि।

(4) विभिन्न स्तरों पर शिक्षा का पुनर्गठन
(REORGANIZATION OF EDUCATION AT DIFFERENT STAGES)

(a) शिशुओं की देखभाल तथा शिक्षा—प्रारम्भिक बाल्यकाल मानव विकास के क्रम में अत्यन्त महत्त्वपूर्ण है। बाल-विकास की राष्ट्रीय नीति में शिशु विकास का लक्ष्य पहले से ही रखा गया है। इस रूप से बाल-विकास को ध्यान में रखते हुए पौष्टिक आहार, स्वास्थ्य और बालकों के सामाजिक, मानसिक, शारीरिक, नैतिक एवं भावनात्मक विकास को समेकित रूप में रखते हुए बाल-विकास सेवा कार्यक्रम प्रारम्भ किये जाएँगे। शिशुओं की देखभाल के लिए केन्द्र खोले जाएँगे। शिशुओं की देखभाल और शिक्षा के केन्द्र पूरी तरह बाल-केन्द्रित होंगे। इस कार्यक्रम को पूर्व-प्राथमिक शिक्षा कार्यक्रम के साथ पूरी तरह समेकित किया जाएगा।

(b) प्रारम्भिक शिक्षा (Non-formal Education)—प्रारम्भिक शिक्षा की नई दिशा में दो बातों पर जोर दिया जायेगा—

(1) 14 वर्ष की अवस्था तक के सब बच्चों को विद्यालयों में भर्ती तथा उनका विद्यालय में टिके रहना।

(2) शिक्षा की गुणवत्ता में सुधार।

(i) विद्यालय के वातावरण को प्यार, अपनत्व तथा प्रोत्साहन से युक्त बनाया जायेगा।

(ii) बालक की शिक्षा-पद्धति को बाल-केन्द्रित तथा गतिविधि पर आधारित किया जायेगा।

(iii) प्राथमिक स्तर पर बच्चों को किसी भी कक्षा में फेल न करने की प्रथा को जारी किया जायेगा।

(iv) मूल्यांकन वर्ष भर में फैला दिया जायेगा।

(v) शिक्षा की व्यवस्था में से शारीरिक दण्ड को सर्वथा हटा दिया जायेगा।

(vi) प्राथमिक विद्यालयों में आवश्यक सुविधाओं की व्यवस्था की जायेगी। 1986 की कार्य-योजना में इसके तहत ऑपरेशन ब्लैक बोर्ड की योजना को लागू किया गया।

अनौपचारिक शिक्षा—ऐसे बच्चे जो मध्य में स्कूल छोड़ गये हैं या जो ऐसे स्थानों पर रहते हैं जहाँ स्कूल नहीं हैं या जो काम में लगे हैं और वे लड़कियाँ जो दिन के स्कूल में पूरे समय नहीं जा सकतीं, इन सबके लिए एक विशाल और व्यवस्थित अनौपचारिक शिक्षा का कार्यक्रम चलाया जायेगा।

(c) माध्यमिक शिक्षा (Secondary Education)—माध्यमिक शिक्षा के स्तर पर छात्रों को विज्ञान, मानविकी और सामाजिक विज्ञानों की विशिष्ट भूमिकाओं का ज्ञान होने लगता है। इसी अवस्था पर बच्चों को इतिहास बोध तथा राष्ट्रीय परिप्रेक्ष्य सही ढंग से दिया जा सकता है। साथ ही उन्हें अपने संवैधानिक दायित्वों तथा नागरिकों के अधिकारों से भी परिचित कराना चाहिए। अच्छे पाठ्यक्रम द्वारा उनमें चेतन रूप से कर्मशीलता तथा करुणाशील सामाजिक संस्कृति के संस्कार डाले जाएँ।

इस स्तर पर विशेष संस्थाओं में व्यवसायों की शिक्षा के द्वारा और माध्यमिक शिक्षा की पुनर्रचना के द्वारा देश के आर्थिक विकास के लिए मूल्यवान जनशक्ति जुटाई जाए। माध्यमिक शिक्षा को सुलभ तथा उसके दृढ़ीकरण करने के लिए निम्नलिखित कदम उठाये जाएँगे—

(i) जिन बच्चों में विशेष प्रतिभा या अभिरुचि हो, उन्हें अच्छी शिक्षा उपलब्ध कराने के लिए गति निर्धारक विद्यालयों की स्थापना की जायेगी। कार्य-योजना, 1986 में ऐसे विद्यालय खोलने के लिए कदम उठाये गये। आज तक ऐसे 342 विद्यालय (नवोदय विद्यालय) स्थापित किये जा चुके हैं।

(ii) व्यावसायिक शिक्षा स्वयं में शिक्षा की एक विशिष्ट धरा होगी, जिसका उद्देश्य कई क्षेत्रों के चुने हुए काम-धन्धों के लिए छात्रों को तैयार करना होगा।

(iii) उच्चतर माध्यमिक स्तर के छात्रों को दस प्रतिशत 1990 तक तथा 25 प्रतिशत 1995 तक व्यावसायिक पाठ्यचर्या में लाया जायेगा।

(iv) व्यावसायिक पाठ्यक्रमों का पुनरीक्षण नियमित रूप से किया जायेगा।

(v) माध्यमिक स्तर पर पाठ्यक्रमों के विविधीकरण को बढ़ावा देने के लिए सरकार अपने अधीन की जाने वाली भर्ती की नीति पर भी पुनः विचार करेगी।

(d) उच्च शिक्षा (Higher Education)—वर्तमान उच्च शिक्षा संस्थाओं के एकीकरण तथा सुविधाओं के विस्तार-स्तर पर जोर दिया जायेगा। उच्च शिक्षा व्यवस्था को ह्रास से बचाने के लिए शीघ्र उपाय किये जाएँगे। जब तक कि वर्तमान संवर्द्धक प्रणाली विश्वविद्यालयों तथा कॉलेजों को एक अधिक स्वतन्त्र तथा सृजनशील संघ से प्रत्यावर्तित नहीं की जाती है, स्वायत्त कॉलेजों की संख्या को बढ़ाना होगा। विश्वविद्यालय में स्वायत्त विभागों को भी प्रोत्साहित किया जायेगा।

पाठ्यक्रमों तथा कार्यक्रमों को पुनः रचित करना होगा। भाषायी योग्यता पर विशेष ध्यान दिया जायेगा।

संस्थाओं में न्यूनतम सुविधाओं का प्रावधान किया जायेगा तथा प्रवेश को क्षमता के अनुसार नियन्त्रित किया जायेगा।

विश्वविद्यालयों में अनुसंधान को अधिक सहायता दी जायेगी तथा उच्च गुणवत्ता को सुनिश्चित करने के उपाय किए जाएँगे।

खुला विश्वविद्यालय व दूर अधिगम—उच्च शिक्षा के अवसरों को बढ़ाने तथा शिक्षा को जनतान्त्रिक करने के साधन के रूप में खुला विश्वविद्यालय प्रणाली आरम्भ की गई है। इन्दिरा गाँधी राष्ट्रीय खुला विश्वविद्यालय को सुदृढ़ किया जायेगा।

डिग्री की विलगता—चुने हुए क्षेत्रों में रोजगार को डिग्री से विलग करने की शुरूआत की जायेगी। विलगता उन सेवाओं में लागू की जायेगी जिनके लिए विश्वविद्यालय उपाधि योग्यता की आवश्यकता नहीं है। विलगता के साथ-साथ राष्ट्रीय परीक्षण सेवा जैसी उपयुक्त मशीनरी स्थापित की जायेगी जो स्वैच्छिक आधार पर विभिन्न रोजगारों के लिए अभ्यर्थियों की उपयुक्तता जानने के लिए परीक्षण करेगी।

ग्रामीण विश्वविद्यालय—ग्रामीण विश्वविद्यालय का नया पैटर्न विकसित किया जायेगा। गाँधीजी की बेसिक शिक्षा की संस्थाओं तथा कार्यक्रमों को सहायता दी जायेगी।

(5) तकनीकी एवं प्रबन्ध शिक्षा
(TECHNICAL AND MANAGEMENT EDUCATION)

तकनीकी तथा प्रबन्ध शिक्षा का पुनर्गठन करते समय नई शताब्दी के आरम्भ में जिस प्रकार की परिस्थिति की सम्भावना है, उसे ध्यान में रखना होगा। अर्थव्यवस्था, सामाजिक वातावरण, उत्पादन तथा प्रबन्धकीय प्रक्रियाओं में सम्भावित परिवर्तन, ज्ञान में तेजी से होते फैलाव तथा विज्ञान एवं प्रौद्योगिकी में होने वाली प्रगति को इस सन्दर्भ में देखना होगा।

(i) अर्थव्यवस्था के बुनियादी ढाँचे तथा सेवा-क्षेत्रों के साथ-साथ असंगठित ग्रामीण क्षेत्र में भी उन्नत प्रौद्योगिकी तथा प्रबन्धकीय जनशक्ति की बेहद आवश्यकता है। अतः सरकार को इस ओर ध्यान देना होगा।

(ii) वर्तमान तथा उभरती प्रौद्योगिकी दोनों में सतत् शिक्षा को प्रोत्साहन दिया जायेगा।

(iii) जनशक्ति सूचना प्रणाली को विकसित तथा सुदृढ़ किया जायेगा।

(iv) संगणक-साक्षरता के कार्यक्रम स्कूल स्तर से ही बड़े पैमाने पर आयोजित किये जाएँगे।

(v) औपचारिक पाठ्यक्रमों में दाखिले की वर्तमान कड़ी शर्तों के कारण साधारण लोगों में अधिकांश को आज तकनीकी तथा प्रबन्धकीय शिक्षा नहीं मिलती। ऐसे लोगों के लिए दूर-शिक्षण सुविधाएँ जिनमें जनसंचार माध्यम का उपयोग भी शामिल है, प्रदान की जायेगी। तकनीकी तथा प्रबन्ध शिक्षा कार्यक्रम, पॉलिटेक्निक शिक्षा सहित लचीली मॉड्यूलर पद्धति के अनुसार चलेंगे। इनके लिए पर्याप्त मार्गदर्शन और परामर्श सेवा भी उपलब्ध करायी जायेगी।

(vi) महिलाओं, आर्थिक तथा सामाजिक रूप से कमजोर वर्गों एवं विकलांगों के लाभ के लिए तकनीकी शिक्षा के लिए समुचित औपचारिक तथा अनौपचारिक कार्यक्रम तैयार किये जाएँगे।

(vii) 'स्वयं रोजगार' को छात्रगण जीविका-विकल्प के रूप में स्वीकार करें। अतः इसके लिए उन्हें उद्यम-विषयक प्रशिक्षण दिया जायेगा, जिसकी व्यवस्था डिग्री तथा डिप्लोमा स्तर पर माड्यूलर तथा वैकल्पिक के अद्यतन बनाने की सतत् आवश्यकताओं को पूरा करने के लिए नवीनीकरण द्वारा नई प्रौद्योगिकी और विषयों को शुरू करना होगा तथा पुराने तथा अर्थहीन विषयों को क्रमशः हटाया जायेगा।

(6) शिक्षा-व्यवस्था को कारगर बनाना
(MAKING THE EDUCATION SYSTEM EFFECTIVE)

शिक्षा की गुणवत्ता और उसके विस्तार के सम्बन्ध में दूरगामी परिवर्तन करने की नीति निर्धारित की गई है। सबसे पहले तो इस तन्त्र को सक्रिय बनाया जायेगा। इसके लिए यह आवश्यक है कि सभी शिक्षक पढ़ाएँ और सभी विद्यार्थी पढ़ें।

इसके लिए निम्नलिखित कार्यक्रम अपनाये जाएँगे—

(i) शिक्षकों को अधिक सुविधाएँ कार्यक्रम और साथ ही उनकी अधिक जवाबदेही।

(ii) विद्यार्थियों के लिए सेवा में सुधार और साथ ही उनके सही आचरण पर बल।

(iii) शिक्षा-संस्थाओं को अधिक सुविधाएँ दिया जाना।

(iv) राष्ट्रीय और राज्य स्तर पर तय किये गये मानदण्ड के आधार पर शिक्षा-संस्थाओं के कार्य के मूल्यांकन पद्धति का सृजन करना।

(7) शिक्षा को विषय-वस्तु तथा प्रक्रिया को नया मोड़ देना
(REORIENTING THE CONTENT AND PROCESS OF EDUCATION)

(i) सांस्कृतिक सम्भावनाएँ (Cultural Possibilities)—इस समय ऐसा अनुभव किया जा रहा है कि औपचारिक पद्धति और देश की समृद्धि और विविध सांस्कृतिक परम्पराओं के मध्य एक खाई है जिसे भरना आवश्यक है। शिक्षा को एक ओर जहाँ वैज्ञानिक तकनीकी एवं प्रौद्योगिकी के विकास और परिवर्तन को ध्यान में रखना है, वहीं विभिन्न सांस्कृतिक एवं मानवीय मूल्यों से भी घनिष्ठ सम्बन्ध रखना होगा। नई शिक्षा-नीति इन दोनों पक्षों के न्यायोचित संश्लेषण पर बल देगी तथा साहित्य और कला आदि के शिक्षण-प्रशिक्षण वाले ऐसे संस्थाओं के संवर्द्धन पर बल देगी।

(ii) मूल्यों की व्यवस्था (Place of Values)—मूल्यों की व्यवस्था की जायेगी। शिक्षा-क्रम में ऐसे परिवर्तन की आवश्यकता है, जिससे सामाजिक और नैतिक मूल्यों के विकास में शिक्षा एक सशक्त साधन बन सके। मूल्यों की शिक्षा से धार्मिक अन्धविश्वास, कट्टरता, असहिष्णुता, हिंसा और भाग्यवाद का अन्त करने में सहायता मिलेगी।

(iii) शिक्षा तथा पर्यावरण (Education and Environment)—भारत जैसे देश में जहाँ निर्धनता अधिक है। पर्यावरण का संरक्षण बहुत आवश्यक है। पर्यावरण के प्रति जागरूकता समाज के सभी वय-वर्ग के लोगों में और क्षेत्रों में फैलाने की आवश्यकता है। पर्यावरण की संरक्षा और सुरक्षा के पक्ष को विद्यालयों एवं महाविद्यालयों के शिक्षण में महत्त्वपूर्ण स्थान दिया जायेगा। इसे शिक्षा की पूरी प्रक्रिया में समाहित किया जायेगा।

(iv) कार्यानुभव (Work Experience)—कार्यानुभव को सभी स्तरों पर दी जाने वाली शिक्षा का एक आवश्यक अंग माना जायेगा। कार्यानुभव सीखने की प्रक्रिया का अनिवार्य अंग है और जिससे समाज को वस्तुएँ तथा सेवाएँ मिलती हैं। इसके द्वारा प्राप्त किया गया अनुभव आगे चलकर रोजगार पाने में बहुत सहायक होगा।

(v) संचार माध्यम तथा शैक्षिक प्रौद्योगिकी (Technologies)—नई शिक्षा-नीति में शैक्षिक प्रौद्योगिकी का स्थान शैक्षिक विशेषज्ञों, आयोजनों तथा संचार माध्यम विशेषज्ञों के लिए विशेष रूप से होगा। इसका उपयोग शिक्षा में सूचनाओं के प्रसार, शिक्षकों के प्रशिक्षण तथा पुनः प्रशिक्षण, गुणात्मक स्तरोन्नयन तथा मूल्यों के अवरोध आदि के सन्दर्भ में औपचारिक तथा अनौपचारिक दोनों प्रविधियों में राष्ट्रव्यापी किया जायेगा।

(vi) पुस्तकें और पुस्तकालय (Books and Libraries)—पुस्तकों के स्तर को सुधारने तथा पठन आदत को बढ़ाने हेतु विशेष प्रयत्न किया जायेगा। विदेशी तथा देशी भाषाओं की पुस्तकों का एक-दूसरे में अनुवाद को बढ़ावा दिया जायेगा। समाज के सभी वर्गों को पुस्तकें उपलब्ध कराने के प्रयत्न किये जाएँगे। बच्चों के लिए अच्छी पुस्तकों के निर्माण पर विशेष ध्यान दिया जायेगा। पुस्तकों के विकास के साथ-साथ मौजूदा पुस्तकालयों के सुधार हेतु और नये पुस्तकालयों की स्थापना के लिए एक राष्ट्रव्यापी अभियान चलाया जायेगा। प्रत्येक शैक्षिक संस्था में पुस्तकालय की सुविधा के लिए प्रावधान किया जायेगा।

(vii) खेल और शारीरिक शिक्षा (Sports and Physical Education)—खेल और शारीरिक शिक्षा सीखने की प्रक्रिया के अभिन्न अंग हैं। शारीरिक शिक्षा और खेलकूद की राष्ट्रव्यापी अधोरचना को शिक्षा व्यवस्था का अंग बनाया जायेगा। इस अधोरचना के तहत खेलों के मैदानों और उपकरणों की व्यवस्था की जायेगी। शारीरिक शिक्षा के अध्यापकों की नियुक्ति होगी। शहरों में उपलब्ध खुले क्षेत्र खेल के मैदान के लिए आरक्षित किये जाएँगे। यदि जरूरी हुआ तो इसके लिए वैधानिक कार्यवाही की जायेगी। खेलकूद में प्रतिभाशाली खिलाड़ियों को उपयुक्त प्रोत्साहन दिया जायेगा। योग शिक्षा पर भी बल दिया जायेगा। शिक्षण-प्रशिक्षण पाठ्यक्रमों में योग शिक्षा भी शामिल की जायेगी।

(viii) गणित तथा विज्ञान शिक्षण (Maths and Science Teaching)—गणित बालक को चिन्तन, तर्क विश्लेषण एवं संश्लेषण की योग्यता देने का सशक्त माध्यम है। यह सभी विज्ञानों का आधार है, अतएव इसके व्यावसायिक, सांस्कृतिक तथा अनुशासनिक महत्त्व तथा विज्ञान एवं प्रौद्योगिकी के अधुनातन विकास को दृष्टि में रखते हुए गणित शिक्षण की विधा को पुनः अभिकल्पित किया जायेगा।

(ix) शिक्षक और शिक्षक-शिक्षा (Teacher and Teacher Education)—नई शिक्षा-नीति के तहत शिक्षकों की सेवा-शर्तों और कार्यकारी परिस्थितियों में व्यापक सुधार किया जायेगा, जिससे मेधावी तथा प्रतिभा सम्पन्न व्यक्ति अध्यापन के क्षेत्र में आकर्षित हों। शिक्षकों का चयन उनकी योग्यता के आधार पर किया जायेगा। शिक्षकों के वेतन में समानता, उनकी सेवा-शर्तों में सुधार तथा उनकी शिकायतें दूर करने का प्रयास किया जायेगा। उनके कार्य के मूल्यांकन की एक पद्धति तय की जायेगी, जो आँकड़ों और तथ्यों पर आधारित होगी। शिक्षकों को उच्च ग्रेड में पदोन्नति के समुचित अवसर दिये जाएँगे। उनके अच्छे कार्य को प्रोत्साहित किया जायेगा और निष्क्रियता को निरुत्साहित किया जायेगा। शैक्षिक कार्यक्रमों को बनाने और उनका क्रियान्वयन करने में शिक्षकों की महत्त्वपूर्ण भूमिका होगी।

शिक्षकों के लिए शिक्षा पर बल दिया जायेगा। जिला शिक्षा और प्रशिक्षण संस्थान स्थापित किये जाएँगे, जिनमें प्राथमिक विद्यालयों के शिक्षकों की अनौपचारिक शिक्षा और प्रौढ़-शिक्षा के कार्यकर्त्ताओं के प्रशिक्षण की व्यवस्था होगी। कुछ चुने हुए माध्यमिक अध्यापक प्रशिक्षण कॉलेजों का दर्जा बढ़ाया जायेगा। शिक्षक शिक्षा की संस्थाओं और विश्वविद्यालयों के शिक्षा विभागों में आपस में मिलकर काम करने की व्यवस्था की जायेगी।

परीक्षा सुधार (Exam. Modification)—परीक्षा में इस प्रकार सुधार किया जायेगा, जिससे कि मूल्यांकन की एक वैध तथा विश्वसनीय प्रक्रिया उभर सके और सिखाने की प्रक्रिया में एक सशक्त साधन के रूप में काम आ सके। क्रियात्मक रूप में इसका अर्थ होगा—

(1) अत्यधिक संयोग तथा आत्मगतता के अंश को समाप्त करना।

(2) रटने पर जोर को हटाना।

(3) ऐसी सतत् और सम्पूर्ण मूल्यांकन प्रक्रिया का विकास करना, जिसमें शिक्षा के शास्त्रीय तथा शास्त्रोत्तर पहलू समाविष्ट हो जाएँ और जो शिक्षण की पूरी अवधि में व्याप्त रहें।

(4) शिक्षकों, छात्रों तथा माता-पिता के द्वारा मूल्यांकन की प्रक्रिया का प्रभावी प्रयोग।

(5) परीक्षाओं के आयोजन में सुधार।

(6) परीक्षा में सुधार के साथ-साथ शिक्षण-सामग्री और शिक्षण-विधि में भी सुधार।

(7) माध्यमिक स्तर से क्रमबद्ध रूप में सेमेस्टर प्रणाली का प्रारम्भ।

(8) अंकों के स्थान पर 'ग्रेड' का प्रयोग।

(8) शिक्षा का प्रबन्ध
(MANAGEMENT OF EDUCATION)

शिक्षा की आयोजना तथा प्रबन्ध की व्यवस्था के पुनर्गठन को उच्च प्राथमिकता दी जायेगी। इस सम्बन्ध में जिन सिद्धान्तों को ध्यान में रखा जायेगा वे निम्नलिखित हैं—

(1) शिक्षा की आयोजना और प्रबन्ध का दीर्घकालीन परिप्रेक्ष्य तैयार करना और उसे देश की विकासात्मक और जन-शक्ति विषयक आवश्यकताओं से जोड़ना।

(2) विकेन्द्रीकरण तथा शिक्षा-संस्थाओं में स्वायत्तता की भावना उत्पन्न करना।

(3) लोक भागीदारी को प्रधानता देना, जिसमें गैर-सरकारी एजेंसियों का जुड़ाव तथा स्वैच्छिक प्रयास शामिल हैं।

(4) शिक्षा की आयोजना और प्रबन्ध में अधिकाधिक संख्या में महिलाओं को शामिल करना।

(5) प्रदत्त उद्देश्यों तथा मानदण्डों के सम्बन्ध में जवाबदेही (Accountability) के सिद्धान्त की स्थापना।

(क) केन्द्रीय शिक्षा सलाहकार बोर्ड (Central Advisory Board of Education) शैक्षिक विकास का पुनरावलोकन करेगा, शिक्षा में सुधार के लिए आवश्यक परिवर्तनों को सुनिश्चित करेगा और कार्यान्वयन सम्बन्धी देखरेख में निर्णायक भूमिका अदा करेगा।

(ख) राज्य सरकारें केन्द्रीय शिक्षा सलाहकार बोर्ड की तरह के राज्य शिक्षा सलाहकार बोर्ड स्थापित करेंगी। मानव संसाधन विकास से सम्बन्धित राज्य सरकारों के विभिन्न विभागों के समाकलन के लिए कारगर उपाय उठाये जायेंगे।

(ग) उच्चतर माध्यमिक स्तर तक शिक्षा का प्रबन्ध करने के लिए जिला शिक्षा बोर्डों की स्थापना की जायेगी और राज्य सरकारें यथाशीघ्र इस सम्बन्ध में कार्यवाही करेंगी।

(घ) गैर-सरकारी तथा स्वैच्छिक प्रयासों को, जिनमें समाजसेवी सक्रिय समुदाय भी शामिल हैं, प्रोत्साहन दिया जायेगा।

(9) संसाधन तथा समीक्षा
(RESOURCES AND REVIEW)

यह सुनिश्चित किया जायेगा कि सातवीं पंचवर्षीय योजना में पूँजी निवेश जिस हद तक जरूरी होगा, उस हद तक बढ़ाया जायेगा। साथ ही आठवीं पंचवर्षीय योजना में यह राष्ट्रीय आय के 6 प्रतिशत से सर्वदा अधिक है।

समीक्षा
(REVIEWS)

नई शिक्षा-नीति की विशेषताएँ (Characteristics of New Education Policy)—नई शिक्षा-नीति, 1986 की मुख्य विशेषताएँ निम्नलिखित हैं—

(1) शिक्षा को बहुत अधिक महत्त्व (Importance of Education)—स्वतन्त्रता के उपरान्त केन्द्र सरकार द्वारा राष्ट्रीय स्तर पर शिक्षा को इतना अधिक महत्त्व पहली बार दिया गया है और शैक्षिक नीतियों के क्रियान्वयन पर जोर दिया जा रहा है। शिक्षा के विविध पक्षों के सुदृढ़ीकरण और उन्हें देशकाल की परिस्थितियों अनुसार ढालने के निश्चय को दोहराया गया है।

(2) राष्ट्रीय शिक्षा की संरचना (Structure of National Education)—अभी तक देश के विभिन्न प्रदेशों में भिन्न-भिन्न प्रकार की शैक्षिक संरचना थी। नई शिक्षा-नीति में 10 + 2 + 3 की एक राष्ट्रव्यापी शिक्षा संरचना की सिफारिश की गई है, जिसे देश के प्रत्येक भाग में स्वीकार किया गया।

यद्यपि कोठारी कमीशन द्वारा भी इसकी सिफारिश की गई थी, परन्तु उसकी सिफारिशों के क्रियान्वयन में कोई तत्परता नहीं दिखाई गई। राष्ट्रीय शिक्षा संरचना की यह मौलिक विशेषता है।

(3) राष्ट्रव्यापी पाठ्यक्रम की रचना (Construction of National Curriculum)—शिक्षा-नीति में पहली बार एक निश्चित शैक्षिक स्तर तक एक राष्ट्रीय पाठ्यक्रम का प्रारूप तैयार किया गया है, जिसमें पाठ्यक्रम के साथ अन्य विषय भी होंगे, जो लचीले होंगे। इससे पाठ्यक्रम में एकता आयेगी। वहीं राष्ट्रीय एकता तथा शान्तिपूर्ण सहअस्तित्व की भावना का संवर्धन होगा।

(4) केन्द्र सरकार की भागीदारी (Participation of Central Government)—सन् 1976 में संविधान संशोधन करके शिक्षा को समवर्ती सूची में सम्मिलित कर लिया गया है। इससे अभिप्राय यह नहीं है कि शिक्षा के क्षेत्र से राज्यों का उत्तरदायित्व समाप्त हो गया है या उनके अधिकार छिन गये हैं। केन्द्र सरकार पहले से भी अधिक शिक्षा के प्रत्येक स्तर पर उत्कृष्टता लाने के प्रयत्न करेगी और उसकी भागीदारी पहले से अधिक होगी।

(5) व्यावसायिक शिक्षा (Vocational Education)—आज बेरोजगारी की समस्या बहुत अधिक बढ़ती जा रही है। आज लोग उच्च शिक्षा प्राप्त करने के बावजूद बेरोजगार घूम रहे हैं। इस समस्या को रोकने तथा विश्वविद्यालयों में प्रवेश की समस्या को कम करने हेतु व्यावसायिक शिक्षा के महत्त्व को स्वीकार किया गया और उसे लागू करने पर जोर दिया गया है। व्यावसायिक शिक्षा सामान्यतया माध्यमिक स्तर के बाद एक अलग व्यवस्था होगी, लेकिन इस योजना को इतना लचीला बनाया जायेगा कि आठवीं कक्षा के बाद ही विद्यार्थी ऐसे कोर्स कर सकें। इसका उद्देश्य स्वरोजगार की प्रवृत्ति के प्रति एक स्वस्थ दृष्टिकोण विकसित करना होगा।

(6) शैक्षिक प्रगति का मूल्यांकन (Evaluation of Educational Progress)—शिक्षा-नीति, 1986 की यह प्रमुख विशेषता है कि उसके विभिन्न पहलुओं के क्रियान्वयन की समीक्षा प्रत्येक 5 वर्ष में की जायेगी। क्रियान्वयन की प्रगति और समय-समय पर उभरती हुई प्रवृत्तियों की जाँच करने हेतु मध्यावधि मूल्यांकन भी होंगे।

(7) शैक्षिक अवसरों की समानता पर बल (Force on Equality of Educational Opportunities)—नई शिक्षा-नीति में शिक्षा की विषमताओं को समाप्त करने और शैक्षिक अवसरों की समानता लाने का संकल्प दोहराया गया है। महिलाओं, अनुसूचित जातियों, जनजातियों, अल्पसंख्यकों, विकलांगों तथा पिछड़े हुए क्षेत्रों एवं वर्गों को समान रूप से शैक्षिक प्रसार और सुविधाएँ उपलब्ध कराने का दृढ़ संकल्प किया गया है।

(8) दक्षता और प्रभावकारिता को प्रोत्साहन—नई शिक्षा-नीति में शैक्षिक स्तरोन्नयन को क्रियान्वित करने पर विशेष बल दिया गया है। संस्थाओं और शैक्षिक कार्य में लगे व्यक्तियों के उत्कृष्ट कार्य को मान्यता दी जायेगी और उन्हें पुरस्कृत किया जायेगा। साथ ही शैक्षिक कार्य में लगे लोगों की जवाबदेही भी निर्धारित की जायेगी।

(9) उच्च शिक्षा में सुधार तथा महाविद्यालयों को स्वायत्तता (Modification in Higher Education)—नई शिक्षा-नीति की यह विशेषता रही है कि उसमें उच्च शिक्षा को गिरावट से बचाने हेतु हर सम्भव प्रयत्न किये जाएँगे। केन्द्र और राज्य स्तर पर शिक्षा परिषदें बनाई जाएँगी, जो उच्च शिक्षा का नियोजन करेंगी। विश्वविद्यालयों में छात्रों का प्रवेश ग्रहण क्षमता के आधार पर किया जायेगा। शिक्षा विधियों को प्रभावी बनाया जायेगा। शिक्षकों के कार्य का मूल्यांकन होगा एवं उच्चकोटि के शोध-कार्यों को प्रोत्साहित किया जायेगा।

कुछ उच्चकोटि के महाविद्यालयों को स्वायत्तता दी जायेगी, परन्तु स्वायत्तता और स्वतन्त्रता के साथ जवाबदेही भी होगी। इस प्रक्रिया से उच्च शिक्षा के स्तर में सुधार होने की सम्भावना बढ़ती है।

दोष (Limitations)—नई शिक्षा-नीति की कुछ मदों पर आलोचना की गई है। कुछ प्रमुख आलोचना के मुद्दे निम्नांकित हैं—

(1) जिन आम स्कूलों का बुरा हाल है सरकार ने उनकी ओर ध्यान नहीं दिया है। शिक्षा-नीति में साधारण और खास स्कूलों के मध्य बढ़ती दूरी पर कुछ भी टिप्पणी नहीं की है। प्राइवेट विद्यालयों के बढ़ते चलन पर नीति कुछ नहीं कहती। अभिजात वर्ग एवं सामान्यजनों के बच्चों के मध्य पर्याप्त शैक्षिक विषमता का कोई समाधान दस्तावेज में नहीं सुझाया गया है।

(2) विश्व के विकसित राष्ट्रों की शिक्षा-व्यवस्था में बदलाव तभी आया जब स्कूली अध्यापकों को सम्मानपूर्वक जीने और कार्य करने की स्वतन्त्रता मिली। हमारे देश के नीतिकार लगातार अध्यापकों के महत्त्व को अनदेखा करते रहे हैं और कभी टेलीविजन को तो कभी कम्प्यूटर को अध्यापक का स्थानापन्न बताने में नहीं झिझकते हैं। उनकी इस चिन्तन प्रणाली के तहत शिक्षा में सुधार मुश्किल है।

(3) नई शिक्षा-नीति के अन्तर्गत उच्च शिक्षा में सीमित छात्रों को प्रवेश देने को कहा गया है। दस्तावेज में तर्क प्रस्तुत किया गया है कि कम संख्या में छात्रों द्वारा उच्च शिक्षा प्राप्त करने पर शिक्षा की गुणवत्ता में वृद्धि होगी। उच्च शिक्षा में शुल्क बढ़ाने को कहा गया है। इस तरह आम नागरिक के बच्चे विश्वविद्यालय में पढ़ने से वंचित रह जाएँगे। उनके लिए मुफ्त विश्वविद्यालय खोलने की बात कही गई है, सामान्य नागरिकों के बच्चों को इनके माध्यम से उच्च शिक्षा प्राप्त होगी।

(4) दस्तावेज में यह भी कहा गया है कि सरकार शिक्षा-संस्थानों को चलाने हेतु निजी उद्यमों को बढ़ावा देगी। परिणाम यह होगा कि पूँजीपति शिक्षा-संस्थाओं को लाभ कमाने के उद्देश्य से दुकानों की तरह चलाएँगे और छात्रों से मोटी फीस वसूल करेंगे। भ्रष्टाचार तथा शोषण को बढ़ावा मिलेगा।

(5) नई शिक्षा-नीति में विद्यालयी अध्यापक और नौकरशाही के रिश्ते की बुनियादी समस्या पर ऐसा कोई निर्णय नहीं लिया गया है जो शिक्षक की कमजोर स्थिति को बदले। बल्कि राष्ट्रीय शैक्षिक सेवा के नाम से एक केन्द्रीय सेवा का आरम्भ करने की बात कही गई है। यह सेवा अंग्रेजों के समय में हुआ करती थी और स्वतन्त्रता-प्राप्ति से काफी पहले समाप्त कर दी गई थी। अब फिर इस सेवा को आरम्भ करने का क्या औचित्य है।

(6) नई शिक्षा-नीति में प्रौढ़ों के अशिक्षित होने पर चिन्ता जताई है, लेकिन विभिन्न पंचवर्षीय योजनाओं में प्रौढ़-शिक्षा के प्रसार पर विशेष ध्यान नहीं दिया गया है। प्रौढ़-शिक्षा पर खर्च बढ़ाने की बजाए उसे और कम कर दिया गया है।

(7) नई शिक्षा-नीति में सन् 1990 तक (जिसे बाद में बढ़ाकर 1995 तक कर दिया गया है) निरक्षरता उन्मूलन करने और 6-14 वय वर्ग के सभी बच्चों को प्राथमिक शिक्षा की परिधि में लाने का लक्ष्य रखा गया है। कुछ अर्थशास्त्रियों के अनुसार, इस लक्ष्य को प्राप्त करना सम्भव नहीं है।

(8) नई शिक्षा-नीति में कैपिटेशन फीस लिये जाने को वैध माना गया है। तकनीकी कॉलेजों में प्रवेश के समय छात्रों से कैपिटेशन फीस लेने की परम्परा चलती रहेगी। लेकिन शर्त यह है कि उनमें 25 से 50% तक स्थान सरकार द्वारा योग्यता के आधार पर बिना कैपिटेशन फीस के भरे जाएँगे।

अतः कहा जा सकता है कि शिक्षा के विकास एवं प्रसार का कार्य केवल सरकार द्वारा सम्भव नहीं है। इस कार्य में सम्पूर्ण समाज को अपना योगदान करना होगा। शिक्षकों को भी इसमें महत्त्वपूर्ण भूमिका निभानी होगी।

राष्ट्रीय शिक्षा-नीति का मूल्यांकन (Evaluation of National Education Policy)—इस शिक्षा-नीति में कुछ विशेषताओं के साथ कुछ कमियाँ भी हैं, जिनके कारण सन्तोषपूर्ण उपलब्धि या प्रगति नहीं हो सकी है। **बाल गोविन्द तिवारी** का कथन है—

''सन्तोष का विषय है कि भारत सरकार ने राष्ट्रीय शिक्षा-नीति पर प्रस्ताव संसद में प्रस्तुत किया है, परन्तु कुछ बातें विचारार्थ प्रस्तुत की गई हैं।''

(1) राष्ट्रीय शिक्षा-नीति का निर्धारण देश में कुछ आयोगों की मुख्य सिफारिशों के आधार पर किया गया है। शिक्षा की संसदीय समिति की रिपोर्ट में कोई नये सुझावों का उल्लेख नहीं है। वास्तव में इन आयोगों ने शिक्षा की वर्तमान परिपाटी में सुधार के प्रस्ताव रखे थे। इसलिए कुछ व्यक्तियों की सोच है कि भारत सरकार के द्वारा प्रस्तावित शिक्षा-नीति राष्ट्रीय शिक्षा-नीति न होकर शिक्षा के आयोगों की सिफारिशों को सहमति मात्र है। समिति के सुझावों में कोई नवीनता या विशेषता नहीं है।

(2) राष्ट्रीय शिक्षा-नीति में शिक्षा का एक सर्वमान्य स्वरूप उपस्थित किया गया है जिसमें शिक्षा सोपान, पाठ्यचर्या, शिक्षा स्तर इत्यादि सभी एक समान होंगे। लेकिन इस प्रकार की एकरूपता भारत जैसे विशाल देश के लिए सम्भव नहीं हो सकती। देश में प्रादेशिक स्तर पर सांस्कृतिक, धार्मिक, आर्थिक तथा

भाषा सम्बन्धी अन्तर मिलता है। इसलिए देश में इस प्रकार की शिक्षा–नीति की जरूरत है, जो क्षेत्रीय या प्रान्तीय भेदों को समाविष्ट कर सके। राष्ट्रीय शिक्षा–नीति पर गम्भीरता से विचार नहीं किया गया, अन्यथा शिक्षा प्रान्तीय न होकर केन्द्रीय विषय होती। इस प्रकार इसे राष्ट्रीय शिक्षा–नीति न कहकर शैक्षिक प्रस्ताव कहना अधिक उपयुक्त होगा, क्योंकि इसमें शिक्षा से सम्बन्धित कई विषयों को रखा गया है।

(3) भारतीय शिक्षा–नीति देश की संस्कृति, आकांक्षाओं और आवश्यकताओं के अनुसार होनी चाहिए। पाश्चात्य विचारधारा का प्रभाव उस पर न पड़े।

(4) राष्ट्रीय शिक्षा–नीति का निर्धारण तभी उचत तरीके से हो सकता है जब शिक्षा का उत्तरदायित्व केन्द्र सरकार पर हो। हमें यह निश्चित कर लेना चाहिए कि शिक्षा में हम कितनी एकरूपता और कितनी विभिन्नता चाहते हैं। कितना केन्द्रीकरण और विकेंन्द्रीकरण चाहते हैं। जब तक ऐसा नहीं होगा, राष्ट्रीय शिक्षा–नीति का निर्धारण नहीं किया जा सकता है।

(5) राष्ट्रीय शिक्षा–नीति में देश के सभी समुदाय और प्रबुद्ध व्यक्तियों का मत जानना चाहिए। शिक्षा एक सामाजिक प्रक्रिया है। अत: शिक्षा–नीति का निर्धारण राष्ट्रीय आदर्शों को ध्यान में रखकर समाज के योग्य नागरिकों एवं शिक्षाशास्त्रियों के मत के आधार पर किया जाना चाहिए।

संशोधित राष्ट्रीय शिक्षा नीति, 1992
(REVISED NATIONAL EDUCATION POLICY, 1992)

पृष्ठभूमि (Background)

सन् 1986 की राष्ट्रीय शिक्षा नीति का क्रियान्वयन द्रुतगति से हो रहा था किन्तु कुछ समय पश्चात् केन्द्र में सत्ता परिवर्तन के साथ इस शिक्षा नीति में सुधार की माँग उठने लगी। अत: सरकार ने इसमें सुधार के सुझाव देने के लिए आचार्य राममूर्ति की अध्यक्षता में एक समिति की नियुक्ति कर दी। इस समिति की संस्तुतियों पर कोई कार्य न हो सका क्योंकि शीघ्र ही केन्द्र में पुन: सत्ता परिवर्तन हो गया। अब जनार्दन रेड्डी की अध्यक्षता में पुन: एक समिति की नियुक्ति की जिसने 1986 की नीति में संशोधन सुझाए। इन सुझावों के आधार पर राष्ट्रीय शिक्षा नीति में कुछ संशोधन किये गये। संशोधित नीति में 1986 की नीति की ही अनेक बातें थीं। जिन सुझावों में नवीनता है, उन्हें हम इस अध्याय में देखेंगे किन्तु उसके पूर्व आचार्य राममूर्ति समिति की मुख्य संस्तुतियों को भी देख लें।

आचार्य राममूर्ति समिति
(ACHARYA RAMMURTI COMMITTEE)

राष्ट्रीय शिक्षा नीति (1986) की घोषणा के बाद 26 दिसम्बर, 1990 को आचार्य राममूर्ति समिति ने अपना प्रतिवेदन प्रस्तुत किया। इस समिति ने समता और सामाजिक न्याय, शैक्षिक प्रबन्ध का सभी स्तरों पर विकेन्द्रीकरण, संभागीत्व प्रधान शैक्षिक व्यवस्था की स्थापना, प्रबुद्ध व मानवीय समाज के निर्माण हेतु जरूरी मूल्यों का विकास तथा कार्यक्षमता के विकास पर अधिक ध्यान दिया। इस समिति की मुख्य संस्तुतियाँ निम्नलिखित थीं—

1. शिक्षा का लक्ष्य अहिंसक तथा शोषणयुक्त सामाजिक और आर्थिक व्यवस्था की स्थापना करना है। इसे विद्यार्थी को सतत् सीखने तथा सीखी बातें भूलने की क्षमताओं से सुसज्जित करना चाहिए। शिक्षा एक आधारीय अनुभव होनी चाहिए। इसे सही रूप में एक स्वतन्त्रतादायक अनुभव, एक मुक्तिदायक प्रक्रिया होना चाहिए।

2. लड़कियों की शिक्षा के बारे में 0-3 वर्ष के बच्चों की देखभाल के कार्यक्रमों को वरीयता देने, लड़कों व लड़कियों के लिए विभेदित पाठ्यचर्या अपनाने, गणित व विज्ञान की शिक्षा को सुदृढ़ बनाने हेतु विशिष्ट प्रयास करने, महिलाओं हेतु व्यावसायिक प्रशिक्षण को प्रोत्साहन देने विश्वविद्यालयों में 'महिला अध्ययन केन्द्रों' की स्थापना करने आदि पर बल दिया गया।

3. पिछड़े वर्गों की शिक्षा के बारे में यह अनुशंसा की गई कि प्रत्येक शैक्षिक स्तर पर पाठ्यचर्या में विज्ञान व गणित; अभिव्यक्ति—लिखित व मौखिक; अनुसूचित जाति, अनुसूचित जनजाति व पिछड़े वर्गों का इतिहास व समाजशास्त्र; राष्ट्रीय जीवन व विकास में इन समुदायों का योगदान तथा इन समुदायों की

महिलाओं की भूमिका पर अधिक बल दिया जाए, राजकीय और सहायता प्राप्त स्कूलों में अनुसूचित जाति/अनुसूचित जनजाति को क्रमशः 15% व 7·5% शिक्षक नियुक्त किये जाएँ, कोर पाठ्यचर्या में जनजातीय संस्कृति को शामिल किया जाए।

4. सामान्य विद्यालय प्रणाली के रूप में पड़ोस-स्कूलों का विचार ग्राह्य है।

5. वर्तमान 261 नवोदय विद्यालयों को पुनर्गठित किया जाए, इन्हें राज्य के अधीन किया जाए और नये नवोदय विद्यालय न खोले जाएँ।

6. औपचारिक और अनौपचारिक शिक्षा को समाकलित किया जाए।

7. स्तरहीन और निम्नस्तरीय महाविद्यालयों व विश्वविद्यालयों की स्थापना को हतोत्साहित करने के लिए राष्ट्रीय स्तर पर विधिक निकाय की प्रक्रिया पर विचार किया जाए। यू. जी. सी. के अध्यक्ष के अलावा पाँच पूर्णकालिक सदस्य हों। विश्वविद्यालयों को स्नातक स्तर की परीक्षाएँ लेने का दायित्व से मुक्त किया जाए, ताकि वे परास्नातक शिक्षा व शोध अध्ययनों पर अपना ध्यान केन्द्रित कर सकें। उन्हीं महाविद्यालयों में स्नातकोत्तर शिक्षा दी जाए, जहाँ सम्बन्धित विषयों में अनुसंधान करने की सुविधाएँ उपलब्ध हों। उच्च शिक्षा संस्थाओं में नियुक्ति से पूर्व एक वर्ष का प्रशिक्षण प्रदान किया जाए। शिक्षण व अनुसंधान की दृष्टि से श्रेष्ठ शैक्षिक संस्थाओं का पता लगाया जाए। अनुसंधान देश की वास्तविकताओं की ओर अभिमुख हो। राष्ट्रीय परीक्षण सेवा जरूरी है, परन्तु यह परीक्षण संचालित करने वाली एक केन्द्रीय संस्था के अधीन नहीं होना चाहिए। ग्रामीण विश्वविद्यालयों व संस्थानों को समर्थन मिलना चाहिए। कृषि विश्वविद्यालयों/संस्थानों को ग्रामीण विकास हेतु केन्द्रों की स्थापना करनी चाहिए।

8. भाषा में शिक्षा के बारे में त्रिभाषा सूत्र जारी रखा जाए।

9. शिक्षा की विषय-वस्तु में उभयनिष्ठ सांस्कृतिक विरासत तथा सांस्कृतिक परम्पराओं में विविधता को शामिल किया जाए। देश की एकता व अखण्डता के लिए प्रजातन्त्र, धर्म-निरपेक्षता, वैज्ञानिक स्वभाव, लैंगिक समानता, ईमानदारी, साहस, न्याय, जीवों के प्रति आदर, भिन्न संस्कृतियों व भाषाओं के प्रति आदर आदि आवश्यक मूल्य हैं व शिक्षा की प्रक्रिया व विषय-वस्तु इनसे अनुप्राणित होनी चाहिए। मूल्य शिक्षा सम्पूर्ण प्रक्रिया व विद्यालयीय वातावरण का अभिन्न अंग होनी चाहिए।

10. परीक्षा सुधार हेतु सेमेस्टर प्रणाली, सतत् आन्तरिक मूल्यांकन, क्रेडिट संचय व्यवस्था, श्रेणीकरण/स्केलिंग की वस्तुनिष्ठ पद्धति आदि को अपनाया जाए।

11. अध्यापक शिक्षा की प्रथम उपाधि पत्राचार शिक्षा द्वारा न दी जाए। 'इंटर्नशिप मॉडल' को अपनाया जाए। क्षेत्रीय शिक्षा महाविद्यालयों की तर्ज पर चारवर्षीय समाकलित कोर्स शुरू किये जाएँ। जिला शिक्षा व प्रशिक्षण संस्थानों को स्वायत्तता दी जाए।

12. राज्यों में शिक्षा सलाहकार सेवा शुरू की जाए।

13. शिक्षा पर एकल राष्ट्रीय उत्पादन का न्यूनतम 6% अंश खर्च किया जाए।

जनार्दन रेड्डी समिति का प्रतिवेदन
(REPORT OF JANARDAN REDDY COMMITTEE)

1992 में शिक्षा नीति पर अमल के कार्यक्रम की समीक्षा के लिए गठित जनार्दन रेड्डी समिति ने अपने प्रतिवेदन में निम्न संस्तुतियाँ कीं—

1. अनुसूचित जाति, अनुसूचित जनजाति व अन्य शैक्षिक दृष्टि से पिछड़े वर्गों की शिक्षा के कार्यक्रमों व प्रबन्धन हेतु प्रत्येक राज्य में एक केन्द्रीय अभिकरण की पहचान की जाए। वह केन्द्र सरकार को भी सूचनाएँ प्रदान करे। केन्द्रीय शिक्षा सलाहकार परिषद् इस कार्य हेतु एक समिति गठित करे, जिसमें इन समूहों के शिक्षाविदों का प्रतिनिधित्व हो। इन वर्गों के लिए पृथक् पाठ्यचर्या नहीं होनी चाहिए। अल्पसंख्यकों की शिक्षा संस्थाओं को मॉनीटर करने के लिए राज्य सरकारें कार्य करें। केन्द्र सरकार की भूमिका परामर्शक ही रहे। केन्द्रीय स्तर पर अल्पसंख्यक आयोग जैसे अनेक संगठन पहले से ही हैं।

2. साधारण विद्यालयों की गुणवत्ता को उच्चीकृत करना और अधिगम के न्यूनतम स्तर को प्राप्त करने के लिए सुविधाएँ उपलब्ध कराकर शीघ्रातिशीघ्र स्कूलों में विषमताएँ कम की जाएँ। इसके लिए केन्द्र व राज्य

सरकारें दृढ़ संकल्प से कार्य करें। सुविधा प्राप्त विद्यालय अपनी सुविधाओं व संसाधनों की अन्य संस्थाओं से साझेदारी करें, सामुदायिक कार्य करें और सुविधाहीन वर्गों के बच्चों की पहुँच आसान बनाएँ व इस प्रकार अपनी सामाजिक जवाबदेही स्वीकार करें।

3. नवोदय विद्यालय योजना जारी रखी जाए व प्रत्येक जिले में एक नवोदय विद्यालय स्थापित किया जाए। इस योजना की सतत् समीक्षा होनी चाहिए व इनकी गत निर्धारित भूमिका पर विशेष ध्यान देना चाहिए। प्रवेश परीक्षाओं की विश्वसनीयता व वैधता निरन्तर सुनिश्चित की जानी चाहिए व प्रवेश प्रक्रिया में जरूरी रूपान्तरण किये जाने चाहिए।

4. बच्चों की देखभाल, परिवार कल्याण, पोषण व स्वास्थ्य जैसी महिलाओं व बच्चों के लिए चल रही समर्थन सेवाओं व क्रियाओं में आँगनबाड़ी कार्मिकों की भूमिका व्यापक हो, व इसके लिए उनमें जरूरी कौशल व अभिप्रेरणा विकसित की जाए। आठवीं योजना में पूर्व बाल्यकाल देखभाल एवं शिक्षा (ई.सी.सी.ई.) को जारी रखा जाए।

5. केन्द्र व राज्य सरकारें प्रौढ़ साक्षरता व सर्वजनीन प्रारम्भिक शिक्षा को अत्यधिक प्राथमिकता दें और तदनुरूप पूर्ण वित्तीय, प्रशासनिक व राजनैतिक समर्थन भी दें और अधिगम के न्यूनतम स्तरों पर अधिक ध्यान दिया जाए। औपचारिक व अनौपचारिक शिक्षा को सभी दृष्टि से तुलनीय बनाने हेतु अनौपचारिक शिक्षा के प्रबन्ध तन्त्र व अधिगम वातावरण को शीघ्र व प्रभावी ढंग से सुधारा जाए। 'ऑपरेशन ब्लैकबोर्ड' योजना आठवीं पंचवर्षीय योजना में रखी जाए। शैक्षिक संकुल के प्रतिमानों का विकास व परीक्षण किया जाए। 21वीं शताब्दी में प्रवेश से पूर्व 14 वर्ष की आयु के बच्चों को निःशुल्क व अनिवार्य शिक्षा देने के संवैधानिक दायित्व को पूरा किया जाए। आठवीं योजना के दौरान सभी बच्चों का सर्वजनीन नामांकन हो; एक किलोमीटर की दूरी में सभी बच्चों के लिए एक प्राथमिक विद्यालय हो, स्कूल छोड़ने वाले व कार्यशील बच्चों तथा स्कूल न जा सकने वाली लड़कियों के लिए अनौपचारिक शिक्षा की व्यवस्था हो; प्राथमिक व उच्च प्राथमिक विद्यालयों का अनुपात 1 : 4 से सुधारकर 1 : 2 किया जाए, स्कूल छोड़ने वालों की दर कक्षा 1 से 5 और 6 से 8 के लिए 45 व 60 प्रतिशत से घटाकर 20 व 40 प्रतिशत की जाए, ऑपरेशन ब्लैकबोर्ड योजना उच्च प्राथमिक स्तर पर भी लागू की जाए, प्राथमिक स्तर पर सभी बच्चों द्वारा न्यूनतम अधिगम स्तरों की प्राप्ति को सुनिश्चित किया जाए व उच्च प्राथमिक स्तर पर संकल्पना को लागू किया जाए, प्राथमिक शिक्षा के क्रियान्वयन में सहायता देने व उनके निरीक्षण हेतु स्थानीय स्तर पर समिति बनाई जाए।

6. नवसाक्षरों के लिए उत्तर साक्षरता व सतत् शिक्षा के कार्यक्रम चलाए जाएँ। ये प्रारम्भिक शिक्षा पाने वालों के लिए भी हों। इनकी योजना साक्षरता अभियान के साथ-साथ बनाई जाए।

7. माध्यमिक शिक्षा परिषदों को पुनर्गठित किया जाए व उन्हें स्वायत्तशासी बनाया जाए। प्रधानाध्यापकों को प्रशासनिक, शैक्षिक व वित्तीय अधिकार दिये जाएँ व इस निमित्त उन्हें प्रशिक्षण भी दिया जाए। राष्ट्रीय खुला स्कूल की भूमिका प्रभावी बनाई जाए। जहाँ सम्भव हो व्यावसायिक कोर्स कक्षा LK से ही शुरू किये जाएँ। + 2 स्तर पर व्यावसायिक धारा को सुदृढ़ बनाया जाए। सामान्य (जेनेरिक) व्यावसायिक कोर्स चयनात्मक आधार पर शुरू किये जाएँ। शुरू में ये दस प्रतिशत विद्यालयों में चलाए जाएँ। कार्य अनुभव कार्यक्रम का सुनियोजित क्रियान्वयन किया जाए व इनसे सम्बन्धित क्रियाओं में 12·5 से 20 प्रतिशत विद्यालयीय समय खर्च किया जाए। ये कार्यक्रम प्रारम्भिक स्तर पर हों। माध्यमिक व उच्चतर माध्यमिक स्तर पर व्यावसायिक कार्य कराये जाएँ। इनका अभिविन्यास प्रयोगात्मक हो।

8. उच्च शिक्षा के नियोजित विकास हेतु राज्य उच्च शिक्षा परिषदों को स्थापित व कार्यशील किया जाना चाहिए। स्तरहीन और निम्नस्तरीय महाविद्यालयों की स्थापना को नियन्त्रित करने हेतु राष्ट्रीय स्तर पर विधिक प्रक्रिया की आवश्यकता नहीं है। प्रसार कार्य जैसे साक्षरता कार्यक्रमों में शिक्षकों व विद्यार्थियों को शामिल करने हेतु कोशिश की जानी चाहिए। +2 स्तर पूरा करने वाले छात्रों के लिए अर्द्ध-सैनिक सेवा, व्यावसायिक व प्रोफेशनल कौशलों का विकास व ग्रामीण क्षेत्रों में प्रसार कार्य के दो वर्षीय मिश्रित पाठ्यक्रम की ग्राह्यता विचारणीय है। इस कार्यक्रम से सम्बन्धित क्रियाकलाप गृह-राज्य के बाहर किये जाएँगे। राष्ट्रीय

परीक्षण सेवा परीक्षण लेने का कार्य करेगी। गाँधीजी के विचारों पर आधारित ग्रामीण शिक्षा को प्रोत्साहित करने के लिए केन्द्रीय ग्रामीण संस्थान परिषद् तुरन्त स्थापित की जानी चाहिए। विश्वविद्यालय अनुदान आयोग ने पूर्णकालिक सदस्यों की नियुक्ति की कोई जरूरत नहीं है। यू.जी.सी. के क्षेत्रीय कार्यालय यथाशीघ्र स्थापित किये जाने चाहिए। पाठ्यचर्या विकास केन्द्र योजना जारी रखनी चाहिए तथा विश्वविद्यालयों को मॉडल पाठ्यचर्या अनुकूलित करने की पूरी स्वतन्त्रता होनी चाहिए। यू.जी.सी. को एकेडेमिक स्टॉफ कॉलेज की योजना के क्रियान्वयन को मॉनीटर करना चाहिए।

9. अखिल भारतीय प्राविधिक शिक्षा परिषद् की क्षेत्रीय समितियाँ गठित की जानी चाहिए। ये समितियाँ नये संस्थान खोलने, नये कोर्स शुरू करने, प्रवेश क्षमता बढ़ाने आदि के बारे में अपनी संस्तुतियाँ देंगी।

10. उच्च शिक्षा में भारतीय भाषाओं के प्रयोग को प्रोत्साहित किया जाए, संस्कृत शिक्षा में शैक्षिक स्तर को समन्वित किया जाए व कायम रखा जाए, सिन्धी व अन्य अन्तर राज्य भाषाओं का विकास किया जाए, प्रशिक्षण व अनुवाद की सुविधाएँ राष्ट्रीय स्तर पर उपलब्ध हों, केन्द्रीय हिन्दी निदेशालय, वैज्ञानिक एवं तकनीकी शब्दावली आयोग व केन्द्रीय हिन्दी संस्थान का विलय वांछनीय नहीं है, देश का भाषायी सर्वेक्षण पुनः न किया जाए, केन्द्रीय भारतीय भाषा संस्थान (CIIL) को स्वायत्तशासी निकाय बनाया जाए, त्रिभाषा सूत्र का एक समान व तर्कपरक क्रियान्वयन किया जाए।

11. माध्यमिक स्तर पर कम्प्यूटर शिक्षा की सुविधाओं का प्रसार किया जाए। केन्द्र व राज्य सरकारें परीक्षा सुधार के क्षेत्र में सशक्त व प्रभावी उपाय करें—परीक्षा निकायों के परीक्षा सुधार कार्यक्रमों की वर्तमान स्थिति पर प्रतिवेदन तैयार करना, परीक्षा निकायों को अनुकूलन व नवाचार हेतु स्वतन्त्रता देते हुए दिशा-निर्देशों के रूप में राष्ट्रीय परीक्षा सुधार फ्रेमवर्क तैयार करना, भिन्न-भिन्न निकायों द्वारा परीक्षा सुधारों के क्रियान्वयन के समन्वय, प्रबन्धन व मूल्यांकन हेतु एक प्रभावी प्रक्रिया विकसित करना तथा परीक्षा सुधार सम्बन्धी उपर्युक्त संस्तुतियों के आधार पर नई शिक्षा नीति में सुधार किया गया और इसे संशोधित राष्ट्रीय शिक्षा नीति, 1992 कहा गया।

अभ्यास प्रश्न

दीर्घ उत्तरीय प्रश्न (Long Answer Type Questions)

1. राष्ट्रीय शिक्षा-नीति, 1968 पर एक निबन्ध लिखिए।

2. 1979 की राष्ट्रीय शिक्षा-नीति की मुख्य विशेषताओं को स्पष्ट कीजिए।

3. 1968 और 1979 की राष्ट्रीय शिक्षा-नीतियों की तुलना कीजिए।

4. 1986 की राष्ट्रीय शिक्षा-नीति की प्रमुख विशेषताओं को स्पष्ट कीजिए।

5. 1986 की राष्ट्रीय शिक्षा नीति में प्रतिपादित राष्ट्रीय शिक्षा को स्पष्ट कीजिए।

6. राष्ट्रीय शिक्षा नीति 1986 के बाद की शैक्षिक पृष्ठभूमि बताइए।

7. आचार्य राममूर्ति समिति की प्रमुख सिफारिशें क्या थीं ?

8. संशोधित राष्ट्रीय शिक्षा नीति की प्रमुख विशेषताएँ लिखिए।

लघु उत्तरीय प्रश्न (Short Answer Type Questions)

1. नवोदय विद्यालय के विषय में आचार्य राममूर्ति समिति की क्या संस्तुति थी ?

2. उच्च शिक्षा के क्षेत्र में संशोधित राष्ट्रीय शिक्षा नीति में क्या कहा गया है ?

3. संशोधित नीति में माध्यमिक शिक्षा के क्षेत्र में प्रमुख संस्तुति क्या है ?

बहुविकल्पीय प्रश्न (Multiple Choice Questions)

1. राष्ट्रीय शिक्षा नीति में जनार्दन रेड्डी समिति ने कब सुधार प्रस्तुत किये ?

(अ) 1988 (ब) 1989

(स) 1991 (द) 1992. **उत्तर**—(द)

2. निम्न में से किसने राष्ट्रीय शिक्षा-नीति के निर्माण में कोई योगदान नहीं किया है ?

(अ) आचार्य राममूर्ति (ब) जनार्दन रेड्डी

(स) 'अ' तथा 'ब' (द) यशपाल। **उत्तर**—(द)

3. नवोदय विद्यालयों की स्थापना का सुझाव निम्न में से किसमें दिया गया है ?

(अ) नई शिक्षा नीति, 1986 (ब) आचार्य राममूर्ति समिति का प्रतिवेदन

(स) कोठारी आयोग प्रतिवेदन (द) मुदालियर आयोग प्रतिवेदन। **उत्तर**—(अ)

4. नई शिक्षा नीति (1986) की निम्न में से किस संस्तुति को क्रियान्वित नहीं किया जा सका है ?

(अ) जिला शिक्षा व प्रशिक्षण संस्थाओं की स्थापना

(ब) भारतीय शिक्षा सेवा शुरू करना

(स) मुक्त विश्वविद्यालय तन्त्र की स्थापना

(द) अनौपचारिक शिक्षा केन्द्रों की स्थापना। **उत्तर**—(ब)

5. आचार्य राममूर्ति समिति ने निम्न में से किसकी सिफारिश नहीं की थी ?

(अ) पड़ोस-स्कूलों की स्थापना

(ब) नये नवोदय विद्यालय न खोलना

(स) विश्वविद्यालयों में महिला अध्ययन केन्द्रों की स्थापना

(द) पत्राचार द्वारा अध्यापक शिक्षा। **उत्तर**—(द)

6. राष्ट्रीय शिक्षा नीति पर अमल के कार्यक्रम की समीक्षा निम्न में से किस समिति ने नहीं की ?

(अ) आचार्य राममूर्ति समिति (ब) जनार्दन रेड्डी समिति

(स) 'अ' तथा 'ब' (द) यशपाल समिति। **उत्तर**—(द)

7. जनार्दन रेड्डी समिति ने निम्न सुझाव नहीं दिया था—

(अ) नवोदय विद्यालय योजना जारी रखी जाय

(ब) औपचारिक व अनौपचारिक शिक्षा समतुल्य हो

(स) राज्य उच्च शिक्षा परिषदों की स्थापना

(द) उच्च शिक्षा में न्यूनतम अधिगम स्तरों की प्राप्ति पर बल। **उत्तर**—(द)

इकाई—4
शिक्षा के अत्यन्त महत्वपूर्ण मुद्दों पर चर्चा
(Debate on Critical Issues of Education)

अध्याय—12

साथ रहने की शिक्षा
[EDUCATION TO LIVE TOGETHER]

शिक्षा के चार आधार
(THE FOUR PILLARS OF EDUCATION)

संयुक्त राष्ट्र शैक्षिक, वैज्ञानिक एवं सांस्कृतिक संगठन (United Nations Educational, Scientific and Cultural Organization, UNESCO) ने 1993 में फ्रांस के **डेलर्स** (Jacques Delors) की अध्यक्षता में **21वीं शताब्दी के लिए शिक्षा पर अन्तर्राष्ट्रीय आयोग** (International Commission on Education for Twenty First Century) की नियुक्ति की। इस आयोग को इसके अध्यक्ष के नाम पर **डेलर्स आयोग** (Delors Commission) कहते हैं। इस आयोग में अध्यक्ष के अतिरिक्त विभिन्न देशों के 14 सदस्य थे जिनमें एक भारत के **डॉ. कर्ण सिंह** थे। इस आयोग का प्रतिवेदन **'सीखना : आन्तरिक खजाना'** (Learning : The Treasure Within) के नाम से 1996 में प्रकाशित हुआ। इसमें डेलर्स ने अपने अध्यक्षीय लेख में सर्वप्रथम यह स्पष्ट किया है कि मानव के वैयक्तिक एवं सामाजिक विकास में शिक्षा की अहम् भूमिका होती है। इसके बाद उन्होंने इस बात पर खेद प्रकट किया है कि हमने 20वीं शताब्दी में प्रगति तो बहुत की है परन्तु इसका लाभ सभी को नहीं मिला है, अतः 21वीं शताब्दी में शिक्षा की व्यवस्था कुछ इस प्रकार करनी होगी कि प्रगति का लाभ सभी को मिले और संसार से अज्ञानता, गरीबी, निर्दयता और युद्ध की भयंकरता कम हो। इसी के साथ उन्होंने यह तथ्य उजागर किया कि 21वीं शताब्दी में हर क्षेत्र में भूमण्डलीकरण (वैश्वीकरण, Globalization) होगा, जिससे राष्ट्रों की अन्तर्निर्भरता (Interdependence) बढ़ेगी। इससे जीवन के हर क्षेत्र में नई-नई समस्याएँ उपस्थित होंगी, उन्हें समझने एवं उनका समाधान करने के लिए जीवनभर सीखना होगा। जीवनभर सीखने का सम्प्रत्यय सतत् सीखने (Continuing Education) से थोड़ा भिन्न है। इसमें अपने कार्यक्षेत्र के अद्यतन ज्ञान एवं कौशल सीखने के साथ-साथ जीवन के वैयक्तिक, सामाजिक एवं अन्य किसी भी क्षेत्र में आने वाली समस्याओं को समझना और उनका समाधान करना सीखना सम्मिलित है। आयोग की दृष्टि से 21वीं शताब्दी की **शिक्षा के चार आधार** होंगे—(i) **जानना सीखना** (Learning to Know), (ii) **करना सीखना** (Learning to Do), (iii) **बनना सीखना** (Learning to Be) और **एक साथ रहना सीखना** (Learning to Live Together)। आयोग के प्रतिवेदन के अध्याय-4 में इन्हें **शिक्षा के चार स्तम्भ** (The Four Pillars of Education) के रूप में प्रस्तुत किया गया है। यहाँ शिक्षा के इन चारों आधारों अथवा स्तम्भों की व्याख्या संक्षेप में प्रस्तुत है।

जानना सीखना
(LEANRING TO KNOW)

जानना सीखना, ज्ञान प्राप्त करने से कुछ भिन्न है। इसका सामान्य अर्थ ज्ञान प्राप्त करने और ज्ञान प्राप्त करने की विधियों दोनों को सीखने, से है और इसका विशिष्ट अर्थ मानव के अस्तित्व को जानने और मानव के अस्तित्व की विधियों को जानने, दोनों से है। अब व्यक्तियों को पूरे संसार को समझना होगा, कम-से-कम इतना समझना होगा कि वे सम्मान के साथ जी सकें, अपने व्यावसायिक कौशलों को विकसित कर सकें और दूसरे व्यक्तियों के साथ संवाद कर सकें। साथ ही उन्हें अपने अन्दर ऐसे ज्ञान का विकास करना होगा जिससे वे आनन्द का अनुभव कर सकें। डेलर्स आयोग की दृष्टि से अब हमें जितना अधिक ज्ञान होगा, हम अपने पर्यावरण के विभिन्न पहलुओं को उतना ही अधिक समझ सकेंगे।

डेलर्स आयोग की दृष्टि से वैज्ञानिक प्रगति और सामाजिक क्रियाओं के परिणामस्वरूप तेजी से हाल वाले परिवर्तनों को समझने एवं तद्नुकूल कार्य करने की योग्यता विकसित करने के लिए 21वीं शताब्दी में यह आवश्यक होगा कि—

(1) आधार शिक्षा (Basic Education) का विस्तार किया जाए। उसमें सामान्य ज्ञान (General Knowledge) और अपनी मातृभाषा के साथ अन्य भाषाओं की शिक्षा अनिवार्य की जाए। सामान्य ज्ञान से बच्चों को संसार की सामान्य जानकारी प्राप्त होगी और दूसरी भाषाओं के सीखने से उनमें दूसरों के साथ संवाद करने की क्षमता उत्पन्न होगी। साथ ही बच्चों को प्रारम्भ से ही सीखने की विधियों में प्रशिक्षित किया जाए। आयोग की दृष्टि से ज्ञान प्राप्त करने की विधियों में मुख्य रूप से बच्चों को **ध्यान एकाग्र करने** (Concentration), सीखे हुए ज्ञान को **स्मरण करने** (Memorise) और **चिन्तन करने** (Thinking) में प्रशिक्षित करना चाहिए और यह कार्य शिशु काल से ही शुरू कर देना चाहिए। आयोग की दृष्टि से ज्ञान प्राप्त करने की ये विधियाँ ऐसी हैं जिनके द्वारा जीवनभर सीखा जा सकता है।

(2) आधार शिक्षा के बाद विशिष्ट शिक्षा (Specific Education) की व्यवस्था की जाए। आयोग की सम्मति में माध्यमिक एवं विश्वविद्यालयीय शिक्षा के पाठ्यक्रमों का निर्माण वैज्ञानिक अनुशासन के आधार पर किया जाना चाहिए और इन स्तरों पर कुछ विषयों का विशिष्ट एवं स्पष्ट ज्ञान कराना चाहिए। आयोग का विश्वास है कि इससे व्यक्तियों में जीवनभर शिक्षा (Life Long Education) की इच्छा पैदा होगी। साथ ही इस स्तर पर अध्येताओं को सीखने की **चिन्तन प्रधान** विधियों में प्रशिक्षित किया जाए, उन्हें **समस्या-समाधान** में निपुण किया जाए, और **आगमन-निगमन चिन्तन** में निपुण किया जाए। ये वे विधियाँ हैं जिनसे वे जीवनभर सीख सकेंगे।

करना सीखना
(LEARNING TO DO)

डेलर्स कमीशन में करना सीखने को किसी व्यवसाय (Job) को करना सीखने के साथ-साथ एक ऐसी दक्षता (Competence) सीखने के रूप में लिया गया है जिसके द्वारा व्यक्ति अपने क्षेत्र में उपस्थित होने वाली नई-नई परिस्थितियों को समझ सकें, उनका सामना कर सकें और तद्नुकूल अपने व्यवसाय करने की विधि एवं शैली में परिवर्तन एवं परिमार्जन कर सकें। इस सम्बन्ध में डेलर्स रिपोर्ट में आगे लिखा गया है कि वर्तमान में संसार में भिन्न-भिन्न प्रकार की आर्थिक व्यवस्थाएँ चल रही हैं। इनमें दो व्यवस्थाएँ मुख्य हैं। एक वह जिसमें अधिकतर व्यक्ति वेतन एवं रोजनदारी भोगी हैं। यह व्यवस्था औद्योगिक समाजों में चल रही है। दूसरी वह जिसमें व्यक्ति अपना व्यवसाय स्वयं स्थापित करते हैं। **डेलर्स आयोग** के अनुसार पहले प्रकार के औद्योगिक समाजों में ज्ञान के साथ-साथ कौशल प्रशिक्षण की अधिक आवश्यकता होती है। इतना ही नहीं अपितु इस प्रकार के समाजों में **व्यावसायिक कौशलों** के साथ-साथ **सामाजिक कौशलों** (Social Skills) एवं **संवाद कौशलों** (Communication Skills) को भी सीखना होता है। साथ ही व्यक्तियों में **कॉमन सेन्स, निर्णय शक्ति** और नेतृत्व क्षमता का विकास करना होता है। आयोग ने स्पष्ट किया कि 21वीं शताब्दी में संसार के अधिकतर देशों में औद्योगिक व्यवस्था होगी अतः आवश्यक है कि बच्चों को प्रारम्भ से ही इन सब कौशलों में प्रशिक्षित किया जाए। इसके लिए आवश्यक है कि—

(1) 21वीं शताब्दी में औपचारिक शिक्षा के साथ **कार्यानुभव** (Work Experience) और **समाज सेवा कार्यों** (Social Service Works) की व्यवस्था अनिवार्य रूप से की जाए।

(2) व्यक्तियों को जीवनभर सीखने के अवसर दिए जाएँ। जीवनभर सीखने के लिए समाजों को सीखने वाले समाजों (Learning Societies) में बदला जाए। सीखने वाले समाजों से आयोग का तात्पर्य ऐसे समाजों से है जिनमें औपचारिक शिक्षा के साथ-साथ सामाजिक, सांस्कृतिक और आर्थिक क्षेत्रों में भी ज्ञान एवं कौशल सीखने के विभिन्न अवसर प्राप्त होते हैं। इन क्षेत्रों की वास्तविक क्रियाओं में भाग लेने से व्यक्तियों में कॉमन सेन्स विकसित होगी, उनकी निर्णय शक्ति विकसित होगी और उनमें नेतृत्व कौशल विकसित होगा। और सबसे बड़ी बात यह है कि उनमें दूरदृष्टि एवं अन्तर्दृष्टि का विकास होगा।

बनना सीखना
(LEARNING TO BE)

1972 में यूनेस्को (UNESCO) द्वारा 'एगर-फोरा' रिपोर्ट—**भविष्य के लिए शिक्षा** (Edgar Faura Report : Learning to Be) प्रकाशित की गई थी। इस रिपोर्ट की भूमिका में संसार में हो रहे अमानवीकरण पर भारी चिन्ता व्यक्त की गई थी और ऐसी परिस्थितियों में ऐसी शिक्षा की व्यवस्था करने पर बल दिया गया था जो मनुष्यों को इस योग्य बनाए कि वे अपनी समस्याओं का समाधान स्वयं कर सकें, स्वयं निर्णय ले सकें और अपने उत्तरदायित्व का निर्वाह स्वयं कर सकें। **डेलर्स कमीशन की दृष्टि** से एगर फोरा रिपोर्ट की सिफारिशें 21वीं शताब्दी की शिक्षा के लिए भी उतनी ही उपयोगी हैं जितनी तब थीं क्योंकि 21वीं शताब्दी में भी प्रत्येक व्यक्ति को कुछ बनने और सदैव आगे बढ़ने एवं ऊँचा उठने के लिए स्वतन्त्र निर्णय लेने होंगे और अपने उत्तरदायित्व (Personal Responsibility) को समझना होगा और उसका निर्वाह करना होगा। डेलर्स कमीशन की दृष्टि से 21वीं शताब्दी में ऐसी शिक्षा की व्यवस्था करनी होगी जिससे—

(1) बच्चों एवं व्यक्तियों की **जन्मजात अभिक्षमता** (Aptitude) और **छिपी प्रतिभाओं** (Latent Talents) को उजागर किया जा सके।

(2) बच्चों के व्यक्तित्व का पूर्ण रूप से विकास किया जा सके।

(3) बच्चों की **शारीरिक क्षमता** (Physical Abilities) एवं **मानसिक योग्यताओं** (Mental Abilities)—**स्मृति** (Memory), **तर्कशक्ति** (Reasoning) और **कल्पना** (Imagination) का विकास किया जा सके।

(4) बच्चों में **सामाजिक कौशल** (Social Skills) एवं **सौन्दर्य बोध** (Aesthetic Sense), मुख्य रूप से **दूसरों के साथ संवाद** करने की क्षमता (Communication Skills) और **नेतृत्व शक्ति** (Leadership) का विकास किया जा सके।

आयोग की दृष्टि से 21वीं शताब्दी में ऐसे ही व्यक्ति अपने अस्तित्व की रक्षा कर सकेंगे।

एक साथ रहना सीखना
(LEARNING TO LIVE TOGETHER)

डेलर्स आयोग की दृष्टि से 21वीं शताब्दी में राष्ट्रों की अन्तर्निर्भरता और बढ़ेगी अत: शिक्षा द्वारा लोगों को एक साथ रहने के लिए तैयार करना होगा। एक साथ रहने से तात्पर्य संसार के समस्त व्यक्तियों के एक साथ रहने से है, एक-दूसरे का सहयोग करने से है और शान्ति के साथ रहने से है। आयोग की दृष्टि से इसके लिए सबसे पहली आवश्यकता है—व्यक्तियों में एक-दूसरे को समझने की शक्ति का विकास करना। जब तक व्यक्ति एक-दूसरे को समझेंगे नहीं, तब तक वे एक-दूसरे के साथ रहना पसन्द नहीं करेंगे। दूसरी आवश्यकता है—व्यक्तियों को तेजी से होते हुए विकास की दृष्टि से अन्तर्निर्भरता के महत्त्व को स्पष्ट करने की। वर्तमान में हमारी आवश्यकताएँ इतनी बढ़ गई हैं कि हम परिवार, समाज और राष्ट्र में ही अन्तर्निर्भर नहीं हैं अपितु अन्तर्राष्ट्रीय स्तर पर भी अन्तर्निर्भर हैं। आयोग की दृष्टि से—

(1) शिक्षा द्वारा बच्चों को प्रारम्भ से ही एक-दूसरे को समझने में प्रशिक्षित किया जाए।

(2) बच्चों को प्रारम्भ से ही किसी लक्ष्य की प्राप्ति एक-दूसरे के सहयोग द्वारा करने पर बल दिया जाए, तब वे अन्तर्निर्भरता के महत्त्व को समझ सकेंगे।

(3) आयोग ने स्पष्ट किया कि जब लोग एक-दूसरे के निकट आएँगे तो कुछ मसलों पर उनमें द्वन्द्व (Conflict) भी पैदा होंगे। अत: शिक्षा द्वारा बच्चों को प्रारम्भ से ही द्वन्द्वों (Conflicts) को कम करने में प्रशिक्षित करना होगा और उन्हें इन द्वन्द्वों को मानवीय मूल्यों के आधार पर दूर करने में प्रशिक्षित करना होगा।

(4) आयोग ने स्पष्ट किया कि अब संसार के सभी राष्ट्रों को आपसी मतभेद भुलाने होंगे, युद्ध के स्थान पर शान्ति के बीज बोने होंगे और सभी को मिल-जुलकर एक-दूसरे की समस्याओं का हल करना होगा। अत: आवश्यक है कि प्रारम्भ से ही बच्चों को एक साथ रहने में प्रशिक्षित किया जाए, उन्हें संघर्ष के स्थान पर शान्ति का पाठ पढ़ाया जाए।

उपसंहार

यूनेस्को द्वारा नियुक्त डेलर्स कमीशन के प्रतिवेदन, 1996 में 21वीं शताब्दी की शिक्षा को चार आधारों पर आधारित करने पर बल दिया गया है—जानने के लिए शिक्षा, करने के लिए शिक्षा, बनने के लिए शिक्षा और एक साथ रहना सीखने के लिए शिक्षा। यदि ध्यानपूर्वक देखा-समझा जाए तो किसी भी देश की शिक्षा द्वारा ये सब कार्य पहले से ही किए जाते रहे हैं; डेलर्स कमीशन के प्रतिवेदन में इनका विस्तार भी किया गया है और इन्हें कुछ नए तरीके से प्रस्तुत किया गया है। बदलते हुए अन्तर्राष्ट्रीय परिवेश और भूमण्डलीकरण (वैश्वीकरण, Globalization) में शिक्षा को इन कार्यों का सम्पादन विशेष रूप में करना होगा।

अभ्यास प्रश्न

दीर्घ उत्तरीय प्रश्न (Long Answer Type Question)

1. डेलर्स आयोग का सामान्य परिचय दीजिए और उसके मुख्य तत्त्वों को स्पष्ट कीजिए।
2. डेलर्स रिपोर्ट में शिक्षा के किन चार स्तम्भों पर बल दिया गया है ? उन्हें स्पष्ट कीजिए।

लघु उत्तरीय प्रश्न (Short Answer Type Questions)

1. डेलर्स आयोग का सामान्य परिचय दीजिए।
2. डेलर्स रिपोर्ट में शिक्षा के कौन-से चार स्तम्भ बताए गए हैं ?

बहुविकल्पीय प्रश्न (Multiple Choice Questions)

1. **सत्य-असत्य का निर्वाह कीजिए—**

   (i) डेलर्स कमीशन की नियुक्ति यूनेस्को द्वारा की गई थी। **उत्तर**—सत्य

   (ii) डेलर्स कमीशन ने शिक्षा के चार स्तम्भ बनाए हैं। **उत्तर**—सत्य

अध्याय—13

शान्ति शिक्षा

[PEACE EDUCATION]

विषय-प्रवेश

(INTRODUCTION)

एडवर्ड बेंटवर्थ बैटी, चांसलर मैकगिल विश्वविद्यालय, कनाडा ने विश्वविद्यालय के स्नातकों के समक्ष 26 मई, 1926 को अपने भाषण में कहा था—"हमने उन आध्यात्मिक मूल्यों पर ध्यान देना लगभग बन्द कर दिया है, जिनके द्वारा ही मानव की सम्पूर्ण प्रगति को आँका जा सकता है। प्रथम विश्व युद्ध ने मानवता की प्रगति के सर्वोत्कृष्ट युग का अन्त कर दिया और युद्ध का कारण इतना ही था कि हम भौतिकता के प्रति अपनी लालसा को नियन्त्रित करके अधिक ऊँचे न उठ सके। मुझे यह न बताइए कि युद्ध जर्मनी की विजय-लोलुपता या अंग्रेजों की साम्राज्यवादिता या फ्रांसीसी सांग्रामिकता या लाभ प्राप्त करने की पूँजीवादी लालसा के कुपरिणाम से अधिक कुछ न था। ब्रिटेन ने संसार को व्यवस्था और भौतिक सभ्यता प्रदान की। जर्मनी और फ्रांस ने कला और संगीत से संसार की शोभा बढ़ाई, विज्ञान और साहित्य से उसका कोष भरा। पूँजीवादियों को लाभ युद्ध के कारण मिला—वह स्वयं युद्ध का कारण नहीं था। हमें और गहराई में उतरना ही चाहिए। जिस पागलपन ने संसार को महायुद्ध के रक्तपात तथा विभीषिकाओं में डुबो दिया, **वह आत्मा का विकार है—मस्तिष्क का नहीं।**" इन शब्दों के कहे जाने के बाद भी एक और विश्वयुद्ध हो चुका है तथा हम भविष्य के प्रति आशंकित हैं।

डॉ. सर्वपल्ली राधाकृष्णन् ने कहा कि बैटी के इस कथन, कि '**हमारी आत्मा में विकार है, मस्तिष्क में नहीं**' का अर्थ यह है कि शरीर, मस्तिष्क तथा आत्मा तीनों के स्वाभाविक सामंजस्य के निर्वाह से ही व्यक्ति और राष्ट्र सुखी हो सकते हैं। आज के युग में आध्यात्मिक मूल्यों को भुलाकर हम मस्तिष्क की उपलब्धियों पर अधिक बल देते हैं, और इसी कारण हम दुखी हैं। आत्मिक शक्तियाँ कम होती जा रही हैं तथा मस्तिष्क की उपलब्धियों का अनुपात भयोत्पादक सीमा तक पहुँच गया है। प्रत्यक्षतः हम पृथ्वी और आकाश को अपने अधिकार में किये हुए हैं और परमाणु तथा तारों के रहस्यों को समझने लगे हैं। फिर भी हम आशंका से घिरे हुए हैं। इसी आशंका ने विश्व को '**शान्ति शिक्षा**' (Peace Education) के लिए माँग करने को बाध्य कर दिया है।

शान्ति की अवधारणा

(CONCEPT OF PEACE)

प्रायः हम यह कहते रहते हैं कि हाइड्रोजन बम शान्ति स्थापना का अस्त्र बन सकता है क्योंकि उसकी विनाश क्षमता युद्ध को रोकने में समर्थ है। वस्तुतः युद्ध की अनुपस्थिति ही शान्ति नहीं है। यह एक सुदृढ़ बन्धुत्व भावना का विकास है, अन्य लोगों के विचारों तथा मूल्यों को ईमानदारी से समझने का प्रयास है। बैटी ने अपने समय के नौजवानों को सलाह दी थी कि वे क्रोध कम करें, दूसरों की भर्त्सना न करें, दूसरों के उत्कृष्ट अंश पर विश्वास करने को तैयार रहें, सहज ज्ञान और करुणा जैसे गुणों का विकास करें। ये सभी गुण शान्ति एवं सन्तोष के आधार हैं।

शान्ति शिक्षा को 1980 के प्रारम्भ में वेल्स के अन्तर्राष्ट्रीय कॉलेज में प्रस्तावित किया गया। प्रायः शान्ति शिक्षा को तीन रूपों में प्रस्तुत किया गया है, यथा—

(अ) शान्ति के विषय में शिक्षा (Education about Peace)—इस दृष्टिकोण से शान्ति शिक्षा 'युद्ध की समालोचना' (Criticism of war) है। इस दृष्टिकोण का प्रतिपादन मितबक ओकामोटो (Mitbuc Occamoto) ने किया।

(ब) शान्ति के लिए शिक्षा (Education for Peace)—यह एक सकारात्मक अवधारणा है। इसके द्वारा व्यक्ति में अहिंसा की आधारशिला का निर्माण किया जाता है। यह अर्थ इस तथ्य पर अवलम्बित है जब युद्धों को मानव मस्तिष्कों में जन्म दिया जाता है तब उनमें शान्ति की दीवारों को क्यों नहीं निर्मित किया जाना

चाहिए। अतः शान्ति शिक्षा का इस दृष्टिकोण से अभिप्राय यह है कि मानव के मस्तिष्क में शान्ति की दीवारों का निर्माण किया जाए।

(स) सकारात्मक शान्ति (Positive Peace)—इसका अभिप्राय है अहिंसात्मक सामाजिक पद्धति (A non-violent social system) अर्थात् ऐसा समाज जिसमें हिंसा, शोषण, असमानता आदि न हो वरन् वह शोषण एवं अन्याय से मुक्त हो। इस दृष्टि से शान्ति शिक्षा एक सहयोगी समाज की स्थापना है।

डॉ. सर्वपल्ली राधाकृष्णन् का कहना है, ''हम सार्वभौम मानवतावादी नये युग के ऊषा-काल में हैं। आशा की उत्तेजना है, आकांक्षाओं की हलचल है, जैसा प्रातःकाल में, जब भोर की किरणें पृथ्वी को जगाती हैं, होता है। हम चाहें या न चाहें रहते एक संसार में ही हैं और हमें मानव के उद्देश्य और भाग्य की समान धारणा अपनानी है। विभिन्न राष्ट्रों को मानव जाति के सदस्यों के रूप में, शत्रु-इकाइयों के समान नहीं बल्कि सभ्यता को विकसित करने के प्रयास में संलग्न मित्र भागीदारों के समान रहना होगा। शक्तिशाली राष्ट्र कमजोर की सहायता करेगा और सारे मानव स्वतन्त्र राष्ट्रों के विश्वव्यापी संघटन के सदस्य होंगे। यदि हम गैर-जिम्मेदार व्यक्तियों के नियन्त्रण और अब तक अकल्पनीय शक्ति-स्रोतों के खतरे से बच गये तो हम सभी जातियों को एकत्र करके एक उदार, विशाल, सहयोगी समाज की स्थापना कर सकेंगे।'' शान्ति शिक्षा इन खतरों से बचाने में मानव की सहायता करती है।

उपर्युक्त विवेचन से स्पष्ट है कि शान्ति की अवधारणा के विभिन्न अर्थ हैं—

1. युद्ध की अनुपस्थिति।
2. मन की शान्ति (Peace of mind)।
3. शोषण एवं अन्याय से मुक्ति।

शान्ति शिक्षा का अर्थ
(MEANING OF PEACE EDUCATION)

शान्ति शिक्षा वह विज्ञान है जो मानव की मौलिक आवश्यकताओं तथा समाज की यथार्थ प्रकृति या स्वरूप का अध्ययन करता है जिसमें इन आवश्यकताओं की पूर्ति होती है। यह शिक्षा या विज्ञान लोगों को मानव अधिकारों के विषय में जागरूक बनाता है। शान्ति शिक्षा वह शिक्षा है जो अशोषित (Non-exploitative), अहिंसक (Non-violent) तथा न्यायप्रिय (Just) समाज का निर्माण करती है।

के. एस. बासवराज के अनुसार, ''**शान्ति शिक्षा एक कार्यक्रम एवं प्रक्रिया है जिससे लोगों (नवयुवक तथा प्रौढ़ों) में शान्ति के मूल्य की सराहना तथा समझदारी की भावना का विकास किया जाता है। यह वह तैयारी है जिससे सामुदायिक जीवन को न्यायप्रिय, व्यवस्थित तथा सामंजस्यपूर्ण बनाया जाता है।**''

डॉ. मर्सी अब्राहम के अनुसार, ''**शान्ति शिक्षा शान्तिप्रिय लोगों के लिए शिक्षा है जो कि इस पृथ्वी पर शान्ति कायम करने के योग्य होंगे।......यह विशेषतः भावात्मक** (Affective) **शिक्षा है। यह धार्मिक शिक्षा है। साथ ही यह स्वयं में शिक्षा है।**''

शान्ति शिक्षा के चार भेद किये जा सकते हैं, यथा—

(अ) युद्ध-निवारक शिक्षा (Antiwar education)।

(ब) शान्ति शिक्षा मुक्ति है (Peace education as liberation)।

इस शिक्षा के द्वारा मानवाधिकारों की प्रोन्नति, मानवीय आवश्यकताओं की पूर्ति तथा सामाजिक गरीबी, सामाजिक भेदभाव, कुपोषण, निरक्षरता तथा रोगों की समस्याओं का समाधान किया जाता है।

(स) शान्ति शिक्षा सीखने की प्रक्रिया (Learning process) है। यह शिक्षा शैक्षिक पर्यावरण के माध्यम से व्यक्तियों में सहिष्णुता तथा सृजनात्मकता (Creativity) का विकास करती है।

(द) शान्ति शिक्षा एक जीवन-शैली (Life-style) है। यह लोगों की जीवन-शैली में परिवर्तन लाकर अन्तर्राष्ट्रीय समाज में शान्ति की स्थापना करती है।

शान्ति शिक्षा के उद्देश्य
(OBJECTIVES OF PEACE EDUCATION)

डॉ. पी. वी. नायर ने शान्ति शिक्षा के निम्नलिखित तीन उद्देश्यों पर बल दिया है—

1. छात्रों को धार्मिक सहिष्णुता, अन्य प्रजातियों का आदर तथा धार्मिक एवं नैतिक मूल्यों को आदर की दृष्टि से देखने के योग्य बनाना।

2. छात्रों में उदार मस्तिष्क (Open mindedness), विवेकपूर्ण चिन्तन तथा विश्वव्यापी ज्ञान की खोज के लिए रुचि विकसित करना।

3. छात्रों में सह-अस्तित्व (Co-existence) की भावना का विकास करना।

प्रो. के. एस. बासवराज ने शान्ति शिक्षा के निम्नलिखित उद्देश्यों पर बल दिया है—

1. शान्तिप्रिय मानव के प्रति सकारात्मक दृष्टिकोण विकसित करना।

2. मानव जीवन में शान्ति के मूल्य को समझने तथा उसकी सराहना करने के लिए छात्रों को तत्पर बनाना।

3. नवयुवकों में शान्ति के आध्यात्मिक मूल्यों को विकसित करना जिससे उन्हें आन्तरिक शान्ति या मन की शान्ति प्राप्त हो सके।

4. बच्चों में उपयुक्त एवं अनुपयुक्त तथा न्याय एवं अ याय के विषय में जागरूकता विकसित करना।

5. छात्रों में अन्तर्राष्ट्रीय सद्‌भावना तथा भ्रातृत्व का विकास करना।

6. युद्ध, हिंसा, संघर्ष आदि के परिणामों से अवगत कराना जिससे वे उनसे बचने के लिए कदम उठाने में समर्थ हो सकें।

7. छात्रों को परिवार, देश तथा विश्व में शान्ति कायम रखने में उनकी भूमिका के प्रति जागरूक बनाना।

शान्ति शिक्षा का पाठ्यक्रम
(CURRICULUM OF PEACE EDUCATION)

प्रो. के. एम. साइमन ने विद्यालय के विभिन्न स्तरों के लिए शान्ति शिक्षा के पाठ्यक्रम को इस प्रकार निर्धारित किया है—

प्राथमिक स्तर

1. जीवन के नैतिक मूल्यों से सम्बन्धित कहानियाँ, कविताएँ तथा नाटक।

2. विभिन्न धर्मों, क्षेत्रों तथा संस्कृतियों से सम्बन्धित कहानियाँ।

जूनियर स्तर

1. महात्मा गाँधी, पं. जवाहरलाल नेहरू, विनोबा भावे, अब्राहम लिंकन, मार्टिन ल्यूथर किंग, कार्ल मार्क्स, नेल्सन मण्डेला, मदर टेरेसा, जीसस क्राइस्ट, गौतम बुद्ध की जीवनियाँ तथा शान्ति स्थापना में उनके कार्य।

2. ईसाई धर्म, हिन्दू धर्म, इस्लाम तथा बुद्ध धर्म की विश्व शान्ति की स्थापना में भूमिका।

हाईस्कूल स्तर

1. शान्ति की अवधारणा।

2. शान्ति की आवश्यकता एवं महत्व।

3. परिवार, समाज तथा विश्व में शान्ति कायम करने के साधन।

4. संयुक्त राष्ट्र संघ, यूनेस्को, रेडक्रास, स्काउट एवं गाइड आन्दोलन, अन्तर्राष्ट्रीय सन्धियाँ, विश्व शान्ति में विभिन्न दर्शनों की भूमिका।

5. युद्ध एवं हिंसा के कारण एवं उनके परिणामों की समालोचना।

पाठ्यक्रम सहगामी क्रियाएँ/व्यावहारिक अनुभव
(CO-CURRICULUM ACTIVITIES/PRACTICAL EXPERIENCES)

1. यू. एन. ओ. दिवस, पृथ्वी दिवस (Earth Day), शान्ति दिवस (Peace day) आदि का मनाना।

2. जूनियर रेडक्रास तथा स्काउटिंग एवं गाइडिंग की क्रियाओं में भाग लेना।

3. सामाजिक वानिकी (Social forestry) श्रमदान आदि में भाग लेना।

4. पेन-मित्रता कायम करना। साथ ही बच्चों द्वारा फोटो, चित्र, कलेण्डर, स्टाम्प, सिक्के आदि का आदान-प्रदान।

5. शैक्षिक फिल्मों का प्रदर्शन जिससे छात्रों के मानसिक अन्तरिक्ष को उन्नत बनाया जा सके।

6. महान् विभूतियों के जन्म दिवस मनाना।

7. अन्तर्राष्ट्रीय महत्व के मामलों पर सिम्पोजियम, वाद-विवाद प्रतियोगिता, संसद आदि का आयोजन करना।

8. विभिन्न विषयों पर देश तथा विदेश के विजीटिंग प्रोफेसरों के भाषणों का आयोजन करना।

9. शान्ति के दूतों की एलबम तैयार करना।

अनौपचारिक शिक्षा पद्धति में शान्ति शिक्षा का पाठ्यक्रम
(CURRICULUM FOR PEACE EDUCATION THROUGH NON-FORMAL EDUCATION SYSTEM)

अनौपचारिक शिक्षा प्रणाली में शान्ति शिक्षा के पाठ्यक्रम में निम्नलिखित क्षेत्रों को स्थान प्रदान किया जाना चाहिए—

1. शान्तिवाद की अवधारणा (Concept of Pacifism)—यह सिद्धान्त शान्ति में आस्था तथा युद्ध के प्रति घृणा पर आधारित है। यह मानव जीवन की पवित्रता में आस्था रखता है।

2. शान्ति शक्ति (Power of Peace)—गाँधीजी का 'सत्याग्रह' तथा विनोबा भावे का 'भूदान आन्दोलन' इस सिद्धान्त पर आधारित हैं। अत: इनका ज्ञान दिया जाए।

3. विश्व मानव की अवधारणा (Concept of Vishava Manav)—यह सिद्धान्त विश्व नागरिकता तथा व्यापक अन्तर्राष्ट्रीयता पर आधारित है। इसमें संकुचित राष्ट्रवाद के दोषों एवं दुष्परिणामों को बताकर विश्व नागरिकता की स्थापना पर बल दिया जाए।

4. आर्थिक आत्मनिर्भरता तथा उत्पादन का विकेन्द्रीकरण (Economic self-sufficiency and Decentralization of Production)—इसमें गाँधीजी के आर्थिक दर्शन का ज्ञान कराया जाए और उनके 'सर्वोदय' समाज की कल्पना को बताया जाए। साथ ही 'अपरिग्रह' के सिद्धान्त से अवगत कराया जाए।

5. नागरिक शिक्षा (Civic education)।

6. शक्ति का लोकतान्त्रिक विकेन्द्रीकरण (Democratic Decentralization of Power)—इसमें प्लेटो के नगर-राज्यों, गाँधीजी के 'ग्राम्य राज' तथा विनोबा भावे के 'ग्रामदान' की अवधारणाओं से व्यक्तियों को अवगत कराया जाए।

शान्ति शिक्षा प्रदान करने के साधन
(WAYS AND MEANS OF PEACE EDUCATION)

विभिन्न विचारकों एवं शिक्षाविदों का मत है कि शान्ति शिक्षा को विद्यालयों, कॉलेजों तथा विश्वविद्यालयों में एक अतिरिक्त विषय के रूप में प्रतिपादित नहीं किया जाना चाहिए वरन् विभिन्न विषयों के पाठ्यक्रमों का ऐसे ढंग से पुनर्गठन किया जाए कि विश्वशान्ति विद्यालय के पाठ्यक्रम, पाठ्य सहगामी क्रियाओं तथा कार्यानुभवों का एक अभिन्न अंग बन जाए। इनके माध्यम से छात्र स्वयं को विश्व का एक अभिन्न अंग मानना सीख जायेंगे, पाठ्यक्रम में निहित शान्ति विषयों का अध्यापन औपचारिक ढंग से किया जा सकेगा। इसके अतिरिक्त छात्रों को विश्वशान्ति, विश्व-बन्धुत्व, भ्रातृत्व-भावना आदि के प्रति सजग बनाने के लिए जन-संचार के साधनों—रेडियो, टी.वी., आडियो कैसेट, चलचित्र, समाचार-पत्र एवं पत्रिकाएँ आदि का भी प्रयोग किया जाना चाहिए।

जन-साधारण को शान्ति सन्देश प्रदान करने के लिए ऐच्छिक संगठनों का भी प्रयोग किया जाना चाहिए। इसके लिए शान्ति प्रसार केन्द्रों की स्थापना, शान्ति-सेना का संगठन, 'शान्ति यात्रा' आदि की व्यवस्था की जानी चाहिए। समाज के संघर्षों एवं तनावों को दूर करने के लिए अहिंसक साधनों का प्रयोग किया जाना चाहिए। जनसाधारण को शान्ति-सन्देश देने के लिए नुक्कड़ सभाओं का आयोजन किया जाए।

अभ्यास प्रश्न

दीर्घ उत्तरीय प्रश्न (Long Answer Type Question)

1. 'शान्ति' नामक पद को स्पष्ट कीजिए। शान्ति शिक्षा से क्या अभिप्राय है ? इसके उद्देश्यों तथा पाठ्यक्रम की विवेचना कीजिए।

अध्याय—14

मध्याह्न आहार योजना

[MID DAY MEAL SCHEME]

मध्याह्न आहार योजना प्राथमिक स्तर पर बच्चों का नामांकन बढ़ाने, प्राथमिक कक्षाओं में छात्रों की उपस्थिति बढ़ाने तथा शिक्षा के विस्तार के लिए सरकार द्वारा निर्धन वर्ग के कल्याण के लिए लायी गयी योजना है। निर्धन बच्चों का पोषण स्तर अत्यन्त निम्न होने के कारण उन्हें बहुत सी स्वास्थ्य सम्बन्धी समस्याओं का भविष्य में सामना करना पड़ता है। निर्धन माता-पिता अपने कम उम्र बच्चों को स्कूल भेजने के स्थान पर भोजन की व्यवस्था हेतु उन्हें काम पर भेजते हैं। इससे छोटे बच्चों को स्कूल जाने का अवसर प्राप्त नहीं होता है इससे वे अशिक्षित भी रह जाते हैं तथा अस्वस्थ भी रहते हैं। भोजन प्राप्ति की लालसा में वे स्कूलों में आते हैं और साथ ही शिक्षा भी ग्रहण करते हैं। बच्चों को स्कूल तक लाने के लिए यह एक सरकारी योजना है जिससे निर्धन वर्ग काफी लाभान्वित हो रहा है।

मध्याह्न आहार योजना की अवधारणा
(CONCEPT OF MID DAY MEAL PLANNING)

मध्याह्न भोजन योजना दोपहर में छोटे बच्चों को स्कूलों में भोजन देने से सम्बन्धित है। इसे दोपहर भोजन योजना भी कहते हैं, नामांकन बढ़ाने, उन्हें बनाये रखने और उपस्थिति के साथ-साथ बच्चों के बीच पोषण स्तर सुधारने के दृष्टिकोण के साथ प्राथमिक शिक्षा के लिए राष्ट्रीय पोषण सहयोग कार्यक्रम 15 अगस्त, 1995 से शुरू किया गया। केन्द्र द्वारा प्रायोजित इस योजना को पहले देश के 2 हजार 408 ब्लॉकों में शुरू किया गया। वर्ष 1997 से 1998 के अन्त तक NPNSPE को देश के सभी ब्लॉकों में लागू कर दिया गया। 2002 में इसे बढ़ाकर न केवल सरकारी, सरकारी सहायता प्राप्त और स्थानीय निकायों के स्कूलों के कक्षा एक से पाँच तक के बच्चों तक किया गया बल्कि ई जी एस ए आई ई केन्द्रों में पढ़ रहे बच्चों को भी इसके अन्तर्गत शामिल कर लिया गया। इस योजना के अन्तर्गत शामिल है। प्रत्येक स्कूल दिवस प्रति बालक 100 ग्राम खाद्यान्न तथा खाद्यान्न सामग्री को लाने ले जाने के लिए प्रति कुण्टल 50 रुपए की अनुदान।

मध्याह्न भोजन योजना के लक्ष्य
(AIMS OF MID DAY MEAL SCHEME)

वर्ष 1995 से प्रदेश के प्राथमिक विद्यालयों (कक्षा एक से पाँच तक) में बच्चों को मध्याह्न आहार दिये जाने का निर्णय राज्य सरकार द्वारा लिया गया जिसके अन्तर्गत पूर्वी जनपदों में से खाद्यान्न भेजा जायेगा उसमें चावल की मात्रा 2/3 तथा गेहूँ की मात्रा 1/3 रखी जाये। इसी प्रकार पश्चिमी जनपदों में गेहूँ की मात्रा 2/3 तथा चावल की मात्रा 1/3 की होगी। उक्त खाद्यान्न वर्ष के 10 माहों (मई तथा जून को छोड़कर) में प्रत्येक छात्र को 100 ग्राम प्रतिदिन अर्थात् प्रतिमाह तीन किलोग्राम की दर से निःशुल्क उपलब्ध कराया जाता है।

मध्याह्न आहार योजना हमारे देश की महत्वपूर्ण योजना है। इसके तहत स्कूली बच्चों को सभी कार्य दिवसों पर मुफ्त भोजन प्रदान किया जाता है। इस योजना के सफल कार्यान्वयन से जहाँ एक ओर बच्चों में कुपोषण की समस्या कम हुई है वहीं दूसरी ओर यह विभिन्न सामाजिक-आर्थिक पृष्ठभूमि में सामाजिक सन्तुलन स्थापित करने में मदद कर रही है तथा रोजगार के प्रावधान के माध्यम से महिलाओं और वंचित सामाजिक वर्ग के सशक्तीकरण में भी सार्थक साबित हो रही है। इस योजना के प्रमुख लक्ष्य इस प्रकार थे—

(1) 1995 से 2002 में प्रति बच्चा तीन किलोग्राम अन्न प्रतिमाह वितरित किया गया था।

(2) 2003 से 2004 में दस जिलों के (30 प्रखण्डों) 2532 विद्यालयों में प्रयोग के तौर पर तैयार भोजन के वितरण की व्यवस्था।

(3) 1 जून, 2005 से तैयार भोजन व्यवस्था का सर्वव्यापीकरण एवं वर्ग के सभी बच्चों के लिए लागू करना।

(4) मार्च 2008 से वर्ग VI से वर्ग VIII वर्ग के बच्चों के लिए भी मध्याह्न आहार की व्यवस्था।

ऐतिहासिक पृष्ठभूमि
(HISTORICAL BACKGROUND)

शिक्षा को बढ़ावा देने हेतु सरकारों ने स्कूलों में भले ही कुछ वर्षों से मध्याह्न भोजन योजना की शुरुआत की है लेकिन इसका इतिहास काफी पुराना है। यदि इतिहास उठाकर देखा जाए तो आज से करीब 400 वर्ष पूर्व मौलाना चक के मदरसा शहबाजिया में हजरत मखदूम शहबाज मुहम्मद द्वारा स्थापित मदरसों में मध्याह्न भोजन योजना लागू थी। तब मदरसों में हिन्दू बच्चे भी शिक्षा ग्रहण करते थे।

इतिहासकारों ने अपनी पुस्तकों में मदरसा के बारे में काफी कुछ विस्तार से लिखा है। डॉ. एस. एम. राफिक ने शहबाज ज्योति में लिखा है कि हजरत मखदूम शहबाज मुहम्मद का भागलपुर आगमन 986 हिजरी (1778 ई.) को हुआ था। यहाँ उन्होंने एक मदरसा की स्थापना की थी। झारखण्डी झा द्वारा लिखित भागलपुर दर्पण में उल्लेख है कि हजरत मखदूम शहबाज मुहम्मद द्वारा स्थापित मदरसे में करीब 200 मुस्लिम तथा हिन्दू छात्र शिक्षा ग्रहण करते थे। छात्रों को दोपहर का भोजन और वस्त्र भी दिया जाता था। उस समय तक मदरसा शहबाजिया जिले का पहला था। मुगल शासकों ने मदरसे के खर्च हेतु कहलगाव परगने की 500 बीघा जमीन दी। तन लतीफ तायक, अफजन हफीज, आवकील, आलोद और माहूद जैसे प्रसिद्ध मौलवियों ने यहाँ से निकल प्रान्त में विद्या का प्रचार किया। जहाँगीर से लेकर अन्तिम मुगल शासक तक मदरसे की काफी ख्याति रही।

राबर्ट मोन्टोगमेरी मार्टिन ने 1838 में लिखी अपनी पुस्तक में मदरसे की चर्चा करते हुए कहा कि 100 वर्ष पूर्व भागलपुर हिन्दू-मुस्लिम शिक्षा का केन्द्र था। उस समय हजरत मखदूम शहबाज मुहम्मद के वंशज काजी फायक अरबी के प्रकाण्ड विद्वान् थे। उनके घराने में उस समय 20 मौलवी जीवित थे।

मौलाना चक विद्या प्रचार का केन्द्र था। 18वीं शताब्दी में खंजरपुर और भोजुआ गोगरी, खगड़िया में भी मौलाना हयात के समय मदरसा में भोजन वस्त्र मुफ्त देकर बच्चों को शिक्षा दी जाती थी।

पी. सी. राय चौधरी के जिला गजेटियर के अतिरिक्त कयामउद्दीन अहमद, फ्रांसिस बुकानन एवं एस. एच. अस्करी ने भी अपनी पुस्तकों में शहबाजिया मदरसे का विस्तारपूर्वक वर्णन किया है। जिला गजेटियर में यह भी लिखा है कि मुगल शासक के फौजदार मिर्जा गुलाम हुसैन खान ने मदरसा का पक्कीकरण बादशाह के हुक्म पर कराया था। अब भी मदरसा में बिहार और झारखण्ड के अधिकांश जिलों के बच्चे शिक्षण ग्रहण करने आते हैं। वर्तमान में इस मदरसा में 80 छात्र शिक्षा ग्रहण कर रहे हैं। यहाँ के छात्र हाफिज एवं आलिम की डिग्री लेने के पश्चात् इस्लाम की रोशनी फैलाने बाहर जाते हैं।

पृष्ठभूमि नामांकन बढ़ाने, उन्हें बनाये रखने और उपस्थिति के साथ-साथ बच्चों के बीच पोषण स्तर सुधारने के दृष्टिकोण के साथ प्राथमिक शिक्षा के लिए राष्ट्रीय पोषण सहयोग कार्यक्रम 15 अगस्त, 1995 से प्रारम्भ किया गया। केन्द्र द्वारा प्रायोजित इस योजना को पहले देश के 2,408 ब्लॉकों में प्रारम्भ किया गया। वर्ष 1997-98 के अन्त तक एन. पी. एन. एस. पी. ई. को देश के सभी ब्लॉकों में लागू कर दिया गया। 2002 में इसे बढ़ाकर न केवल सरकारी, सरकारी सहायता प्राप्त और स्थानीय निकायों के स्कूलों के कक्षा एक से पाँच तक के बच्चों तक किया गया बल्कि ई. जी. एस. और यू. आई. ई. केन्द्रों में पढ़ रहे बच्चों को भी इसके अन्तर्गत शामिल किया गया।

इस योजना के अन्तर्गत शामिल हैं—

(अ) प्रत्येक स्कूल दिवस प्रति बालक 100 ग्राम खाद्यान्न तथा खाद्यान्न सामग्री को लाने ले जाने के लिए प्रति कुण्टल 50 रुपये की अनुदान सहायता।

(ब) सितम्बर 2004 में इस योजना में संशोधन कर सरकारी सहायता प्राप्त स्कूलों और ई. जी. एम./ए. आई. ई. केन्द्रों में पढ़ाई कर रहे कक्षा एक से पाँच तक के सभी बच्चों को 300 कैलोरी और 8-10 ग्राम प्रोटीन वाला पका हुआ मध्याह्न भोजन प्रदान करने की व्यवस्था की गयी। निःशुल्क अनाज देने के अलावा इस संशोधित योजना के तहत दी जाने वाली केन्द्रीय सहायता इस प्रकार है—

(1) प्रति स्कूल दिवस प्रति बालक एक रुपया भोजन पकाने की लागत।

(2) विशेष वर्गीकृत बच्चों के लिए परिवहन अनुदान पहले के 50 रुपये प्रति कुण्टल तक किया गया।

(3) अनाज, परिवहन अनुदान तथा रसोई सहायता को दो प्रतिशत की दर से प्रबन्धन निगरानी एवं मूल्यांकन लागत सहायता।

(4) सूखा प्रभावित क्षेत्रों में गर्मियों की छुट्टी के दौरान मध्याह्न भोजन उपलब्ध कराने का प्रावधान।

जुलाई 2006 में रसोई लागत में सहायता देने हेतु फिर पुन: इस योजना में संशोधन किया गया जो इस प्रकार हैं—

(अ) उत्तर-पूर्व क्षेत्र के राज्यों के लिए प्रति बालक/स्कूल दिवस हेतु 1·80 रुपये केन्द्र सरकार तथा शेष 20 पैसे प्रति बालक/स्कूल दिवस राज्य देंगे।

(ब) अन्य राज्यों एवं केन्द्रशासित प्रदेशों हेतु केन्द्रीय सहायता 1·50 रुपये प्रति बालक/स्कूल दिवस तथा शेष 50 पैसे प्रति बालक/स्कूल दिवस सम्बन्धित राज्य और केन्द्रशासित प्रदेश उपलब्ध करायेंगे।

मध्याह्न भोजन योजना के उद्देश्य
(OBJECTIVES OF MID DAY MEAL PLANNING)

(1) सरकारी, स्थानीय निकाय तथा सरकारी सहायता प्राप्त स्कूलों और ई. जी. एस. तथा एम. आई. ई. केन्द्रों में कक्षा एक से पाँच तक पढ़ने वाले बच्चों की पोषण स्थिति में सुधार करना।

(2) सुविधाहीन (वंचित) वर्ग के गरीब बच्चों को कक्षाओं में नियमित उपस्थित रहने के लिए प्रोत्साहित करना।

(3) गर्मियों की छुट्टियों के दौरान सूखा प्रभावित क्षेत्रों में प्राथमिक स्तर के बच्चों को पोषण सहायता उपलब्ध कराना।

उद्देश्यों की प्राप्ति के लिए सरकारी प्रयास
(GOVERNMENT EFFORTS FOR ACHIEVING OBJECTIVES)

(1) कार्यक्रम मध्यस्थता और कवरेज उपर्युक्त उद्देश्यों को हासिल करने के लिए सारणी के कॉलम 3 में दिखाई गई मात्रा में पोषक तत्वों से भरपूर पका हुआ मध्याह्न भोजन कक्षा एक से पाँच तक पढ़ने वाले सभी बच्चों को उपलब्ध कराया जायेगा।

(2) पोषक तत्वों से भरपूर पका भोजन दिया जायेगा। मध्याह्न भोजन पोषण सामग्री एन. पी. एन. एस. पी. ई. 2004 के मुताबिक नियम एन. पी. एन. एस. पी. ई., 2006 के संशोधित नियम कैलोरी 300-450 प्रोटीन 8-12 सूक्ष्म आहार निर्धारित नहीं हैं।

आयरन, फोलिक एसिड, विटामिन ए की पर्याप्त मात्रा आहार में होनी चाहिए। संशोधित योजना के तहत निम्नलिखित भागों को आहार मुहैया कराया जाता है। नजदीकी एफ. सी. आई. गोदाम से प्रति स्कूल प्रति बालक 100 ग्राम खाद्यान्न (गेहूँ/चावल) की नि:शुल्क आपूर्ति, एफ. सी. आई. गोदाम से स्कूल तक खाद्यान्न ले जाने के लिए हुए वास्तविक परिवहन व्यय की प्रतिपूर्ति जो अधिकतम इस प्रकार हैं—

(अ) 11 विशेष श्रेणी के राज्यों के लिए 100 रुपये प्रति कुण्टल। ये राज्य हैं—अरुणाचल प्रदेश, असम, मेघालय, मिजोरम, मणिपुर, नागालैण्ड, त्रिपुरा, सिक्किम, जम्मू और कश्मीर, हिमाचल प्रदेश और उत्तराखण्ड।

(ब) अन्य राज्यों तथा केन्द्रशासित प्रदेशों के लिए 75 रुपये प्रति कुण्टल।

(3) रसोई लागत के लिए निम्नलिखित दर से सहायता का प्रावधान है—

(i) उत्तर-पूर्वी राज्यों के लिए सहायता—प्रति स्कूल प्रति बालक 1·80 रुपये की दर से राज्य की सहायता 20 पैसे प्रति बालक।

(ii) अन्य राज्यों और केन्द्रशासित प्रदेशों के लिए सहायता—

(अ) प्रति स्कूल प्रति बालक 1·50 रुपये की सहायता, राज्य/केन्द्रशासित प्रदेशों का योगदान 20 पैसे प्रति बालक। उपर्युक्त बढ़ी हुई केन्द्रीय सहायता पात्रता हेतु राज्य सरकारों/ केन्द्रशासित प्रशासनों को न्यूनतम सहायता उपलब्ध कराना आवश्यक है।

(ब) राज्य सरकारों द्वारा घोषित सूखा प्रभावित क्षेत्रों में गर्मियों की छुट्टियों में पका हुआ भोजन उपलब्ध कराने के लिए सहायता का प्रावधान।

चरणबद्ध ढंग से रसोई सह-भण्डार निर्माण के लिए प्रति इकाई 60 हजार रुपये तक सहायता का प्रावधान। हालांकि अगले 2-3 वर्षों में समस्त स्कूलों के लिए रसोई सह-भण्डार के निर्माण हेतु एम. डी. एम. एस. के अन्तर्गत आवंटन पर्याप्त नहीं लगता है। अत: उद्देश्य प्राप्ति हेतु अन्य विकास कार्यों के साथ राज्य सरकारों से सकारात्मक सहयोग की अपेक्षा है।

(स) 5,000 रुपये प्रति स्कूल की सामान्य लागत पर भोजन सामग्री एवं रसोई उपकरण बदलने हेतु चरणबद्ध सहायता का प्रावधान।

(द) स्कूलों की वास्तविक आवश्यकताओं (राज्य/केन्द्रशासित प्रदेश के लिए कुल सामान्य सहायता प्रति स्कूल 5,000 रुपये ही रहेगी) के आधार पर नीचे दी गई वस्तुओं पर खर्च में लचीलापन राज्य/केन्द्रशासित प्रदेश रख सकते हैं।

(य) खाना पकाने के उपकरण (स्टोव, चूल्हा इत्यादि)।

(र) खाद्यान्न तथा अन्य सामग्री के भण्डारण के लिए कन्टेनर।

(ल) खाना पकाने और खिलाने के लिए बर्तन।

(क) मुफ्त खाद्यान्न।

(ख) परिवहन लागत।

(ग) खाना बनाने की लागत पर कुल सहायता का 1·8 प्रतिशत की दर से प्रबन्धन, निगरानी और मूल्यांकन (एन. एम. ई.) के लिए राज्यों/केन्द्रशासित प्रदेश को सहायता का प्रावधान।

उपर्युक्त राशि का अन्य 0·2 प्रतिशत प्रबन्धन, निगरानी और मूल्यांकन के लिए केन्द्र सरकार द्वारा उपयोग में लाया जाएगा। निगरानी पद्धति मानव संसाधन विकास मन्त्रालय के प्राथमिक शिक्षा और साक्षरता विभाग ने मध्याह्न भोजन योजना की निगरानी और निरीक्षण के लिए एक विस्तृत पद्धति निर्धारित की है, इसमें शामिल हैं—

● सूचना का अधिकार अधिनियम के अन्तर्गत सूचना का प्रदर्शन।

● पारदर्शिता और जवाबदेही को सुनिश्चित करने के लिए उन सभी स्कूलों और केन्द्रों से, जहाँ यह कार्यक्रम लागू किया जा रहा है स्वविवेक के आधार पर सूचना प्रदर्शन के लिए कहा जाता है। इस सूचना में सम्मिलित हैं—

— प्राप्त खाद्यान्न की मात्रा,

— प्राप्ति की तारीख,

— उपयोग के लिए खाद्यान्न की मात्रा,

— अन्य खरीदे गए, उपयोग में लाए गए अंश,

— मध्याह्न भोजन पाने वाले बच्चों की संख्या,

— दैनिक मेन्यु,

— कार्यक्रम में शामिल समुदायिक सदस्यों का रोस्टर,

— राज्य सरकार के अधिकारियों द्वारा निरीक्षण राजस्व विभाग, ग्रामीण विकास, शिक्षा और महिला और बाल विकास, खाद्य स्वास्थ्य जैसे अन्य सम्बन्धित क्षेत्रों के राज्य/केन्द्र-शासित प्रदेशों के अधिकारियों से जिन स्कूलों में कार्यक्रम लागू किया जा रहा है वहाँ निरीक्षण के लिए कहा जाता है। प्रत्येक तिमाही में 25 प्रतिशत प्राथमिक स्कूलों/ई. जी. एस. और ए. आई. ई. केन्द्रों के निरीक्षण की सिफारिश की गई है।

— भारतीय खाद्य निगम (एफ. सी. आई.) की जिमेदारी। एफ. सी. आई. के डिपो में पर्याप्त खाद्यान्न निरन्तर उपलब्ध रहे इसकी जिम्मेदारी एफ. सी. आई. की है (उत्तर पूर्वी राज्यों के मामले में खाद्यान्न मुख्य वितरण केन्द्रों पर उपलब्ध रहना चाहिए)। यहाँ किसी महीने/तिमाही के लिए एक महीने पहले ही खाद्यान्न उठाने की अनुमति है ताकि खाद्यान्नों की आपूर्ति निर्बाध बनी रहे। एन. पी. एम. एस. पी. ई. 2006 के लिए

एफ. सी. आई. को उपलब्ध सर्वश्रेष्ठ गुणवत्ता खाद्यान्न जारी करने का आदेश है जो किसी भी स्थिति में कम-से-कम फेयर एवरेज क्वालिटी का होगा।

— एम. डी. एम. कार्यक्रम के अन्तर्गत खाद्यान्नों की आपूर्ति में आने वाली विभिन्न परेशानियों से निपटने के लिए एफ. सी. आई. प्रत्येक राज्य में एक नोडल अधिकारी नियुक्त करता है। जिलाधिकारी/जिला पंचायत प्रमुख सुनिश्चित करते हैं कि खाद्यान्न एफ. ए. क्यू. से कम का न हो तथा एफ. सी. आई. एवं जिलाधिकारी या जिला पंचायत प्रमुख द्वारा नामित व्यक्तियों की संयुक्त टीम के निरीक्षण के पश्चात् ही जारी किया जाता है।

— आवधिक रिटर्न भारत सरकार के स्कूली शिक्षा और साक्षरता विभाग द्वारा राज्य सरकार, केन्द्रशासित प्रदेशों को

(i) बच्चों और संस्थानों के कवरेज

(ii) खाना पकाने की लागत, परिवहन, किचन शैड का निर्माण और किचन के सामानों की प्राप्ति पर आवधिक सूचना दाखिल करने के लिए कहा जाता है।

— सामाजिक विज्ञान शोध संस्थाओं द्वारा निगरानी, सर्वशिक्षा अभियान की निगरानी के लिए चिह्नित या सामाजिक विज्ञान शोध संस्थाओं को मध्याह्न भोजन योजना की निगरानी का काम भी सौंपा गया है।

— शिकायत निवारण राज्यों एवं केन्द्रशासित प्रदेशों को कहा गया है कि जन शिकायतों के निवारण के लिए एक समुचित पद्धति विकसित करें जिसका बड़े पैमाने पर प्रचार होना चाहिए और यह आसान पहुँच में हों। उच्च प्राथमिक स्तर तक विस्तार केन्द्रीय बजट 2007-08 में वित्त मन्त्री ने घोषणा की है कि मध्याह्न भोजन योजना 2007-08 में 3,427 शैक्षिक रूप से पिछड़े कॉलेजों (ई.बी.बी.) में उच्च प्राथमिक कक्षाओं के बच्चों को शामिल करने के लिए बढ़ाई जाएगी। इसके लिए 7,324 करोड़ रुपये का बजट प्रावधान रखा गया है जो 2006-07 के बजट की तुलना में 37 प्रतिशत अधिक है।

— बच्चों के जीवन के मौलिक अधिकार हेतु बच्चों के अच्छे पोषण के लिए,

— बच्चों के अच्छे स्वास्थ्य के लिए।

— बच्चों की अच्छी शिक्षा के लिए।

— बच्चों में अच्छी सामाजिक समता के लिए।

— बच्चों में स्वच्छता एवं सफाई के लिए।

— बच्चों के जीवन के मौलिक अधिकार के लिए।

कार्यक्रम की चुनौतियाँ
(CHALLENGES OF PROGRAMME)

(1) FCI से कई बार आवंटन समय पर प्राप्त नहीं होता है जिसके कारण मध्याह्न भोजन योजना प्रभावित होती है। वित्तीय वर्ष 2009-10 के प्रथम एवं द्वितीय त्रैमास हेतु खाद्यान्न का आवंटन समय पर प्राप्त हुआ लेकिन राज्य में भारतीय खाद्य निगम द्वारा राज्य खाद्य निगम को खाद्यान्न समय पर उपलब्ध नहीं कराया गया। राज्य खाद्य निगम भी ससमय खाद्यान्न संवेदकों को उपलब्ध नहीं कराती है।

(2) FCI के द्वारा Bag पर MDM अंकित करने का निर्णय हुआ था, जिस पर अमल नहीं हो पा रहा है। फलत: चावल की गुणवत्ता पर नियन्त्रण नहीं हो पाता है।

(3) FCI का बेहतर तालमेल SFC के साथ नहीं हो पाता है।

(4) विद्यालय स्तर पर प्रतिदिन मीनू का पालन नहीं होने से भी समस्या उत्पन्न होती है।

(5) अनुश्रवण समिति की बैठक समय पर नहीं होती है।

(6) विद्यालय शिक्षा समिति के स्तर पर समन्वय की कमी पायी जाती है। इस कारण भी मध्याह्न भोजन योजना प्रभावित होती है।

उपर्युक्त चुनौतियों के कारण मध्याह्न भोजन योजना बहुत अधिक प्रभावी नहीं हो पा रही है परन्तु सरकार का प्रयास इस क्षेत्र में सराहनीय है।

अभ्यास प्रश्न

दीर्घ उत्तरीय प्रश्न (Long Answer Type Questions)

1. मध्याह्न भोजन योजना क्या है ? इससे किस वर्ग के छात्रों को लाभ पहुँच रहा है ?
2. मध्याह्न भोजन योजना पर एक संक्षिप्त टिप्पणी लिखिए।
3. मध्याह्न भोजन योजना से क्या आशय है ? इसके उद्देश्य बताइए।
4. मध्याह्न भोजन योजना के उद्देश्यों की प्राप्ति के लिए सरकारी प्रयासों की चर्चा कीजिए।
5. मध्याह्न भोजन योजना के क्या लक्ष्य हैं ? इसकी ऐतिहासिक पृष्ठभूमि की विवेचना कीजिए।

लघु उत्तरीय प्रश्न (Short Answer Type Questions)

1. मध्याह्न भोजन योजना से क्या तात्पर्य है ?
2. मध्याह्न भोजन योजना के लक्ष्य बताइए।
3. मध्याह्न भोजन योजना के उद्देश्य बताइए।
4. मध्याह्न भोजन योजना की ऐतिहासिक पृष्ठभूमि पर संक्षेप में प्रकाश डालिए।
5. मध्याह्न भोजन योजना किस वर्ग के छात्रों को लाभ पहुँचा रही है ?
6. मध्याह्न भोजन योजना के उद्देश्यों की प्राप्ति के लिए सरकार क्या-क्या प्रयास कर रही है ? किन्हीं दो का वर्णन कीजिए।
7. मध्याह्न भोजन योजना में कार्यक्रम की चुनौतियों पर प्रकाश डालिए।

बहुविकल्पीय प्रश्न (Multiple Choice Questions)

1. मध्याह्न आहार योजना प्रारम्भ हुई थी—

(अ) 16 अगस्त, 1995 (ब) 30 जून, 1960

(स) 15 अगस्त, 1995 (द) 26 जनवरी, 1970. **उत्तर**—(स)

2. मध्याह्न आहार योजना शुरू की गयी—

(अ) नामांकन बढ़ाने के लिए (ब) नामांकन बनाये रखने के लिए

(स) बच्चों का पोषण स्तर सुधारने के लिए (द) उपर्युक्त सभी। **उत्तर**—(द)

3. मध्याह्न भोजन योजना को कहते हैं—

(अ) अल्पकालिक भोजन योजना (ब) दीर्घावधि भोजन योजना

(स) दोपहर भोजन योजना (द) लंच भोजन योजना। **उत्तर**—(स)

4. मध्याह्न भोजन योजना की शुरुआत कब इतिहास में हुई थी ?

(अ) 200 वर्ष पूर्व (ब) 300 वर्ष पूर्व

(स) 400 वर्ष पूर्व (द) 800 वर्ष पूर्व। **उत्तर**—(स)

अध्याय—15

स्त्री-शिक्षा

[WOMEN EDUCATION]

विषय-प्रवेश

(INTRODUCTION)

'देवि, माँ, सहचरि, प्राण'—भारतीय परम्परा में नारी के इतने रूप बताये हैं, कविवर पन्त ने। पर क्या पुरुष ने नारी के इन रूपों का सम्मान करके, उसकी शिक्षा-दीक्षा की व्यवस्था की है ? इसका उत्तर सुनिये **स्वामी विवेकानन्द** से—**''स्त्रियों को सदैव असहायता और दूसरों पर वासवत् निर्भरता की शिक्षा दी गई है।''** यह शिक्षा देकर ही पुरुष—युगों से नारी पर शासन करता आ रहा है। उसने सहस्त्रों वर्षों से नारी को सरस्वती की वंदना से विमुख रखा है और उसे ज्ञान के आलोक से बाहर घसीटकर अज्ञानता से आवृत्त रखने में ही अपने कर्त्तव्यों की इतिश्री समझी है। तभी से नारी, विवशता की जंजीर में जकड़ी हुई, अपनी शिक्षा की बाट जोह रही थी। आज इस जंजीर की कड़ियाँ चटख-चटख कर टूट रही हैं। नारी, घर की चाहरदीवारी के अन्दर घुट-घुटकर जिन्दगी के दिन काटने वाली, बेपढ़ी-लिखी घूँघट की गुड़िया नहीं है। आज वह शिक्षित महिला के रूप में बाह्य जगत् में प्रवेश कर रही है और जीवन के प्रत्येक क्षेत्र में पुरुष से होड़ ले रही है। यह सब क्यों और कैसे हुआ ? स्त्री-शिक्षा की तस्वीर शुरू में कैसी थी ? वह क्यों बिगड़ी और बिगड़ने के बाद क्यों और कैसी बन रही है ? इन सब प्रश्नों के उत्तर जानने के लिए स्त्री-शिक्षा के इतिहास पर नजर डालनी आवश्यक है। अत: हम इसकी ओर आपका ध्यान आकृष्ट कर रहे हैं।

प्राचीन काल में स्त्री-शिक्षा

(WOMEN EDUCATION IN ANCIENT PERIOD)

वैदिक काल में घोषा, गार्गी, मैत्रेयी, आत्रेयी, शकुन्तला आदि के समान अनेक विदुषी महिलाएँ थीं। यह इस बात का प्रमाण है कि उनको पुरुषों के समान शिक्षा प्राप्त करने का अधिकार था, किन्तु उनके लिए पृथक् शिक्षालयों की व्यवस्था नहीं थी। हाँ, सह-शिक्षा का प्रचलन अवश्य था। शकुन्तला ने कण्व के आश्रम में और आत्रेयी ने वाल्मीकि के आश्रम में शिक्षा प्राप्त की थी। वस्तुत: उस युग में परिवार ही स्त्रियों की शिक्षा का केन्द्र था, जहाँ उनको अपने पिता, पति या कुलगुरु से शिक्षा प्राप्त होती थी। इन तथ्यों के आधार पर **एल. मुकर्जी** ने यह मत प्रकट किया है—**''यह सम्भव है कि इस युग में स्त्रियों की शिक्षा के लिए कोई संगठित व्यवस्था नहीं थी। किन्तु इस विषय में हमारे पास कोई निश्चित प्रमाण नहीं है।''**

वैदिक काल के अन्तिम चरण के लगभग 200 ई. पू. में बालिकाओं की विवाह की आयु को कम करके, उसकी शिक्षा-प्राप्ति के मार्ग में अवरोध उपस्थित कर दिया गया। परन्तु महात्मा बुद्ध ने स्त्रियों को संघ में प्रवेश करने की आज्ञा देकर, उनकी शिक्षा को नव-जीवन प्रदान किया। **ए. एस. अल्तेकर** के अनुसार, **''स्त्रियों को संघ में प्रवेश करने की आज्ञा ने स्त्री-शिक्षा को पर्याप्त प्रोत्साहन प्रदान किया।''**

मुस्लिम भारत में स्त्री-शिक्षा

(WOMEN EDUCATION IN MUSLIM INDIA)

मुस्लिम युग में हिन्दुओं और मुसलमानों—दोनों में पर्दा-प्रथा एवं बाल-विवाह का प्रचलन था। अत: छोटी बालिकाओं के अतिरिक्त, शेष सब स्त्रियों का विशाल समूह शिक्षा-प्राप्ति के लाभ से वंचित रहा। इससे स्पष्ट है कि मुस्लिम काल में स्त्रियों की शिक्षा की उपेक्षा की गई। जहाँ तक अल्प आयु की बालिकाओं का प्रश्न था, वे भी केवल कुछ ही वर्षों की प्राथमिक शिक्षा से लाभान्वित होती थीं। इस सन्दर्भ में **मजूमदार, रायचौधरी** व **दत्त** ने लिखा है—''प्राय: प्रत्येक मस्जिद से संलग्न मकतब होता था, जिसमें आस-पास के बालक और बालिकाएँ प्राथमिक शिक्षा ग्रहण करते थे। शाही घराने और धनी अमीरों की लड़कियाँ अपने घरों

में ही शिक्षा प्राप्त करती थीं और हम यह मान सकते हैं कि हिन्दुओं में मध्यम वर्ग के व्यक्तियों की लड़कियाँ, स्कूलों में लड़कों के साथ प्राथमिक शिक्षा प्राप्त करती थीं और उनमें से कुछ को धार्मिक साहित्य का ज्ञान था।''

शाही घरानों की अनेक विदुषी नारियों के नाम आज भी इतिहास में पढ़ने को मिलते हैं; यथा—रजिया सुल्ताना, चाँद सुल्ताना, गुलबदन बेगम, जेबुन्निसा बेगम आदि। हिन्दू-विदुषियों में रानी रूपमती, रानी दुर्गावती, इन्दौर की शासिका अहिल्याबाई और शिवाजी की माता जीजाबाई के नाम स्त्री-शिक्षा के जगत् में आज भी स्मरणीय हैं।

ब्रिटिश भारत में स्त्री-शिक्षा
(WOMEN EDUCATION IN BRITISH INDIA)

ईस्ट इण्डिया कम्पनी के शासन काल में—ईस्ट इण्डिया कम्पनी ने स्त्री-शिक्षा को अनावश्यक समझकर, उसकी ओर रंचमात्र भी ध्यान नहीं दिया। सम्भवत: इसका कारण यह था कि उसे अपने प्रशासकीय एवं व्यावसायिक कार्यालयों के लिए शिक्षित महिलाओं की आवश्यकता नहीं थी। इसके अतिरिक्त, स्त्री-शिक्षा के प्रति भारतीयों का दृष्टिकोण अत्यधिक रूढ़िवादी था। सन् 1938 में **विलियम एडम** ने स्त्री-शिक्षा का वर्णन करते हुए लिखा है—**''शिक्षा की समस्त स्थापित देशी संस्थाएँ केवल पुरुषों के लाभार्थ हैं और समस्त महिला-जगत् को विधिपूर्वक अज्ञानता को अर्पित कर दिया गया है।''**

कम्पनी के शासन काल में बालिका-विद्यालयों की स्थापना मिशनरियों और सरकारी एवं गैर-सरकारी मनुष्यों के व्यक्तिगत प्रयासों के फलस्वरूप हुई। सन् 1851 में मिशनरियों द्वारा 371 बालिका-विद्यालयों का संचालन किया जा रहा था, जिनमें शिक्षा ग्रहण करने वाली बालिकाओं की संख्या 11,193 थी। व्यक्तिगत प्रयासों के फलस्वरूप स्थापित किये जाने वाले बालिका-विद्यालयों में सबसे प्रसिद्ध कलकत्ता का बैथ्यून स्कूल था। इसका शिलान्यास सन् 1849 में सरकार के कानून-सदस्य जे. ई. डी. बैथ्यून (J. E. D. Bethune) के द्वारा किया गया था।

1854 से 1882 तक—सन् 1854 के 'वुड के आदेश-पत्र' में सर्वप्रथम स्त्री-शिक्षा के महत्त्व को स्वीकार किया गया और कहा गया कि इस शिक्षा का प्रसार करने के लिए सभी सम्भव प्रयास किये जायें। परिणामत: नव-निर्मित शिक्षा-विभागों ने अनेक स्थानों पर बालिकाओं के लिए प्राथमिक, माध्यमिक एवं उच्च शिक्षा और प्रशिक्षण की समुचित व्यवस्था की। इस प्रकार, कम्पनी द्वारा उपेक्षित स्त्री-शिक्षा की प्रगति आरम्भ हुई। सन् 1882 में 2,697 बालिका-विद्यालय थे और उनमें अध्ययन करने वाली छात्राओं की संख्या 1,27,066 थी।

1882 से 1902 तक—सन् 1882 के **'हण्टर कमीशन'** ने तत्कालीन स्त्री-शिक्षा की दयनीय दशा से द्रवित होकर, जोरदार शब्दों में यह सिफारिश की—**''स्त्री-शिक्षा अब भी अत्यधिक पिछड़ी हुई दशा में है और प्रत्येक उचित विधि से उसका विकास किया जाना आवश्यक है।''**

'कमीशन' के विचारों ने न केवल सरकार को, वरन् जनता को भी स्त्री-शिक्षा का प्रसार करने की प्रेरणा प्रदान की। **एस. एन. मुकर्जी** के अनुसार, जनता एवं सरकार के सम्मिलित प्रयासों के फलस्वरूप बालिकाओं की शिक्षा की अति द्रुत गति से प्रगति हुई और सन् 1902 में सब प्रकार के बालिका-शिक्षालयों की संख्या 6,107 हो गई।

1902 से 1921 तक—19वीं शताब्दी के उत्तरार्द्ध में आरम्भ होने वाले पुनरुत्थान के कारण स्त्री-शिक्षा की प्रभूत प्रगति हुई। किन्तु इस प्रगति में महिलाओं की अपेक्षा सरकार और पुरुषों ने अधिक योग दिया। विद्या-प्रेमी लॉर्ड कर्जन ने स्त्री-शिक्षा की पतित अवस्था से क्षुब्ध होकर उसका उत्थान करने का संकल्प किया। अत: उसने सन् 1904 का 'शिक्षा-सम्बन्धी सरकारी प्रस्ताव' पारित करवाकर स्त्री-शिक्षा के प्रसार के लिए अधिक धन व्यय किया, आदर्श बालिका-विद्यालयों की स्थापना की और अध्यापिका-प्रशिक्षण का प्रावधान किया। सन् 1913 के 'शिक्षा-सम्बन्धी सरकारी प्रस्ताव' की सिफारिशों के फलस्वरूप स्त्री-शिक्षा की प्रत्येक स्तर पर प्रगति हुई।

ब्रह्म समाज, आर्य समाज, सर्वेन्ट्स ऑफ इण्डिया सोसायटी जैसी अनेक सुधारवादी सामाजिक संस्थाओं ने स्त्री-शिक्षा के मार्ग को प्रशस्त किया। सन् 1904 में श्रीमती ऐनी बेसेन्ट ने बनारस में 'सेण्ट्रल हिन्दू गर्ल्स स्कूल' का निर्माण किया। सन् 1916 के कर्वे और भण्डारकर के प्रयासों के परिणामस्वरूप पूना में महिला विश्वविद्यालय (एस. एन. डी. टी.) का शिलान्यास हुआ। सन् 1916 में दिल्ली में महिलाओं के लिए लेडी हार्डिञ्ज मेडिकल कॉलेज की स्थापना हुई।

उपर्युक्त प्रयासों के परिणामस्वरूप स्त्री-शिक्षा का श्लाघनीय विस्तार हुआ। सन् 1921 में बालिकाओं की कुल शिक्षा-संस्थाएँ 26,144 थीं और उनमें अध्ययन करने वाली छात्राओं की संख्या 14 लाख से अधिक थी।

1921 से 1947 तक—इस अवधि में निम्नांकित कारणों के फलस्वरूप स्त्री-शिक्षा के प्रत्येक क्षेत्र में अद्वितीय प्रगति हुई—(1) महात्मा गाँधी के राष्ट्रीय आन्दोलन के कारण स्त्रियों में उत्पन्न होने वाली जागृति; (2) सन् 1925 में 'राष्ट्रीय महिला परिषद्' (National Council of Women) की स्थापना; (3) सन् 1927 में आयोजित किए जाने वाले 'अखिल भारतीय स्त्री-शिक्षा सम्मेलन' (All India Women's Education Conference) द्वारा शैक्षिक अवसरों की समानता की माँग; (4) द्वैध शासन की अवधि में भारतीय शिक्षा पर भारतीय मन्त्रियों का नियन्त्रण; (5) प्रान्तीय स्वशासन की अवधि में स्त्री-शिक्षा को प्रोत्साहन; (6) द्वितीय विश्व युद्ध की अवधि में विभिन्न प्रशासकीय एवं व्यावसायिक कार्यालय के लिए शिक्षित पुरुषों एवं महिलाओं की माँग; और (7) 'शारदा अधिनियम' द्वारा बाल-विवाह का निषेध।

उल्लिखित कारणों ने स्त्री-शिक्षा के विकास में अपूर्व योग दिया। सन् 1947 में स्त्री-शिक्षा-सम्बन्धी संस्थाओं की संख्या 28,196 थी और उनमें अध्ययन करने वाली बालिकाओं की संख्या 42,97,785 थी।

स्वतन्त्र भारत में स्त्री-शिक्षा
(WOMEN EDUCATION IN INDEPENDENT INDIA)

स्वतन्त्र भारत में नारी की सामाजिक स्थिति में क्रान्तिकारी परिवर्तन हो रहा है। जिन बन्धनों में वह बँधी हुई थी, वे शनैः-शनैः ढीले होते जा रहे हैं। जिस स्वतन्त्रता से उसे वंचित कर दिया गया था, वह उसे पुनः प्राप्त हो रही है। उसके सम्बन्ध में पुरुषों का दृष्टिकोण बदल रहा है, उनकी मान्यताएँ भी बदल रही हैं। **'भारतीय संविधान'** ने भी नारी को समकक्षता प्रदान करते हुए घोषित किया है—**"राज्य किसी नागरिक के विरुद्ध केवल धर्म, प्रजाति, जाति, लिंग, जन्म-स्थान या इनमें से किसी के आधार पर कोई विभेद नहीं करेगा।"**

उपरिअंकित सभी तथ्यों के फलस्वरूप स्वतन्त्र भारत में नारी-जाति ने करवट बदली है। उसने अपने वास्तविक महत्त्व को जानना और पहचानना शुरू कर दिया है और वह अपनी गिरी हुई दशा के प्रति सचेत हुई है। यही कारण है कि स्वतन्त्र भारत—नारी-जागरण का युग बन गया है और स्त्री-शिक्षा के सभी क्षेत्रों में विलक्षण क्रान्ति परिलक्षित हो रही है। हम इस क्रान्ति से सम्बन्धित तथ्य एवं परिणामों का विभिन्न शीर्षकों के अन्तर्गत यथास्थान वर्णन कर रहे हैं; यथा—

राष्ट्रीय महिला-शिक्षा समिति, 1958
(NATIONAL COMMITTEE ON WOMEN'S EDUCATION, 1958)

भारत सरकार ने सन् 1958 में स्त्री-शिक्षा पर विचार करने के लिए श्रीमती दुर्गाबाई देशमुख की अध्यक्षता में 'राष्ट्रीय महिला शिक्षा समिति' की नियुक्ति की। इस समिति को 'देशमुख समिति' (Deshmukh Committee) भी कहा जाता है। इसका मुख्य कार्य—स्त्री-शिक्षा की विभिन्न समस्याओं का समाधान करने के लिए अपने सुझाव प्रस्तुत करना था। 'समिति' ने फरवरी, 1959 में अपना प्रतिवेदन सरकार के समक्ष प्रस्तुत किया और उसमें निम्नांकित सुझाव दिए—

1. केन्द्रीय सरकार को स्त्री-शिक्षा को कुछ समय के लिए एक विशिष्ट समस्या के रूप में स्वीकार करना चाहिए और उसके प्रसार का भार अपने ऊपर लेना चाहिए।

2. केन्द्रीय सरकार को एक निश्चित योजना के अनुसार निश्चित अवधि में स्त्री-शिक्षा का विकास एवं विस्तार करना चाहिए।

3. केन्द्रीय सरकार को सब राज्यों के लिए स्त्री-शिक्षा के विस्तार की नीति निर्धारित करनी चाहिए और उनको इस नीति का अनुसरण करने के लिए पर्याप्त धन देना चाहिए।

4. ग्रामीण क्षेत्रों में स्त्री-शिक्षा का प्रसार करने के लिए विशेष प्रयास किये जाने चाहिए और केन्द्रीय सरकार को प्रसार-सम्बन्धी समस्त व्यय का भार अपने ऊपर लेना चाहिए।

5. पुरुषों एवं स्त्रियों की शिक्षा में विद्यमान विषमता को यथाशीघ्र समाप्त करके, दोनों की शिक्षा में समानता स्थापित की जानी चाहिए।

6. केन्द्रीय शिक्षा मन्त्रालय को स्त्री-शिक्षा की समस्याओं पर विचार करने के लिए 'राष्ट्रीय महिला शिक्षा परिषद्' नामक एक पृथक् इकाई की सृष्टि करनी चाहिए।

7. राज्यों में स्त्री-शिक्षा का प्रसार करने के लिए 'बालिका एवं स्त्री-शिक्षा की राज्य परिषदों' (State Councils of Education for Girls and Women) का निर्माण किया जाना चाहिए।

8. प्राथमिक एवं माध्यमिक स्तरों पर बालिकाओं को शिक्षा की अधिक सुविधाएँ प्रदान की जानी चाहिए।

राष्ट्रीय महिला-शिक्षा परिषद्, 1959
(NATIONAL COUNCIL OF WOMEN'S EDUCATION, 1959)

'देशमुख समिति' की सिफारिश को स्वीकार करके, केन्द्रीय शिक्षा मन्त्रालय ने सन् 1959 में 'राष्ट्रीय महिला शिक्षा परिषद्' का निर्माण किया। सन् 1964 में इसका पुनर्गठन किया गया। इस समय इसमें अध्यक्ष एवं सचिव के अतिरिक्त 27 सदस्य हैं। इसके मुख्य कार्य अधोलिखित हैं—

1. विद्यालय-स्तर पर बालिकाओं की और प्रौढ़ स्त्रियों की शिक्षा से सम्बन्धित समस्याओं पर सरकार को परामर्श देना।

2. उक्त क्षेत्रों में बालिकाओं एवं स्त्रियों की शिक्षा के प्रसार एवं सुधार के लिए लक्ष्यों, नीतियों, कार्यक्रम एवं प्राथमिकताओं के विषयों में सुझाव देना।

3. उक्त क्षेत्रों में व्यक्तिगत प्रयासों का सर्वोत्तम प्रयोग करने के लिए उपायों का सुझाव देना।

4. बालिकाओं एवं स्त्रियों की शिक्षा के पक्ष में जनमत का निर्माण करने के लिए उचित उपायों का सुझाव देना।

5. उक्त शिक्षा के क्षेत्र में होने वाली प्रगति का समय-समय पर मूल्यांकन करना और भावी कार्यक्रम की प्रगति पर दृष्टि रखना।

6. उक्त शिक्षा से सम्बन्धित समस्याओं पर विचार करने के लिए समय-समय पर आवश्यकतानुसार सर्वेक्षण, अनुसन्धान एवं विचार-गोष्ठियों का आयोजन किये जाने की सिफारिश करना।

हंसा मेहता समिति, 1962
(HANSA MEHTA COMMITTEE, 1962)

'राष्ट्रीय महिला-शिक्षा परिषद्' का एक मुख्य कार्य—विद्यालय-स्तर पर बालिकाओं की शिक्षा से सम्बन्धित समस्याओं का समाधान करना है। इन समस्याओं में सर्वप्रमुख यह है—क्या विद्यालय-स्तर पर बालकों एवं बालिकाओं के पाठ्यक्रमों में अन्तर होना चाहिए ? 'परिषद्' ने इस समस्या पर विचार करने के लिए श्रीमती हंसा मेहता की अध्यक्षता में एक समिति की नियुक्ति की, जिसे 'हंसा मेहता समिति' कहा जाता है। इस समिति के सदस्यों ने पर्याप्त विचार-विमर्श के पश्चात् दो सुझाव प्रस्तुत किये; यथा—

पहला सुझाव यह था कि विद्यालय-स्तर पर बालकों और बालिकाओं के पाठ्यक्रम में अन्तर नहीं होना चाहिए। इस सम्बन्ध में अपने तर्क प्रस्तुत करते हुए **'समिति'** ने कहा—हम भारत में जनतन्त्रीय एवं समाजवादी समाज की स्थापना करने की चेष्टा कर रहे हैं। ऐसे समाज में शिक्षा का सम्बन्ध व्यक्तिगत

क्षमताओं, रुझानों एवं रुचियों से होना चाहिए, जिनका लिंग से कोई विशेष सम्बन्ध नहीं है। **''अतः ऐसे समाज में लिंग के आधार पर पाठ्यक्रमों में अन्तर करने की कोई आवश्यकता नहीं है।''**

"There would, therefore, be not need in such a society to differentiate curricula on the basis of sex."

—Hansa Mehta Commission Report

दूसरा सुझाव यह था कि भारत में अभी जनतन्त्रीय एवं समाजवादी समाज के निर्माण की प्रक्रिया चल रही है। अतः इस अन्तःकालीन अवधि में हमें पुरुषों एवं स्त्रियों के मनोवैज्ञानिक एवं सामाजिक कार्यों के भेदों के आधार पर बालकों एवं बालिकाओं के लिए विभिन्न पाठ्यक्रमों का निर्माण करना चाहिए। किन्तु, पाठ्यक्रमों की विभिन्नता नये समाज के निर्माण में उपस्थित नहीं करनी चाहिए। **''अतः ऐसा कोई कदम नहीं उठाया जाना चाहिए जो पुरुषों एवं स्त्रियों के वर्तमान अन्तर को स्थायी या अधिक उग्र बना दे।''**

"Care should be taken to see that no step is taken which will tend to perpetuate or intensify the existing difference."

—Hansa Mehta Committee Report

कोठारी कमीशन व स्त्री-शिक्षा
(KOTHARI COMMISSION AND WOMEN-EDUCATION)

'कोठारी कमीशन' ने स्त्री-शिक्षा के समस्त पक्षों के विषयों में महत्त्वपूर्ण सुझाव दिये हैं। हम आपको इन सुझावों का संक्षिप्त परिचय दे रहे हैं; यथा—

(1) प्राथमिक शिक्षा—'कोठारी कमीशन' ने बालिकाओं की प्राथमिक शिक्षा के सम्बन्ध में अधोलिखित सुझाव दिये हैं—

1. भारतीय संविधान द्वारा प्रतिपादित लक्ष्य की प्राप्ति के लिए बालिकाओं में अनिवार्य शिक्षा का प्रसार करने के लिए विशेष प्रयास किये जाएँ।

2. बालिकाओं को बालकों के प्राथमिक विद्यालयों में भेजने के लिए जनमत का निर्माण किया जाय।

3. उच्च प्राथमिक स्तर पर बालिकाओं के लिए पृथक् विद्यालयों की स्थापना करने का प्रयत्न किया जाय।

4. बालिकाओं के मुफ्त पुस्तकें, लेखन-सामग्री एवं वस्त्र देकर, शिक्षा प्राप्त करने के लिए प्रोत्साहित किया जाय।

5. 11-13 वय-वर्ग की बालिकाओं के लिए अल्पकालीन शिक्षा की व्यवस्था की जाय।

(2) माध्यमिक शिक्षा—'कोठारी कमीशन' ने बालिकाओं की माध्यमिक शिक्षा के विषय में निम्नांकित विचार प्रकट किये हैं—

1. बालिकाओं के लिए पृथक् विद्यालयों की स्थापना की जाय। जहाँ यह सम्भव नहीं है, वहाँ के विद्यालय में कुछ अध्यापिकाओं की अनिवार्य रूप से नियुक्ति की जाय।

2. बालिकाओं को छात्रावास एवं यातायात के साधनों की सुविधाएँ प्रदान की जायें।

3. बालिकाओं के लिए छात्रवृत्तियों और अल्पकालीन एवं व्यावसायिक शिक्षा की योजनाएँ आरम्भ की जायें।

(3) उच्च शिक्षा—'कोठारी कमीशन' ने बालिकाओं की उच्च शिक्षा के बारे में निम्नांकित सुझाव अक्षरबद्ध किये हैं—

1. छात्रवृत्तियों एवं मितव्ययी छात्रावासों की व्यवस्था करके, बालिकाओं को उच्च शिक्षा प्राप्त करने के लिए प्रोत्साहित किया जाय।

2. बालिकाओं के लिए पूर्व-स्नातक स्तर पर पृथक् कॉलेजों का निर्माण किया जाय।

3. बालिकाओं को कला, विज्ञान, प्रौद्योगिकी, मानवशास्त्र आदि पाठ्य-विषयों में से चयन करने की स्वतन्त्रता प्रदान की जाय।

4. शिक्षा, गृह विज्ञान एवं सामाजिक कार्य के पाठ्य-विषय को विकसित करके, उनको बालिकाओं के लिए अधिक आकर्षक बनाया जाय।

5. बालिकाओं को व्यावसायिक प्रबन्ध एवं प्रशासन (Business Management and Administration) की उच्च शिक्षा प्राप्त करने का अवसर दिया जाय।

6. एक या दो विश्वविद्यालयों में स्त्री-शिक्षा की समस्याओं का समाधान खोजने के लिए अनुसन्धान-केन्द्रों की स्थापना की जाय।

(4) सामान्य सुझाव—'कोठारी कमीशन' ने स्त्रियों एवं बालिकाओं की शिक्षा के सम्बन्ध में कुछ सामान्य सुझाव दिये हैं; यथा—

1. स्त्री-शिक्षा के मार्ग की समस्त बाधाओं को दूर करने के लिए ठोस और निश्चित कदम उठाये जायं।

2. स्त्रियों एवं पुरुषों की शिक्षा के बीच में जो खाई उत्पन्न हो गई है, उसे यथाशीघ्र समाप्त करने के लिए विशेष योजनाएँ बनाई जायें।

3. स्त्रियों एवं बालिकाओं की शिक्षा की देखभाल करने के लिए केन्द्रीय एवं राज्य-स्तरों पर उपयुक्त प्रशासकीय संगठनों का सृजन किया जाय।

4. स्त्रियों के लिए अंशकालीन रोजगारों की व्यवस्था की जाय, ताकि वे पारिवारिक कार्यों से निवृत्त होने के पश्चात् अपनी शिक्षा से आर्थिक लाभ उठा सकें।

5. अविवाहित स्त्रियों के लिए पूर्णकालीन रोजगारों की व्यवस्था की जाय।

राष्ट्रीय शिक्षा नीति (1986) तथा स्त्री-शिक्षा
(NATIONAL EDUCATION POLICY (1986) AND WOMEN EDUCATION)

महिलाओं को शैक्षिक अवसर प्रदान करना शिक्षा के क्षेत्र में स्वतन्त्रता-प्राप्ति से ही एक महत्त्वपूर्ण कार्यक्रम रहा है। 1951 तथा 1981 के बीच महिलाओं में साक्षरता की प्रतिशतता 7·93 प्रतिशत से बढ़कर 24·82 प्रतिशत हो गई है। अब तक किये गये प्रयासों के बावजूद शिक्षा-प्रणाली महिलाओं की समानता के प्रति पर्याप्त योगदान नहीं कर सकी। राष्ट्रीय शिक्षा नीति में महिलाओं की समानता के लिए निम्नांकित लक्ष्य निर्धारित किये गये—

1. लड़कियों के लिए प्रारम्भिक शिक्षा का समयबद्ध चरणबद्ध कार्यक्रम।

2. सन् 1995 तक 15-35 आयु वर्ग की महिलाओं के लिए प्रौढ़-शिक्षा का एक समयबद्ध-चरणबद्ध कार्यक्रम।

3. व्यावसायिक, तकनीकी, वृत्तिक शिक्षा तथा विद्यमान और उभरती प्रौद्योगिकी में महिलाओं के प्रवेश को बढ़ाना।

राष्ट्रीय शिक्षा नीति में शिक्षा को महिलाओं के स्तर में आधारभूत परिवर्तन लाने के लिए एक पद्धति के रूप में प्रयुक्त किया जायेगा। अत: राष्ट्रीय शिक्षा नीति—

(i) महिलाओं को अधिकार दिलाने में सही मध्यस्थता वाली भूमिका निभायेगी।

(ii) नये सिरे से तैयार किये गये पाठ्यक्रम तथा पाठ्य-पुस्तकों के माध्यम से नये मूल्यों के विकास के प्रति योगदान करेगी।

(iii) महिलाओं के शिक्षण को पाठ्यक्रमों के रूप में प्रोन्नत करेगी।

आचार्य राममूर्ति समिति (1990) तथा स्त्री-शिक्षा
(ACHARYA RAMAMURTI COMMITTEE (1990) AND WOMEN EDUCATION)

आचार्य राममूर्ति समिति ने महिला शिक्षा के सम्बन्ध में निम्नांकित महत्त्वपूर्ण सिफारिशें की हैं—

1. शिशु देखभाल तथा शिक्षा केन्द्र प्राथमिक विद्यालयों के समीप स्थापित किये जाने चाहिए। साथ ही इनकी समयावधि को विद्यालयों की समयावधि के साथ समायोजित किया जाय।

2. कक्षा 1 से 3 का पाठ्यक्रम शिशु शिक्षा केन्द्रों के अनुकूल बनाया जाय।

3. आँगनवाड़ी कार्यकर्त्ताओं तथा विद्यालय शिक्षकों में समन्वय स्थापित किया जाय।

4. 300 या इससे अधिक आबादी वाले क्षेत्रों में प्राथमिक विद्यालय स्थापित किये जायें।

5. 500 या इससे अधिक आबादी वाले क्षेत्र में एक जूनियर हाईस्कूल स्थापित किया जाय।

6. विद्यालय की समयावधि को स्थानीय क्षेत्र की आवश्यकताओं के अनुकूल निर्धारित किया जाय।

7. शाला त्यागी (Drop outs) बच्चों के लिए गैर-औपचारिक (Non-formal) विधियों को काम में लाया जाय।

8. योग्य छात्राओं को छात्रवृत्तियाँ प्रदान की जायें।

9. योग्य छात्राओं को यूनीफार्म, पाठ्य-पुस्तकें आदि प्रदान की जायें।

10. महिला शिक्षकों की संख्या बढ़ाई जाये।

11. छात्राओं को विद्यालय पहुँचाने के लिए परिवहन की व्यवस्था की जाय।

12. छात्राओं के लिए प्रथक् विद्यालयों की स्थापना की जाये। इसके लिए विद्यालय-भवन का प्रयोग दो पालियों में किया जा सकता है। एक पाली में लड़कियाँ पढ़ें और दूसरी पाली में लड़के।

13. जहाँ सह-शिक्षा है वहाँ अधिक अध्यापिकाएँ नियुक्त की जायें।

14. छात्राओं को आवासीय सुविधाएँ प्रदान की जायें। इसके लिए छात्रावासों की स्थापना की जाये।

15. उच्च शिक्षा के क्षेत्र में व्यावसायिक धारा को इनके लिए प्रोत्साहित किया जाय।

16. व्यावसायिक शिक्षा में उनके प्रवेश को बढ़ाने के लिए छात्रवृत्तियों की उपयुक्त व्यवस्था की जाये। साथ ही शुल्क, पाठ्य-पुस्तकों आदि के लिए वित्तीय सहायता दी जाये।

समस्याएँ व उनके समाधान
(PROBLEMS AND THEIR SOLUTIONS)

स्वतन्त्र भारत में स्त्रियों की स्थिति में क्रान्तिकारी परिवर्तन हुआ है। **के. नटराजन** के अनुसार, **''यदि सौ वर्ष पूर्व मरने वाला व्यक्ति आज फिर जीवित हो जाय, तो उसे आश्चर्यचकित करने वाला सर्वप्रथम एवं सबसे महत्त्वपूर्ण परिवर्तन—स्त्रियों की स्थिति में क्रान्तिकारी परिवर्तन होगा।''**

स्त्रियों की स्थिति में इस क्रान्तिकारी परिवर्तन के बावजूद अत्याचारी एवं अप्रगतिशील विचारों वाला पुरुष-वर्ग, नारी की महत्ता को स्वीकार नहीं करता है। वह नारी-शिक्षा का विरोध करके अट्टहास करता है, भले ही उसकी सन्तान निरक्षर रह जाय। वह अपनी रूढ़िवादिता, धार्मिक संकीर्णता एवं नारी-जाति पर शासन करने की चिरकाल से विरासत में मिलने वाली धारणा का परित्याग करने के लिए तैयार नहीं है, भले ही प्रजातन्त्र की माँगों की पूर्ति न हो और भले ही भारत, स्त्रियों की अशिक्षा के कारण प्रगति की दौड़ में अन्य देशों से पीछे रह जाये।

किन्तु सरकार और प्रगतिशील विचारों वाला पुरुष-वर्ग—नारी के साथ है। सरकार ने संविधान के माध्यम से स्त्रियों की समस्त अर्हताओं का अन्त कर दिया है। प्रगतिशील विचारों वाला पुरुष-वर्ग, राष्ट्रीय जीवन में स्त्री-शिक्षा के महत्त्व को स्वीकार करके उसके तीव्र प्रसार का प्रबल समर्थक है। यही कारण है कि स्वतन्त्र भारत में समस्त क्रान्तियों के मध्य शताब्दियों से शोषित नारी ने एक जबर्दस्त अंगड़ाई ली है। वह शिक्षा के समान अवसरों का उपयोग करके, राजनीतिक, सामाजिक, सांस्कृतिक, साहित्यिक—सभी क्षेत्रों में सक्रिय है और पुरुष को चकित कर रही है। फिर भी, वस्तुस्थिति यह शहादत पेश करती है कि स्त्रियों एवं बालिकाओं की शिक्षा दबे पाँव, रेंगती हुई आगे बढ़ रही है। इसके क्या कारण हैं ? ऐसी कौन-सी भारी अड़चनें और गम्भीर समस्याएँ हैं, जिनके कारण यह शिक्षा सहज और सुलभ नहीं बन पाई है ? उनमें से सभी का ध्यान उत्कृष्ट करने वाली समस्याएँ द्रष्टव्य हैं; यथा—

समस्या—रूढ़िवादिता एवं धर्मान्धता (Conservatism and Religiousity)—आधुनिक युग, विज्ञान का युग है। विज्ञान ने अनेक रूढ़िवादी विचारों, धार्मिक अन्धविश्वासों एवं प्राचीन परम्पराओं को खण्ड-

खण्ड करके सारहीन सिद्ध कर दिया है। किन्तु अज्ञानता के कूप में पड़े हुये करोड़ों भारतीय (हिन्दू और मुसलमान) अब भी उनसे चिपटे हुए हैं। वे अब भी प्राचीन विचारों एवं विश्वासों का पोषण एवं समर्थन करते हैं। फलस्वरूप नारी-शिक्षा अपने सीमित एवं संकुचित दायरे से बाहर नहीं निकल पा रही है। हम अपने इस कथन की पुष्टि में निम्नांकित 4 ठोस प्रमाण प्रस्तुत कर रहे हैं।

पहला, प्राचीन परम्पराओं का अनुसरण करने में गर्व का अनुभव करने वाले अनेक हिन्दू एवं मुसलमान—पर्दा-प्रथा में अब भी विश्वास करते हैं और उसका परित्याग करने में अपनी और अपने कुल की मानहानि समझते हैं। अत: वे अधिक आयु की बालिकाओं के विद्यालय जाने पर कठोर प्रतिबन्ध लगा देते हैं।

दूसरा, अन्धविश्वासों के शिकंजे में जकड़े हुए अनेक हिन्दू एवं मुसलमान—बालिकाओं का अल्प आयु में विवाह करना अपना परम पुनीत कर्त्तव्य समझते हैं। अत: वे 'भारतीय वयस्कता अधिनियम' (Indian Maturity Act) का एवं 'बाल-विवाह निषेधक अधिनियम' (Child Marriage Restraint Act) का उल्लंघन करके भी अपने कर्त्तव्य का पालन करने में संकोच करते हैं। परिणामत: बालिकाओं का शिक्षा से वंचित रह जाना स्वाभाविक है।

तीसरा, रूढ़िवादी विचारों के सीमित दायरे में निवास करने वाले अनेक हिन्दू एवं मुसलमान—स्त्री का उचित स्थान, घर के अन्दर मानते हैं। अत: उनके मतानुसार, बालिकाओं के घरेलू हिसाब-किताब के लिए थोड़ा-सा अक्षर-ज्ञान ही पर्याप्त है। इसके अतिरिक्त, उनकी धारणा है कि बालिकाएँ शिक्षा प्रदान करने के पश्चात् समानता एवं स्वतन्त्रता का दावा करने लगती हैं। उनके विचार से यह स्त्री-धर्म की प्रतिकूलता एवं चरित्रहीनता का सूचक है। अत: वे बालिकाओं की शिक्षा के विरोधी हैं।

चौथा, धार्मिक कट्टरता की भावना से सराबोर अनेक हिन्दू एवं मुसलमान रजोदर्शन से पूर्व कन्याओं का विवाह करना धार्मिक कृत्य मानते हैं। ऐसे हिन्दुओं का स्मृतिकारों के इस नीति-वचन में अविचल विश्वास है—**''कन्या के दसवें वर्ष में पहुँचने पर जो पिता उसका विवाह नहीं करता है, वह प्रति मास उसका लाल रज पीता है।''**

इसी प्रकार, धार्मिक सिद्धान्तों में अडिग आस्था रखने वाले मुसलमान—रजोदर्शन से पूर्व ही अपनी कन्याओं का विवाह करने के लिए व्याकुल रहते हैं, क्योंकि वे प्रतिमान के रजोदर्शन को 'गुनाह' मानते हैं। दसवें वर्ष में या रजोदर्शन से पूर्व विवाह हो जाने पर बालिकाओं की शिक्षा का स्थगन अनिवार्य है।

समाधान—कुछ सुझाव (Some Suggestions)—रूढ़िवादिता एवं धर्मान्धता जिन कारणों को जन्म देकर बालिका-शिक्षा के मार्ग में अवरोध उपस्थित कर रही हैं, उनका समाधान करने के लिए अनेक व्यावहारिक सुझाव दिए जा सकते हैं; यथा—

1. अशिक्षित पुरुषों एवं स्त्रियों में प्रौढ़-शिक्षा का अधिकतम प्रसार।
2. स्त्री-शिक्षा के राष्ट्रीय, सामाजिक एवं सांस्कृतिक महत्त्व का व्यापक प्रचार।
3. स्त्री-शिक्षा के प्रति भारतीयों के संकुचित दृष्टिकोण में परिवर्तन करने के लिए देशव्यापी आन्दोलन।
4. भारतीयों के बाल-विवाह एवं विवाह की अनुचित धारणा में परिवर्तन करने के लिए चलचित्रों का प्रदर्शन।
5. भारतीयों की रूढ़िवादिता एवं धार्मिक कट्टरता में आमूल परिवर्तन करने के लिए व्याख्यानों, प्रदर्शनियों एवं सामाजिक समारोहों का आयोजन।
6. भारतीयों को स्त्री-शिक्षा के प्रति अपनी उदासीनता एवं विरक्तता का परित्याग करने में सहायता देने के लिए आकाशवाणी द्वारा विविध कार्यक्रमों का सूत्रपात।
7. स्त्रियों द्वारा शिक्षा प्राप्त करने के लिए अपने अधिकार की दृढ़ता से माँग। **म्यूरियल वासी** के शब्दों में, **''भारत में स्त्रियों के निश्चय, दृढ़ता, सदविवेक एवं कार्य-कुशलता पर ही उनकी शिक्षा का भविष्य निर्भर है।''**
8. पुरुषों द्वारा स्त्रियों पर शासन करने की अपनी प्रवृत्ति का दमन। **महात्मा गाँधी** के शब्दों में, **''किसी-न-किसी प्रकार पुरुष—युगों से स्त्री पर शासन करता आ रहा है और इसलिए स्त्री में निम्न होने की भावना का विकास हो गया है।''**

(2) समस्या—अपव्यय व अवरोधन (Wastage and Stagnation)—बालिका-शिक्षा की एक पर्याप्त गम्भीर समस्या—अपव्यय एवं अवरोधन की है। **'कोठारी कमीशन'** के अनुसार, सन् 1958-59 में पहली कक्षा में प्रवेश लेने वाली 100 बालिकाओं में से केवल 37·5 प्रतिशत 1961-62 में चौथी कक्षा में पहुँचीं और पाँचवीं कक्षा में प्रवेश लेने वाली 100 बालिकाओं में से केवल 66·2 प्रतिशत सातवीं कक्षा में पहुँचीं।

बालकों की तुलना में बालिकाओं में अपव्यय एवं अवरोधन अधिक है। इसके कारणों का उल्लेख करना, 'रूढ़िवादिता एवं धर्मान्धता' के अन्तर्गत वर्णित कारणों की पुनरावृत्ति करना होगा, किन्तु विषय की क्रमबद्धता को बनाये रखने के लिए ये कारण संक्षेप में इस प्रकार हैं—(1) पर्दा-प्रथा एवं बाल-विवाह का प्रचलन; (2) प्राचीन विचारों एवं परम्पराओं में विश्वास; (3) धार्मिक सिद्धान्तों एवं अन्ध-विश्वासों में आस्था; और (4) बालिकाओं की शिक्षा के प्रति संकुचित दृष्टिकोण।

उपर्युक्त कारणों के फलस्वरूप बालिकाएँ अपने को विवशता में इतना उलझा हुआ पाती हैं कि हार्दिक अभिलाषा के बावजूद भी बालकों के समान दीर्घकाल तक ज्ञान का अर्जन नहीं कर पाती हैं। यदि कुछ बालिकाओं को भाग्य सहारा दे देता है; तो वे कुछ वर्षों की माध्यमिक शिक्षा प्राप्त कर लेती हैं, परन्तु उसके उपरान्त उसकी शिक्षा पर उनके अनुदार अभिभावकों या संगदिल पतियों के द्वारा स्थायी अंकुश लगा दिया जाता है।

उल्लिखित कारणों के अतिरिक्त, बालिकाओं की शिक्षा में अपव्यय एवं अवरोधन के कुछ कारण और भी हैं; यथा—

1. बालिका-विद्यालयों का अभाव।
2. यातायात के साधनों का अभाव।
3. दोषपूर्ण परीक्षा-प्रणाली का प्रचलन।
4. विद्यालयों में नीरस शिक्षण-विधियों का प्रयोग।
5. बालिकाओं के लिए उपयोगी पाठ्यक्रम का अभाव।

समाधान—कुछ सुझाव (Some Suggestions)—बालिकाओं की शिक्षा में विद्यमान अपव्यय एवं अवरोधन का उन्मूलन करने के लिए निम्नांकित सुझाव दिए जा सकते हैं—

1. परीक्षा-प्रणाली में परिवर्तन।
2. बालिका-विद्यालयों की संख्या में वृद्धि।
3. मूल्यांकन की नवीन विधियों का प्रयोग।
4. निम्न कक्षाओं में खेल-विधि का प्रयोग।
5. शिक्षण की प्रगतिशील एवं मनोवैज्ञानिक विधियों का प्रयोग।
6. बालिकाओं के लिए निर्देशन की व्यवस्था।
7. बालिकाओं के लिए उपयोगी पाठ्यक्रम का निर्माण।
8. बालिकाओं के लिए अल्पकालीन शिक्षा की व्यवस्था।
9. बालिकाओं के लिए यातायात के साधनों की सुविधा।
10. बालिकाओं की शिक्षा के प्रति संकुचित दृष्टिकोण में परिवर्तन।

(3) समस्या—दोषपूर्ण पाठ्यक्रम (Defective Curriculum)—बालिका एवं स्त्री-शिक्षा की सर्वप्रधान समस्या—दोषपूर्ण पाठ्यक्रम की है। पाठ्यक्रम दोषपूर्ण क्यों है ? इसका कारण **डॉ. एस. एन. मुकर्जी** के निम्नांकित वाक्यों में पढ़िए—**"आज के भारत में बालिकाओं की शिक्षा—बालकों को दी जाने वाली शिक्षा की प्रतिलिपि मात्र है। यथार्थतः बालकों के पाठ्यक्रम के अलावा बालिकाओं को अन्य किसी बात की शिक्षा देने की कोई विशेष व्यवस्था नहीं है।"**

वस्तुतः शिक्षा के सब स्तरों पर बालकों एवं बालिकाओं के समान पाठ्य-विषय हैं। हाँ, इतना अवश्य है कि बालिकाओं को संगीत, चित्रकला, गृह विज्ञान जैसे कुछ वैकल्पिक विषयों का अध्ययन करने की सुविधा

उपलब्ध है। किन्तु इससे न तो उनका कोई तात्कालिक हित होता है और न दूरकालिक। अतः प्रचलि पाठ्यक्रम द्वारा उनको प्रदान की जाने वाली शिक्षा—भारतीयों की घोर निन्दा का लक्ष्य बन गई है। इस शि की निन्दा के अनेक कारण है; यथा—

1. यह शिक्षा—ज्ञान-प्रधान, पुस्तक-प्रधान एवं अव्यावहारिक होने के कारण बालिकाओं में समाज व बदलती हुई परिस्थितियों से अनुकूलन करने की सामर्थ्य का विकास नहीं करती है।

2. यह शिक्षा—बालिकाओं को गार्हस्थ्य जीवन के लिए तैयार नहीं करती है और उनको पारिवारि उत्तरदायित्वों को वहन करने की क्षमता प्रदान नहीं करती है।

3. यह शिक्षा—बालिकाओं को पाश्चात्य स्त्री-जाति का अन्धानुकरण करने का पाठ पढ़ाकर, उन प्राचीन भारतीय आदर्श से सम्बन्ध-विच्छेद कर देती है।

4. यह शिक्षा—बालिकाओं को भारतीय सभ्यता एवं संस्कृति से विमुख करके, पाश्चात्य सभ्यता ए संस्कृति की उपासिका बना देती है।

5. यह शिक्षा—बालिकाओं के मस्तिष्क पर जो पाश्चात्य मुलम्मा चढ़ा देती है, उसके फलस्वरू भारतीय परिवार का अति त्वरित गति से विघटन हो रहा है।

6. यह शिक्षा—बालिकाओं को सब प्रकार के कृत्रिम साधनों, रंग-बिरंगे वस्त्रों एवं आभूषणों से सज सँवर कर कामिनी या मोहिनी बनने में और पुरुषों को रिझाने में दक्ष बना देती है, जिसके फलस्वरूप भारती समाज का नैतिक स्तर गिरता चला जा रहा है।

7. यह शिक्षा—महिलाओं में बेरोजगारी की समस्या को उतना ही विकराल रूप प्रदान करती जा र है, जितना कि वह पुरुषों का बेरोजगारी की समस्या को प्रदान कर चुकी है। मनुष्यों के लिए बेरोजगा हानिकारक है, पर स्त्रियों के लिए भयंकर है।

8. **'राधाकृष्णन् कमीशन'** के अनुसार, **''स्त्री-शिक्षा की वर्तमान पद्धति, पुरुषों क आवश्यकताओं पर आधारित होने के कारण उनको दैनिक जीवन की व्यावहारिक समस्याओं क समाधान करने की योग्यता प्रदान नहीं करती है।''**

9. **'विश्वविद्यालय शिक्षा-आयोग'** के अनुसार, **''स्त्रियों की वर्तमान शिक्षा उस जीवन के लि पूर्णतया निरर्थक है, जो उनको व्यतीत करना है। यह शिक्षा न केवल अपव्यय है, वरन् बहुधा उन निश्चित असमर्थता का कारण है।''**

समाधान—विभिन्न पाठ्यक्रम की व्यवस्था (Provision of Different Curriculum)—हम प्रचलित पाठ्यक्रम में होने वाली जिन हानियों का वर्णन किया है, उनको देखते हुए सामान्य निष्कर्ष य निकलता है कि बालिकाओं के लिए विभिन्न पाठ्यक्रम की व्यवस्था की जानी चाहिए। किन्तु, इस निष्कर्ष सम्बन्ध में शिक्षा-विशेषज्ञों एवं राजनीतिज्ञों के विचारों में विभिन्नता है। इस प्रकार के कुछ विचार आप अवलोकनार्थ प्रस्तुत किए जा रहे हैं; यथा—

1. 'हंसा मेहता समिति' ने बालकों एवं बालिकाओं के लिए समान पाठ्यक्रम की सिफारिश करते ह लिखा है—''जनतन्त्रीय एवं समाजवादी समाज में शिक्षा का सम्बन्ध व्यक्तिगत क्षमताओं, अभिवृत्तियों ए रुचियों से होना चाहिए, जिनका लिंग से कोई सम्बन्ध नहीं है। अतः ऐसे समाज में लिंग के आधार पाठ्यक्रमों में अन्तर करने की आवश्यकता नहीं है।''

2. 'कोठारी कमीशन' ने 'हंसा मेहता समिति' की सिफारिशों से सहमत होते हुए लिखा है—''**ह इन सिफारिशों से सहमत हैं। यही कारण है कि हमने कक्षा दस के अन्त तक सब छात्रों के लिए सम पाठ्यक्रम का प्रस्ताव किया है।''**

3. भारत के भूतपूर्व राष्ट्रपति डॉ. राजेन्द्र प्रसाद ने कन्या महाविद्यालय, जालन्धर के दीक्षान्त समारो के अवसर पर बालिकाओं के लिए विभिन्न पाठ्यक्रम की आवश्यकता का संकेत देते हुए कहा—''प्रकृ और ईश्वर ने मानव-जाति को स्थिर बनाये रखने का भार स्त्री पर रखा है और मनुष्य का सृजन पुरुष नह अपितु स्त्रियाँ ही कर सकती हैं। इस गौरवपूर्ण तथा विशिष्ट दायित्व को स्त्रियों और समाज को समझ ले चाहिए और चाहे जो भी शिक्षा-पद्धति हो, उसमें इसकी गरिमा या अनिवार्यता को ध्यान में रखना चाहिए।''

4. महात्मा गाँधी ने बालकों एवं बालिकाओं के लिए विभिन्न पाठ्यक्रम की आवश्यकता का उल्लेख करते हुए लिखा है—''जबकि आधार रूप में पुरुष एवं स्त्री—दोनों समान हैं, यह भी बिल्कुल सत्य है कि शरीर की बनावट में दोनों में महान् भेद है। अत: दोनों के कर्त्तव्य भी भिन्न होने चाहिए। इस तर्क के आधार पर **महात्मा गाँधी** ने घोषित किया—''**पुरुषों एवं स्त्रियों की शिक्षा में उसी प्रकार का अन्तर किया जाना आवश्यक है जैसा कि स्वयं प्रकृति माता ने उनमें किया है।**''

उपर्युक्त विरोधी विचारों पर टीका-टिप्पणी करना, हमारे अधिकार-क्षेत्र से बाहर की बात है। हम तो केवल इतना ही कह सकते हैं कि हमें 'हंसा मेहता समिति' और 'कोठारी कमीशन' के विचारों में यथार्थता की एक भी झलक नहीं मिलती है; भले ही उनके सदस्य—भारत एवं विदेशों के अग्रगण्य शिक्षा-विशारद् क्यों न हों। इसका कारण यह है कि सभी दार्शनिकों, मनोवैज्ञानिकों एवं शरीर-वैज्ञानिकों ने स्त्रियों एवं पुरुष के कार्यों, रुचियों, रुझानों, क्षमताओं आदि में स्पष्ट अन्तर किया है। इस अन्तर के कारण बालकों एवं बालिकाओं के पाठ्यक्रम अनिवार्यत: भिन्न होने चाहिए।

अब प्रश्न केवल यह रह जाता है कि शिक्षा के विभिन्न स्तरों पर बालिकाओं के लिए किस प्रकार के पाठ्यक्रम का निर्माण किया जाना चाहिए। हम भारत के वर्तमान आर्थिक, सामाजिक एवं औद्योगिक परिवर्तनों के सन्दर्भ में उनके विषय में कुछ सुझाव दे रहे हैं; यथा—

1. प्राथमिक स्तर—अनेक बालिकाएँ, विशेष रूप से ग्रामीण क्षेत्रों की, प्राथमिक स्तर के बाद अपना अध्ययन स्थगित कर देती हैं। अत: इस स्तर पर सामान्य शिक्षा के साथ-साथ निम्नांकित विषयों को भी पाठ्यक्रम में स्थान दिया जाना चाहिए—सिलाई, कढ़ाई, बुनाई और कोई स्थानीय हस्तशिल्प। ये सभी कार्य उनके भावी जीवन में लाभप्रद सिद्ध होंगे और आवश्यकता पड़ने पर आर्थिक सहायता भी देंगे।

2. माध्यमिक स्तर—अनेक बालिकाएँ, विशेष रूप से शहरी क्षेत्रों की, माध्यमिक स्तर तक ही शिक्षा प्राप्त करती हैं। अत: इस स्तर के पाठ्यक्रम में सामान्य शिक्षा के साथ-साथ ऐसे विषय भी होने चाहिए, जो उनको सुमाता एवं सुगृहिणी के रूप में प्रशिक्षण देने के अलावा उनको किसी व्यवसाय के लिए भी तैयार करें। इस दृष्टि से उनके पाठ्यक्रम में संगीत, चित्रकला, हस्तशिल्प, गृह विज्ञान, सिलाई-कढ़ाई, भोजनशास्त्र, शिशु-संरक्षण एवं पूर्व-व्यावसायिक शिक्षा के विभिन्न विषयों को सम्मिलित किया जाना चाहिए। इन विषयों की शिक्षा प्राप्त करके, वे आवश्यकता पड़ने पर किसी सामाजिक संस्था या औद्योगिक केन्द्र में कार्य करके धन का अर्जन कर सकती हैं।

3. उच्च स्तर—स्वतन्त्र भारत में उच्च शिक्षा प्राप्त करके, महिलाएँ सामाजिक, राजनैतिक, प्रशासकीय आदि सभी क्षेत्रों में पुरुषों से प्रतिद्वन्द्विता करके, अपने को समकक्ष सिद्ध कर रही हैं। यही कारण है कि सभी क्षेत्रों में उनकी माँग में निरन्तर वृद्धि हो रही है। अत: जैसा कि **'राधाकृष्णन् कमीशन'** ने लिखा है—''**स्त्रियों की शिक्षा विशेषतया परिवारों की दृष्टि से उनको अच्छी माता, अध्यापिका, डॉक्टर और नर्स बनाने के लिए व्यावहारिक होनी चाहिए।**''

'राधाकृष्णन् कमीशन' के कथन को ध्यान में रखते हुए हम कह सकते हैं कि बालिकाओं के लिए बालकों के समान सामान्य एवं व्यावसायिक शिक्षा के पाठ्यक्रमों का आयोजन किया जाना चाहिए। साथ ही, उनके पारिवारिक जीवन को सुखी बनाने के लिए, उनके पाठ्यक्रम में निम्नांकित विषयों का समावेश किया जाना चाहिए—मातृत्व-कला, गृह-प्रबन्ध, गृह-परिचर्या और गृह-अर्थशास्त्र।

(4) समस्या—दोषपूर्ण प्रशासन (Faulty Administration)—दोषपूर्ण शिक्षा-प्रशासन के कारण स्त्रियों एवं बालिकाओं की शिक्षा के विस्तार में भारी अड़चन का अनुभव किया जा रहा है। प्रशासन दोषपूर्ण इसलिए है, क्योंकि दिल्ली, पंजाब, बिहार, प. बंगाल, हैदराबाद जैसे कुछ राज्यों को छोड़कर शेष सब राज्यों में स्त्री-शिक्षा के प्रशासन का भार—पुरुष अधिकारियों पर है। पुरुष होने के कारण न तो उनकी स्त्रियों एवं बालिकाओं की शिक्षा में विशेष रुचि होती है और न उनकी विशिष्ट आवश्यकताओं की जानकारी। अत: वे स्त्रियों एवं बालिकाओं के लिए उचित प्रकार की शिक्षा की व्यवस्था करके, उसका वांछनीय विस्तार करने में सफलता प्राप्त नहीं करते हैं।

समाधान—प्रशासन में सुधार (Reform in Administration)—उपर्युक्त समस्या का समाधान करने के लिए शिक्षा-प्रशासन में सुधार किया जाना अनिवार्य है। इस लक्ष्य की प्राप्ति तभी हो सकती है जब स्त्रियों

एवं बालिकाओं की शिक्षा के प्रशासन का भार—पुरुषों के बजाय स्त्रियों को सौंपा जाये। इस दृष्टि से आवश्यक है कि प्रत्येक राज्य के शिक्षा-विभाग में एक शिक्षा-उपसंचालिका की और उसे प्रशासन-कार्य में सहायता देने के लिए विद्यालय-निरीक्षिकाओं एवं उप-निरीक्षिकाओं की नियुक्ति की जाये। स्त्रियाँ होने के कारण उनको स्त्रियों एवं बालिकाओं की शिक्षा में रुचि होगी। साथ ही वे उनकी विशिष्ट आवश्यकताओं को भली-भाँति समझेंगी। अतः वे उनको शिक्षा के लिए उपयुक्त कार्यक्रमों का निर्माण करेंगी और उनको सफलतापूर्वक क्रियान्वित करके, स्त्री एवं बालिका-शिक्षा के विस्तार में योग देंगी।

(5) समस्या—सरकार की उपेक्षा (Indifference of Government)—सरकार द्वारा स्त्रियों एवं बालिकाओं की शिक्षा की उपेक्षा, उसके लिए अभिशाप सिद्ध हो रही है। हमारे इस कथन को चुनौती नहीं दी जा सकती है कि सरकार की जितनी रुचि बालकों की शिक्षा में है, उससे कई गुना कम बालिकाओं की शिक्षा में हैं। इसके बजाय यह कहना अधिक तर्कसंगत होगा कि सरकार—बालकों की शिक्षा को प्रोत्साहित और बालिकाओं की शिक्षा को निरुत्साहित करती है।

स्त्रियों एवं बालिकाओं की शिक्षा के प्रति सरकार के इस रवैये को सिद्ध करने के लिए प्रमाणों का अभाव नहीं है। यदि सरकार को कभी व्यय में कमी करने की आवश्यकता पड़ती है, तो वह यह कमी बालकों की शिक्षा के बजाय बालिकाओं की शिक्षा में करती है। उदाहरणार्थ, भारत-चीन युद्ध के समय जब देश में आर्थिक संकट की घोषणा की गई, तब सब राज्यों ने इस संकट का सामना करने के लिए बालिका-शिक्षा के व्यय में कटौती की और यह कटौती 15 लाख रुपये की थी।

कितनी हास्यास्पद नीति है। एक ओर तो सरकार—बालिका-शिक्षा के प्रसार को प्राथमिकताओं की सूची में स्थान देती है और दूसरी ओर उस पर व्यय किए जाने वाले धन में कमी करती है। सरकार की इस हास्यास्पद नीति पर व्यंग्य करते हुए **डॉ. मुकर्जी** ने लिखा है—**''यह निश्चय रूप से कुनियोजित प्राथमिकताओं का दुःखद उदाहरण है।''**

"This is surely a sad case of badly placed priorities."

—**Dr. S. N. Mukerji :** *op. cit.,* p. 250

समाधान—सरकार की नीति में परिवर्तन (Change in Government's Policy)—स्त्रियों एवं बालिकाओं की शिक्षा का समुचित प्रसार तभी हो सकता है, जब सरकार उसकी उपेक्षा करने की अपनी नीति में परिवर्तन करे। जब तक सरकार ऐसा नहीं करेगी और बालिकाओं की शिक्षा के प्रसार में अदम्य उत्साह एवं निःस्वार्थ भावना से नहीं जुट जाएगी, तब तक देश के समाज-सेवकों या सार्वजनिक संस्थाओं द्वारा हिमालय पर्वत से कुमारी अन्तरीप तक फैली हुई स्त्री-अशिक्षा का और शिक्षा के अभाव के कारण सदियों से बेसुधी में पड़ी हुई नारी-जाति का उद्धार किया जाना असम्भव होगा। अतः यह अत्यन्त आवश्यक है कि सरकार अपनी स्त्री-शिक्षा सम्बन्धी नीति में परिवर्तन करे और उसका प्रसार, विकास एवं विस्तार करने के अपने कर्त्तव्य के प्रति जागरूक हो।

यह परिवर्तन इसलिए और भी अधिक आवश्यक है, क्योंकि सरकार ने संविधान में महिलाओं को पुरुषों के समान समस्त अधिकारों को प्रदान करने की उद्घोषणा की है। इस उद्घोषणा को साकार रूप प्रदान करना, सरकार का राजनीतिक कर्त्तव्य है। इस कर्त्तव्य का पालन करना, सरकार का चरम लक्ष्य होना चाहिए और इस लक्ष्य की प्राप्ति के लिए उसे निम्नांकित सिद्धान्तों के आधार पर अपनी स्त्री-शिक्षा सम्बन्धी नीति का निर्माण करना चाहिए।

1. बालकों एवं बालिकाओं की संख्या के अनुपात में बालिका एवं स्त्री-शिक्षा के लिए धनराशि निर्धारित करना।
2. उक्त धनराशि को केवल बालिका-शिक्षा पर व्यय करना और उसमें कमी न करना।
3. उक्त धनराशि का बालिका-शिक्षा के समस्त स्तरों के लिए आवश्यकतानुसार विभाजन करना।

(6) समस्या—अध्यापिकाओं का अभाव (Dearth of Women Teachers)—**'पाँचवीं पंचवर्षीय योजना'** के अनुसार, **''अध्यापिकाओं की अपर्याप्त पूर्ति की समस्या, बालिकाओं के नामांकन का प्रधान कारण है।''**

अध्यापिकाओं की अपर्याप्त पूर्ति अर्थात् उनका अभाव प्रारम्भ से ही है और शिक्षा के सब स्तरों पर है। हम अध्यापिकाओं की तुलना में उनके अभाव को आगे की तालिका में प्रदर्शित कर रहे हैं—

तालिका—अध्यापिकाएँ, 1950-1993

विवरण	1950-51	1955-56	1960-61	1992-93
निम्न प्राथमिक स्कूल	18%	20%	21%	493000
उच्चतर माध्यमिक स्कूल	18%	19%	32%	346000
माध्यमिक स्कूल	19%	23%	27%	445000
व्यावसायिक स्कूल	23%	22%	17%	—
व्यावसायिक कॉलेज	7%	8%	12%	—
उच्च शिक्षा-संस्थाएँ	10%	13%	16%	—

अध्यापिकाओं के अभाव के अनेक कारण हैं। स्त्रियों में शिक्षा का कम प्रसार होने के कारण शिक्षित स्त्रियों का अभाव है। जो स्त्रियाँ शिक्षित भी हैं, उनमें से अनेक इच्छा होते हुए भी नौकरी नहीं कर पाती हैं। इसका कारण यह है कि उनके माता-पिता, सास-ससुर या पति, उनसे नौकरी करवाना अपनी पारिवारिक या सामाजिक प्रतिष्ठा के प्रतिकूल समझते हैं।

अधिकांश स्त्रियाँ उसी नगर या ग्राम में नौकरी करती हैं, जिनमें वे निवास करती हैं। इसका कारण यह है कि अन्य स्थानों में उनको सुरक्षा, आवास आदि की सुविधाएँ प्राप्त होना कठिन होता है। दूसरा कारण यह है कि यदि वे अविवाहित हैं, तो उनके अभिभावक उनको अन्य स्थानों में नौकरी करने की अनुमति नहीं देते हैं।

अध्यापिकाओं के रूप में कार्य करने वाली कुछ स्त्रियाँ विवाह के पश्चात् पारिवारिक झंझटों में उलझ जाने के कारण नौकरी छोड़ देती हैं। कुछ स्त्रियाँ अपने पतियों के साथ किसी ऐसे स्थान पर पहुँच जाती हैं, जहाँ के विचित्र वातावरण वाले विद्यालयों में उनकी कार्य करने की इच्छा नहीं होती है। कुछ स्त्रियाँ ऐसी भी हैं, जो उत्तम आर्थिक स्थिति का वर प्राप्त हो जाने पर अल्पवेतन वाले अध्यापिका के पद पर कार्य करना अपना अपमान समझती हैं।

प्रशिक्षित अध्यापिकाओं का विशेष रूप से अभाव है। इसका कारण यह है कि स्त्री-प्रशिक्षण की व्यवस्था केवल बड़े नगरों में है। अत: आर्थिक या किसी अन्य कठिनाई के कारण उन नगरों से दूर निवास करने वाली अनेक स्त्रियाँ प्रशिक्षण प्राप्त नहीं कर पाती हैं।

नगरों की अपेक्षा ग्रामों में अध्यापिकाओं का अधिक अभाव है, क्योंकि ग्रामों में जीवनयापन की सामान्य वस्तुओं की पूर्ति में अत्यधिक कठिनाई होती है। इसके अतिरिक्त, ग्रामों में चिकित्सा, मनोरंजन, सुरक्षित आवास आदि की सुविधाएँ उपलब्ध नहीं होती हैं। अध्यापिकाओं का प्रतिशत ग्रामीण क्षेत्रों के प्राथमिक और मिडिल स्कूलों में 21% तथा 23% तथा शहरी क्षेत्रों में क्रमश: 56% और 57% प्रतिशत है। यह विषमता दूर करके ही महिला-शिक्षा की स्थिति को सुधारा जा सकता है।

समाधान—अध्यापिकाओं की पूर्ति (Supply of Women Teachers)—अध्यापिकाओं के अभाव की पूर्ति करने का सम्पूर्ण उत्तरदायित्व सरकार पर है और वह अपने इस उत्तरदायित्व के प्रति सजग है। वह अध्यापिकाओं के अभाव को दूर करने के लिए निम्नांकित उपायों का प्रयोग कर रही है—

1. अध्यापिकाओं के लिए बिना किराये के क्वार्टरों का निर्माण।
2. ग्रामीण क्षेत्रों में कार्य करने वाली अध्यापिकाओं को विशेष भत्ता।
3. वयस्क महिलाओं को अध्यापिकाओं के रूप में तैयार करने के लिए संक्षिप्त पाठ्यक्रमों का संचालन।
4. बालिकाओं को प्रशिक्षण प्राप्त करने के लिए छात्रवृत्तियाँ देने का कार्यक्रम। यह कार्यक्रम 'दूसरी पंचवर्षीय योजना' में आरम्भ किया गया था और 'पाँचवीं पंचवर्षीय योजना' में भी जारी रहेगा। **'पाँचवीं**

पंचवर्षीय योजना' के अनुसार, ''**अध्यापिकाओं के अभाव का समाधान करने के लिए स्थानीय बालिकाओं को उनकी शिक्षा और प्रशिक्षण के लिए इस शर्त पर छात्रवृत्तियाँ दी जायेंगी कि वे शिक्षण-व्यवसाय को ग्रहण करें।**''

5. उन सभी महिला-अध्यापकों को जो अपने पतियों के साथ नियुक्त होने की इच्छुक हैं, उन्हें वहीं नियुक्त किया जायेगा।

6. महिला-शिक्षकों की नियुक्ति उनके घरेलू दायित्वों को ध्यान में रखकर की जायेगी।

7. महिला-अध्यापकों को शिशु केन्द्रों की सुविधा उपलब्ध करायी जायेगी।

8. उनको लम्बी छुट्टी की सुविधा उपलब्ध करायी जायेगी।

9. उन्हें अल्प-कालिक कार्य उपलब्ध कराने की सम्भावनाओं का पता लगाया जायेगा।

अध्यापिकाओं की संख्या में वृद्धि करने के लिए सरकार द्वारा प्रयोग किये जाने वाले सभी उपाय प्रशंसनीय हैं। किन्तु इनके अतिरिक्त, कुछ अन्य उपाय भी उपयोगी सिद्ध हो सकते हैं; यथा—

1. स्त्री-प्रशिक्षण-संस्थाओं की संख्या में वृद्धि।
2. अध्यापिकाओं के वेतनमान में पर्याप्त वृद्धि।
3. अध्यापिकाओं के लिए अल्पकालीन रोजगारों की व्यवस्था।
4. स्थानीय शिक्षित महिलाओं को अध्यापन-कार्य करने के लिए प्रोत्साहन।
5. अध्यापकों की शिक्षित पत्नियों को शिक्षण-व्यवसाय में प्रवेश करने के लिए प्रोत्साहन।
6. शिक्षण-व्यवसाय में पदार्पण करने की इच्छा रखने वाली अधिक आयु की महिलाओं की आयु सीमा से मुक्ति।
7. वयस्क महिलाओं को अधिक शिक्षित बनाने एवं प्रशिक्षित करने के लिए संक्षिप्त एवं पत्राचार पाठ्यक्रमों की सुविधाओं में विस्तार।
8. कम शिक्षित एवं अप्रशिक्षित स्त्रियों की नियुक्ति और उनको अपनी शैक्षिक योग्यताओं की वृद्धि करने में एवं प्रशिक्षण प्राप्त करने में सहायता।

स्त्री-शिक्षा से सम्बन्धित समंक
(DATA ON WOMEN'S EDUCATION)

भारत में स्त्री-शिक्षा की वर्तमान स्थिति से सम्बन्धित कुछ महत्त्वपूर्ण समंक सारणियों में प्रस्तुत किये गये हैं। ये समंक अनुमानित हैं। फिर भी उम्मीद है कि ये समंक स्त्री-शिक्षा की वर्तमान स्थिति को स्पष्ट करने में सहायक होंगे।

सारणी
विभिन्न शिक्षा स्तरों पर कुल नामांकन में छात्राओं का प्रतिशत
(PERCENTAGE OF STUDENTS IN TOTAL ENROLLMENT ON DIFFERENT EDUCATION LEVELS)

क्षेत्र		कक्षा 1 से 5 तक	कक्षा 6 से 8 तक	कक्षा 9 से 10 तक
सम्पूर्ण भारत	ग्रामीण	40%	32%	28%
	शहरी	45%	42%	37%
	कुल	41%	35%	32%
उत्तर प्रदेश	ग्रामीण	33%	22%	12%
	शहरी	41%	37%	28%
	कुल	34%	27%	20%

उपर्युक्त सारणी से स्पष्ट होता है कि कुल नामांकन में छात्राओं का प्रतिशत कम है। ग्रामीण क्षेत्रों तथा उच्चतर शिक्षा स्तर पर यह प्रतिशत अत्यन्त कम हो जाता है।

सारणी
लड़कियों की जनसंख्या में नामांकित छात्राओं का प्रतिशत
(PERCENTAGE OF ENROLLMENT STUDENTS IN POPULATION OF GIRLS)

क्षेत्र	कक्षा 1 से 5 तक (6-11 आयु वर्ग)	कक्षा 6 से 8 तक (11-14 आयु वर्ग)	कक्षा 9 से 10 तक (15-16 आयु वर्ग)
सम्पूर्ण भारत	70%	36%	20%
उत्तर प्रदेश	50%	23%	14%

सारणी से स्पष्ट होता है कि हमारे राष्ट्र में अभी भी लड़कियों का एक बड़ा प्रतिशत शिक्षा प्राप्त नहीं र रहा है। उत्तर प्रदेश में लड़कियों की शिक्षा की स्थिति और भी अधिक शोचनीय है।

बालिका-शिक्षा को प्रोत्साहन
(INCENTIVES FOR GIRLS' EDUCATION)

स्वतन्त्रता के बाद से ही भारतीय समाज में बालिका-शिक्षा को प्राथमिकता दी गई। बालिका-शिक्षा के त्त्व को स्वीकारते हुए राज्य तथा केन्द्र सरकार द्वारा भी बालिका-शिक्षा हेतु प्रयत्न किए जा रहे हैं। सम्बर, 2002 में हुए 86वें संविधान संशोधन के उपरान्त 6 से 14 वर्ष के आयु वर्ग के सभी बालक-लिकाओं को निःशुल्क व अनिवार्य शिक्षा प्रदान करने का राष्ट्रीय संकल्प भारत के प्रत्येक बालक-बालिका एक मूल अधिकार (Fundamental Right) बन गया है।

सर्व शिक्षा अभियान (SSA) सबके लिए शिक्षा (EFA) जैसे कार्यक्रमों के माध्यम से सभी को साक्षर ने के सरकारी प्रयत्नों का एक केन्द्रीय तत्त्व विद्यालय जाने वाली या विद्यालय छोड़ देने वाली बालिकाओं ह शिक्षा की पहुँच को बढ़ाना है। यह कार्यक्रम शिक्षा के लिए न केवल शिक्षा-प्रणाली में वरन् सामाजिक यताओं व दृष्टिकोणों में व्यापक परिवर्तन लाने के महत्त्व व आवश्यकताओं को स्वीकार करते हैं। इसी रण अब भारत के सभी राज्यों में बालिका-शिक्षा को प्रोत्साहित करने हेतु द्वि-बिन्दु प्रयत्न किए जा रहे –

1. प्रथम, लड़कियों की शिक्षा तक पहुँच व ठहराव को विभिन्न प्रकार के उपाय करके बढ़ाया जा रहा

2. द्वितीय, प्रशिक्षण व अभिप्रेरण के द्वारा समाज में लड़कियों की शिक्षा की माँग को सृजित किया जा है।

सभी को शिक्षा प्रदान करने के उद्देश्य से चलाये जा रहे सर्व शिक्षा अभियान के अन्तर्गत अनेक जनाओं का नियोजन व कार्यान्वयन किया जा रहा है। इनमें से कुछ प्रमुख योजनाएँ निम्नलिखित हैं—

1. विद्यालय त्याग कर चुकी बालिकाओं हेतु स्कूल की ओर (Back to School Campus) अभियान ाना।
2. बालिकाओं के लिए समरूप अधिगम अवसर (Equitable Learning Opportunities) बढ़ाने हेतु क्षकों को संवेदनशील बनाना।
3. विद्यालय में बालिकाओं की उपस्थिति व ठहराव को सुनिश्चित करने के लिए नवाचारी उपाय ना।
4. विद्यालय में बालिकाओं के लिए अलग से शौचालय बनवाना।
5. अधिक उम्र वाली बालिकाओं हेतु ब्रिज पाठ्यक्रम चलाना।
6. जन समर्थन व सहयोग प्राप्त करने के लिए सघन अभियान (Intensive Effects) चलाना।
7. कक्षा 8 तक सभी बालिकाओं को निःशुल्क पाठ्य-पुस्तकें देना।
8. पाठ्य-पुस्तकों सहित सभी शिक्षण अधिगम सामग्री को यौन-संवेदनशील बनाना।

सर्व शिक्षा अभियान (SSA) के साथ-साथ प्राथमिक स्तर पर बालिका-शिक्षा का राष्ट्रीय कार्यक्रम (National Programme for Education of Girls at Elementary Level—NPEGEL), महिला समाख्या, पूर्व बाल्यकाल परिचर्या व शिक्षा (Early Childhood Care and Education—ECCE) एवं एकीकृत बाल विकास सेवा (Integrated Child Development Service—ICDS) जैसे विविध कार्यक्रमों के द्वारा कन्या-शिक्षा के विविध पक्षों को सुदृढ़ करके बालिकाओं तक शिक्षा के प्रकाश को पहुँचाने का प्रयत्न किया जा रहा है। पूर्व बाल्यकाल परिचर्या व शिक्षा जहाँ बालिकाओं को अपने छोटे भाई-बहनों की देखभाल से विमुक्त करके उनके विद्यालय जाने व वहाँ रुकने का मार्ग प्रशस्त करता है, वहीं एकीकृत बाल विकास सेवा (ICDS) के द्वारा आँगनबाड़ी कार्यकर्मियों, प्राथमिक स्कूल शिक्षकों व स्वास्थ्य कार्यकर्त्ताओं को प्रशिक्षित करके पूर्व-विद्यालय शिक्षा को बढ़ावा दिया जाता है। प्रारम्भिक स्तर पर बालिका-शिक्षा को राष्ट्रीय कार्यक्रम (NPEGEL) के अन्तर्गत अनेक कस्तूरबा गाँधी बालिका विद्यालयों (KGBVs) की स्थापना की गई है जिनका मुख्य उद्देश्य दुर्गम क्षेत्र विशेषत: अनुसूचित जाति व जनजाति, अन्य पिछड़ा वर्ग तथा अल्पसंख्यक समुदायों की लड़कियों की शिक्षा के लिए गुणवत्तापरक आवासीय शिक्षा सुविधाएँ उपलब्ध कराना है। सभी कार्यक्रमों का केन्द्रीय पक्ष है—वस्तुत: समाज में बालिका-शिक्षा की माँग को सृजित करना, बालिका-शिक्षा में जनसमुदाय विशेषकर महिलाओं की सहभागिता को बढ़ाने वाली परिस्थितियों का निर्माण करना तथा बालिका-शिक्षा को सुनिश्चित करने वाले दबाव कारकों को उत्पन्न करना।

इस कार्य में समाज, माता-पिता की अभिप्रेरणा व सजगता, विद्यालय क्रियाकलापों व समितियों में महिलाओं व माताओं की बढ़ती भूमिका व स्कूल शिक्षकों व समुदायों के परस्पर सम्बन्ध का सुदृढ़ीकरण जैसे उपाय आवश्यक व महत्त्वपूर्ण हैं। केन्द्र व राज्यों की सरकारों के इन प्रयत्नों से हमारे देश में बालिका-शिक्षा की तीव्र गति से प्रसार हुआ है।

महिला समाख्या
(MAHILA SAMAKHYA)

अप्रैल, 1989 में यह योजना केन्द्र द्वारा आरम्भ की गई। शुरू में इस योजना के अन्तर्गत उत्तर प्रदेश, कर्नाटक, राज्य थे। परन्तु अब इसका संचालन गुजरात, आन्ध्र प्रदेश, केरल, उत्तराखण्ड, झारखण्ड, बिहार, मध्य प्रदेश व असम के 53 जिलों के 9000 ग्रामों में हो रहा है। इसे इण्डो-डच संयुक्त कार्यक्रम के रूप में नीदरलैण्ड सरकार से 100% सहायता मिलती है। ग्रामीण क्षेत्रों की महिलाओं विशेष रूप से सामाजिक और आर्थिक दृष्टि से पिछड़ी महिला वर्गों की शिक्षा तथा उनको अधिकार सम्पन्न करने का महिला समाख्या एक ठोस कार्यक्रम है।

महिला समाख्या के उद्देश्य—इस कार्यक्रम के निम्नलिखित उद्देश्य हैं—

(1) महिलाओं की आत्म-छवि एवं आत्मविश्वास को बढ़ाना।

(2) महिला संघों को गाँवों में शैक्षिक गतिविधियों का मूल्यांकन तथा निगरानी करने योग्य बनाना।

(3) महिलाओं तथा किशोर उम्र की लड़कियों को शिक्षा के अवसर देना तथा महिलाओं और लड़कियों के औपचारिक तथा अनौपचारिक दोनों प्रकार के शैक्षिक कार्यक्रमों में अधिक भागीदारी सम्भव बनाना है।

(4) ऐसे वातावरण का निर्माण करना जिसमें महिलाएँ वह ज्ञान तथा सूचना प्राप्त कर सकें जो उन्हें समाज में रचनात्मक भूमिका निभाने में सहायता दे सकें।

(5) प्रबन्ध का विकेन्द्रीकरण तथा भागीदारी वाला तरीका स्थापित करना।

(6) इस कार्यक्रम का प्रमुख उद्देश्य है—शिक्षा हेतु प्रेरित करना, प्रौढ़, अनौपचारिक तथा विद्यालय पूर्व सतत् शिक्षा के लिए नये शैक्षणिक उपादान प्रस्तुत करना।

महिला संघ वह केन्द्र-बिन्दु होता है जहाँ सभी गतिविधियों की योजना बनायी जाती है और जहाँ महिलाएँ मिल-बैठकर अपनी समस्याओं पर विचार-विमर्श करती हैं। दो या अधिक महिलाओं के दल को,

जिसे सखी या सहायकी कहा जाता है, उत्प्रेरक के रूप में कार्य करने का प्रशिक्षण दिया जाता है। ये दल महिलाओं को एकत्रित करने, संगठित करने का कार्य करते हैं और संघ में विचार-विमर्श को बढ़ावा देते हैं। संघ के लिए निर्धारित राशियाँ बैंक/डाकखाने में जमा की जाती हैं। इस धन का उपयोग महिलाओं के द्वारा 3 वर्ष तक सामूहिक कार्यों के लिए किया जाता है। सहयोगिनियाँ जो 10 गाँवों के समूह को देखती हैं, संघ के प्रेरक, समर्थक एवं मार्गदर्शक के रूप में कार्य करती हैं।

लिंग भेदभाव समाप्त करने के प्रयत्न
(EFFORTS FOR ERADICATING THE DIFFERENCE OF SEX)

भारत में स्त्री-पुरुष को समान अधिकार देने के लिए अनेक प्रयत्न किए गए। स्त्रियों को पुरुषों के समान अधिकार प्राप्त हों इस हेतु संविधान के अनुच्छेद 14 में स्त्री-पुरुष के मध्य भेदभाव समाप्त करने और महिलाओं को समाज में बराबरी का हक दिलाने की बात कही गई है।

अनुच्छेद 15 में लिंग के आधार पर किसी भी तरह के भेदभाव को रोकने की व्याख्या की गयी है।

अनुच्छेद 16 में सरकारी नौकरियों में महिलाओं को भी पुरुषों के बराबर अवसर दिलाने की बात कही गयी है।

संविधान के अनुच्छेद 15(3) में राज्य को महिलाओं और बच्चों हेतु विशेष प्रावधान करने की छूट दी गयी है।

अनुच्छेद 39 में राज्य से अपेक्षा की गयी है कि वह स्त्रियों और पुरुषों को आजीविका के पर्याप्त साधन उपलब्ध करायेगा।

अनुच्छेद 51 ए (ई) में प्रत्येक नागरिक को यह दायित्व सौंपा गया है कि वह महिलाओं की मान-मर्यादा को कम करने वाला कोई कार्य न करे।

इन संवैधानिक प्रावधानों के बाद भी हमारे समाज में स्त्री और पुरुष में भेदभाव किया जाता रहा है। महिलाओं को पूर्ण न्याय दिलाने के लिए भारत ने वर्ष 2001 में महिला सशक्तीकरण वर्ष घोषित कर दिया।

महिलाओं के कल्याण से सम्बन्धित ऐसे अनेक महत्त्वपूर्ण मुद्दे हैं जिन पर अमल करके उन्हें सही अर्थों में समाज में पुरुषों के बराबर लाया जा सकता है। इनमें मातृत्व निधि बनाने, भ्रूण का लिंग पता लगाने के लिए किए जाने वाले परीक्षणों पर रोक लगाना, सरकारी नौकरियों में स्त्रियों के लिए पद आरक्षित करना, गाँवों में सार्वजनिक शौचालय व धुआँ रहित चूल्हों को लोकप्रिय बनाना, दहेज को लेकर बहू को जलाने और मौत के मामलों को हत्या का मामला मानना, शहरी इलाकों में अकेली महिलाओं हेतु होस्टल बनाना और अपने पति की सम्पत्ति और आमदनी में बराबर का हकदार बनाना जैसे उपाय सम्मिलित हैं।

संवैधानिक उपबन्धों के अतिरिक्त भी भारत सरकार ने पिछले दो दशकों में ऐसे 39 केन्द्रीय कानून बनाये हैं जिनके माध्यम से स्त्रियों को पुरुषों के बराबर लाने का प्रयत्न किया जा रहा है।

भारतीय तलाक अधिनियम, 1869 की धारा 36; विशेष विवाह अधिनियम, 1954 की धारा 36; हिन्दू विवाह अधिनियम, 1955 की धारा 24 और पारसी विवाह व तलाक अधिनियम, 1936 की धारा 39 में तलाक के मामले का निपटारा होने तक कोई महिला अदालत से अपने भरण-पोषण हेतु गुजारा भत्ता दिलाने का अनुरोध कर सकती है। हमारे कानूनों में तलाक के मामलों को जल्द निपटाने और अन्तरिम गुजारे भत्ते की अर्जियों को जल्दी नहीं निपटाया जाता है तो अन्तरिम गुजारे भत्ते का उद्देश्य ही समाप्त हो जाता है। इस बात पर ध्यान देते हुए केन्द्र सरकार ने उपर्युक्त 4 अधिनियमों में संशोधन करने का फैसला किया। इससे सत्यापन और इस बारे में शपथ-पत्र प्राप्त हो जाने के 60 दिन के भीतर अन्तरिम गुजारे भत्ते के बारे में प्राप्त आवेदनों का फैसला कर लिया जायेगा।

अधिकांशतः देखा गया है कि गुजारा भत्ता के मामलों में प्रतिवादी किसी-न-किसी बहाने से स्थगनादेश प्राप्त करने में सफल हो जाते हैं, जबकि कुछ मामलों में स्थगन हेतु पर्याप्त आधार नहीं होता है। महत्त्वहीन आधार पर तलाक लेने की प्रवृत्ति पर रोक लगाने हेतु विधि आयोग ने अपनी 27वीं, 51वीं, 55वीं और 129वीं रिपोर्ट में बहाने से स्थगनादेश प्राप्त करने पर रोक लगाने की सिफारिश की है। मलिमथ आयोग द्वारा

भी सिफारिश की गई है कि अदालत में मामलों का फैसला होने तक मामलों को शीघ्रता से निपटाने के लिए उचित कदम उठाये जाने चाहिए। सरकार ने दण्ड प्रक्रिया संहिता की धारा 125 में संशोधन करने का फैसला किया है, ताकि भरण-पोषण भत्ते 500 रुपये की अधिकतम सीमा समाप्त की जा सके एवं अधिनियम के अन्तर्गत मुकदमों को जल्दी ही निपटाया जा सके।

दण्ड प्रक्रिया संहिता अनुच्छेद 125 में गुज़ारे भत्ते की सीमा 500 रुपये तक की गयी है। यह सन् 1955 में निर्धारित की गयी थी और सन् 1973 के अधिनियम में भी इसे जारी रखा गया। इस धारा में ऐसा कोई प्रावधान नहीं है। केन्द्र सरकार दण्ड संहिता के अनुच्छेद 125 में निर्धारित गुजारे भत्ते की सीमा को समाप्त करने और अन्तरिम गुजारे भत्ते का प्रावधान करने के साथ-साथ कार्यवाही के खर्च सम्बन्धी आवेदनों को नोटिस जारी करने के 60 दिन के भीतर निपटारे का फैसला किया गया है।

अभ्यास प्रश्न

दीर्घ उत्तरीय प्रश्न (Long Answer Type Questions)

1. पंचवर्षीय योजनाओं की अवधि में भारत में स्त्री-शिक्षा की प्रगति का संक्षेप में वर्णन कीजिए।
2. स्त्री-शिक्षा के सम्बन्ध में 'शिक्षा-आयोग' (1966) ने क्या सिफारिशें की हैं ? वे स्त्री-शिक्षा की दशा में सुधार करने में कहाँ तक सहायता कर सकती हैं ?
3. भारत में महिलाओं की शिक्षा की मुख्य समस्याएँ क्या हैं ? इन समस्याओं के सन्तोषजनक समाधान बताइए।

लघु उत्तरीय प्रश्न (Short Answer Type Question)

1. ''बालकों एवं बालिकाओं के लिए पाठ्यक्रम में अन्तर अनावश्यक है।'' इस कथन की विवेचना कीजिए।

इकाई—5
भारतीय संविधान में शिक्षा
(Education in Indian Constitution)

अध्याय—16

शिक्षा के लिए संवैधानिक प्रावधान
[CONSTITUTIONAL PROVISIONS FOR EDUCATION]

भारतीय संविधान का सामान्य परिचय
(AN INTRODUCTION TO INDIAN CONSTITUTION)

स्वतन्त्र होने के बाद हमने अपने देश के संविधान का निर्माण किया। संविधान सभा ने इसे 26 नवम्बर, 1949 को पेश किया और 26 जनवरी, 1950 से यह हमारे देश में लागू हुआ। यूँ तो आकार की दृष्टि से यह संविधान दुनिया का सबसे बड़ा संविधान है परन्तु इसकी मूल भावना को प्रस्तावना की कुछ चन्द लाइनों में ही स्पष्ट कर दिया गया है। 1976 में 42वें संविधान संशोधन द्वारा इसकी उद्देशिका (Preamble) में समाजवादी, धर्मनिरपेक्ष और राष्ट्र की एकता एवं अखण्डता शब्दों को जोड़कर इसकी मूल भावना को और अधिक स्पष्ट कर दिया गया। वर्तमान में इसकी प्रस्तावना इस प्रकार है—

हम भारत के लोग, भारत को एक सम्पूर्ण प्रभुत्व-सम्पन्न, समाजवादी, धर्मनिरपेक्ष और लोकतान्त्रिक गणराज्य बनाने के लिए तथा उसके समस्त नागरिकों को सामाजिक, आर्थिक और राजनीतिक न्याय दिलाने के लिए तथा विचार, अभिव्यक्ति, विश्वास, धर्म एवं उपासना की स्वतन्त्रता, प्रतिष्ठा और अवसर की समानता प्राप्त कराने के लिए तथा उन सब में व्यक्ति की गरिमा और राष्ट्र की एकता एवं अखण्डता सुनिश्चित करने वाली बन्धुता बढ़ाने के लिए दृढ़ संकल्प होकर अपनी इस संविधान सभा में आज दिनांक 26 नवम्बर, 1949 को एतद् द्वारा इस संविधान को अंगीकृत, अधिनियमित तथा आत्मार्पित करते हैं।

इस प्रस्तावना से स्पष्ट है कि भारत प्रभुत्व सम्पन्न लोकतान्त्रिक गणराज्य है और यह 6 मूल सिद्धान्तों—स्वतन्त्रता, समानता, भ्रातृत्व, समाजवाद, धर्मनिरपेक्षता और न्याय पर आधारित है। इस संविधान की मूल भावना को स्पष्ट रूप से समझने के लिए इसमें निहित **नीति निर्देशक तत्त्वों** (Directive Principles) और **नागरिकों के मूल अधिकार एवं कर्त्तव्यों** (Fundamental Rights and Duties) को समझना आवश्यक है। अत: प्रस्तुत हैं।

भारतीय संविधान में नीति-निर्देशक तत्त्व
(DIRECTIVE PRINCIPLES IN INDIAN CONSTITUTION)

भारतीय संविधान में नीति-निर्देशक तत्त्वों (directive Principles) का उल्लेख करने से पहले यह स्पष्ट कर दिया गया है कि 'इस भाग में अन्तर्विष्ट उपबन्ध किसी न्यायालय द्वारा प्रवर्तनीय नहीं होंगे, किन्तु फिर भी इनमें अधिकाधिक तत्त्व देश के शासन में मूलभूत हैं और विधि बनाने में इन तत्त्वों को लागू करना राज्य का कर्त्तव्य होगा।' इससे स्पष्ट है कि भारतीय संविधान के ये नीति निर्देशक तत्त्व अपने में वैधानिक कानून नहीं हैं परन्तु सरकार को कोई भी कानून बनाते समय इन तत्त्वों को सामने रखना होगा और इनकी मूल भावना के आधार पर ही किसी भी कानून का निर्माण करना होगा। ये नीति निर्देशक तत्त्व हैं—

1. राज्य द्वारा अनुसरणीय कुछ नीति तत्त्व—राज्य अपनी नीति का, विशिष्टतया इस प्रकार संचालन करेगा कि सुनिश्चित रूप से—

(क) पुरुष और स्त्री सभी नागरिकों को समान रूप से जीविका के पर्याप्त साधन प्राप्त करने का अधिकार हो,

(ख) समुदाय के भौतिक संसाधनों का स्वामित्व और नियन्त्रण इस प्रकार बँटा हो जिससे सामूहिक हित का सर्वोत्तम रूप से साधन हो,

(ग) आर्थिक व्यवस्था इस प्रकार चले जिसमें धन और उत्पादन के साधनों का सर्वसाधारण के लिए अहितकारी संकेन्द्रण न हो,

(घ) पुरुष और स्त्रियों दोनों का समान कार्य के लिए समान वेतन हो,

(ङ) पुरुष और स्त्री श्रमिकों के स्वास्थ्य और शक्ति का तथा बालकों की सुकुमार अवस्था का दुरुपयोग न हो और आर्थिक आवश्यकता से विवश होकर नागरिकों को ऐसे रोजगारों में न जाना पड़े जो उनकी आयु या शक्ति के अनुकूल न हों,

(च) बालकों को स्वतन्त्र और गरिमामय वातावरण में स्वस्थ विकास के अवसर और सुविधाएँ दी जाएँ और बालकों तथा अल्पवय व्यक्तियों की शोषण से तथा नैतिक तथा आर्थिक परित्याग से रक्षा की जाए,

(छ) राज्य यह सुनिश्चित करेगा कि विधि व्यवस्था इस प्रकार काम करे कि समान अवसर के आधार पर न्याय सुलभ हो और वह, विशिष्टतया, यह सुनिश्चित करने के लिए कि आर्थिक या किसी अन्य निर्योग्यता के कारण कोई नागरिक न्याय प्राप्त करने के अवसर से वंचित न रह जाए, उपयुक्त विधान या स्कीम द्वारा या किसी अन्य रीति से निःशुल्क विधिक सहायता की व्यवस्था करेगा।

2. ग्राम पंचायतों का संगठन—राज्य ग्राम पंचायतों का गठन करने के लिए कदम उठाएगा और उनको ऐसी शक्तियाँ एवं प्राधिकार प्रदान करेगा जो उन्हें स्वायत्त शासन की इकाइयों के रूप में कार्य करने योग्य बनाने के लिए आवश्यक हों।

3. कुछ दशाओं में काम, शिक्षा और लोक सहायता पाने का अधिकार—राज्य अपनी आर्थिक सामर्थ्य और विकास की सीमाओं के भीतर, काम पाने के, शिक्षा पाने के और बेकारी, बुढ़ापा, बीमारी और निःशक्तता तथा अनर्ह अभाव की दशाओं में लोक सहायता पाने के अधिकार को प्राप्त करने का प्रभावी उपबन्ध करेगा।

4. काम की न्यायसंगत और मानवोचित दशाओं का तथा प्रसूति सहायता का उपबन्ध—राज्य काम की न्यायसंगत और मानवोचित दशाओं को सुनिश्चित करने के लिए और प्रसूति सहायता के लिए उपबन्ध करेगा।

5. कर्मकारों के लिए निर्वाह मजदूरी आदि—राज्य, उपयुक्त विधान या आर्थिक संगठन द्वारा या किसी अन्य रीति से कृषि के, उद्योग के या अन्य प्रकार के सभी कर्मकारों को काम, निर्वाह मजदूरी, शिष्ट जीवन स्तर और अवकाश का सम्पूर्ण उपयोग सुनिश्चित करने वाली काम की दशाएँ तथा सामाजिक एवं सांस्कृतिक अवसर प्राप्त कराने का प्रयास करेगा और विशिष्टतया ग्रामों में कुटीर उद्योगों को वैयक्तिक या सहकारी आधार पर बढ़ाने का प्रयास करेगा। इसके अतिरिक्त वह उद्योगों के प्रबन्ध में श्रमिकों की भागीदारी के लिए भी प्रयास करेगा।

6. नागरिक के लिए एक समान सिविल संहिता—राज्य, भारत के समस्त राज्य क्षेत्र में नागरिकों के लिए एक समान सिविल संहिता प्राप्त कराने का प्रयास करेगा।

7. छह वर्ष से कम आयु के बालकों के लिए प्रारम्भिक बाल्यावस्था देख-रेख और शिक्षा का उपबन्ध—राज्य, सभी बालकों के लिए छह वर्ष की आयु पूरी करने तक प्रारम्भिक बाल्यावस्था देख-रेख और शिक्षा देने के लिए उपबन्ध करने का प्रयास करेगा।

8. अनुसूचित जातियों, अनुसूचित जनजातियों और अन्य दुर्बल वर्गों के शिक्षा और अर्थ सम्बन्धी हितों की अभिवृद्धि—राज्य, जनता के कमजोर वर्गों के, विशिष्टतया अनुसूचित जातियों और अनुसूचित जनजातियों के शिक्षा और अर्थ सम्बन्धी हितों की विशेष सावधानी से अभिवृद्धि करेगा और सामाजिक अन्याय और सभी प्रकार के शोषण से उनकी संरक्षा करेगा।

9. पोषाहार स्तर और जीवन स्तर को ऊँचा करने तथा लोक स्वास्थ्य को सुधार करने का राज्य का कर्त्तव्य—राज्य, अपने लोगों के पोषाहार स्तर और जीवन स्तर को ऊँचा करने और लोक स्वास्थ्य के सुधार को अपने प्राथमिक कर्त्तव्यों में मानेगा और राज्य विशिष्टतया मादक पेयों और स्वास्थ्य के लिए हानिकारक औषधियों के, औषधीय प्रयोग से भिन्न, उपयोग का प्रतिषेध करने का प्रयास करेगा।

10. कृषि और पशुपालन का संगठन—राज्य, कृषि और पशुपालन को आधुनिक और वैज्ञानिक प्रणालियों से संगठित करने का प्रयास करेगा और विशिष्टतया गायों और बछड़ों तथा अन्य दूधारु और वाहक पशुओं की नस्लों के परिरक्षण और सुधार के लिए और उनके वध का प्रतिषेध करने के लिए कदम उठाएगा। इसके अतिरिक्त राज्य, देश के पर्यावरण के संरक्षण तथा संवर्धन का और वन तथा अन्य जीवों की रक्षा करने का प्रयास करेगा।

11. राष्ट्रीय महत्त्व के स्मारकों, स्थानों और वस्तुओं का संरक्षण—राष्ट्रीय महत्त्व वाले कलात्मक या ऐतिहासिक अभिरुचि वाले प्रत्येक स्मारक या स्थान या वस्तु का हर प्रकार से संरक्षण करना राज्य की बाध्यता होगी।

12. कार्यपालिका से न्यायपालिका का पृथक्करण—राज्य की लोक सेवाओं में न्यायपालिका को कार्यपालिका से पृथक् करने के लिए राज्य कदम उठाएगा।

13. अन्तर्राष्ट्रीय शान्ति और सुरक्षा की अभिवृद्धि—राज्य,

(क) अन्तर्राष्ट्रीय शान्ति और सुरक्षा की अभिवृद्धि का,

(ख) राष्ट्रों के बीच न्याय संगत और सम्मानपूर्ण सम्बन्धों को बनाए रखने का,

(ग) संगठित लोगों के एक-दूसरे से व्यवहारों में अन्तर्राष्ट्रीय विधि और सन्धि बाध्यताओं के प्रति आदर भाव बढ़ाने का, और

(घ) अन्तर्राष्ट्रीय विवादों को मध्यस्थता द्वारा निपटाने के लिए प्रोत्साहन देने का प्रयास करेगा।

नागरिकों के मूल अधिकार एवं कर्त्तव्य
(FUNDAMENTAL RIGHTS AND DUTIES OF CITIZENS)

इस संविधान के अनुच्छेद 12 से 32 तक में नागरिकों के मूल अधिकारों (Fundamental Rights) को स्पष्ट किया गया है। प्रारम्भ में इस संविधान में नागरिकों को 7 मूल अधिकार दिए गए थे परन्तु 1979 में 44वें संविधान संशोधन द्वारा सम्पत्ति के अधिकार को मूल अधिकारों की सूची से निकालकर उसे कानूनी अधिकारों की सूची में जोड़ दिया गया और इस प्रकार 6 मूल अधिकार रह गए। वर्तमान में भारतीय नागरिकों को निम्नलिखित **6 मूल अधिकार** प्राप्त हैं—

(1) समानता का अधिकार।

(2) स्वतन्त्रता का अधिकार।

(3) शोषण के विरुद्ध अधिकार।

(4) धर्म की स्वतन्त्रता का अधिकार।

(5) संस्कृति और शिक्षा का अधिकार।

(6) संवैधानिक उपचारों का अधिकार।

प्रारम्भ में हमारे संविधान में केवल मूल अधिकारों की व्यवस्था ही की गई थी। 1976 में 42वें संविधान संशोधन द्वारा संविधान के अनुच्छेद 51 (A) में नागरिकों के 10 मूल कर्त्तव्य (Fundamental Duties) भी जोड़े गए। उसके बाद 2001 में 93वें संविधान संशोधन द्वारा 51 (A) में ग्यारहवाँ मूल कर्त्तव्य और जोड़ा गया। वर्तमान में प्रत्येक नागरिक के निम्नलिखित ग्यारह कर्त्तव्य हैं—

भारत के प्रत्येक नागरिक का यह **कर्त्तव्य** होगा कि वह—

(1) संविधान का पालन करे और उसके आदर्शों, संस्थाओं, राष्ट्रध्वज और राष्ट्रगान का आदर करे। [अनुच्छेद-51 (a)]।

(2) स्वतन्त्रता के लिए राष्ट्रीय आन्दोलन को प्रेरित करने वाले उच्च आदर्शों को हृदय में सँजोए रखे और उनका पालन करे। [अनुच्छेद-51 (b)]।

(3) भारत की सम्प्रभुता, एकता तथा अखण्डता की रक्षा करे और उसे अक्षुण्ण बनाए रखे। [अनुच्छेद-51 (c)]।

(4) देश की रक्षा करे और आह्वान किए जाने पर राष्ट्र की सेवा करे। [अनुच्छेद-51 (d)]।

(5) भारत के सभी लोगों में समरसता तथा समान भ्रातृत्व की भावना का निर्माण करे जो धर्म, भाषा और प्रदेश या वर्ग पर आधारित सभी भेदभाव से परे हो, ऐसी प्रथाओं का त्याग करे जो महिलाओं के सम्मान के विरुद्ध हों। [अनुच्छेद-51 (e)]।

(6) हमारी समन्वित संस्कृति की गौरवशाली परम्परा का महत्त्व समझे और उसकी रक्षा करे। [अनुच्छेद-51 (f)]।

(7) प्राकृतिक पर्यावरण की जिसके अन्तर्गत वन, झील, नदी तथा वन्य जीव हैं, उसकी रक्षा करे और उसका संवर्धन करे तथा प्राणीमात्र के प्रति दया भाव रखे। [अनुच्छेद-51 (g)]।

(8) वैज्ञानिक तथा मानववादी दृष्टिकोण अपनाकर सुधार की भावना का विकास करे। [अनुच्छेद-51 (h)]।

(9) सार्वजनिक सम्पत्ति की सुरक्षा करे तथा हिंसा से दूर रहे।

(10) व्यक्तिगत तथा सामूहिक प्रयत्नों से सभी क्षेत्रों में उत्कर्ष की ओर बढ़ने का निरन्तर प्रयास करे, जिससे राष्ट्र उपलब्धि की नई ऊँचाइयों को छू सके।

(11) माता-पिता अथवा अभिभावक के रूप में 6-14 आयु वर्ग के अपने बच्चों अथवा आश्रितों को शिक्षा के अवसर प्रदान करे।

भारतीय संविधान में शिक्षा सम्बन्धी प्रावधान
(EDUCATIONAL PROVISIONS IN INDIAN CONSTITUTION)

भारतीय संविधान में शिक्षा को नागरिकों का मूल अधिकार माना गया है। भारतीय नागरिक अपने शिक्षा सम्बन्धी मूल अधिकार का प्रयोग कर सकें, इसके लिए संविधान में अनेक व्यवस्थाएँ की गई हैं। यहाँ कुछ मूल व्यवस्थाओं का उल्लेख संक्षेप में प्रस्तुत है—

1. शिक्षा समवर्ती सूची में—भारतीय गणराज्य के संविधान में तीन अलग-अलग सूचियाँ हैं—संघ सूची (Union List), राज्य सूची (State List) और समवर्ती सूची (Concurrent List)। संघ सूची में उल्लिखित सभी विषयों पर कानून बनाने का अधिकार केन्द्रीय सरकार को है, प्रान्तीय सूची में उल्लिखित सभी विषयों पर कानून बनाने का अधिकार राज्य सरकारों को है और समवर्ती सूची में उल्लिखित सभी विषयों पर कानून बनाने का अधिकार केन्द्र तथा राज्य सरकार दोनों को है। केन्द्र द्वारा बनाए गए कानूनों और राज्यों द्वारा बनाए गए कानूनों में विरोध होने की दशा में केन्द्र द्वारा बनाए गए कानून को माना जाता है। प्रारम्भ में शिक्षा प्रान्तीय सूची में थी। इसकी व्यवस्था करना प्रान्तीय सरकारों का उत्तरदायित्व था। केन्द्रीय सरकार का उत्तरदायित्व संघीय क्षेत्रों में शिक्षा की व्यवस्था करना, कुछ राष्ट्रीय महत्त्व की शिक्षा संस्थाओं की व्यवस्था करना और तकनीकी एवं उच्च शिक्षा के स्तरमान को बनाए रखने तक सीमित था। 1976 में 42वें संविधान संशोधन द्वारा शिक्षा को समवर्ती सूची (Concurrent list) में सम्मिलित किया गया। तब से शिक्षा की व्यवस्था करना केन्द्र और प्रान्तीय सरकारों का संयुक्त उत्तरदायित्व है। वर्तमान में केन्द्र सरकार राष्ट्रीय शिक्षा नीति का निर्माण करने, संघीय क्षेत्रों में शिक्षा की व्यवस्था करने, पूरे देश में सामान्य शिक्षा सुविधाओं में समन्वय स्थापित करने, उच्च शिक्षा के स्तर को बनाए रखने, राष्ट्रीय महत्त्व की भाषाओं का विकास करने

और राष्ट्रीय महत्त्व की उच्च शिक्षा संस्थाओं और शोध संस्थानों की व्यवस्था करने के लिए उत्तरदायी है और प्रान्तीय सरकारें राष्ट्रीय शिक्षा नीति के अनुरूप अपने-अपने क्षेत्रों में शिक्षा के प्रशासन के लिए उत्तरदायी हैं। वर्तमान में केन्द्रीय सरकार देश के विभिन्न क्षेत्रों में शिशु शिक्षा और प्राथमिक शिक्षा के प्रसार के लिए भी अनेक योजनाएँ चला रही है और माध्यमिक शिक्षा के क्षेत्र में केन्द्रीय विद्यालयों एवं नवोदय विद्यालयों की व्यवस्था कर रही है और कुछ उच्च स्तर की उच्च संस्थाओं को चला रही हैं। साथ ही प्रान्तों में किसी भी स्तर और किसी भी प्रकार की शिक्षा की व्यवस्था के लिए आर्थिक सहायता देती है।

2. जन्म से 6 वर्ष तक के शिशुओं की देखभाल और शिक्षा की व्यवस्था—2002 में संविधान में 86वें संविधान संशोधन द्वारा **अनुच्छेद 45** को इस प्रकार परिवर्तित किया गया—'राज्य सभी बच्चों को जब तक कि वे 6 वर्ष की आयु प्राप्त न कर लें बाल्यावस्था देखभाल और शिक्षा की व्यवस्था करेगा।'

3. 6 से 14 वर्ष तक की आयु के बच्चों की अनिवार्य एवं निःशुल्क शिक्षा की व्यवस्था—प्रारम्भ में संविधान के **अनुच्छेद 45** में यह घोषणा की गई थी—'राज्य संविधान के प्रारम्भ से 10 वर्ष की कालावधि के अन्दर सभी बालकों को 14 वर्ष की आयु समाप्ति तक निःशुल्क एवं अनिवार्य शिक्षा देने के लिए प्रबन्ध करने का प्रयास करेगा।' संविधान में राज्य से तात्पर्य केन्द्र एवं प्रान्तीय सरकारों तथा प्रशासनतन्त्र, तीनों से है। यह इस संवैधानिक निर्देश (Constitutional Directive) का ही प्रभाव है कि राज्य 6 से 14 आयु वर्ग के बच्चों की प्राथमिक शिक्षा की अनिवार्य एवं निःशुल्क व्यवस्था करने के लिए निरन्तर प्रयत्नशील है। इस दिशा में एक बड़ा कदम 86वाँ संविधान संशोधन अधिनियम, 2002 है जिसके अनुसार **अनुच्छेद 21 (A)** जोड़ा गया है, जो इस प्रकार है—'राज्य 6 से 14 आयु वर्ग के सभी बच्चों को निःशुल्क एवं अनिवार्य शिक्षा, उस प्रकार की नीति से जैसा राज्य विधि द्वारा अवधारित करे, की व्यवस्था करेगा।' इसी 86वें संशोधन, 2002 में एक संशोधन यह किया गया कि 'प्रत्येक नागरिक का यह कर्त्तव्य है कि वह माता-पिता अथवा अभिभावक के रूप में 6 से 14 आयु वर्ग के अपने बच्चों अथवा आश्रितों को शिक्षा के अवसर प्रदान करे।' इस दिशा में सरकार का सबसे बड़ा कदम **शिक्षा का अधिकार अधिनियम, 2009** (Right to Education Act, 2009) पास करना है। इस अधिनियम के अनुसार—'6 से 14 आयु वर्ग के बच्चों को कक्षा 1 से कक्षा 8 तक की निःशुल्क एवं अनिवार्य शिक्षा प्राप्त करने का मूल अधिकार है।' सरकार ने 2010 में इसे कानून का रूप दिया और 1 अप्रैल, 2010 से इसे कानून के रूप में लागू कर दिया।

4. शिक्षा संस्थाओं में प्रवेश के समान अधिकार—संविधान के **अनुच्छेद 29 (2)** में यह व्यवस्था की गई है—'राज्य द्वारा पोषित अथवा राज्य निधि से सहायता पाने वाली किसी भी शिक्षा संस्था में किसी भी नागरिक को धर्म, मूल, वंश अथवा जाति के आधार पर प्रवेश से वंचित नहीं किया जाएगा।' वर्तमान में यह नियम वित्तविहीन (स्ववित्तपोषित) मान्यता प्राप्त शिक्षा संस्थाओं पर भी लागू है और पब्लिक स्कूलों पर भी लागू है।

5. स्त्री शिक्षा की विशेष व्यवस्था—स्त्री शिक्षा के सन्दर्भ में संविधान के **अनुच्छेद 15 (3)** में यह व्यवस्था की गई है—'इस अनुच्छेद की किसी भी बात से राज्य को स्त्रियों और बालकों के लिए कोई उपबन्ध बनाने में कोई बाधा नहीं होगी।'

6. समाज के कमजोर वर्ग : अनुसूचित जाति और अनुसूचित जनजाति के बच्चों की शिक्षा की विशेष व्यवस्था—संविधान में सर्वप्रथम **अनुच्छेद 17** द्वारा अस्पृश्यता (छुआछूत) को समाप्त किया गया है और **अनुच्छेद 46** में यह व्यवस्था की गई है—'राज्य जनता के कमजोर वर्गों, विशेषतः अनुसूचित जातियों और अनुसूचित जनजातियों की शिक्षा तथा अर्थ सम्बन्धी हितों की विशेष सावधानी से उन्नति करेगा और सामाजिक अन्याय और सब प्रकार के शोषण से उनका संरक्षण करेगा।' वर्तमान में प्राथमिक स्तर पर कमजोर वर्गों के सभी बच्चों को निःशुल्क शिक्षा के साथ पुस्तकें भी निःशुल्क दी जाती हैं और साथ ही छात्रवृत्तियाँ भी दी जाती हैं। माध्यमिक एवं उच्च शिक्षा स्तर पर इनके लिए छात्रवृत्तियों के साथ आरक्षण सुविधा भी है।

7. अल्पसंख्यकों की शिक्षा की विशेष व्यवस्था—अल्पसंख्यकों की शिक्षा के सम्बन्ध में संविधान के **अनुच्छेद 30** में दो प्रावधान किए गए हैं—

(1) धर्म या भाषा पर आधारित सभी अल्पसंख्यक वर्गों को अपनी रुचि की शिक्षा संस्थाओं की स्थापना और प्रशासन का अधिकार होगा। **अनुच्छेद 30 (1)**

(2) शिक्षा संस्थाओं को सहायता देने में राज्य किसी विद्यालय के विरुद्ध इस आधार पर भेद नहीं करेगा कि वह धर्म या भाषा पर आधारित किसी अल्पसंख्यक वर्ग के प्रबन्ध में है। **अनुच्छेद 30 (2)**

8. मातृभाषा के माध्यम से शिक्षा—संविधान के **अनुच्छेद 350 (A)** में यह घोषणा की गई है कि 'प्रत्येक राज्य (State) और प्रत्येक स्थानीय प्राधिकारी (Local Authority) का यह दायित्व है कि वह भाषायी दृष्टि से अल्पसंख्यकों के बच्चों को शिक्षा के प्राथमिक स्तर पर, मातृभाषा के माध्यम से शिक्षा की समुचित सुविधाएँ उपलब्ध कराए।'

9. धार्मिक शिक्षा के विषय में स्पष्ट निर्देश—संविधान के **अनुच्छेद 28** में यह घोषणा की गई है कि पूर्ण रूप से राज्य निधि द्वारा पोषित किसी भी शिक्षा संस्था में धार्मिक शिक्षा नहीं दी जाएगी और **अनुच्छेद 22** में यह स्पष्ट किया गया है कि राज्य निधि से सहायता प्राप्त किसी भी शिक्षा संस्था में बच्चों को किसी धार्मिक उपासना में उपस्थित होने के लिए बाध्य नहीं किया जाएगा।

10. राष्ट्रीय महत्त्व के उच्च शिक्षा एवं अनुसंधान केन्द्रों की व्यवस्था केन्द्र द्वारा—संघ सूची एक की प्रविष्टि संख्या 62 में उल्लिखित राष्ट्रीय पुस्तकालय एवं संग्रहालय आदि, प्रविष्टि संख्या 63 में उल्लिखित राष्ट्रीय महत्त्व की शिक्षण संस्थाएँ—बनारस, अलीगढ़ व दिल्ली विश्वविद्यालय आदि, प्रविष्टि संख्या 64 में उल्लिखित केन्द्र द्वारा पोषित राष्ट्रीय महत्त्व की वैज्ञानिक एवं तकनीकी संस्थाएँ, प्रविष्टि संख्या 65 में उल्लिखित राष्ट्रीय महत्त्व की प्रोफेशनल, वोकेशनल, तकनीकी एवं विशिष्ट अध्ययन संस्थाएँ और प्रविष्टि संख्या 66 में उल्लिखित उच्च शिक्षा संस्थान और अनुसंधान केन्द्रों की सम्पूर्ण वित्तीय व्यवस्था और संचालन का कार्य भार केन्द्र सरकार का है।

11. राष्ट्रीय महत्त्व की भाषाओं की शिक्षा—संविधान के **अनुच्छेद 344 (1)** में 15 भाषाओं को राष्ट्रीय महत्त्व की भाषा घोषित किया गया है। ये भाषाएँ हैं—(1) असमिया, (2) बंगाली, (3) गुजराती, (4) हिन्दी, (5) कन्नड़, (6) कश्मीरी, (7) मलयालम, (8) मराठी, (9) उड़िया, (10) पंजाबी, (11) संस्कृत, (12) सिन्धी, (13) तमिल, (14) तेलुगू और (15) उर्दू। आगे चलकर संविधान संशोधन द्वारा कोंकड़ी, मणिपुरी, डोगरी, बोगे, मैथिली, संथाली और नेपाली को भी मान्यता प्रदान कर दी गई। इस प्रकार इस समय राष्ट्रीय महत्त्व की भाषाओं की संख्या (15 + 7) = 22 हो गई है। साथ ही संविधान में यह घोषणा की गई है कि राज्य इन भाषाओं के विकास के लिए आवश्यक प्रयास करेगा।

12. राष्ट्र भाषा हिन्दी का विकास—संविधान के **अनुच्छेद 343** में हिन्दी को संघ की राजभाषा घोषित किया गया है और साथ ही **अनुच्छेद 351** में इसके विकास के लिए विशेष प्रयत्न करने की व्यवस्था की गई है—'हिन्दी भाषा का प्रसार एवं वृद्धि करना, उसका विकास करना जिससे वह भारत की संस्कृति में सब तत्त्वों को अभिव्यक्ति का माध्यम हो सके और उसकी आत्मीयता में हस्तक्षेप किए बिना हिन्दुस्तानी एवं अष्टम अनुसूची में उल्लिखित अन्य भारतीय भाषाओं के रूप, शैली और पदावली को आत्मसात करते हुए एवं जहाँ आवश्यक एवं वांछनीय हो वहाँ उसके शब्द भण्डार के लिए मुख्यत: संस्कृत से और गौणत: अन्य भाषाओं से शब्द ग्रहण सुनिश्चित करना संघ का कर्त्तव्य होगा।'

अभ्यास प्रश्न

दीर्घ उत्तरीय प्रश्न (Long Answer Type Questions)

1. भारतीय संविधान के शिक्षा सम्बन्धी प्रावधानों का वर्णन कीजिए।

2. भारत में शिक्षा के सम्बन्ध में मुख्य संवैधानिक निर्देश **क्या हैं? उनकी व्याख्या** कीजिए।

लघु उत्तरीय प्रश्न (Short Answer Type Questions)

1. शिक्षा के समवर्ती सूची में होने से क्या तात्पर्य है ?
2. भारतीय संविधान में निर्बल वर्गों की शिक्षा के सम्बन्ध में क्या प्रावधान है ?
3. भारतीय संविधान में अल्पसंख्यकों की शिक्षा हेतु क्या विशेष प्रावधान किया गया है ?

बहुविकल्पीय प्रश्न (Multiple Choice Questions)

1. संविधान में राज्य से क्या तात्पर्य है ?

(अ) केन्द्रीय सरकार (ब) प्रान्तीय सरकार
(स) प्रशासन (द) केन्द्र एवं प्रान्तीय सरकारें और प्रशासन। **उत्तर**—(अ)

2. 14 वर्ष तक के बच्चों की अनिवार्य एवं निःशुल्क शिक्षा का निर्देश संविधान के किस अनुच्छेद में किया गया है ?

(अ) 40वें (ब) 42वें
(स) 45वें (द) 46वें। **उत्तर**—(ब)

3. शिक्षा को समवर्ती सूची पर कब लाया गया ?

(अ) 1950 में (ब) 1952 में
(स) 1976 में (द) 1986 में। **उत्तर**—(स)

4. शिक्षा को समवर्ती सूची पर किस संविधान संशोधन द्वारा लाया गया है ?

(अ) 40वें (ब) 42वें
(स) 44वें (द) 46वें। **उत्तर**—(द)

अध्याय—17

लोकतन्त्र—स्वतन्त्रता, समानता, भातृत्व, न्याय

[DEMOCRACY—FREEDOM, EQUALITY, FRATERNITY, JUSTICE]

विषय-प्रवेश
(INTRODUCTION)

आधुनिक युग प्रजातन्त्र का युग है। प्रजातन्त्र को सब शासनों में उच्चतम स्थान दिया गया है। प्राचीन यूनानी भी सब शासनों में इसे श्रेष्ठ मानते थे। शासन के रूप में प्रजातन्त्र का भविष्य बहुत उज्ज्वल है। ऐसी सम्भावना है और आशा भी की जाती है कि धीरे-धीरे प्रजातन्त्र संसार के कोने-कोने में फैल जायेगा। शासन के रूप में प्रजातन्त्र में जनता ही शासक होती है।

'प्रजातन्त्र' एक प्रकार का सामाजिक संगठन भी है। यदि राज्य में प्रजातान्त्रिक सामाजिक संगठन नहीं है, तो हम उसको वास्तविक रूप में प्रजातन्त्र का नाम नहीं दे सकते हैं। समाज की रचना लोकतान्त्रिक आधार पर तभी हो सकती है, जब उसमें समानता और बन्धुत्व की भावनाओं का समावेश हो। मुस्लिम समाज प्रजातान्त्रिक है, क्योंकि उसमें ऊँच-नीच का भेदभाव नहीं है और सबके साथ समानता का व्यवहार होता है। हिन्दुओं में प्रजातन्त्र की भावना नहीं है, क्योंकि हिन्दू समाज में जातियों के बन्धन बहुत कठोर हैं और जातियाँ अपने को समान न रखकर, ऊँचा और नीचा समझती हैं।

शासन का भेद और सामाजिक संगठन होने के साथ-साथ प्रजातन्त्र, मस्तिष्क की एक प्रवृत्ति भी है। इसमें एक नैतिक आदर्श होता है। इसके अनुसार मनुष्य का अस्तित्व स्वयं के लिए है, न कि दूसरों को सुख और आनन्द पहुँचाने के लिए। उदाहरणार्थ—इंग्लैण्ड का निर्धन मनुष्य भी अपने जीवन को धनी-से-धनी मनुष्य के समान व्यतीत कर सकता है। इसका अभिप्राय यह है कि मनुष्य के रूप में निर्धन व्यक्ति का वही मूल्य है, जो धनी व्यक्ति का है। मनुष्य के रूप में निर्धन, धनी से निम्न नहीं है। इसलिए दोनों के द्वारा समानता का प्रयोग किया जाना आवश्यक है। मस्तिष्क की प्रवृत्ति के रूप में प्रजातन्त्र साधारण मनुष्य में अपना विश्वास व्यक्त करता है। इसका आशय है कि सब मनुष्यों में गुणों का समावेश है और वे उनसे रहित नहीं हैं।

डॉ. राधाकृष्णन् का कहना है कि हम अपने देश में लोकतन्त्र के लिए कार्य कर रहे हैं अर्थात् इसकी स्थापना के लिए प्रयत्नशील हैं। डॉ. राधाकृष्णन् के अनुसार, समस्त धर्मों का मुख्य सिद्धान्त यह है कि ब्रह्माण्ड की संचालन-शक्ति तथा मानव-मन में एक घनिष्ठ सम्बन्ध है और इसी सिद्धान्त पर लोकतन्त्र आधारित है। लोकतन्त्र का अर्थ भ्रष्टाचार, ढोंग तथा शक्ति एवं विशेषाधिकार का दुरुपयोग नहीं है वरन् यह नैतिक मान्यताओं का शासन है। लोकतन्त्रीय जीवन-शैली में सद्निष्ठा, सहिष्णुता, मतों का आदर, सभी के लिए समान न्याय, अपने विचारों को अभिव्यक्त करने की स्वतन्त्रता तथा अपने अन्त:करण के अनुसार कार्य की शक्ति निहित है।

लोकतन्त्र का संप्रत्यय
(CONCEPT OF DEMOCRACY)

लोकतन्त्र, जनतन्त्र अथवा प्रजातन्त्र का अर्थ जनता का शासन है। लोकतन्त्र अंग्रेजी शब्द **'डेमोक्रेसी'** (Democracy) का हिन्दी अनुवाद है। **डेमोक्रेसी** शब्द ग्रीक भाषा के दो शब्दों 'डेमोस' (Demos) और क्रेटोस या क्रेशिया (Kratos or Kratia) से बना है। डेमोस का अर्थ है—जनता (People) और क्रेटोस या क्रेशिया का अर्थ है—शक्ति (Power)। इस प्रकार डेमोक्रेसी का अर्थ है—जनता की शक्ति। अत: लोकतन्त्र से तात्पर्य उस शासन-प्रणाली से है जिसमें शासन-शक्ति एक व्यक्ति या वर्ग-विशेष में निहित न रहकर

जनसाधारण में निहित होती है। वर्तमान में लोकतन्त्र को मात्र शासनतन्त्र के रूप में नहीं देखा जाता है, वरन् इसको विभिन्न रूपों—शासन-व्यवस्था, समाज व्यवस्था, आर्थिक व्यवस्था, जीवन-दर्शन आदि में देखा जाता है।

(अ) लोकतन्त्र शासन-व्यवस्था के रूप में (Democracy as a Form of Government)—शासन के रूप में लोकतन्त्र की निम्नलिखित विशेषताएँ हैं—

1. लोकतन्त्रीय शासन में जनता का प्रतिनिधित्व होता है। इसका आधार दैवी न होकर लौकिक होता है।

2. लोकतन्त्र जनता के सार्वजनिक हितों का संरक्षण करता है।

3. लोकतन्त्र में सरकार जनता के प्रति उत्तरदायी होती है।

लोकतन्त्रीय शासन-व्यवस्था को और अधिक स्पष्ट करने के लिए नीचे कुछ परिभाषाएँ दी जा रही हैं—

1. **अब्राहम लिंकन** (Abraham Lincoln)—"**लोकतन्त्र शासन का वह रूप है जिसमें शासन जनता का, जनता के लिए तथा जनता द्वारा हो।**"

2. **सीले** (Seeley)—"**लोकतन्त्रीय शासन वह है जिसमें प्रत्येक व्यक्ति का भाग होता है।**"

3. **ब्राइस** (Lord Bryce)—"**लोकतन्त्र शासन का वह रूप है जिसमें राज्य की शासन-शक्ति किसी वर्ग-विशेष अथवा वर्गों में निहित न होकर सम्पूर्ण समाज के सदस्यों में निहित होती है।**"

4. **डायसी** (Dicey)—"**लोकतन्त्र शासन का वह रूप है जिसमें शासक समुदाय सम्पूर्ण राष्ट्र का अपेक्षाकृत एक बड़ा भाग हो।**"

(ब) लोकतन्त्र एक सामाजिक व्यवस्था के रूप में (Democracy as a Social Order)—इस दृष्टि से लोकतन्त्र एक समाज है। ऐसे लोकतन्त्रों में प्रत्येक व्यक्ति को जाति, धर्म, लिंग के भेदभाव बिना सामाजिक जीवन में समानता की स्थिति प्राप्त होती है।

1. **हर्नशा** (Hearnshaw)—"**लोकतन्त्रीय समाज वह है जिसमें समानता के विचार की प्रबलता हो तथा उसमें समानता का सिद्धान्त प्रचलित हो।**"

2. **डायसी** (Dicey)—"**लोकतन्त्र वह समाज है जिसमें अधिकारों की साधारण समानता तथा स्थिति की, विचारों की, भावनाओं की तथा आदर्शों की समानता पायी जाती हो।**"

3. **वुल्फ** (Wolff)—"**एक लोकतन्त्रीय समाज स्वतन्त्र, समान, सक्रिय तथा बुद्धिमान नागरिकों का वह समाज है जिसमें प्रत्येक व्यक्ति अपने जीवन का मार्ग स्वयं निर्धारित करता है और चाहता है कि दूसरे व्यक्ति भी अपने जीवन का मार्ग स्वयं निर्धारित करें।**"

(स) लोकतन्त्र आर्थिक व्यवस्था के रूप में (Democracy as a Economic Order)—आर्थिक लोकतन्त्र में प्रत्येक व्यक्ति को जीवनयापन के लिए न्यूनतम आर्थिक उपलब्धियों पर बल दिया जाता है। इसके अतिरिक्त इसमें बेरोजगारी के उन्मूलन, उचित वेतन, कार्य एवं अवकाश के अधिकार पर बल दिया जाता है। साथ ही इसमें राजनीतिक स्वतन्त्रता के लिए आर्थिक विषमता को दूर करने पर बल दिया जाता है। आर्थिक लोकतन्त्र इस विश्वास पर आधारित होता है कि आर्थिक समानता के न्याय के अभाव में राजनीतिक लोकतन्त्र कोरी कल्पना है।

(द) लोकतन्त्र जीवन-दर्शन के रूप में (Democracy as a Philosophy of Life)—लोकतन्त्र जीवन का एक दृष्टिकोण है। इसमें प्रत्येक व्यक्ति को अपने ढंग से रहने, सोचने आदि की स्वतन्त्रता रहती है। इसमें प्रत्येक व्यक्ति को संस्कृति की छूट के साथ मूल अधिकार भी प्राप्त होते हैं। **राधाकृष्णन् आयोग के प्रतिवेदन** के अनुसार, "**लोकतन्त्र जीवन का एक ढंग है, न कि मात्र राजनीतिक व्यवस्था। वह**

प्रजाति, धर्म, लिंग, व्यवसाय या आर्थिक स्थिति के भेदभाव के बिना समाज के सभी नागरिकों को समान स्वतन्त्रता तथा अधिकार प्रदान करने के सिद्धान्त पर आधारित है।''

लोकतन्त्र के मूल सिद्धान्त
(BASIC PRINCIPLES OF DEMOCRACY)

लोकतन्त्र एक 'जीवन-प्रयोग' है। इसको तभी सफल बनाया जा सकता है जब इसके मूल सिद्धान्तों को व्यवहार में लाया जाए। स्वत: प्रश्न उठता है कि लोकतन्त्र के मूल सिद्धान्त क्या हैं ? इसके उत्तर में हम अग्रांकित सिद्धान्तों को प्रस्तुत कर रहे हैं—

(अ) स्वतन्त्रता (Freedom)—स्वतन्त्रता लोकतन्त्र की आधारशिला है। इसके अभाव में मानव अपनी शक्तियों का विकास नहीं कर सकता है। लोकतन्त्र में इसी कारण प्रत्येक व्यक्ति को विभिन्न प्रकार की स्वतन्त्रताएँ प्रदान की जाती हैं—विचार व्यक्त करने की स्वतन्त्रता, सोचने, लिखने, वाद-विवाद करने, समालोचना करने आदि की स्वतन्त्रता। भारतीय लोकतन्त्र में भी नागरिकों को विभिन्न स्वतन्त्रताएँ प्रदान की गई हैं। उदाहरणार्थ—वाक् स्वतन्त्रता, अभिव्यक्ति की स्वतन्त्रता, शान्तिपूर्वक और निरायुध सम्मेलन करने की स्वतन्त्रता या संघ बनाने की स्वतन्त्रता, भारत राज्य-क्षेत्र में सर्वत्र अबाध संचरण की स्वतन्त्रता, भारत राज्य-क्षेत्र के किसी भाग में निवास करने तथा बसने की स्वतन्त्रता, कोई वृत्ति, उपजीविका, व्यापार या कारोबार करने की स्वतन्त्रता। व्यक्ति इन स्वतन्त्रताओं का उपयोग तभी सफलतापूर्वक कर सकता है जब वह दूसरे व्यक्तियों के अधिकारों को अपने ही अधिकारों के समान मानेगा।

(ब) समानता (Equality)—समानता लोकतन्त्र का दूसरा मूल सिद्धान्त है। लोकतन्त्र में किसी प्रकार के भेदभाव के लिए व्यवस्था नहीं होती। इसमें सभी व्यक्ति समान होते हैं। चाहे वे किसी जाति, प्रजाति, लिंग, धर्म तथा वर्ग के क्यों न हों। इसमें वैयक्तिक विकास के लिए समान अवसर प्रदान करने पर बल दिया जाता है। समान अवसर का अभिप्राय यह है कि प्रत्येक व्यक्ति को उसकी रुचियों, योग्यताओं तथा क्षमताओं के अनुकूल विकास की पूर्ण सुविधाएँ प्राप्त हों। भारतीय लोकतन्त्र में समता के अधिकार का स्वरूप निषेधात्मक है। यह अधिकार उन सामाजिक तथा नागरिक निर्योग्यताओं को दूर करना चाहता है जिनसे भारतीय सर्वसाधारण बहुत दिनों से अपार कष्ट सह रहे हैं। भारतीय लोकतन्त्र की मान्यता है कि समान स्थिति वाले लोगों के समाज में ही लोकतन्त्र सफल हो सकता है। अत: भारतीय संविधान में निम्नांकित प्रावधान किये गये हैं—

1. विधि के समक्ष सभी समान।

2. किसी नागरिक के विरुद्ध केवल धर्म, मूलवंश, जाति, लिंग, जन्म-स्थान या इनमें से किसी के आधार पर कोई विभेद नहीं किया जायेगा।

3. राज्याधीन नौकरियों या पदों पर नियुक्ति के सम्बन्ध में समान नागरिकों के लिए अबसर की समानता होगी।

(स) भ्रातृत्व (Fraternity)—लोकतन्त्र सामाजिक सम्बन्धों की एक व्यवस्था है जो व्यक्ति तथा सामूहिक हित की उन्नति के लिए कार्य करती है। व्यक्ति तथा समूह दोनों का हित पारस्परिकता पर निर्भर करता है। उपयुक्त सामाजिक सम्बन्धों के लिए भ्रातृत्व भाव अत्यन्त आवश्यक है। यही भाव लोकतन्त्रीय समाज की रचना करता है। लोकतन्त्र वह समाज है जिसमें सामान्य नारी तथा पुरुष अपनी पूर्णता की प्राप्ति के लिए मिल-जुलकर कार्य करते हैं। साथ ही वे एक-दूसरे को सहयोग प्रदान करते हैं।

(द) न्याय (Justice)—लोकतन्त्र में न्याय की दृष्टि से अमीर व गरीब, निर्बल व शक्तिशाली आदि सभी समान हैं। उनके साथ किसी प्रकार का कानूनी भेदभाव नहीं किया जायेगा। भारतीय लोकतन्त्र में आर्थिक, सामाजिक तथा राजनैतिक न्याय की स्थापना पर बल दिया गया है। इसके लिए संविधान के चौथे भाग में अर्थात् नीति निदेशक सिद्धान्तों में प्रावधान किये गये हैं। अनुबन्ध 38 उपबन्धित करता है कि ''राज्य

ऐसी सामाजिक व्यवस्था की, जिसमें सामाजिक, आर्थिक तथा राजनीतिक न्याय जीवन की सभी संस्थाओं को अनुप्राणित करे, भरसक कार्यसाधक रूप में स्थापना तथा संरक्षण करके लोककल्याण की उन्नति का प्रयास करेगा।''

लोकतन्त्र के मूल्य
(VALUES OF DEMOCRACY)

लोकतन्त्रीय पद्धति को अपनाने वाले व्यक्तियों के जीवन-दर्शन के कुछ मूल्य होते हैं जिनका पालन करना लोकतन्त्र की सफलता के लिए आवश्यक है। ये मूल्य निम्नलिखित हैं—

(1) सहनशीलता (Tolerance)—लोकतन्त्र का मूल मन्त्र है—'जियो और जीने दो' (Live and let live)। इस मन्त्र के पालन के लिए यह आवश्यक है कि प्रत्येक व्यक्ति को सहनशील होना चाहिए। यह तभी सम्भव है जब हम दूसरे व्यक्तियों के उचित विचारों को स्वीकार करना सीखें। हमें अपने विचारों को दूसरे पर थोपना नहीं चाहिए। व्यक्ति को कभी भी यह नहीं सोचना चाहिए कि मेरा विचार या कार्य सही है और दूसरों के विचार या कार्य गलत हैं।

(2) व्यक्ति का आदर (Respect of Individual)—लोकतन्त्र इस आस्था पर आधारित है कि मानव व्यक्तित्व अनन्त मूल्य का है। लोकतन्त्र में व्यक्ति की गरिमा को महत्ता प्रदान की गई है। अत: प्रत्येक व्यक्ति को दूसरे व्यक्तियों को सम्मान एवं आदर प्रदान करना चाहिए। साथ ही उसे दूसरे व्यक्तियों के विकास में बाधा नहीं डालनी चाहिए वरन् उनके विकास में सहयोग प्रदान करना चाहिए।

(3) परिवर्तन में आस्था (Faith in Change)—परिवर्तन लोकतन्त्र का आवश्यक गुण है। अत: लोकतन्त्र में आस्था रखने वाला व्यक्ति परिवर्तन में विश्वास करता है। वह परिवर्तनों के साथ अनुकूलन भी करता है। वह परिवर्तन का अन्धानुकरण भी नहीं करता है वरन् वह अपनी जाँच-पड़ताल करके उन्हें स्वीकार करता है।

(4) समझाने-बुझाने से परिवर्तन (Change through Persuation)—लोकतन्त्र में परिवर्तन या कोई विचार दूसरों पर बलपूर्वक नहीं लादे जाते वरन् विचार-विमर्श या समझा-बुझाकर उन्हें स्वीकार करने के लिए तैयार किया जाता है। लोकतन्त्र में परिवर्तन को संवैधानिक एवं शान्तिपूर्वक उपायों के माध्यम से लाने पर बल दिया जाता है।

(5) सेवा (Service)—लोकतन्त्र का आधार सेवा है। लोकतन्त्रीय समाज में प्रत्येक व्यक्ति को स्वेच्छा से जनता की सेवा के लिए अर्पित करना चाहिए। **रायबर्न** (Ryburn) का मत है—**''लोकतन्त्र ऐसी व्यवस्था है जिसमें समाज के समस्त व्यक्ति साथ-साथ रहते हैं। इसमें प्रत्येक व्यक्ति समाज की तथा समाज प्रत्येक व्यक्ति की अधिक सेवा करता है।''** अन्त में हम **जॉर्ज काउण्ट्स** (George Counts) के शब्दों में कह सकते हैं—''लोकतन्त्र सामाजिक सम्बन्धों की एक व्यवस्था है जो व्यक्ति तथा सामूहिक हित की उन्नति के लिए कार्य करती है। एक शब्द में लोकतन्त्र वह समाज है जिसमें सामान्य नारी एवं पुरुष अपनी पूर्णता प्राप्त करने के लिए अभिवृद्धित होते हैं। अत: लोकतन्त्र जनता का, जनता द्वारा तथा जनता के लिए एक समाज है।'' इस प्रकार लोकतन्त्र सहयोग, सहकारिता, सहिष्णुता एवं त्याग पर आधारित जनता का एक समाज है।

लोकतन्त्र की मान्यताएँ
(ASSUMPTIONS OF DEMOCRACY)

हॉपकिन्स (Hopkins) ने लोकतन्त्रीय जीवन-शैली की निम्नलिखित मान्यताएँ बताई हैं—

1. प्रत्येक व्यक्ति मानव प्राणी के रूप में अपना महत्त्व रखता है। दूसरे शब्दों में, मनुष्य की महत्ता तथा क्षमताओं में आस्था।

2. प्रत्येक मानव प्राणी सीखने की क्षमता रखता है।

3. प्रत्येक मानव स्वयं में साध्य है, वह साधन नहीं है।

4. लोकतन्त्र वैयक्तिक अवसर पर आधारित है। साथ ही वह वैयक्तिक दायित्व पर आधारित है।

5. लोकतन्त्र मौलिक नैतिकता पर आधारित है।

6. लोकतन्त्र जीवित व्यक्ति की सम्प्रभुता में आस्था रखता है।

7. लोकतन्त्र इस तथ्य पर आधारित है कि जीवनयापन की प्रक्रिया अन्त:पारस्परिक है। इस कारण प्रत्येक व्यक्ति एक-दूसरे के साथ मिल-जुलकर कार्य करता है।

8. लोकतन्त्र न्याय, स्वतन्त्रता, समानता तथा भ्रातृत्व पर आधारित है।

9. लोकतन्त्र वैयक्तिकता को आदर एवं महत्त्व प्रदान करता है।

10. लोकतन्त्र सहिष्णुता तथा सहयोगी या सहकारी जीवन-यापन पर बल देता है।

उपर्युक्त को देखने से स्पष्ट है कि लोकतन्त्र व्यक्तियों की गरिमा को आदर, स्वतन्त्रता, अनुशासन, समानता, न्याय, सहयोगी तथा उत्तरदायित्वपूर्ण जीवन पर बल देता है। वस्तुतः लोकतन्त्र 'जीवनयापन में प्रयोग' है।

लोकतन्त्र के लिए शिक्षा की आवश्यकता
(NEED OF EDUCATION FOR DEMOCRACY)

लोकतन्त्र की सफलता के लिए सबसे आवश्यक बात शिक्षा और उच्च कोटि की राजनैतिक चेतना है। यदि लोगों को राज्य के कार्यों में रुचि नहीं है और वे समाज की समस्याओं को नहीं समझते हैं, तो लोकतन्त्र केवल नाम के लिए होता है। लोकतन्त्र में जितने भी दोष बताये जाते हैं, उन सबका प्रमुख कारण शिक्षा का अभाव है। शिक्षा ही लोकतन्त्र के नागरिकों को जागरूक बनाती है और राज्य के कार्यों में उनकी रुचि उत्पन्न करती है। अत: लोकतन्त्र में शिक्षा की आवश्यकता के लिए जितना ही कहा जाए, थोड़ा है।

लोकतन्त्र का आदर्श है कि व्यक्ति और समाज एक-दूसरे की सहायता से पूर्णता को प्राप्त करें। लोकतन्त्र न तो समाज द्वारा व्यक्ति के शोषण और न व्यक्ति द्वारा समाज के हितों की अवहेलना की आज्ञा देता है। दूसरे शब्दों में, हम कह सकते हैं कि लोकतन्त्र का कार्य समाज को इस प्रकार संगठित करना है जिससे व्यक्ति अपने साथियों और समाज के लिए हितप्रद कार्यों द्वारा अपने व्यक्तित्व का विकास कर सके। अत: लोकतन्त्र में शिक्षा की उपेक्षा नहीं की जा सकती है, क्योंकि शिक्षा ही व्यक्ति में ज्ञान, रुचियों, आदर्शों और शक्तियों का विकास करती है। इनके विकास से ही व्यक्ति लोकतन्त्र में अपना स्थान प्राप्त करता है और उस स्थान का प्रयोग अपने को और अपने समाज को उच्च आदर्शों की ओर ले जाने के लिए करता है।

जॉन ड्यूवी (John Dewey) ने सन् 1913 में कहा था—"शिक्षा के लिए लोकतन्त्र की निष्ठा एक सुपरिचित तथ्य है। शिक्षा के अभाव में लोकतन्त्र लँगड़ा, निर्जीव तथा लचीला है और लोकतन्त्र के अभाव में शिक्षा सूखी, नीरस तथा मृतप्राय है।" इन दोनों में सजीव सम्बन्ध है। लोकतन्त्र स्वयं में एक शैक्षिक सिद्धान्त, शैक्षिक माप तथा नीति है। शिक्षा को एक प्रक्रिया के रूप में देखा गया है। यह वह महत्त्वपूर्ण साधन है जिसके माध्यम से वांछित सामाजिक परिवर्तनों को लाया जाता है। इस दृष्टिकोण से विद्वान् शिक्षा को सामाजिक अन्त:क्रियाओं तथा सामाजिक परिवर्तनों का परिणाम स्वीकार करते हैं। अत: शिक्षा वह साधन है जिसके माध्यम से लोकतन्त्र सामाजिक न्याय की स्थापना करता है।

उपर्युक्त विवेचन से स्पष्ट है कि लोकतन्त्र के लिए शिक्षा एक आवश्यक शर्त है। इस तथ्य को और अधिक स्पष्ट करने के लिए नीचे कुछ विद्वानों के विचारों को प्रस्तुत किया जा रहा है—

जे. डब्ल्यू. एच्. हेदरिंगटन (J. W. H. Hetherington) ने लिखा है—**"लोकतन्त्रीय सरकार की माँग है—शिक्षित जनता।"**

जॉन ड्यूवी के अनुसार, **''लोकतन्त्र में इस प्रकार की शिक्षा देनी चाहिए, जिससे व्यक्तियों को सामाजिक सम्बन्ध और नियन्त्रण में व्यक्तिगत रुचि उत्पन्न हो और उनमें ऐसी मानसिक आदतों का निर्माण हो, जिनसे अव्यवस्था उत्पन्न हुए बिना सामाजिक परिवर्तन का होना सम्भव हो।''**

"A democracy must have a type of education which gives individuals a personal interest in social relationship and control, and habits of mind which secure social changes without introducing disorder." **—John Dewey**

लोकतन्त्रीय शिक्षा के प्रवेश द्वार
(HALL MARKS OF DEMOCRATIC EDUCATION)

लोकतन्त्रीय शिक्षा के प्रमुख प्रवेश द्वार निम्नलिखित हैं—

1. लोकतन्त्रीय शिक्षा का प्रमुख लक्ष्य समस्त लोगों का कल्याण है।
2. यह न्याययुक्त ढंग से प्रत्येक बच्चे की सेवा करती है। इस कार्य में वह बुद्धि-लब्धि, प्रजाति, धर्म, सामाजिक स्थिति, आर्थिक स्थिति पर ध्यान नहीं देती है।
3. यह व्यवहार में मूलभूत स्वतन्त्रताओं का आदर करती है।
4. यह उन आर्थिक, सामाजिक तथा राजनैतिक स्थितियों के संरक्षण से सम्बन्धित है जो स्वतन्त्रता के उपभोग के लिए अनिवार्य हैं।
5. यह समुदाय के सभी सदस्यों को शिक्षा की नीतियों तथा लक्ष्यों के निर्धारण में भाग लेने की गारण्टी प्रदान करती है।
6. यह कक्षा-कक्ष, प्रशासन तथा छात्र-क्रियाओं में लोकतान्त्रिक विधियों का प्रयोग करती है।
7. यह अनुभव के माध्यम से शिक्षण प्रदान करती है।
8. यह सभी लोगों की बुद्धि का प्रयोग करती है। साथ ही यह उनको मुक्ति प्रदान करती है।

लोकतन्त्र में शिक्षा
(EDUCATION IN DEMOCRACY)

लोकतन्त्र में व्यक्ति की गरिमा होती है। प्रत्येक का समान महत्त्व होता है। हर एक व्यक्ति अपनी योग्यता एवं क्षमता के अनुसार अग्रसर हो सकता है। उसके व्यक्तित्व का विकास केवल उसी के लिए नहीं वरन् पूरे राष्ट्र के लिए एक अर्थ रखता है। अतः प्रत्येक व्यक्ति को विकास के लिए पूरा अवसर मिलना चाहिए। इसलिए आज लोकतन्त्र में शिक्षा प्राप्त करने का अधिकार मौलिक अधिकार का रूप ग्रहण करता जा रहा है। लोकतन्त्र में शिक्षा इस कारण भी प्रत्येक व्यक्ति के लिए एक अनिवार्य शर्त है कि वह इसको प्राप्त करके एक नागरिक के रूप में मतदाता तथा विधायक के रूप में सफलतापूर्वक कार्य कर सके। साथ ही नागरिक के रूप में व्यक्ति को राजनैतिक दल के कार्यक्रमों को बुद्धिमत्ता के साथ संचालित करने के लिए तैयार करना चाहिए। लोकतन्त्र में शिक्षा द्वारा नागरिकों को अपनी जीविका कमाने के लिए तैयार करना आवश्यक है। साथ ही वह नागरिकों को सामाजिक तथा अन्य प्रक्रियाओं में भाग लेने के लिए तैयार करे। इसके लिए शिक्षा उनमें विभिन्न अभिवृत्तियों, कौशलों तथा संवेगात्मक स्थिरता का विकास करे।

लोकतन्त्रीय शिक्षा के उद्देश्य
(AIMS OF DEMOCRATIC EDUCATION)

ड्यूवी (John Dewey) ने लिखा है—**''लोकतन्त्र केवल सरकार का रूप न होकर, उससे भी कुछ अधिक है। यह मुख्यतः सहयोगी जीवन और सम्मिलित रूप से किये गये अनुभव की विधि है।''**

ड्यूवी ने जिस विधि के बारे में लिखा है, उसके अनुसार लोगों को तैयार करना शिक्षा का कार्य है। अतः यह प्रश्न उठता है कि ''लोकतन्त्र में लोगों को किस प्रकार शिक्षा दी जाए।'' इसका उत्तर यह है कि

यदि इस शिक्षा में हमारे प्रयास सफल हैं, तो बालक योग्य नागरिक बनेगा। वह अपने कार्यों को इस प्रकार करेगा, जिससे उसका और दूसरों का हित होगा। वह ऐसे कार्यों को करने पर बल देगा, जिनसे विश्व-कल्याण को योग मिलेगा। उसमें 'सह-जीवन और सह-अस्तित्व' की भावना का विकास होगा। इस प्रकार के व्यक्ति का निर्माण करने के लिए लोकतन्त्रीय शिक्षा के कुछ उद्देश्य होना आवश्यक है। लोकतन्त्रीय शिक्षा में निम्नलिखित उद्देश्यों पर बल दिया जाता है—

(1) समविकसित व्यक्तित्व वाले व्यक्तियों का विकास (Development of Individuals with Harmonious Personality)—आज का संसार संघर्षों और कटुताओं से भरा हुआ है। ये दोनों लोकतन्त्र और मानव के लिए संकट का कारण बन गये हैं। अत: शिक्षा को सामंजस्यपूर्ण व्यक्तित्व वाले व्यक्तियों का विकास करना चाहिए। **हुमायूँ कबीर** (Humayun Kabir) के अनुसार—"**शिक्षा को मानव-प्रकृति के सब पहलुओं के लिए सामग्री जुटानी चाहिए और मानव-शास्त्र, विज्ञान तथा प्रौद्योगिकी को समान महत्त्व देना चाहिए, जिससे कि वह मनुष्य को सब कार्यों को निष्पक्षता, कुशलता और उदारता से करने के योग्य बना सके।**"

(2) व्यक्ति की आर्थिक सम्पन्नता (Economic Well-being of the Individual)—लोकतन्त्र की सफलता, व्यक्तियों की आर्थिक सम्पन्नता पर निर्भर है। इसका कारण यह है कि आर्थिक सम्पन्नता न होने पर वे अपने कर्त्तव्य से विमुख हो सकते हैं। इसके अतिरिक्त, वे धन-सम्पन्न व्यक्तियों के इशारे पर अपने वोट किसी को भी दे सकते हैं। अत: लोकतन्त्र में शिक्षा का यह उद्देश्य होना चाहिए कि वह लोगों को किसी व्यवसाय के लिए तैयार करके उनको धन-सम्पन्न बनाये। माध्यमिक शिक्षा आयोग ने भारतीय लोकतन्त्र में व्यावसायिक दक्षता के विकास को शिक्षा का एक उद्देश्य निर्धारित किया है।

(3) व्यक्ति की रुचियों का विकास (Development of Individual's Interests)—लोकतन्त्र में शिक्षा को व्यक्ति की रुचियों के विकास के लिए कार्य करना चाहिए। हरबार्ट (Harbart) ने बहुमुखी रुचियों के विकास पर बल दिया है। बालक में जितनी ही अधिक उपयुक्त और श्रेष्ठ रुचियाँ होंगी, उसे उतने ही अधिक अवसर शिक्षा-काल में और उसके बाद सुखी, कुशल और सन्तुलित जीवन व्यतीत करने के लिए मिलेंगे।

(4) अच्छी आदतों का निर्माण (Formation of Good Habits)—लोकतन्त्रीय समाज के नागरिक में अच्छी आदतों का निर्माण किया जाना आवश्यक है, क्योंकि आदतें ही गरीबी या अमीरी, परिश्रम या आलस्य, अच्छे या बुरे कार्यों की नींव डालती हैं। अत: बालकों को आरम्भ से अच्छी आदतें सिखायी जानी चाहिए, जिससे कि उनका और उनके समाज का भावी जीवन सुखी हो सके।

(5) सामाजिक दृष्टिकोण का विकास (Development of Social Outlook)—लोकतन्त्र में शिक्षा का एक महत्त्वपूर्ण उद्देश्य है—व्यक्ति में सामाजिक दृष्टिकोण का विकास करना। इस उद्देश्य में सामाजिक समझदारी, सामाजिक रुचियाँ, सामाजिक प्राणी बनने की भावना, सहयोग और सामाजिक तथा आर्थिक प्रश्नों का निर्णय करने की योग्यता आती है। इस प्रकार इस उद्देश्य में सामाजिक भावना और सामाजिक क्षमता की भावना सम्मिलित है।

(6) लोकतान्त्रिक मूल्यों का विकास (Development of Democratic Values)—लोकतान्त्रिक शिक्षा का एक प्रमुख उद्देश्य बालकों में लोकतान्त्रिक मूल्यों का विकास करना होना चाहिए। भारतीय लोकतन्त्र को सुदृढ़ तथा सबल बनाने के लिए शिक्षा द्वारा निम्नलिखित लोकतान्त्रिक मूल्यों के विकास पर बल दिया जाना चाहिए—

1. व्यक्तित्व की गरिमा का आदर
2. सहनशीलता
3. पारस्परिक सद्भाव
4. सेवा

5. विचार-विमर्श द्वारा परिवर्तन
6. व्यक्तिगत तथा सामाजिक उन्नति में समन्वय
7. त्यागपूर्ण नेतृत्व
8. आत्म-नियन्त्रण।

(7) राष्ट्रीय चेतना का विकास (Development of National Consciousness)—भारत जैसे विविधतापूर्ण लोकतन्त्र में शिक्षा का प्रमुख उद्देश्य चेतना का विकास होना चाहिए। शिक्षा द्वारा बालकों में राष्ट्रप्रेम की भावना का विकास करना चाहिए। साथ ही उन्हें अपनी राष्ट्रीय धरोहर का ज्ञान कराया जाए जिससे वे उस पर गौरवान्वित हो सकें।

(8) नेतृत्व के गुणों का विकास (Development of the Qualities of Leadership)—लोकतन्त्र का अर्थ है—"सबसे बुद्धिमान निर्वाचित नागरिकों के नेतृत्व में सबकी प्रगति।" अतः शिक्षा का एक महत्त्वपूर्ण उद्देश्य व्यक्तियों में नेतृत्व के गुणों का विकास करना है। क्योंकि आज के युवक भावी जीवन के विभिन्न क्षेत्रों में नेतृत्व करेंगे, इसलिए शिक्षा का विशेष उद्देश्य उनको सामाजिक, राजनीतिक, औद्योगिक या सांस्कृतिक क्षेत्रों में नेतृत्व के लिए प्रशिक्षित करना होना चाहिए। **'माध्यमिक शिक्षा आयोग'** ने लिखा है—**"जनतन्त्रीय भारत में शिक्षा का महत्त्वपूर्ण उद्देश्य व्यक्तियों में नेतृत्व के गुणों का विकास करना है।"**

(9) लोकतन्त्रीय नागरिकता का विकास (Development of Democratic Citizenship)—लोकतन्त्र में नागरिकता का बहुत कठिन दायित्व है। अतः प्रत्येक व्यक्ति को उसके लिए प्रशिक्षित किया जाना आवश्यक है। नागरिक में बहुत से मानसिक, सामाजिक और नैतिक गुणों की आवश्यकता होती है। ये गुण अपने आप विकसित नहीं होते हैं। इनका विकास तभी होता है जब व्यक्ति सब प्रकार के सामाजिक, आर्थिक और राजनीतिक प्रश्नों का स्वतन्त्रतापूर्वक निर्णय करे और अपने कार्य की विधि को निश्चित करे। इन बातों के लिए शिक्षा द्वारा प्रशिक्षण दिया जाना आवश्यक है।

इस सम्बन्ध में सबसे पहली आवश्यकता यह है कि नागरिक में स्पष्ट विचार करने की शक्ति हो। इसका अर्थ यह है कि उसमें मानसिक शुद्धता हो, जिससे वह सत्य और असत्य में अन्तर कर सके, धर्मान्धता और पक्षपातपूर्ण बातों को अस्वीकार कर सके, अपने निष्कर्षों को ठोस प्रमाणों पर आधारित करने के लिए वैज्ञानिक दृष्टिकोण का प्रयोग कर सके एवं प्राचीन और निरर्थक रीति-रिवाजों, परम्पराओं और विश्वासों को त्यागकर उदार मस्तिष्क से लाभप्रद विचारों को ग्रहण कर सके। नागरिक में इस प्रकार के मानसिक गुणों का विकास करना शिक्षा का एक महत्त्वपूर्ण उद्देश्य है।

विचार की स्पष्टता से भाषण और लेखन की स्पष्टता का घनिष्ठ सम्बन्ध है। लोकतन्त्र की सफलता के लिए ये तीनों बातें आवश्यक हैं। कारण यह है कि स्वतन्त्र वाद-विवाद और शान्तिपूर्ण विचार-विनिमय प्रजातन्त्र के आधार हैं। अतः दूसरों को प्रभावित और स्वस्थ जनमत का निर्माण करने के लिए यह आवश्यक है कि प्रजातन्त्र का नागरिक भाषण और लेखन दोनों में अपने विचारों को स्पष्ट रूप से व्यक्त करे।

(10) अन्तर-सांस्कृतिक भावना का विकास (Development of Inter-Cultural Understanding)—भारत में अति प्राचीन काल से विभिन्न सांस्कृतिक धाराएँ बहती रही हैं। यही कारण है कि भारतीय संस्कृति विश्व के अन्य देशों की संस्कृतियों के समान नहीं है। ऐसी परिस्थिति में भारत में विभिन्न भागों और विश्व की संस्कृतियों को समझना और उनका आदर करना सरल कार्य नहीं है। अतः यह आवश्यक है कि हमारी लोकतन्त्रीय शिक्षा इस ओर विशेष ध्यान दे। इसके लिए निम्नलिखित सुझाव दिये जा सकते हैं—

1. उच्च शिक्षा की संस्थाएँ ऐसे पाठ्यक्रम बनायें, जिनके द्वारा मनुष्यों और स्त्रियों को इस देश के विभिन्न भागों और विश्व की विभिन्न संस्कृतियों की शिक्षा दी जा सके।
2. भारतीय और विश्व-इतिहास का विशेष रूप से अध्ययन किया जाए।
3. भारतीय विश्वविद्यालयों द्वारा सांस्कृतिक गोष्ठियों का आयोजन किया जाए।

4. विभिन्न भारतीय राज्यों और देशों के विश्वविद्यालयों के शिक्षकों में परस्पर ज्ञान को आदान-प्रदान करने के लिए अवसर प्रदान किये जाएँ।

5. सामाजिक विज्ञानों में 'भ्रमणकारी अध्यापक-संस्था' (Institution of Roving Professorship) की स्थापना की जाए।

6. इसके प्राध्यापक भारतीय राज्यों और अन्य देशों में विश्वविद्यालयों में समय-समय पर जाकर अपने भाषणों द्वारा वहाँ के व्यक्तियों को भारतीय संस्कृति के ज्ञान से अवगत करायें।

7. सांस्कृतिक मण्डलों, गायकों, नृत्यकारों, कलाकारों और लेखकों का आदान-प्रदान किया जाए।

लोकतन्त्र व पाठ्यक्रम
(DEMOCRACY AND CURRICULUM)

पाठ्यक्रम में उन विषयों एवं क्रियाओं को स्थान दिया जाए, जो लोकतन्त्रीय आदर्शों एवं मूल्यों को प्राप्त करने में सहायता दें। लोकतान्त्रिक शिक्षा के पाठ्यक्रम को निर्धारित करते समय हमें निम्नलिखित सिद्धान्तों पर ध्यान देना आवश्यक है—

(अ) लचीलेपन का सिद्धान्त।

(ब) सामाजिक आवश्यकताओं एवं आदर्शों की पूर्ति का सिद्धान्त।

(स) व्यक्ति की अभिरुचियों, योग्यताओं, क्षमताओं तथा आवश्यकताओं की सन्तुष्टि का सिद्धान्त।

(द) व्यावहारिकता का सिद्धान्त।

उपर्युक्त सिद्धान्तों को ध्यान में रखकर लोकतन्त्रीय शिक्षा के पाठ्यक्रम में उन विषयों एवं क्रियाओं को स्थान दिया जाए, जिनसे व्यक्ति अपने वैयक्तिक भेदों के अनुसार विषयों एवं क्रियाओं का चयन कर सके तथा वह अपना सर्वोत्तम विकास कर सके।

लोकतन्त्र व शिक्षण-विधि
(DEMOCRACY AND METHODS OF TEACHING)

लोकतन्त्र की भावना का विकास शिक्षण-विधियों पर आधारित है। अत: लोकतान्त्रिक उद्देश्यों की प्राप्ति तथा जनतन्त्रीय भावना के विकास हेतु क्रियाशील विधियों को अपनाना बहुत लाभप्रद है। इसमें परम्परागत, स्थिर एवं रूढ़िवादी पद्धति का प्रयोग अनुपयुक्त है। क्योंकि लोकतन्त्र मानव व्यक्तित्व के अनन्त मूल्य को स्वीकार करता है तथा इस बात में आस्था रखता है कि मनुष्य अपने कार्यभार को स्वयं सँभाल सकता है।

अत: मनुष्य के इस गुण का उपयोग सक्रिय विधियों द्वारा किया जा सकता है अर्थात् यह विभिन्न क्रियाओं में सक्रिय भाग लेकर विषयों का ज्ञान तथा विभिन्न कुशलताओं, आदतों एवं दृष्टिकोणों का विकास कर सकता है। अत: लोकतन्त्रीय शिक्षा में क्रियात्मक विधियों—वाद-विवाद विधि, समाजीकृत अभिव्यक्ति (Social Recitation), समस्या विधि, अभिव्यक्ति विधि, योजना विधि, कार्य-निर्धारण विधि आदि का प्रयोग किया जाए।

लोकतन्त्र व विद्यालय
(DEMOCRACY AND SCHOOL)

आधुनिक समाज विभिन्न समाजों का एक समाज तथा विभिन्न समुदायों का समुदाय है। औद्योगिक क्रान्ति के परिणामस्वरूप उत्पादकों, श्रमिकों तथा उपभोक्ताओं के बहुत से समुदाय निर्मित ही गये हैं। अब समाज में विभिन्न समुदायों का एक जाल-सा बिछा हुआ है। उदाहरणार्थ—परिवार, चर्च, स्कूल, यूनिवर्सिटी, ट्रेड यूनियन आदि। ये समस्त समुदाय, मनुष्य के व्यक्तित्व को, सामाजिक एकता एवं संगठन तथा प्रबन्ध करने की योग्यता प्रदान करते हैं। अत: यह विश्वास किया जाता है कि यदि लोकतन्त्र को जीवन के विभिन्न क्षेत्रों में सफल बनाना है, तो विभिन्न समुदायों के प्रशासकीय, सामाजिक आदि मामलों में लोकतन्त्रीय भावना तथा व्यवहार को प्रयोग में लाया जाना चाहिए। दूसरे शब्दों में हम कह सकते हैं कि इन समुदायों के संगठन एवं प्रशासन में लोकतन्त्रीय आदर्शों को क्रियाशील किया जाए।

विद्यालय, समाज द्वारा स्थापित किये जाते हैं। यदि हमारा समाज लोकतन्त्रीय सिद्धान्तों पर आधारित है, तो उसकी सफलता हेतु हमें अपने विद्यालयों का संगठन एवं प्रशासन लोकतन्त्रीय सिद्धान्तों के अनुसार करना पड़ेगा। यदि हम ऐसा नहीं करेंगे, तो समाज में लोकतन्त्रीय आदर्शों, मूल्यों एवं सिद्धान्तों को प्रसारित नहीं किया जा सकेगा। अतः लोकतन्त्र में विद्यालयों में पूर्ण रूप से लोकतन्त्रीय वातावरण निर्मित किया जाना चाहिए। इस वातावरण में प्रेम, सहयोग, सहानुभूति, परोपकार आदि गुणों पर बल दिया जाए।

इसके अतिरिक्त प्रशासक, शिक्षकों, छात्रों, सरकारी अफसरों आदि में पारस्परिक मैत्री होनी चाहिए। शिक्षकों को पाठ्यक्रम के निर्धारण, पुस्तकों के चयन आदि में स्वतन्त्रता प्राप्त हो। विद्यालय संगठन में छात्रों की सम्मति पर ध्यान दिया जाए। सरकारी अफसरों का व्यवहार मित्र, पथ-प्रदर्शक एवं एक दार्शनिक जैसा होना चाहिए। इस प्रकार विद्यालय के अंग-अंग में लोकतन्त्रीय भावना का समावेश होना चाहिए अर्थात् उस वातावरण में भ्रातृत्व, स्वतन्त्रता तथा समानता का महत्त्वपूर्ण स्थान होना चाहिए।

लोकतन्त्र व अनुशासन
(DEMOCRACY AND DISCIPLINE)

लोकतन्त्र में स्वानुशासन पर अत्यधिक बल दिया जाता है। इसमें दमनात्मक अनुशासन के लिए कोई स्थान नहीं है। स्वानुशासन के लिए स्वतन्त्रता का होना आवश्यक है परन्तु स्वतंन्त्रता का अर्थ 'स्वच्छन्दता' नहीं है। विद्यालय की क्रियाओं द्वारा बालकों में अपने कर्त्तव्यों को समझने और उनका निर्वाह करने तथा अपने अधिकारों का उपयोग और दूसरे के अधिकारों का सम्मान करने की भावना आ जाती है। अतः छात्रों को विद्यालय रूपी लोकतन्त्रीय वातावरण द्वारा अनुशासित किया जाता है।

लोकतन्त्र व शिक्षक
(DEMOCRACY AND TEACHER)

लोकतन्त्रीय समाज के विद्यालयों में शिक्षक का स्थान एक मित्र, पथ-प्रदर्शक, समाज-सुधारक तथा नेता के रूप में होता है, जिससे वह अपने छात्रों तथा समाज का समुचित रूप से पथ-प्रदर्शन कर सके। शिक्षक से यह अपेक्षा की जाती है कि वह समाज में उचित परिवर्तन लाकर उसे प्रगति की ओर अग्रसर करे। इसके लिए उसमें तीन मुख्य गुणों की अपेक्षा की जाती है। पहला, वह एक योग्य नागरिक हो तथा लोकतन्त्रीय आदर्शों, मूल्यों एवं सिद्धान्तों में पूर्ण निष्ठा रखता हो। दूसरा, उसमें अपने छात्रों को समझने तथा उनको पथ-प्रदर्शित करने की क्षमता हो, जिससे वह उनको एक योग्य नागरिक बनाने में सफल हो सके। तीसरा, वह लोकतन्त्रीय आदर्शों के अनुसार प्रशिक्षित किया गया हो। अन्त में हम कह सकते हैं कि वह ऐसे उच्च चरित्र का व्यक्ति होना चाहिए, जिससे वह समाज तथा छात्रों का सम्मान प्राप्त कर सके और अपने उदाहरण एवं सिद्धान्तों द्वारा उनका नेतृत्व करने म सफल हो सके।

अभ्यास प्रश्न

दीर्घ उत्तरीय प्रश्न (Long Answer Type Questions)

1. लोकतन्त्रीय समाज में शिक्षा के क्या उद्देश्य होने चाहिए ? उसमें से किसी एक की सविस्तार विवेचना कीजिए।
2. शिक्षा द्वारा हम अपने देश को वास्तविक रूप में लोकतन्त्रीय किस प्रकार बना सकते हैं ? विद्यालय में इस लक्ष्य को प्राप्त करने के लिए क्या ठोस कदम उठाने चाहिए ?
3. शिक्षा की लोकतन्त्रीय धारणा से आप क्या समझते हैं ? लोकतन्त्रीय शिक्षा के पाठ्यक्रम, शिक्षण-विधियों तथा अनुशासन की संक्षेप में विवेचना कीजिए।

लघु उत्तरीय प्रश्न (Short Answer Type Questions)

1. आर्थिक लोकतन्त्र को स्पष्ट कीजिए।
2. लोकतन्त्र के मूल सिद्धान्तों को सूचीबद्ध कीजिए।

3. लोकतन्त्र के चार मूल्यों के नाम लिखिए।
4. लोकतन्त्रीय शिक्षा के किन्हीं तीन उद्देश्यों को बताइए।
5. लोकतन्त्रीय शिक्षा के पाठ्यक्रम के निर्धारण के किन्हीं तीन सिद्धान्तों को बताइए।

बहुविकल्पीय प्रश्न (Multiple Choice Questions)

1. "जनतन्त्र जनता का, जनता के द्वारा तथा जनता के लिए सरकार है।" यह कथन किसका है ?

(अ) अरस्तू का (ब) जॉन डीवी का
(स) चाणक्य का (द) अब्राहम लिंकन का। **उत्तर**—(द)

2. भारत में लोकतन्त्रीय नागरिकता के विकास का शैक्षिक उद्देश्य किसने कहा ?

(अ) हण्टर कमीशन (ब) सैडलर कमीशन
(स) मुदालियर कमीशन (द) संस्कृत कमीशन। **उत्तर**—(स)

3. लोकतान्त्रिक व्यवस्था के तहत शिक्षक-विद्यार्थी का परस्पर सम्बन्ध—

(अ) स्वामी एवं दास जैसा होना चाहिए
(ब) नेता एवं अनुसरणकर्त्ता की तरह होना चाहिए
(स) मित्र एवं कुशल नेता जैसा होना चाहिए
(द) एक अधिक परिपक्व बड़ा भाई एवं कम परिपक्व छोटा भाई जैसा होना चाहिए। **उत्तर**—(द)

अध्याय—18

श्रीमती नाथी बाई दामोदर ठाकरसी महिला विश्वविद्यालय, एसएनडीटी

[SMT. NATHI BAI DAMODER THAKARSI MAHILA VISHVAVIDYALYA, SNDT]

श्रीमती नाथी बाई दामोदर ठाकरसी महिला विश्वविद्यालय का सामान्य परिचय

(AN INTRODUCTION TO SMT. NATHI BAI DAMODER THAKARSI MAHILA VISHVAVIDYALYA)

इस विश्वविद्यालय की स्थापना 1916 में महर्षि घोड़ो केशव कर्वे ने की थी। श्री कर्वे जी एक निर्धन परिवार में पैदा हुए थे। इन्होंने निर्धनता की कठिनाइयों का सामना किया और ट्यूशन करते-करते 1884 में बी. ए. की परीक्षा पास की। बी. ए. करने के बाद आप बम्बई (मुम्बई) के एलफिन्सटन स्कूल में अध्यापक हो गये। 1892 में आप फर्गुसन कॉलेज में गणित के प्राध्यापक पद पर नियुक्त हुए। समाज सेवा कार्यों में इनकी पहले से ही रुचि थी। 1892 में इन्होंने **डेकन एजूकेशन सोसाइटी** की आजीवन सदस्यता ली और समाज सेवा कार्यों में लग गये। उस समय समाज में विधवा महिलाओं की दशा बहुत खराब थी और विधवा विवाह वर्जित था। परन्तु जब इनकी पहली पत्नी का स्वर्गवास हो गया तो इन्होंने लाख विरोध होने के बाद भी एक विधवा महिला से विवाह किया और अब ये दोनों विधवाओं की स्थिति सुधारने में लग गये।

14 जून, 1896 में कर्वे जी ने **अनाथ बालिका आश्रम एसोसियेशन** की स्थापना की और इसके द्वारा **अनाथ बालिका आश्रम** की स्थापना की। प्रारम्भ में इसमें केवल 7 विधवाओं ने प्रवेश लिया। इनके खाने-पीने, रहने-सहने व पढ़ने-लिखने की पूर्ण व्यवस्था एसोसिएशन नि:शुल्क करती थी। इसकी व्यवस्था के लिए श्री कर्वे जी घूम-घूमकर चन्दा एकत्रित करते थे। श्री कर्वे जी ने स्वयं एक हजार रुपया चन्दे में दिये थे। सन् 1900 में हिंगने में एक छोटे से घर का निर्माण हुआ जिसमें 8 विधवाएँ और 2 क्वारी लड़कियाँ रहती थीं। इसमें पढ़ाने के लिए कर्वे जी अपने घर से 5 किमी की दूरी तय करके रोज पढ़ाने जाते थे। 1904 से कर्वे जी सपरिवार हिंगने में ही रहने लगे और अपना पूरा समय इस संस्था को देने लगे। जब इस संस्था में महिलाओं की संख्या अधिक हो गई तो कर्वे जी ने 4 मार्च, 1907 को हिंगने में ही एक **महिला विद्यालय** की स्थापना की। प्रारम्भ में इसमें केवल 6 महिलाओं ने प्रवेश लिया परन्तु धीरे-धीरे इसकी ख्याति बढ़ने लगी और 1911 में इस विद्यालय के नये भवन का निर्माण किया गया।

4 नवम्बर, 1908 को श्री कर्वे जी ने अपने साथियों से मिलकर **निष्काम कर्म मठ** की स्थापना की। प्रारम्भ में इस मठ का उद्देश्य विधवा आश्रम और महिला विद्यालय के लिए कार्यकर्त्ता तैयार करना था परन्तु कुछ समय बाद श्री कर्वे जी ने बालिका आश्रम, महिला विद्यालय और निष्काम कर्म मठ को एक में मिलाने का प्रस्ताव रखा। इस प्रस्ताव को **आश्रम व्यवस्थापिका समिति** ने तुरन्त स्वीकार कर लिया। 1914 में श्री कर्वे जी डेकन एजूकेशन सोसाइटी से मुक्त होकर अपना पूरा समय बालिका आश्रम के विकास के लिए देने लगे। इस बीच इन्हें जापान के एक निस्वार्थ भाव से चलाये जा रहे महिला विश्वविद्यालय के बारे में जानकारी हुई। बस क्या था, इन्होंने भारत में भी वैसे विश्वविद्यालय की स्थापना का निश्चय किया। सन् 1916 में उनकी भेंट डॉ. एनी बेसेण्ट से हुई। डॉ. बेसेण्ट ने उनके इस विचार का समर्थन किया। डॉ. रविन्द्रनाथ टैगोर और महात्मा गाँधी ने भी कर्वे जी को इस कार्य को करने के लिए प्रोत्साहित किया। इन महानुभवों से प्रेरणा पाकर 3 जून, 1916 में एक महिला विश्वविद्यालय की स्थापना की गई। प्रारम्भ में इसमें **महिला पाठशाला**

के नाम से एक महिला कॉलेज की स्थापना की गई। विश्वविद्यालय की सीनेट ने श्री कर्वे जी को इस महाविद्यालय का प्राचार्य बनाने का प्रस्ताव रखा परन्तु श्री कर्वे ने प्रिन्सीपल बनने के बजाय विश्वविद्यालय के लिए चन्दा एकत्रित करने को प्राथमिकता दी।

प्रारम्भ में इस विश्वविद्यालय का कार्य कुछ मन्द गति से चला और उसका मुख्य कारण था सरकार से मान्यता प्राप्त न होना। उसी बीच श्री कर्वे जी की भेंट मुम्बई के एक उद्योगपति **सर बिट्ठलदास ठाकरसी** से हुई। श्री ठाकरसी जी ने इस विश्वविद्यालय को अपनी माताश्री के नाम पर एक हजार रुपये प्रति वर्ष देना शुरू किया। कुछ दिनों बाद उन्होंने इस विश्वविद्यालय को ₹ 15 लाख इस शर्त के साथ देने का प्रस्ताव रखा कि इस विश्वविद्यालय का नाम उनकी माताश्री के नाम पर **श्रीमती नाथी बाई दामोदर ठाकरसी महिला विश्वविद्यालय** रखा जाए। उस समय यह धनराशि आज के 30 करोड़ से अधिक थी। उनकी यह शर्त मंजूर कर ली गई और विश्वविद्यालय का नाम बदल दिया गया। 1922 में श्री ठाकरसी जी का स्वर्गवास हो गया। 1932 से उनके प्रशासकों ने श्री ठाकरसी द्वारा प्रतिवर्ष ₹ 5 हजार दी जाने वाली सहायता बन्द कर दी। उसके 3 वर्ष बाद 1935 में यह सहायता इस शर्त के साथ शुरू की गई कि इस विश्वविद्यालय का कार्यालय बम्बई (मुम्बई) से पूना लाया जाए। अब इस विश्वविद्यालय के कार्यों में स्वर्गीय ठाकरसी की धर्मपत्नी **श्री प्रेम लता ठाकरसी** विशेष रुचि लेने लगीं। सन् 1949 में बम्बई (मुम्बई) की सरकार ने इस विश्वविद्यालय को स्थायी मान्यता प्रदान की। सन् 1951 में इस विश्वविद्यालय का एक्ट पास हुआ और सरकार ने डॉ. श्रीमती प्रेम लता ठाकरसी को इस विश्वविद्यालय का प्रथम कुलपति नियुक्त किया। वर्तमान में यह विश्वविद्यालय महर्षि कर्वे जी और उद्योगपति ठाकरसी की कीर्ति का गान कर रहा है।

एसएनडीटी महिला विश्वविद्यालय का संक्षिप्त वर्णन
(A SHORT DESCRIPTION OF SNDT WOMEN'S UNIVERSITY)

स्थिति एवं भवन

एसएनडीटी महिला विश्वविद्यालय इस समय तीन प्रांगणों में चलता है—चर्चगेट कैम्पस, मुम्बई, जहाँ विश्वविद्यालय का प्रधान कार्यालय है, जुहू, मुम्बई और कर्वे रोड पूना। जुहू का प्रांगण इसके प्रधान कार्यालय से लगभग 10 किमी की दूरी पर है और पूना का प्रांगण लगभग 150 किमी की दूरी पर है। इस समय इन तीनों स्थानों पर विभिन्न स्तरों की विभिन्न प्रकार की शिक्षा के लिए अलग-अलग भवन हैं, अच्छे स्तर की कार्यशालाएँ, प्रयोगशालाएँ और शोधशालाएँ हैं और पुस्तकालय भवन हैं।

प्रशासन एवं वित्त

1951 में एसएनडीटी महिला विश्वविद्यालय को राज्य विश्वविद्यालय की सूची में सम्मिलित किया गया। तब से इसका सम्पूर्ण वित्तीय भार राज्य सरकार वहन करती है। इस विश्वविद्यालय को विश्वविद्यालय अनुदान आयोग द्वारा भी विभिन्न मदों में अनुदान प्राप्त होता है। महाराष्ट्र का राज्यपाल इसका कुलाधिपति (Chancellor) होता है। महाराष्ट्र का राज्यपाल इस विश्वविद्यालय के कुलपति (Vice-chancellor) की नियुक्ति एक समिति द्वारा चयनित तीन सदस्यों के पैनल में से करता है, जिसका कार्यकाल पाँच वर्ष होता है। विश्वविद्यालय के आन्तरिक प्रशासन और शैक्षिक संगठन के लिए इसमें अन्य राज्य विश्वविद्यालयों की भाँति सीनेट (Senate, अधिसभा), प्रबन्ध समिति (Management Council), अकादमिक समिति (Academic Council), महाविद्यालय तथा विश्वविद्यालय विकास बोर्ड (Board of College and University Development), विश्वविद्यालय शिक्षण तथा शोध बोर्ड (Board of University Teaching and Research), अध्ययन बोर्ड (Board of Studies) और वित्त समिति (Finance Committee), आदि का गठन होता है। महाराष्ट्र विश्वविद्यालय अधिनियम, 1994 में इस विश्वविद्यालय को विशेष दर्जा दिया गया जिसके अन्तर्गत महिला शिक्षा हेतु इस विश्वविद्यालय को न केवल सम्पूर्ण महाराष्ट्र राज्य में अपितु सम्पूर्ण देश में वहाँ की राज्य सरकारों की अनुमति से कॉलिज संचालित करने का अधिकार है तथा स्कूली शिक्षा से लेकर उच्च शिक्षा तक की संस्थाएँ खोलने का अधिकार है। विश्वविद्यालय से सम्बद्ध महाविद्यालयों का

प्रशासन राज्य सरकार के नियमानुसार होता है तथा वित्त व्यवस्था भी अलग-अलग ढंग से होती है, सम्बद्ध सरकारी महाविद्यालयों का सम्पूर्ण वित्तीय भार राज्य सरकार पर होता है और निजी कॉलेजों का वित्तीय भार उनकी प्रबन्धन समितियों पर होता है।

संगठन

श्रीमती नाथीबाई दामोदर ठाकरसी महिला विश्वविद्यालय में उच्च शिक्षा और शोध कार्य की उत्तम व्यवस्था है। विश्वविद्यालय द्वारा संचालित महाविद्यालयों, विभिन्न केन्द्रों एवं सम्बद्ध महाविद्यालयों में भी उच्च शिक्षा और शोध कार्य की उत्तम व्यवस्था है। विश्वविद्यालय द्वारा संचालित महाविद्यालयों, विभिन्न केन्द्रों एवं सम्बद्ध महाविद्यालयों के लिए अलग-अलग प्रशासनिक संगठन हैं।

उद्देश्य

श्रीमती नाथीबाई दामोदर ठाकरसी महिला विश्वविद्यालय की स्थापना महिलाओं की उत्तम शिक्षा कर उन्हें सशक्त बनाने के उद्देश्य से की गई थी। **प्रबुद्ध महिला अनन्त शक्ति का स्रोत है** (An enlightened woman is a source of infinite strength) इस संस्था का आदर्श वक्य (Motto) है। आज यह राष्ट्रीय स्तर की महिला शिक्षा संस्था के रूप में कार्यरत है। इस संस्था के मुख्य उद्देश्य हैं—

(1) औपचारिक तथा अनौपचारिक रूप से महिलाओं को उच्च शिक्षा उपलब्ध कराना।

(2) महिलाओं को विविध प्रकार की प्रोफेशनल (Professional) तथा व्यावसायिक (Vocational) शिक्षा उपलब्ध कराना।

(3) महिलाओं में विद्वता का विकास करना तथा इस हेतु अनुसंधान को बढ़ावा देना।

(4) महिलाओं से सम्बन्धित मुद्दों एवं महिला अधिकारों के प्रति समाज में जागरूकता उत्पन्न करना।

(5) महिलाओं में धनात्मक स्व-प्रत्यय (Positive Self-Concept) का विकास करना।

(6) महिलाओं में मानव मूल्यों पर आधारित सामाजिक जिम्मेदारियों की समझ विकसित करने वाली उपयोगी शिक्षा को बढ़ावा देना।

(7) प्रत्येक गतिविधि में गुणात्मकता पर जोर देते हुए अकादमिक संकायों में उत्कृष्टता प्राप्त करना।

पाठ्यक्रम

इस संस्था में उच्च शिक्षा एवं शोध कार्य की व्यवस्था है। इस संस्था में संचालित सभी पाठ्यक्रम एसएनडीटी महिला विश्वविद्यालय के अपने पाठ्यक्रम हैं। उच्च शिक्षा स्तर पर इसमें अनेक अनुशासनों के पाठ्यक्रम चलाये जाते हैं।

शिक्षा का माध्यम

इस संस्था द्वारा संचालित केन्द्रों एवं महाविद्यालयों में शिक्षा का माध्यम क्षेत्रीय भाषाएँ एवं अंग्रेजी है। महाराष्ट्र में क्षेत्रीय भाषा मराठी और अंग्रेजी है और संस्था से सम्बद्ध अन्य प्रान्तों के महाविद्यालयों में शिक्षा का माध्यम प्रान्त विशेष की क्षेत्रीय भाषा और अंग्रेजी है; जैसे—गुजरात में गुजराती और उत्तर प्रदेश, मध्य प्रदेश तथा बिहार में हिन्दी। वैसे उच्च शिक्षा में अंग्रेजी का प्रयोग सभी संस्थाओं में हो रहा है।

शिक्षक और शिक्षार्थी

इस संस्था में सभी जाति एवं धर्म की महिला शिक्षिकाएँ एवं अन्य कार्यकर्त्री एक साथ मिलकर सांस्कृतिक सहिष्णुता के साथ कार्य करती हैं। इसी प्रकार सभी जाति एवं धर्म को मानने वाली छात्राएँ बड़े सौहार्द्र के साथ रहती हैं।

अनुशासन

श्रीमती नाथीबाई दामोदर ठाकरसी महिला विश्वविद्यालय का सम्पूर्ण परिवेश संस्कार प्रधान है। यहाँ सभी छात्राएँ पूर्ण रूप से अनुशासित रहती हैं।

शिक्षण संस्थाएँ

एसएनडीटी महिला विश्वविद्यालय में विभिन्न प्रकार के शिक्षण एवं प्रशिक्षण के लिए अलग-अलग विभाग हैं। ये हैं—कला, सामाजिक विज्ञान, फाइन आर्ट, शिक्षा, वाणिज्य, गृह विज्ञान, विधि, पुस्तकालय एवं सूचना विज्ञान, विज्ञान, प्रबन्ध अध्ययन और सम्प्रेषण एवं दूरसंचार अध्ययन। साथ ही विभिन्न प्रकार के शिक्षण एवं प्रशिक्षण के लिए अलग-अलग शिक्षण एवं प्रशिक्षण संस्थाएँ हैं। यहाँ मुख्य संस्थाओं का वर्णन संक्षेप में प्रस्तुत है—

(1) **ऊषा मित्तल इंस्टीट्यूट ऑफ टेक्नोलॉजी** (Usha Mittal Institute of Technology)--यह विश्वविद्यालय द्वारा संचालित संस्थान इसके शान्ताक्रूज परिसर में स्थित है। यहाँ इलेक्ट्रॉनिक्स एण्ड कम्यूनिकेशन्स, कम्प्यूटर साइंस एण्ड टेक्नालॉजी, इनफार्मेशन टेक्नोलॉजी तथा जनरल इंजीनियरिंग एण्ड एप्लाइड साइंस विभाग हैं। यहाँ बी. टेक. एवं एम. टेक. की कक्षाएँ संचालित होती हैं।

(2) **दूरस्थ शिक्षा अध्ययन केन्द्र** (Centre for Distance Education)—1979 में स्थापित विश्वविद्यालय का यह केन्द्र इसके जुहू परिसर में स्थित है। यहाँ दूरस्थ शिक्षा द्वारा बी. ए., बी. कॉम., एम. ए., एम. कॉम एवं परास्नातक डिप्लोमा तथा प्रमाण-पत्र स्तर के अनेक पाठ्यक्रम संचालित होते हैं।

(3) **महिला अध्ययन शोध केन्द्र** (Research Centre for Women's Studies)—1974 में स्थापित विश्वविद्यालय का यह केन्द्र भी जुहू परिसर में स्थित है। बदलाव तथा चुनौती (Change and Challenge) इस केन्द्र का आदर्श वाक्य (Motto) है। यह केन्द्र मुख्य रूप से महिला अध्ययन विषय के पाठ्यक्रम विकास एवं इस क्षेत्र में अनुसंधान कार्य में संलग्न है। साथ ही महिला अध्ययन विषय के शिक्षकों को सेवाकालीन प्रशिक्षण भी इस केन्द्र पर प्रदान किया जाता है।

(4) **सामाजिक अपवर्जन तथा समावेशी नीति अध्ययन केन्द्र** (Centre for Study of Social Exclusion and Inclusive Policy, CSSEIP)—2009 में स्थापित विश्वविद्यालय का यह केन्द्र विश्वविद्यालय अनुदान आयोग द्वारा वित्त पोषित है। यह केन्द्र मूल रूप से महाराष्ट्र की जनजाति महिलाओं के कल्याण हेतु कार्यरत है। यहाँ पर शिक्षण, प्रशिक्षण, अनुसंधान एवं क्षेत्रीय कार्य (Field Action) सम्पादित होते हैं।

(5) **एसवीटी कॉलेज ऑफ होम साइंस** (SVT College of Home Science)—1959 में स्थापित यह महाविद्यालय गृह विज्ञान में स्नातक स्तर का पाठ्यक्रम प्रारम्भ करने वाला मुम्बई का पहला महाविद्यालय है। सत्र 1995-96 से यह विश्वविद्यालय का स्वायत्तशासी महाविद्यालय (Autonomous College) है। यहाँ स्नातक एवं परास्नातक स्तर पर गृह विज्ञान के पाठ्यक्रम संचालित हैं। साथ ही डिप्लोमा एवं प्रमाण-पत्र स्तर के कई स्वरोजगारपरक स्ववित्तपोषित पांठ्यक्रम भी संचालित हैं जिनमें फैशन डिजाइनिंग, रेडियो जॉकिंग (Radio Jackeying), फोटोग्राफी, आदि प्रमुख हैं। प्रमाण-पत्र स्तर के पाठ्यक्रमों में प्रवेश हेतु न्यूनतम योग्यता एस. एस. सी. है जबकि डिप्लोमा स्तर के पाठ्यक्रमों के लिए प्रवेश योग्यता एच. एस. सी. है।

(6) **विश्वविद्यालय द्वारा संचालित महाविद्यालय** (Conducted Colleges of the University)—इस विश्वविद्यालय द्वारा 8 महाविद्यालय संचालित हैं जिनमें 3 महाविद्यालय चर्चगेट, मुम्बई में स्थित हैं। ये हैं—पी. वी. डी. टी. कॉलेज ऑफ एजुकेशन फॉर वूमैन, एस. एन. डी. टी. कॉलेज ऑफ आर्ट्स, एस. सी. बी. कॉलेज ऑफ कामर्स एण्ड साइंस फॉर वूमैन तथा एल. टी. कॉलेज ऑफ नर्सिंग। पूना में एस. एन. डी. टी. कॉलिज ऑफ एजुकेशन, एस. एन. डी. टी. आर्ट्स एण्ड कॉमर्स कॉलिज फॉर वूमैन तथा एस. एन. डी. टी. कॉलिज ऑफ होम साइंस स्थित हैं। सी. यू. शाह कॉलेज ऑफ फार्मेसी भी विश्वविद्यालय द्वारा संचालित महाविद्यालय (Conducted College) है। विश्वविद्यालय द्वारा संचालित इन महाविद्यालयों में स्नातक एवं परास्नातक स्तर के पाठ्यक्रम संचालित हैं तथा शिक्षण कार्य के लिए योग्य शिक्षिकाएँ नियुक्त हैं।

(7) **विश्वविद्यालय से सम्बद्ध महाविद्यालय** (Affiliated Colleges of the University)—इस विश्वविद्यालय को महाराष्ट्र राज्य विश्वविद्यालय अधिनियम में विशेषाधिकार दिया गया है जिसके द्वारा यह विश्वविद्यालय सम्पूर्ण महाराष्ट्र के साथ-साथ देशभर के किसी भी राज्य में वहाँ की राज्य सरकार की

अनुमति से महिला शिक्षण संस्थान संचालित कर सकता है अथवा महिला शिक्षण संस्थाओं की सम्बद्धता प्रदान कर सकता है। अपने इस विशेषाधिकार का प्रयोग करते हुए इस विश्वविद्यालय ने महाराष्ट्र के 28 जिलों में 142 महाविद्यालयों को सम्बद्धता प्रदान की है। इसके अतिरिक्त गुजरात के 82 महाविद्यालयों को, उत्तर प्रदेश के 3 महाविद्यालयों को, आसाम के 2 महाविद्यालयों को तथा बिहार, मध्य प्रदेश और गोवा के एक-एक महाविद्यालय को सम्बद्धता प्रदान की है। कुल मिलाकर 232 महाविद्यालय इस विश्वविद्यालय से सम्बद्ध हैं जिनमें राजकीय महाविद्यालय, अनुदानित महाविद्यालय तथा स्ववित्तपोषित महाविद्यालय शामिल हैं। इनमें परास्नातक स्तर पर 62 पाठ्यक्रम संचालित हैं तथा स्नातक स्तर पर 32 पाठ्यक्रम संचालित हैं। साथ ही 23 विषयों में परास्नातक डिप्लोमा पाठ्यक्रम ी संचालित किए जा रहे हैं।

प्रवेश

एस. एन. डी. टी. महिला विश्वविद्यालय में विभिन्न विषयों के लिए भिन्न-भिन्न अध्ययन परिषद् (Board of Studies) हैं जो पाठ्यक्रम में प्रवेश सम्बन्धी नियमों का निर्धारण करती हैं। इन्हीं नियमों के आधार पर केन्द्रीय प्रवेश समिति प्रवेश हेतु छात्राओं से ऑनलाइन आवेदन प्राप्त करती है तथा मेरिट अथवा प्रवेश परीक्षा के आधार पर प्रवेश देती है। सभी पाठ्यक्रमों में नियमानुसार अनुसूचित जाति, अनुसूचित जनजाति और विकलांग छात्राओं के लिए स्थान आरक्षित हैं।

परीक्षा और प्रमाण-पत्र

एस. एन. डी. टी. महिला विश्वविद्यालय पूर्ण रूप से स्वायत्तशासी (Autonomous) संस्था है। यह अपने सभी पाठ्यक्रमों की छात्राओं की परीक्षा स्वयं लेती है और स्वयं ही प्रमाण-पत्र एवं उपाधि प्रदान करती है।

एस. एन. डी. टी. महिला विश्वविद्यालय का मूल्यांकन
(EVALUATION OF SNDT WOMEN'S UNIVERSITY)

एस. एन. डी. टी. महिला विश्वविद्यालय देश की सबसे बड़ी महिला शिक्षा संस्था है। इसमें विशेषताएँ ही विशेषताएँ हैं, कमियाँ तो ढूँढ़े से भी नजर नहीं आतीं।

एस. एन. डी. टी. की विशेषताएँ (Characteristics of SNDT)

इस संस्था में निम्नलिखित विशेषताएँ हैं—

(1) इस विश्वविद्यालय और इससे सम्बद्ध सभी महाविद्यालयों में महिलाओं को उच्च स्तर की शिक्षा प्रदान कर उन्हें सशक्त नागरिक बनाने पर बल दिया जाता है।

(2) इस विश्वविद्यालय में और इससे सम्बद्ध सभी महाविद्यालयों में प्रोफेशनल और वोकेशनल पाठ्यक्रम चलाये जाते हैं और महिलाओं को सशक्त बनाया जाता है।

(3) इस विश्वविद्यालय और इससे सम्बद्ध सभी विश्वविद्यालयों में सभी वर्गों की शिक्षिकाएँ एवं कार्यकर्त्री बड़े सौहार्द्र भाव से कार्य करती हैं।

(4) इस विश्वविद्यालय और इससे सम्बद्ध सभी महाविद्यालयों में सभी वर्गों की लड़कियाँ एवं महिलाएँ भी बड़े सौहार्द्र भाव से रहती हैं।

(5) इस विश्वविद्यालय और इससे सम्बद्ध सभी महाविद्यालयों में आत्मसम्मान से भरपूर पर्यावरण है।

(6) इस विश्वविद्यालय एवं इससे सम्बद्ध सभी महाविद्यालयों में शिक्षा का माध्यम क्षेत्रीय भाषाएँ और अंग्रेजी है।

एस. एन. डी. टी. की कमियाँ (Limitations of SNDT)

इतनी बड़ी संस्था और इसका इतना अधिक विस्तार, कुछ खामियाँ होना स्वाभाविक है—

(1) कुछ महानुभावों का कहना है कि प्रारम्भ में विधवाओं की दशा सुधारने के उद्देश्य से स्थापित इस संस्था में विधवा लड़कियों एवं महिलाओं के लिए कोई आरक्षण नहीं है।

(2) इसके प्रशासन सम्बन्धी भी आए दिन कुछ आपत्तियाँ उठाई जाती हैं।

उपसंहार (Conclusion)

कुल मिलाकर यह एक आदर्श महिला शिक्षा संस्था है। 7 विधवा महिलाओं के अनाथ बालिका आश्रम से शुरू होने वाली यह संस्था आज देश की सबसे बड़ी महिला शिक्षा संस्था है। इस संस्था की चर्चा हो और इसके संस्थापक महर्षि कर्वे के प्रति धन्यवाद एवं साधुवाद व्यक्त न किया जाए, यह कैसे हो सकता है। यह संस्था मूल रूप से सच्चे कर्मयोगी महर्षि कर्वे की देन है और यदि कर्वे जी के बाद किसी दूसरे व्यक्ति का नाम लिया जाए तो वह हैं तत्कालीन उद्योगपति सर बिट्ठलदास ठाकरसी जिनकी दानशीलता से महर्षि कर्वे अपने स्वप्न को साकार कर सके। इस महिला विश्वविद्यालय के ऐसे सभी नींव के पत्थरों को हमारा शत्-शत् नमन्।

अभ्यास प्रश्न

दीर्घ उत्तरीय प्रश्न (Long Answer Type Questions)

1. एसएनडीटी महिला विश्वविद्यालय, बम्बई का वर्णन संक्षेप में कीजिए।
2. एसएनडीटी महिला विश्वविद्यालय का सामान्य परिचय दीजिए और इसकी स्थापना एवं विस्तार में महर्षि कर्वे के योगदान का वर्णन संक्षेप में कीजिए।

लघु उत्तरीय प्रश्न (Short Answer Type Questions)

1. एसएनडीटी महिला विश्वविद्यालय की स्थापना के इतिहास का वर्णन संक्षेप में कीजिए।
2. एसएनडीटी महिला विश्वविद्यालय की स्थापना और विकास में महर्षि कर्वे जी के योगदान का वर्णन संक्षेप में कीजिए।

बहुविकल्पीय प्रश्न (Multiple Choice Questions)

1. **सत्य-असत्य का निर्णय कीजिए—**
   (i) एसएनडीटी महिला विश्वविद्यालय की स्थापना सन् 1916 में हुई थी।
   (ii) एसएनडीटी महिला विश्वविद्यालय को राज्य सरकार से मान्यता 1951 में मिली थी।
   (iii) महर्षि कर्वे इस विश्वविद्यालय के सर्वप्रथम कुलपति नियुक्त हुए थे।
   (iv) वर्तमान में इस विश्वविद्यालय से महाराष्ट्र के साथ अन्य प्रान्तों के भी कुछ महाविद्यालय सम्बद्ध हैं।

उत्तर—(i) सत्य, (ii) असत्य, (iii) असत्य, (iv) सत्य।

अध्याय—19

बनस्थली विद्यापीठ

[BANASTHALI VIDYAPEETH]

बनस्थली विद्यापीठ का सामान्य परिचय

(AN INTRODUCTION TO BANASTHALI VIDYAPEETH)

बनस्थली विद्यापीठ की स्थापना पं. हीरालाल शास्त्री ने 1935 में की थी। श्री शास्त्री जी समर्पित समाज सेवक थे, कुशल प्रशासक थे और राजस्थान में राजनैतिक जागरण के अग्रदूत थे। समाज सेवक के रूप में ये ग्रामोद्धार आन्दोलन से अधिक जुड़े थे। ग्रामोद्धार में प्रौढ़ शिक्षा की व्यवस्था शामिल थी, बिना प्रौढ़ शिक्षा के ग्रामोद्धार किया ही नहीं जा सकता था। औपचारिक शिक्षा के क्षेत्र में इनका उतरना एक आकस्मिक घटना थी। बनस्थली विद्यापीठ की स्थापना इन्होंने अपनी एकमात्र सन्तान शान्ताबाई के निधन के बाद, उसकी इच्छापूर्ति हेतु की थी। उस समय इनका इरादा न कोई नया शैक्षिक विचार देने का था और न कोई नया शैक्षिक प्रयोग करने का था, परन्तु क्योंकि इस विद्यालय में प्रारम्भ में आस-पास के पिछड़े गाँवों की बच्चियाँ ही पढ़ने आती थीं, इसलिए शास्त्री जी ने उन्हें स्वास्थ्य, सफाई और गृह कार्य की शिक्षा देने पर बल दिया। परन्तु जैसे-जैसे इस संस्था का रूप विकसित होता गया, वैसे-वैसे इसके स्वरूप और कार्यक्षेत्र को निश्चित एवं सुव्यवस्थित करने की आवश्यकता अनुभव हुई।

श्री शास्त्री जी बालिकाओं को सर्वप्रथम गृहस्थ जीवन के लिए तैयार करना चाहते थे और इसके लिए उन्होंने बालिकाओं को शारीरिक शिक्षा और व्यावहारिक शिक्षा देने पर बल दिया। ये कला विहीन महिला को एक अपूर्ण महिला मानते थे, इसलिए इन्होंने बालिकाओं को कला की शिक्षा देने पर बल दिया। शास्त्री जी का मत था कि बिना नैतिक विकास के बालक-बालिका किसी की भी शिक्षा व्यर्थ है, इसलिए उन्होंने उनके लिए नैतिक शिक्षा की व्यवस्था करने पर बल दिया। शास्त्री जी बौद्धिक दृष्टि से बालक-बालिकाओं में किसी प्रकार का भेद नहीं करते थे इसलिए उन्होंने बालकों की भाँति बालिकाओं को भी किसी भी प्रकार की शिक्षा देने पर बल दिया, यहाँ तक कि सैनिक शिक्षा और हवाई जहाज उड़ाने के प्रशिक्षण की शिक्षा पर भी। शास्त्री जी ने इसे **'पंचमुखी शिक्षा'** की संज्ञा दी।

बनस्थली विद्यापीठ का संक्षिप्त वर्णन

(A SHORT DESCRIPTION OF BANASTHALI VIDYAPEETH)

स्थिति एवं भवन

बनस्थली विद्यापीठ जयपुर से लगभग 72 किमी की दूरी पर स्थित है। यह 800 एकड़ में बना अपने में एक छोटा-सा शिक्षा नगर है। छप्पर के नीचे 6 बच्चियों से शुरू होने वाले इस शिक्षा संस्थान में अब प्राथमिक, माध्यमिक और उच्च शिक्षा के लिए अलग-अलग विशाल भवन हैं, उच्च कोटि की कार्यशालाएँ और प्रयोगशालाएँ हैं और उच्च कोटि का पुस्तकालय एवं वाचनालय भवन है। साथ ही छात्राओं के रहने के लिए अच्छे स्तर के छात्रावास हैं और शिक्षक-शिक्षिकाओं के रहने के लिए अच्छे स्तर के शिक्षक निवास हैं। शास्त्री जी ने अपने जीवन के अन्तिम समय तक यहाँ बनी एक साधारण झोंपड़ी में ही रहे। वे कहा करते थे कि जब तक सभी छात्राओं और शिक्षक-शिक्षिकाओं के लिए पर्याप्त भवनों का निर्माण नहीं हो जाता मैं इसी झोंपड़ी में ही रहूँगा। उनकी इस त्याग भावना से प्रेरित होकर देश के धनी लोगों ने वहाँ भवनों के निर्माण हेतु खुले हाथों से दान दिया। साथ ही सरकार ने भी आर्थिक सहयोग दिया। आज स्थिति यह है कि वहाँ किसी भी प्रकार के भवनों की कमी नहीं है।

प्रशासन एवं वित्त

इस समय बनस्थली विद्यापीठ पूर्ण रूप से स्वायत्तशासी संस्था है। इसकी एक केन्द्रीय प्रशासनिक समिति है जो बनस्थली विद्यापीठ की समस्त संस्थाओं के संचालन के लिए उत्तरदायी है। इसे प्राथमिक

विद्यालय के शिक्षक-शिक्षिकाओं की नियुक्ति से लेकर '**बनस्थली ग्रामीण विश्वविद्यालय**' में उपकुलपति तक की नियुक्ति का अधिकार है। बनस्थली विद्यापीठ की विभिन्न संस्थाओं के आन्तरिक प्रशासन के लिए अलग-अलग समितियाँ हैं। इसका माध्यमिक विद्यालय देश का सर्वप्रथम ऑटोनोमस बालिका विद्यालय है। इसे राजस्थान सरकार से आर्थिक सहायता मिलती है। इसका ग्रामीण महिला विश्वविद्यालय एक डीम्ड विश्वविद्यालय है। इसके आन्तरिक प्रशासन एवं संगठन के लिए अन्य विश्वविद्यालयों की भाँति अनेक प्रशासनिक और शैक्षिक समितियाँ हैं। इसे अभी यू. जी. सी. से पूरी आर्थिक सहायता नहीं मिलती है, इसका वित्तीय भार बनस्थली विद्यापीठ की केन्द्रीय प्रशासनिक समिति पर है।

संगठन

बनस्थली विद्यापीठ एक आवासीय महिला शिक्षा संस्था है। इसमें प्राथमिक शिक्षा से लेकर उच्च शिक्षा तक की व्यवस्था है। इस समय बनस्थली विद्यापीठ दो भागों में विभाजित है—विद्यालय शिक्षा प्रभाग और विश्वविद्यालय शिक्षा प्रभाग। इसकी किसी भी स्तर की शिक्षण संस्था में देश-विदेश की किसी भी जाति, धर्म और राष्ट्रीयता की बालिकाओं को प्रवेश का अधिकार है। विदेशी छात्राओं के लिए कुछ विशेष पाठ्यक्रम (गाँधी विचार और व्यवहार, भारतीय भाषाएँ, भारतीय चित्रकला, भारतीय संगीत और भारतीय नृत्य) भी चलाये जाते हैं। इन विदेशी छात्राओं के लिए बनस्थली विद्यापीठ में 'शान्ता विश्वनीडम्' नामक अन्तर्राष्ट्रीय भवन का निर्माण किया गया है।

उद्देश्य

बनस्थली विद्यापीठ बालिकाओं के बहुमुखी विकास के लिए प्रसिद्ध है। यहाँ छात्राओं के शारीरिक, मानसिक, सामाजिक, सांस्कृतिक, नैतिक, व्यावसायिक और आध्यात्मिक सभी प्रकार के विकास पर बल दिया जाता है। परन्तु शिक्षा संस्था की जो विशिष्टता है, वह है इसकी **पंचमुखी शिक्षा,** शारीरिक, व्यावहारिक, कलात्मक, नैतिक और बौद्धिक शिक्षा। कक्षा 1 से 8 तक यह शिक्षा अनिवार्य रूप से दी जाती है और माध्यमिक एवं विश्वविद्यालयी स्तर पर इन पाँचों अंगों की शिक्षा पर यथा सम्भव ध्यान दिया जाता है। इस पंचमुखी शिक्षा को हम बनस्थली विद्यापीठ के उद्देश्य मान सकते हैं।

(1) **शारीरिक शिक्षा**—शास्त्री जी बालिकाओं को स्वस्थ देखना चाहते थे इसलिए उन्होंने उनके लिए ड्रिल, योगासन, खेल-कूद, घुड़सवारी और तैरने, आदि की व्यवस्था पर बल दिया। साथ ही उन्हें स्वास्थ्य सम्बन्धी नियमों एवं रोगों से बचने के उपायों की जानकारी देने की भी व्यवस्था की। शास्त्री जी का तर्क था कि एक बालिका को इस सबकी जानकारी देने का अर्थ है, एक परिवार के स्वास्थ्य की गारण्टी।

(2) **व्यावहारिक शिक्षा**—शास्त्री जी केवल पुस्तकीय शिक्षा को शिक्षा नहीं मानते थे। वे बालिकाओं को व्यावहारिक शिक्षा—घर की सफाई करना, खाना बनाना, मंगोड़ी व पापड़ बनाना, बुनाई, रंगाई व छपाई करना, कपड़े धोना और फटे कपड़ों की मरम्मत करना, आदि सिखाने पर भी बल देते थे। माध्यमिक स्तर की छात्राओं को तो यहाँ बिस्कुट एवं साबुन आदि बनाना भी सिखाया जाता है, उन्हें गृह विज्ञान की शिक्षा दी जाती है।

(3) **कला शिक्षा**—शास्त्री जी की दृष्टि से कला विहीन महिला एक अधूरी महिला होती है। ये बालिकाओं को किसी-न-किसी कला—चित्र कला, मूर्ति कला, संगीत अथवा नृत्य आदि में दक्ष करने पर बल देते हैं। बनस्थली विद्यापीठ में कला, संगीत और नृत्य के प्रशिक्षण की विशेष व्यवस्था है।

(4) **नैतिक शिक्षा**—शास्त्री जी नैतिक शिक्षा की व्यवस्था गाँधी जी के सर्वधर्म समभाव के आधार पर देने के पक्ष में थे। बनस्थली विद्यापीठ में इसकी शिक्षा के लिए विभिन्न धर्मों की सामूहिक प्रार्थनाओं और विभिन्न धर्मों के ग्रन्थों के पठन-पाठन आदि की व्यवस्था है।

(5) **बौद्धिक शिक्षा**—शास्त्री जी बौद्धिक दृष्टि से बालक-बलिकाओं में किसी भी प्रकार का भेद नहीं करते थे। वे इस बात पर बल देते थे कि बालिकाओं को बालकों की भाँति किसी भी प्रकार की शिक्षा दी जानी चाहिए। बनस्थली विद्यापीठ में विभिन्न स्तरों की शिक्षा का पाठ्यक्रम इसी आधारभूत मान्यता के आधार पर तैयार किया गया है।

पाठ्यक्रम

बनस्थली विद्यापीठ में प्राथमिक शिक्षा से लेकर उच्च शिक्षा एवं शोध कार्य तक की उत्तम व्यवस्था है। साथ ही पंचमुखी शिक्षा की व्यवस्था है। यहाँ विभिन्न स्तरों की शिक्षा के पाठ्यक्रमों की रूप-रेखा प्रस्तुत हैं।

प्राथमिक स्तर (कक्षा 1 से 5)—बनस्थली विद्यापीठ में इस स्तर पर पंचमुखी शिक्षा की व्यवस्था है। शारीरिक शिक्षा हेतु ड्रिल एवं खेल-कूद की व्यवस्था है; व्यावहारिक शिक्षा हेतु बच्चियों से सफाई, आदि कार्य कराए जाते हैं; कला शिक्षा में चित्रकला और संगीत गायन का समावेश किया गया है, नैतिक शिक्षा हेतु प्रतिदिन सामूहिक प्रार्थना का आयोजन किया जाता है और बौद्धिक शिक्षा हेतु मातृभाषा हिन्दी, गणित, इतिहास, भूगोल और गृह विज्ञान का सामान्य ज्ञान कराया जाता है।

उच्च प्राथमिक अथवा निम्न माध्यमिक (कक्षा 6 से 8)—बनस्थली विद्यापीठ में इस स्तर का पाठ्यक्रम भी पंचमुखी शिक्षा पर आधारित है। शारीरिक शिक्षा हेतु ड्रिल, आसन, खेल-कूद, घुड़सवारी और तैराकी, आदि की व्यवस्था है, कला शिक्षा हेतु चित्रकला अथवा संगीत में से एक विषय लेना अनिवार्य है, नैतिक शिक्षा हेतु सामूहिक प्रार्थना और धार्मिक ग्रन्थों के पठन-पाठन की व्यवस्था है और बौद्धिक शिक्षा हेतु मातृभाषा हिन्दी, गणित, इतिहास, भूगोल, नागरिकशास्त्र और गृह विज्ञन की शिक्षा की व्यवस्था है। साथ ही कक्षा 6 से अंग्रेजी भाषा अनिवार्य है। कक्षा 8 के अन्त में सामान्य परीक्षा के साथ **संस्कृत परीक्षा** भी होती है। इसका अपना पाठ्यक्रम है। इस परीक्षा में जो छात्राएँ उत्तीर्ण होती हैं उन्हें कक्षा 8 उत्तीर्ण के साथ-साथ **'संस्कृता'** प्रमाणपत्र भी दिया जाता है। परन्तु जो छात्राएँ इस परीक्षा में उत्तीर्ण नहीं होतीं उन्हें कक्षा 9 में प्रवेश के अधिकार से वंचित नहीं किया जाता।

माध्यमिक स्तर (सैकेण्डरी स्कूल सर्टिफिकेट परीक्षा, कक्षा 9 तथा 10)—प्रारम्भ में तो इस स्तर का पाठ्यक्रम राजस्थान माध्यमिक बोर्ड के अनुसार था, परन्तु 1974 में इसके ऑटोनोमस हो जाने पर इसका अपना पाठ्यक्रम तैयार किया गया। इस समय यह 10 + 2 + 3 की शैक्षिक संरचनानुकूल है। मातृभाषा हिन्दी, संस्कृत, अंग्रेजी, सामाजिक विज्ञान, भौतिक विज्ञान, कला, संगीत और गृह विज्ञान इस स्तर के पाठ्यक्रम के मुख्य विषय हैं।

उच्चतर माध्यमिक स्तर (सीनियर सैकेण्डरी सर्टिफिकेट परीक्षा, कक्षा 11 व 12)—इस स्तर में तीन वर्ग हैं—ह्यूमेनिटीज, साइंस और होम साइंस। ह्यूमेनिटीज वर्ग में—हिन्दी, संस्कृत, अंग्रेजी, इतिहास, भूगोल, नागरिकशास्त्र, अर्थशास्त्र, कला, संगीत गायन, संगीत वादन, नृत्य और गृह विज्ञान विषयों के शिक्षण की व्यवस्था है। साइंस वर्ग में—हिन्दी, अंग्रेजी, फिजिक्स, कैमिस्ट्री, मैथेमेटिक्स, बोटनी और जूलॉजी के शिक्षण की व्यवस्था है और गृह विज्ञान वर्ग में—हिन्दी, अंग्रेजी और गृह विज्ञान के विषयों के शिक्षण की व्यवस्था है।

स्नातक एवं परास्नातक पाठ्यक्रम—स्नातक स्तर पर निम्नलिखित पाठ्यक्रमों की व्यवस्था है—

बी. ए./बी. ए. ऑनर्स (तीन वर्षीय पाठ्यक्रम)—हिन्दी, संस्कृत, अंग्रेजी, राजनीतिशास्त्र, समाजशास्त्र, अर्थशास्त्र, इतिहास, सार्वजनिक प्रशासन, दर्शनशास्त्र, गणित, सांख्यिकी, संगीत (गायन), संगीत (वादन, सितार), चित्रकला (पेण्टिंग), गृह विज्ञान, टैक्सटाइल डिजाइनिंग, शारीरिक शिक्षा और कम्प्यूटर एप्लीकेशन।

बी. एस-सी./बी. एस-सी. ऑनर्स (तीन वर्षीय पाठ्यक्रम)—फिजिक्स, कैमिस्ट्री, मैथेमैटिक्स, बोटॉनी, जूलॉजी, स्टेटिस्टिक्स, कम्प्यूटर साइंस, कम्प्यूटर मेन्टीनेन्स और इलेक्ट्रोनिक्स।

बी. एस-सी. होम साइंस/बी. एस-सी. ऑनर्स होम साइंस (तीन वर्षीय पाठ्यक्रम)—होम साइंस के विषय।

बी. एड. (एक वर्षीय पाठ्यक्रम)—माध्यमिक शिक्षकों का प्रशिक्षण पाठ्यक्रम।

एम. ए. (द्विवर्षीय पाठ्यक्रम)—हिन्दी, संस्कृत, अंग्रेजी, इतिहास, राजनीतिशास्त्र, समाजशास्त्र, अर्थशास्त्र, संगीत (गायन), संगीत (वादन, सितार) और चित्रकला (ड्राइंग एण्ड पेण्टिंग)।

एम. एस-सी. (दो वर्षीय)—कैमिस्ट्री, कम्प्यूटर साइंस, कम्प्यूटर एप्लीकेशन, मैथेमेटिक्स, बायो साइंस, बायोटैक्नोलॉजी, इलैक्ट्रोनिक्स।

एम. एस-सी. होम साइंस (दो वर्षीय पाठ्यक्रम)—चाइल्ड डवलपमैण्ट, फूड्स एण्ड न्यूट्रीशन और क्लोदिंग एण्ड टैक्सटाइल।

एम. टेक (दो वर्षीय पाठ्यक्रम)—कम्प्यूटर साइंस।

एम. बी. ए. (दो वर्षीय पाठ्यक्रम)—प्रशासन एवं प्रबन्धन सम्बन्धी पाठ्यक्रम।

एम. एड. (एक वर्षीय पाठ्यक्रम)—बी. एड. के बाद शिक्षक शिक्षा का एक वर्षीय पाठ्यक्रम।

एम. फिल (एक वर्षीय)—अर्थशास्त्र, इतिहास, राजनीतिशास्त्र, समाजशास्त्र, इतिहास, चित्रकला, म्प्यूटर साइंस, इलैक्ट्रोनिक्स, बायोसाइंस, बायोटैक्नोलॉजी, मैथेमेटिक्स, कैमिस्ट्री, होम साइंस और केशन।

विश्वविद्यालयी शिक्षा के अन्य पाठ्यक्रम—बनस्थली विद्यापीठ में उपर्युक्त पाठ्यक्रमों के अतिरिक्त र्टिफिकेट और डिप्लोमा पाठ्यक्रम भी चलाए जाते हैं—

शास्त्री वेद।

पोस्ट ग्रेजुएट डिप्लोमा इन कम्प्यूटर एप्लीकेशन।

) पोस्ट बी. ए. डिप्लोमा इन टैक्सटाइल डिजाइनिंग।

सर्टिफिकेट कोर्स इन कम्प्यूटर प्रोग्रामिंग एण्ड एप्लीकेशन।

संस्कृत (वैदिक अध्ययन) में सर्टिफिकेट और डिप्लोमा कोर्स।

जर्मन व फ्रेंच भाषा में सर्टिफिकेट/डिप्लोमा/एडवान्स डिप्लोमा कोर्स।

) नृत्य में सर्टिफिकेट और डिप्लोमा कोर्स।

i) शारीरिक शिक्षा में डिप्लोमा (दो वर्षीय)।

बनस्थली विद्यापीठ में विदेशी छात्राओं के लिए गाँधी विचार और व्यवहार, भारतीय भाषाओं, भारतीय चित्रकला, भारतीय संगीत और भारतीय नृत्य में एक वर्षीय विशेष पाठ्यक्रम चलाये जाते हैं।

(2) इस विद्यापीठ में गान्धर्व महामण्डल, बम्बई (मुम्बई) की संगीत गायन और संगीत वादन की विभिन्न परीक्षाओं के लिए भी तैयारी कराई जाती है।

(3) इस संस्था में ग्रीष्मावकाश में दो माह का फ्रेस्को और चित्रकला शिक्षण शिविर भी लगाया जाता है। इस शिविर में देश के विभिन्न स्थानों के कला और कलाकार शिक्षक प्रशिक्षण प्राप्त करते हैं।

शिक्षा का माध्यम

बनस्थली विद्यापीठ में शिक्षा का माध्यम हिन्दी है, परन्तु उच्च स्तर पर विज्ञान एवं तकनीकी विषयों का शिक्षण अंग्रेजी भाषा के माध्यम से किया जाता है।

शिक्षक-शिक्षिकाएँ और छात्राएँ

बनस्थली विद्यापीठ में शिक्षक-शिक्षिकाओं और छात्रों के बीच निकट का सम्बन्ध रहता है, शिक्षक-शिक्षिकाएँ छात्राओं की पूरी देख-रेख करते हैं, उनकी कठिनाइयों का निवारण करते हैं।

अनुशासन

बनस्थली विद्यापीट की केन्द्रीय प्रशासनिक समिति बड़ी सशक्त है। यहाँ सभी शिक्षक-शिक्षिकाएँ और छात्राएँ विद्यापीठ के नियमों का पालन करते हैं।

शिक्षण संस्थाएँ

बनस्थली विद्यापीठ में विभिन्न स्तरों और विभिन्न प्रकार के शिक्षण एवं प्रशिक्षण के लिए अलग-अलग शिक्षण संस्थाएँ हैं।

(1) **बाल मन्दिर**—इस शिक्षण संस्था में प्राथमिक शिक्षा (कक्षा 1 से 5 तक की शिक्षा) का प्रबन्ध है।

(2) **माध्यमिक विद्यालय**—इस शिक्षण संस्था में निम्न माध्यमिक, माध्यमिक और उच्च माध्यमिक शिक्षा (कक्षा 6 से 12 तक की शिक्षा) का प्रबन्ध है।

(3) **ज्ञान-विज्ञान महाविद्यालय**—इस संस्था में विभिन्न विषयों में स्नातक और परास्नातक शिक्षा तथा शोध कार्य की व्यवस्था है। साथ ही अनेक सर्टिफिकेट और डिप्लोमा कोर्सों की व्यवस्था है। अब इसे बनस्थली विद्यापीठ ग्रामीण महिला डीम्ड विश्वविद्यालय की मान्यता प्राप्त है।

(4) **शिक्षा महाविद्यालय**—इस महाविद्यालय में बी. एड. और एम. एड. की शिक्षा और शिक्षा के क्षेत्र में शोध कार्य की व्यवस्था है। प्रारम्भ में यह महाविद्यालय भी राजस्थान महाविद्यालय से सम्बद्ध था परन्तु अब यह 'बनस्थली विद्यापीठ ग्रामीण महिला विश्वविद्यालय' का ही एक अंग है।

(5) **वेद विद्यालय**—इस विद्यालय में संस्कृत भाषा, ऋग्वेद, यजुर्वेद और सामवेद के प्रारम्भिक और उच्च, दोनों अध्ययनों की व्यवस्था है।

(6) **शारीरिक शिक्षा विद्यालय**—इस विद्यालय में महिलाओं के लिए शारीरिक शिक्षा (Physical Education) का दो वर्षीय डिप्लोमा कोर्स चलता है।

(7) **शान्ता विश्वनीडम्**—इस भवन में विदेशी छात्राओं के रहने की व्यवस्था है और साथ ही उनके लिए चलाये जाने वाले विशेष पाठ्यक्रमों—गाँधी विचार एवं व्यवहार, भारतीय भाषाओं, भारतीय चित्रकला, भारतीय संगीत और भारतीय नृत्य के शिक्षण-प्रशिक्षण की व्यवस्था है।

बनस्थली विद्यापीठ के कुछ अन्य विभाग

(1) **केन्द्रीय पुस्तकालय**—बनस्थली विद्यापीठ का केन्द्रीय पुस्तकालय एक उच्च स्तर का पुस्तकालय है, इसमें लगभग 450 तो जनरल्स और पीरियोडिकल्स नियमित रूप से मँगाये जाते हैं।

(2) **संगीत विभाग**—बनस्थली विद्यापीठ के संगीत विभाग में भारतीय शास्त्रीय संगीत और भारतीय शास्त्रीय नृत्य—गुजराती, मराठी, मणिपुरी, कत्थकली, आदि सभी के विशेषज्ञ शिक्षक और प्रशिक्षक नियुक्त हैं। इस विभाग में बनस्थली विद्यापीठ की भिन्न-भिन्न परीक्षाओं के लिए संगीत शिक्षण की व्यवस्था के साथ-साथ गान्धर्व महामण्डल, बम्बई (मुम्बई) की संगीत गायन और संगीत वादन की विभिन्न परीक्षाओं की तैयारी भी कराई जाती है।

प्रवेश

बनस्थली विद्यापीठ में कक्षा 4, 5, 6 और 9 में प्रवेश पूर्व परीक्षा के प्राप्तांकों और प्रवेश परीक्षाओं के आधार पर होते हैं। प्रवेश परीक्षाओं में केवल 60 प्रतिशत अंक प्राप्त करने वाली छात्राएँ ही बैठ सकती हैं। कक्षा 11 में प्रवेश कक्षा 10 के प्राप्तांकों के आधार पर किया जाता है। स्नातक स्तर पर प्रवेश + 2 की परीक्षा के प्राप्तांकों और प्रवेश परीक्षाओं के आधार पर किया जाता है। स्नातकोत्तर कक्षाओं, एम. फिल. और पी-एच. डी. हेतु भिन्न-भिन्न विषयों के लिए भिन्न-भिन्न नियम हैं।

अनुसूचित जाति की बच्चियों के लिए 17 प्रतिशत और अनुसूचित जनजाति की बच्चियों के लिए 11 प्रतिशत स्थान आरक्षित हैं। परन्तु इनके लिए भी भिन्न-भिन्न कक्षाओं में प्रवेश के लिए भिन्न-भिन्न न्यूनतम अर्हताएँ निर्धारित हैं।

परीक्षा और प्रमाणपत्र

बनस्थली विद्यापीठ पूर्णरूपेण स्वायत्तशासी संस्था है। यही अपनी छात्राओं की परीक्षा लेती है और यही उन्हें प्रमाणपत्र देती है। इसके प्रमाणपत्र पूरे देश में मान्यता प्राप्त हैं।

बनस्थली विद्यापीठ के कुछ विशेष नियम

(1) स्नातक स्तर तक विवाहित महिलाओं को प्रवेश नहीं दिया जाता। स्नातकोत्तर और उससे आगे के पाठ्यक्रमों में विशेष परिस्थितियों में विवाहित महिलाओं को प्रवेश की अनुमति दी जाती है, परन्तु उस समय उनकी आयु कम-से-कम 21 वर्ष होनी चाहिए।

(2) सभी छात्राओं को छात्रावासों में रहना होता है। छात्रावासों में केवल शाकाहारी भोजन की व्यवस्था है।

(3) छात्राओं को अपने कमरों की सफाई स्वयं करनी होती है और अपने बर्तन स्वयं साफ करने होते हैं।

(4) सभी शिक्षक, शिक्षिकाओं, अन्य कर्मचारियों और छात्राओं को हर समय खादी वस्त्र पहनने अनिवार्य हैं।

बनस्थली विद्यापीठ का मूल्यांकन
(EVALUATION OF BANASTHALI VIDYAPEETH)

बनस्थली विद्यापीठ एक उच्चकोटि की आवासीय महिला शिक्षा संस्था है, परन्तु यदि इसका मूल्यांकन आज के बदलते हुए भारतीय परिवेश में करें तो इसमें अनेक विशेषताएँ होते हुए भी कुछ कमियाँ भी दिखाई देंगी। यहाँ बनस्थली विद्यापीठ के गुण-दोषों का विवेचन प्रस्तुत है—

बनस्थली विद्यापीठ की विशेषताएँ

ये निम्न प्रकार हैं—

(1) अपने में पूर्ण इकाई—बनस्थली विद्यापीठ में प्राथमिक से लेकर उच्च शिक्षा और विभिन्न क्षेत्रों में शोध कार्यों तक की व्यवस्था है। इस विद्यापीठ का 800 एकड़ में फैला अपना प्रांगण है जिसमें पठन-पाठन और निवास के लिए उच्चकोटि के भवन हैं, पोस्ट ऑफिस और तार घर हैं, दो बैंकों की शाखाएँ हैं और छोटी-सी डिस्पेन्सरी है। इसके निकट एक छोटा-सा बाजार है। निकट के बस स्टैण्ड और रेलवे स्टेशन आने-जाने के लिए अपना वाहन है। यह एक छोटा-सा महिला शिक्षा नगर है, अपने में एक पूर्ण इकाई है।

(2) आदर्श भारतीय नारियों का निर्माण (पंचमुखी शिक्षा)—बनस्थली विद्यापीठ की सबसे बड़ी विशेषता इसकी पंचमुखी शिक्षा है; शारीरिक, व्यावहारिक, कलापरक, नैतिक और बौद्धिक शिक्षा है। यहाँ बालिकाओं को न केवल आदर्श भारतीय नारियों की शिक्षा दी जाती है अपितु उन्हें जीवन के प्रत्येक क्षेत्र में दक्षतापूर्वक कार्य करने का प्रशिक्षण भी दिया जाता है। यहाँ बालिकाओं को परिश्रमी, स्वावलम्बी और आत्मनिर्भर बनाया जाता है।

(3) भारतीय सांस्कृतिक विरासत और पाश्चात्य वैज्ञानिक उपलब्धियों में समन्वय—इस संस्था में बालिकाओं को एक ओर भारतीय सांस्कृतिक परम्पराओं के पालन की ओर अग्रसर किया जाता है तो दूसरी ओर उन्हें पाश्चात्य विज्ञान एवं तकनीकी की शिक्षा दी जाती है। सच बात यह है कि संस्कृति किसी जाति, समाज अथवा राष्ट्र की विरासत होती है और ज्ञान पर सभी व्यक्तियों अथवा राष्ट्रों का समान अधिकार होता है।

(4) व्यक्तिगत स्वतन्त्रता और सामाजिक उत्तरदायित्व में समन्वय—इस संस्था में बालिकाओं के वैयक्तिक विकास के लिए स्वतन्त्र अवसर प्रदान किये जाते हैं, वे अपनी रुचि की क्रियाओं में भाग लेती हैं और अपनी रुचि के अध्ययन विषयों का चयन करती हैं। पर साथ ही उनके लिए कुछ अनिवार्यताएँ भी हैं—विभिन्न क्रियाओं में से क्रियाओं के चयन की, हिन्दी अथवा अंग्रेजी भाषा के अध्ययन की। और स्वतन्त्रता और अनिवार्यता में इतना सन्तुलन है कि बालिकाओं का सन्तुलित वैयक्तिक एवं सामाजिक विकास होता है।

(5) सामूहिक जीवन-शैली—इस संस्था में देश-विदेश के विभिन्न क्षेत्रों, विभिन्न जातियों और विभिन्न धर्मों को मानने वाली छात्राएँ एक साथ रहती हैं, एक साथ सामूहिक प्रार्थना में भाग लेती हैं, एक साथ कक्षाओं में पढ़ती हैं, एक साथ खेल-कूद एवं अन्य क्रियाओं में भाग लेती हैं और एक साथ समाज सेवा कार्य और श्रमदान करती हैं। इस सबसे उन्हें सामूहिक जीवन शैली का प्रशिक्षण मिलता है।

(6) साहित्यिक एवं सांस्कृतिक क्रियाओं का आयोजन—इस विद्यापीठ की सभी संस्थाओं में साहित्यिक एवं सांस्कृतिक परिषदें हैं, वर्ष भर समय-समय पर साहित्यिक एवं सांस्कृतिक कार्यक्रमों के आयोजन होते रहते हैं। यहाँ सामाजिक, धार्मिक, राष्ट्रीय और अन्तर्राष्ट्रीय पर्वों को सामूहिक रूप से बड़ी धूमधाम के साथ मनाया जाता है। इन सबसे बालिकाओं में सांस्कृतिक और धार्मिक सहिष्णुता, राष्ट्र प्रेम और अन्तर्राष्ट्रीय सद्‌भाव पैदा होता है।

(7) खेल-कूद, घुड़सवारी, एन. सी. सी. और फ्लाइंग की उत्तम व्यवस्था—बनस्थली विद्यापीठ में देशी-बिदेशी सभी प्रकार के खेल-कूदों की उत्तम व्यवस्था है। यहाँ की छात्राएँ खेल-कूद में क्षेत्रीय, राज्य और राष्ट्रीय स्तर पर स्थान प्राप्त करती हैं। घुड़सवारी सिखाने के लिए अच्छे किस्म के घोड़े और अच्छे प्रशिक्षक हैं। यहाँ की छात्राओं के घुड़सवारी के चमत्कार देखते ही बनते हैं—एक साथ दो घोड़ों पर दौड़ना और दौड़ते समय एक घोड़े की पीठ से दूसरे घोड़े की पीठ पर सवार होना, यहाँ की घुड़सवारी के प्रशिक्षण की विशेषता है। यहाँ की बालिकाएँ जब सिर पर थाली में दीपक रखकर तैरती हैं तो दर्शक प्रशंसा किए बिना नहीं रहते। यहाँ एन. सी. सी. की भी व्यवस्था है। इतना ही नहीं अपितु यह भारत की पहली महिला उच्च शिक्षा संस्था है जहाँ एन. सी. सी. की फ्लाइंग विंग है।

(8) शिक्षक-शिक्षिकाओं और छात्रों के बीच निकट सम्बन्ध—बनस्थली विद्यापीठ में प्राथमिक से लेकर उच्च कक्षाओं तक लगभग 3500 छात्राएँ हैं और लगभग 700 शिक्षक-शिक्षिका एवं प्रशिक्षक हैं। तब यहाँ इनके बीच निकट सम्बन्ध होना स्वाभाविक है। सभी शिक्षक, शिक्षिकाएँ और प्रशिक्षक छात्राओं को पुत्री समान मानते हैं, उनकी हर कठिनाई का निवारण करते हैं और उनके अस्वस्थ होने पर उनकी पूरी देखभाल करते हैं।

(9) सादा जीवन प्रगतिशील विचार—यह संस्था ग्रामीण अंचल में स्थित है। यहाँ सभी शिक्षक, शिक्षिकाओं, प्रशिक्षकों, अन्य कर्मचारियों और छात्राओं सभी को हर समय खादी के वस्त्र पहनने अनिवार्य हैं। यहाँ केवल शाकाहारी भोजन बनता है। संगीत और नृत्य के भी जो कार्यक्रम होते हैं, वे शास्त्रीय और भारतीय होते हैं, पाश्चात्य संगीत की धुन यहाँ नहीं सुनाई देती। पर साथ ही बालिकाओं को बालकों की भाँति किसी भी प्रकार के ज्ञान और प्रशिक्षण प्राप्त करने के अवसर प्रदान किए जाते हैं। विज्ञान एवं तकनीकी शिक्षा का प्रबन्ध और हवाई जहाज उड़ाने का प्रशिक्षण इस संस्था के प्रगतिशील होने के प्रमाण हैं।

बनस्थली विद्यापीठ की कमियाँ

(1) कॉमर्स, लॉ और मेडीकल साइंस की शिक्षा का अभाव—यह संस्था अब डीम्ड विश्वविद्यालय के रूप में विकसित हो चुकी है, परन्तु इसमें अभी तक कॉमर्स, लॉ और मेडीकल साइंस की शिक्षा की व्यवस्था नहीं है। इंजीनियरिंग में भी केवल कम्प्यूटर साइंस की शिक्षा की व्यवस्था है। यदि इसमें इंजीनियरिंग में इलेक्ट्रॉनिक्स, सिविल और मैकेनिकल ब्रांचों और कॉमर्स, लॉ एवं मेडीकल साइंस की शिक्षा की भी व्यवस्था हो जाए तो फिर यह शिक्षा संस्था महिला शिक्षा के क्षेत्र में एक पूर्ण एवं आदर्श शिक्षा संस्था होगी।

(2) वास्तविक परिस्थितियों से दूर—बनस्थली विद्यापीठ का अपना प्राकृतिक, सामाजिक, सांस्कृतिक और शैक्षिक परिवेश है जो देश के वास्तविक परिवेश—प्रदूषित पर्यावरण, सामाजिक भेदभाव, सांस्कृतिक अलगाव, वोट की राजनीति और हंगामे की संस्कृति से एकदम अलग है। तब छात्राओं को इस परिवेश के लिए कैसे तैयार किया जा सकता है, उन्हें वास्तविक जीवन के लिए कैसे तैयार किया जा सकता है।

(3) खादी पहनने की अनिवार्यता—खादी वस्त्र नहीं, विचार है और विचारों को कभी जबरन नहीं लादना चाहिए। फिर जब गाँधीजी ने खादी वस्त्र धारण करने का नारा दिया था तब देश परतन्त्र था, यहाँ विदेशी वस्त्रों का प्रयोग होता था; आज तो देश स्वतन्त्र है और सभी प्रकार के वस्त्र यहीं बनते हैं, खादी वस्त्र धारण करने की अनिवार्यता का कोई औचित्य नहीं है। इस संस्था में प्रायः उच्च मध्यम और उच्च परिवारों की बच्चियाँ पढ़ती हैं, वे प्रवेश लेने के बाद वहाँ खादी वस्त्र पहनती अवश्य हैं पर खादी के प्रति संस्कार उनमें विकसित नहीं होते, बनस्थली के बाहर वे अन्य प्रकार के वस्त्र ही पहनती हैं।

(4) ऊबाने वाली परिस्थितियाँ—इस संस्था में प्रायः देश-विदेश के उच्च मध्यम और उच्च वर्ग की बच्चियाँ प्रवेश लेती हैं। उनके लिए यहाँ का धूल भरा सूखा वातावरण, कम जनसंख्या वाली बस्ती, देहाती

बाजार और ऊपर से सादा शाकाहारी भोजन और खादी वस्त्र, कुछ प्रतिकूल अनुभूति कराते हैं, वे इससे ऊबने लगती हैं।

अभ्यास प्रश्न

दीर्घ उत्तरीय प्रश्न (Long Answer Type Questions)

1. बनस्थली विद्यापीठ का सामान्य परिचय दीजिए और उसकी मुख्य विशेषताओं का उल्लेख कीजिए।
2. बनस्थली विद्यापीठ की विभिन्न संस्थाओं का संक्षेप में वर्णन कीजिए और यह बताइए कि उनमें कौन-कौन से पाठ्यक्रम चलते हैं ?
3. बनस्थली विद्यापीठ का सामान्य परिचय दीजिए और उसके गुण-दोषों का विवेचन कीजिए।

लघु उत्तरीय प्रश्न (Short Answer Type Questions)

1. बनस्थली विद्यापीठ के विशिष्ट उद्देश्य क्या हैं ?
2. बनस्थली विद्यापीठ में विश्वविद्यालय स्तर पर कौन-कौन से डिग्री, सर्टिफिकेट और डिप्लोमा पाठ्यक्रम चलाए जाते हैं और किन-किन विषयों में एम. फिल और पी-एच. डी. की व्यवस्था है ? उल्लेख कीजिए।
3. बनस्थली विद्यापीठ की चार विशेषताओं का उल्लेख कीजिए।
4. निम्नलिखित पर टिप्पणी लिखिए—
   (i) बनस्थली विद्यापीठ।
   (ii) बनस्थली विद्यापीठ की पंचमुखी शिक्षा।
   (iii) बनस्थली विद्यापीठ की शान्ता विश्वनीडम्।
   (iv) बनस्थली विद्यापीठ ग्रामीण महिला डीम्ड विश्वविद्यालय।

बहुविकल्पीय प्रश्न (Multiple Choice Questions)

1. **सत्य-असत्य का निर्णय कीजिए—**
   (i) बनस्थली विद्यापीठ की स्थापना पं. हीरालाल शास्त्री ने 1935 में की थी।
   (ii) वर्तमान में बनस्थली विद्यापीठ में शिशु शिक्षा से लेकर उच्च शिक्षा तक की व्यवस्था है।
   (iii) वर्तमान में यह बनस्थली विद्यापीठ महिला विश्वविद्यालय के रूप में सम्मुन्नत है।
   (iv) बनस्थली विद्यापीठ महिला विश्वविद्यालय का सम्पूर्ण वित्तीय भार केन्द्रीय सरकार वहन करती है।

उत्तर—(i) सत्य, (ii) सत्य, (iii) सत्य, (iv) असत्य।

अध्याय—20

एकलव्य

[EKLOVYA]

एकलव्य का सामान्य परिचय
(AN INTRODUCTION TO EKLOVYA)

एकलव्य एक गैर-सरकारी संगठन (NGO) है। इसकी स्थापना 1982 में मध्य प्रदेश के होशंगाबाद में **एकलव्य फाउण्डेशन** (Eklovya Foundation) के नाम से हुई थी। इसे अब सामान्यत: **एकलव्य** के नाम से पुकारा जाता है। इस संस्था का भी अपना इतिहास है। उस समय होशंगाबाद के विद्यालयों में 'होशंगाबाद विज्ञान शिक्षण कार्यक्रम' (Hoshangabad Science Teaching Programme) चल रहा था। यह कार्यक्रम राज्य सरकार और दो गैर-सरकारी संगठनों के संयुक्त तत्वावधान में चलाया जा रहा था। इस कार्यक्रम को और अधिक सफलतापूर्वक चलाने के उद्देश्य से समाज के कुछ शिक्षा प्रेमियों ने एक अलग से गैर-सरकारी संगठन बनाने का निर्णय किया और 1982 में एकलव्य फाउण्डेशन (Eklovya Foundation) की स्थापना की और 1 अक्टूबर, 1982 को इसे सोसाइटी एक्ट के अन्तर्गत नई दिल्ली में पंजीकृत कराया। तब से इसका मुख्य कार्यालय दिल्ली में ही है।

जैसा कि आप सब जानते हैं कि एकलव्य 'महाभारत' का जनजाति (वर्तमान की भाषा में अनुसूचित जनजाति) में जन्मा वह पात्र है जिसे तत्कालीन पाण्डवों के गुरु द्रोणाचार्य ने उसे शूद्र (अनुसूचित जनजाति) होने के कारण बाण विद्या (तीरअन्दाजी) सिखाने से मना कर दिया था परन्तु एकलव्य ने हार नहीं मानी थी। उसने एक पेड़ के नीचे द्रोणाचार्य की मूर्ति स्थापित की और उसे गुरु मानकर स्वयं तीर चलाने का अभ्यास करता रहा और एक दिन अपने समय का सबसे बड़ा तीरअन्दाज बना और गुरु द्रोणाचार्य के बाण विद्या में निपुणतम अर्जुन से भी अधिक बड़ा तीरअन्दाज बना। एकलव्य नाम से यही प्रेरणा मिलती है कि किसी व्यक्ति की सामाजिक-आर्थिक परिस्थिति कैसी भी निम्न स्तर की क्यों न हो, यदि वह सच्ची लगन से अपने लक्ष्य की प्राप्ति के लिए प्रयत्न करे तो वह उसे प्राप्त कर सकता है। यह एकलव्य फाउण्डेशन समाज के निम्न वर्गों में पैदा होने वाले बच्चों और युवकों को यही सन्देश देता है और मुख्य रूप से यह इसी दिशा में काम कर रहा है।

एकलव्य का संक्षिप्त वर्णन
(A SHORT DESCRIPTION OF EKLOVYA)

यहाँ एकलव्य का क्रमबद्ध वर्णन संक्षेप में प्रस्तुत है—

एकलव्य की स्थिति एवं भवन (Position of Eklovya and Building)

एकलव्य का पंजीकृत कार्यालय दिल्ली में स्थित है और समन्वय केन्द्र भोपाल में स्थित है। इसके कुल मिलाकर 6 केन्द्र और तीन उपकेन्द्र हैं जो मध्य प्रदेश के भिन्न-भिन्न स्थानों पर स्थापित हैं। इन सबमें केवल होशंगाबाद में स्थित केन्द्र अपने भवन में चल रहा है, शेष सभी केन्द्र किराये के भवनों में चल रहे हैं। होशंगाबाद केन्द्र के भवन का निर्माण 2004-05 में हुआ था। इस भवन निर्माण का भी अपना इतिहास है। एकलव्य के कार्यों से प्रभावित होकर 2001 में 'सर रतन टाटा ट्रस्ट' ने भवन निर्माण हेतु ₹ 25 लाख अनुदान दिया जिससे 2004-05 में होशंगाबाद में एकलव्य का यह भवन बनकर तैयार हुआ। यह भवन लगभग एक एकड़ के क्षेत्र के 8925 वर्ग फुट में बना है। यह दो मंजिला भवन है जिसमें कार्यालय, पुस्तकालय, बाल गतिविधि केन्द्र और शैक्षिक स्रोत केन्द्र हैं। इसमें किसी प्रशिक्षण कार्यक्रम में आने वाले 50 प्रतिभागियों तक की आवासीय व्यवस्था की सुविधा है। शेष सब केन्द्रों में इस प्रकार के प्रशिक्षण कार्यक्रम किराये के स्थानों पर चलाये जाते हैं।

एकलव्य का प्रशासन एवं वित्त व्यवस्था (Administration of Eklovya and Financial Arrangement)

एकलव्य एक गैर-सरकारी पंजीकृत संस्था है। इस संस्था का एक **शासी निकाय** (Governing Body) है। यह निकाय इस संस्था की सर्वोच्च प्रशासनिक बॉडी है। इसमें अधिकतम 15 सदस्य हो सकते हैं जो अपने में से इस निकाय के अध्यक्ष, सचिव और खजांची का चुनाव करते हैं। इसकी वर्ष में कम-से-कम दो बैठकें होनी आवश्यक हैं। यह निकाय एकलव्य का बजट तैयार करता है, बजट के अनुसार केन्द्रों एवं उपकेन्द्रों को आर्थिक सहयोग देता है, व्यय का लेखा-जोखा रखता है और वर्ष के अन्त में उसका पूर्ण विवरण प्रस्तुत करता है। इस शासी निकाय को समयानुसार के नियमों में परिवर्तन करने का भी अधिकार है। इसके अतिरिक्त का एक **सामान्य निकाय** (Common Body) है जो एकलव्य को कार्यक्रम सम्बन्धी सुझाव देता है। इसकी वर्ष में कम-से-कम एक बैठक होनी अनिवार्य है। इनके अतिरिक्त इस संस्था में एक **अकादमिक समिति** (Academic Council) है जो इसके विभिन्न केन्द्रों एवं उपकेन्द्रों के शैक्षिक कार्यक्रमों की योजना बनाने एवं केन्द्रों द्वारा उन्हें चलाने के लिए उत्तरदायी है। इनके अतिरिक्त एक चयन समिति (Selection Committe) है जो फाउण्डेशन के लिए कर्मचारियों का चयन करती है।

यह संस्था एक गैर-सरकारी संस्था है इसलिए इसे सरकार से कोई नियमित अनुदान प्राप्त नहीं होता, परन्तु कुछ प्रोजेक्टों को चलाने के लिए अनुदान मिल जाता है। वैसे इसकी अपनी एक अक्षय निधि (Corpus Fund) है जो **'सर रतन टाटा ट्रस्ट'** (Sir Ratan Tata Trust), 'सर दोराबजी टाटा ट्रस्ट' (Sir Dorabji Tata Trust), **आईसीआईसीआई बैंक** (ICICI Bank) और **विप्रो** (Wipro) के एक मुश्त बड़ी धनराशियाँ देनी से बनी है। वर्तमान में इस अक्षय निधि से लगभग ₹ 25 लाख प्रतिवर्ष ब्याज आता है। इसे इसके अपने प्रकाशनों से भी कुछ आय होती है। इसी सब आय से एकलव्य के विभिन्न कार्यक्रमों का आयोजन होता है और वर्ष के अन्त में जो रुपये बचते हैं उन्हें अक्षय निधि कोष में जमा कर दिया जाता है।

एकलव्य का संगठन (Organisation of Eklovya)

इसका संगठन कुछ इस प्रकार है—

1. **मुख्य कार्यालय—**

   एकलव्य
   B-2/12 मॉडल टाउन,
   दिल्ली-110009

2. **संयोजन केन्द्र कार्यालय—**

   एकलव्य
   ई-7/453 एच. आई. जी.
   अरेरा कॉलोनी, भोपाल-462016

3. **केन्द्र कार्यालय—**

   1. **एकलव्य**
      61, बैराठी कॉलोनी क्र. 2
      इन्दौर, 452001
   2. **एकलव्य**
      चक्कर रोड, माला खेड़ी
      होशंगाबाद-461001
   3. **एकलव्य**
      33, साकेत नगर
      देवास-455001
   4. **एकलव्य**
      सांडिया रोड,
      पिपरिया-461775
   5. **एकलव्य**
      पतौआपरा
      शाहपुर (बैतूल)-460440

4. उपकेन्द्र कार्यालय—

1. **एकलव्य**
28/2 एम. आई. जी. वेदनगर,
नानाखेड़ा, उज्जैन-456010
2. **एकलव्य**
स्टेशन रोड,
परासिया (छिन्दवाड़ा) 480441
3. **एकलव्य**
ए-114, विवेकानन्द कॉम्पलेक्स,
नई सब्जी मण्डी, हरदा-461331

प्रत्येक केन्द्र पर एक केन्द्र प्रभारी (Centre Incharge) नियुक्त है और उसकी सहायता के लिए अनेक अन्य कर्मचारी नियुक्त हैं। ये केन्द्र एवं उपकेन्द्र अपने-अपने क्षेत्रों में संस्था द्वारा चलाये जा रहे कार्यक्रमों के संचालन के लिए उत्तरदायी हैं।

एकलव्य के उद्देश्य (Aims of Eklovya)

एकलव्य का मूल उद्देश्य (Goal) तो एक है परन्तु इस मूल उद्देश्य की प्राप्ति के लिए अनेक अन्य उद्देश्य निश्चित किये गये हैं जिन्हें हम सहायक उद्देश्य कह सकते हैं।

मूल उद्देश्य

निरन्तर विकास करने वाले समानतावादी और न्यायपूर्ण समाज के निर्माण के लिए सबके लिए अर्थपूर्ण शिक्षा।

(Meaningful education for all to build an equalitarian and just society on the path of sustainable development.)

सहायक उद्देश्य (Assistant Objectives)

ये निम्न हैं—

(1) सामाजिक संरचना एवं उसके विकास की वैज्ञानिक-ऐतिहासिक समझ विकसित करने के लिए शैक्षिक विधि तथा पाठ्यक्रम का विकास करना।

(2) समाज के लोगों में वैज्ञानिक दृष्टिकोण का विकास करना, उनमें जानने की लगन पैदा करना और समस्या-समाधान के कौशल का विकास करना।

(3) समाज के सभी बच्चों, युवकों और प्रौढ़ों के लिए औपचारिक एवं अनौपचारिक शिक्षा के नवीन आयाम विकसित करना।

(4) औपचारिक एवं अनौपचारिक शिक्षा के क्षेत्र में नवाचारों को लागू करना और उनकी उपयोगिता की परख करना।

(5) शैक्षिक नवाचारों के प्रचार एवं प्रसार में विभिन्न तन्त्रों का सहयोग लेना।

(6) शिक्षा तथा अनुसंधान से जुड़े व्यक्तियों की कार्यकुशलता में वृद्धि हेतु प्रशिक्षण की व्यवस्था करना।

(7) औपचारिक एवं अनौपचारिक शिक्षा, सामाजिक विज्ञानों, विज्ञानों, भाषा एवं संचार की सभी शाखाओं में अनुसंधान करना।

(8) शैक्षिक पाठ्यक्रमों को सम्पन्न बनाने के लिए साहित्य, कला तथा सांस्कृतिक परम्परा से जुड़े तथ्यों पर अनुसंधान करना।

(9) विभिन्न क्षेत्रों की क्षेत्रीय समस्याओं पर अनुसंधान करना और लोगों में प्राकृतिक सम्पदा के वैज्ञानिक प्रबन्धन हेतु जागरूकता पैदा करना।

(10) कृषि, वन विद्या, तकनीकी, स्वास्थ्य देखभाल और समाज कल्याण के क्षेत्रों में अनुसंधान कर रोजगार के अवसर प्रदान करना और समाज के पिछड़े वर्ग के लोगों की आवश्यकताओं की पूर्ति करना।

एकलव्य के कार्यक्रम (Programme of Eklovya)

एकलव्य का कार्य क्षेत्र अभी मध्य प्रदेश तक सीमित है और मध्य प्रदेश में भी केवल पाँच जिलों—बैतूल, हरदा, होशंगाबाद, देवास और उज्जैन तक सीमित है। एकलव्य अपने उद्देश्यों की प्राप्ति के लिए विभिन्न केन्द्रों द्वारा प्राथमिक शिक्षा, माध्यमिक शिक्षा और शिक्षक शिक्षा के क्षेत्र में विशेष कार्य कर रहा है।

वर्तमान में एकलव्य के द्वारा जो कार्यक्रम चलाये जा रहे हैं, उन्हें निम्नांकित वर्गों में विभाजित किया जा सकता है—

(1) शिक्षक विकास कार्यक्रम (Teacher Development Programme)—माध्यमिक शिक्षकों के साथ संवाद, बुनियादी क्षमता विकास कार्यक्रम, स्कूली शिक्षा स्तर के पाठ्यक्रमों का निर्माण। इसकी स्वयं की सूचना के अनुसार यह एन. सी. ई. आर. टी. और एस. सी. ई. आर. टी. इस कार्य में सहयोग प्रदान करती है।

(2) शाला विकास के कार्यक्रम (Improving Functioning of School)—समग्रशाला परिवर्तन कार्यक्रम, शाला विकास के लिए और स्कूलों की समस्त कार्यप्रणाली में सुधार के कार्यक्रम।

(3) शैक्षिक शोध और सामग्री निर्माण (Educational Research and Material Development)—शिक्षक विकास दस्तावेजीकरण, बुनियादी क्षमता विकास कार्यक्रम में शोध व सामग्री निर्माण और विज्ञान एवं सामाजिक अध्ययन की शिक्षण विधियों में विकास और किशोरावस्था शिक्षण के क्षेत्र में कार्य।

(4) शिक्षा में समुदाय की भागीदारी (Community Participation in Education)—विद्यालय भेजो, विद्यालय चलो, स्वयं पढ़ो और दूसरों को पढ़ाओ, पढ़ने की आदत डालो और पढ़ो-लिखो आगे बढ़ो; जैसे कार्यक्रम।

(5) पाठ्यक्रम से परे शिक्षा की गतिविधियाँ (Educational Activities beyond Curriculum)—स्थानीय युवकों के सहयोग से बाल समूह कार्यक्रम और सामुदायिक पुस्तकालय संचालन कार्यक्रम। इन पुस्तकालयों में मुख्य रूप से फाउण्डेशन के प्रकाशनों को स्थान देना, साथ ही युवकों और प्रौढ़ों की रुचि की सामग्री उपलब्ध कराना है।

(6) रियाज एकेडेमी फॉर इलस्ट्रेटर्स (Reyaaz Academy for Illustrator)—यह एकेडेमी एकलव्य के 'इन्स्टीट्यूट फॉर एजूकेशनल रिसर्च एण्ड इन्नोवेटिव एक्शन' और 'अतनू राय' (Atanu Roy) के संयुक्त तत्वावधान में चलाई जा रही है। इस एकेडेमी द्वारा शैक्षिक खेल और शैक्षिक खिलौनों का निर्माण किया जाता है और विद्यालयों में कार्यरत शिक्षकों के लिए प्रशिक्षण शिविर आयोजित किये जाते हैं जिनके द्वारा शिक्षकों के शिक्षण कौशलों, विशेषकर खेल द्वारा शिक्षण कौशल को बढ़ाया जाता है।

(7) प्रकाशन और शैक्षिक सामग्री का वितरण (Publication and Distribution of Educational Material)—एकलव्य का भोपाल में अपना प्रकाशन केन्द्र है। इसके द्वारा बाल साहित्य और शिक्षक शिक्षा साहित्य से सम्बन्धित पुस्तकों का प्रकाशन होता है। इसके बाल साहित्य सम्बन्धी पुस्तकों के समूह को पिटारा कहा जाता है अर्थात् उन्हें एक पिटारे (Container) में रखकर उनका विक्रय पूर्ण पिटारा के रूप में करने का प्रयत्न किया जाता है। अपने प्रकाशनों की बिक्री के लिए यह संस्था पुस्तक मेलों में भाग लेती है और कभी कुछ विशेष अवसरों पर अपने स्टॉल लगाती है।

इस प्रकाशन केन्द्र से तीन पत्रिकाएँ (Magazine) प्रकाशित होती हैं—

(1) चकमक (Chakmak)—यह मासिक पत्रिका है। यह 8 वर्ष से 12 वर्ष तक के बच्चों के लिए प्रकाशित की जाती है। इसका मुख्य उद्देश्य बच्चों की स्वाभाविक अभिव्यक्ति, कल्पनाशीलता, कौशल व सोच को उभारना है। इसमें बच्चों के स्तर के रोचक लेख एवं कविताओं का प्रकाशन किया जाता है। इसकी सबसे बड़ी विशेषता यह है कि इसमें 8-12 आयु वर्ग के बच्चों की स्वरचित रचनाएँ भी प्रकाशित की जाती हैं।

(2) सन्दर्भ (Sandarbh)—यह भी मासिक पत्रिका है। यह शिक्षकों और हाई स्कूल के विद्यार्थियों के लिए प्रकाशित की जाती है। इसमें शिक्षा के क्षेत्र के नवाचारों के बारे में सूचनाएँ दी जाती हैं, विभिन्न शोधों के परिणाम प्रकाशित किए जाते हैं, ऐसे परिणाम जिनसे शिक्षक और शिक्षार्थी दोनों लाभान्वित होते हैं।

(3) स्रोत (Srote)—यह हिन्दी में विज्ञान एवं टेक्नोलॉजी की एकमात्र फीचर सेवा है। इसमें स्तरीय अध्ययन सामग्री, विशेष रूप से विज्ञान और तकनीकी सम्बन्धी सामग्री प्रकाशित की जाती है। इसे क्षेत्र के छोटे-छोटे शहरों एवं कस्बों में उपलब्ध कराया जाता है, जहाँ दूसरे स्रोतों से इस प्रकार की सामग्री नहीं पहुँच पाती है।

(4) शैक्षिक सन्दर्भ (Shaikshik Sandarbh)—इसमें विज्ञान सम्बन्धी लेख छपते हैं। यह पाठकों में विज्ञान के प्रति रुचि पैदा करने और उनमें वैज्ञानिक दृष्टिकोण का विकास करने में बड़ी सफल हो रही है।

(5) क्यों और कैसे (Kuno Aur Kaise)—यह पाक्षिक दीवार पत्रिका है। यह हिन्दी और अंग्रेजी दोनों भाषाओं में प्रकाशित होती है। यह मध्य प्रदेश के स्कूलों के अतिरिक्त 'राष्ट्रीय विज्ञान एवं प्रौद्योगिक संस्थान' (National Council for Science and Technology) के माध्यम से केन्द्रीय विद्यालयों, जवाहर नवोदय विद्यालयों और देहली पब्लिक विद्यालयों में भी जाती है।

एकलव्य का मूल्यांकन
(EVALUATION OF EKLOVYA)

हमने एकलव्य की क्रियाकलापों को न तो स्वयं देखा है और न ही किसी के मुख से उसके बारे में कुछ सुना है। हमें इसके बारे में जो कुछ जानकारी प्राप्त हुई है वह इसके द्वारा वेबसाइट पर डाली गई सामग्री से प्राप्त हुई है इसलिए इस संस्था का न्यायपूर्ण मूल्यांकन करने का दावा हम नहीं कर सकते, परन्तु इस क्षेत्र में अपने अनुभवों के आधार पर सामान्य मूल्यांकन अवश्य कर सकते हैं। हमारी अपनी दृष्टि से इस और इसके द्वारा सम्पादित कार्यक्रमों में निम्नलिखित विशेषताएँ और कमियाँ हैं—

एकलव्य की विशेषताएँ (Characteristics of Eklovya)

(1) इसकी सबसे बड़ी विशेषता यह है कि इसने अपना कार्यक्षेत्र अपने मध्य प्रदेश को बनाया है और मध्य प्रदेश के भी शैक्षिक एवं सामाजिक दृष्टि से पिछड़े क्षेत्र को बनाया है। इस क्षेत्र के व्यक्तियों में शैक्षिक प्रेरणा जाग्रत करने के लिए 'एकलव्य' नाम ही पर्याप्त है।

(2) इसकी दूसरी बड़ी विशेषता यह है कि यह शिक्षा से सम्बन्धित सभी क्षेत्रों और सभी पहलुओं में सुधार करने के लिए प्रयत्नशील है।

(3) इसकी तीसरी बड़ी विशेषता यह है कि यह केवल चिन्तन के आधार पर निर्णय नहीं लेता, अपितु शोध के परिणामों के आधार पर निर्णय लेता है।

(4) एकलव्य में उपाधि प्राप्त करने के लिए शोध कार्य नहीं होते, अपितु इसके शोध कार्य शिक्षा के क्षेत्र के पहलू विशेष की समस्याओं को समझने एवं उनका समाधान खोजने के उद्देश्य से होते हैं।

(5) यह शिक्षा के क्षेत्र में नवोचारों के प्रयोग पर बल देता है और स्कूली शिक्षकों को इनके प्रयोग में प्रशिक्षित करने के लिए प्रशिक्षण सत्रों का आयोजन करता है।

(6) यह अपने द्वारा की गई शोधों के परिणामों से शिक्षकों को अवगत कराता है और उन्हें उनसे लाभ उठाने की प्रेरणा देता है।

(7) स्कूली बच्चों और शिक्षकों के साथ संवाद इसकी एक और विशेषता है। संवाद द्वारा अपनत्व स्थापित होता है, अपने सही अर्थों में उनसे सम्बन्धित समस्याओं का पता चलता है और समस्याओं के समाधान के सुझाव प्राप्त होते हैं।

(8) शिक्षा के क्षेत्र में समुदाय की साझेदारी इसकी एक अन्य विशेषता है। यदि शिक्षा के क्षेत्र में समुदाय का सहयोग प्राप्त हो जाए तो शिक्षा से जुड़ी स्थानीय समस्याएँ आसानी से हल की जा सकती हैं।

(9) इसके कुछ कार्यक्रम तो हमें बहुत अच्छे लगे; जैसे—विद्यालय भेजो, विद्यालय चलो और स्वयं पढ़ो और दूसरों को पढ़ाओ। यह स्कूली विद्यार्थियों को निरक्षरों को शिक्षित करने का प्रशिक्षण भी देता है। इन कार्यक्रमों से एक ओर प्राथमिक एवं माध्यमिक शिक्षा के सार्वभौमीकरण में सहयोग प्राप्त होगा और दूसरी ओर निरक्षरता का अभिशाप कम होगा।

एकलव्य की कमियाँ (Limitations of Eklovya)

(1) संगठन की यह धारणा कि वर्तमान शिक्षा अर्थहीन है और उसे अर्थपूर्ण बनाने में जो वह कर रहा है, वही श्रेष्ठतम है, इसकी भूल ही कही जाएगी।

(2) शिक्षा के हर क्षेत्र में शोध पर बल देने से शोध का महत्त्व ही समाप्त हो जाएगा। शोध कार्य इतना सरल कार्य नहीं है कि इसे कोई भी कर सकते हैं।

(3) संगठन का यह दावा कि उसने एन. सी. ई. आर. टी. द्वारा तैयार राष्ट्रीय कार्यक्रम की रूपरेखा, 2005 के निर्माण में एन. सी. ई. आर. टी. का सहयोग किया है, अपने में अर्द्धसत्य है। हम एन. सी. ई. आर. टी. की कार्यप्रणाली से भली-भाँति परिचित हैं, वह सुनती सबकी है परन्तु करती वही है जो सरकार चाहती है। केवल उपस्थिति दर्ज कराने का अर्थ सहयोग करना नहीं हो सकता।

(4) संगठन का यह दावा भी अर्द्धसत्य है कि उसने एन. सी. ई. आर. टी. द्वारा तैयार की गई पाठ्य-पुस्तकों के निर्माण में एन. सी. ई. आर. टी. का सहयोग किया है।

(5) एकलव्य का यह दावा भी अर्द्धसत्य है कि वह अपने प्रदेश की एस. सी. ई. आर. टी. के साथ-साथ कुछ अन्य प्रदेशों की एस. सी. ई. आर. टी. के पाठ्यक्रम निर्माण कार्यक्रमों में सहयोग प्रदान करती है। हाँ, वह अपनी उपस्थिति अवश्य दर्ज कराती होगी परन्तु उपस्थिति भर से सहयोग तो नहीं होता।

(6) एकलव्य का यह दावा भी अर्द्धसत्य है कि उसने एन. सी. टी. ई. के द्वारा तैयार शिक्षक शिक्षा के पाठ्यक्रम की रूपरेखा, 2005 के निर्माण में एन. सी. टी. ई. का सहयोग किया है, क्योंकि हम एन. सी. टी. ई. की कार्यप्रणाली से भी परिचित हैं और यदि यह सत्य मान लिया जाए कि उसके निर्माण में एकलव्य का सहयोग रहा है तो यह आलोचना का विषय है क्योंकि एन. सी. टी. ई. द्वारा तैयार यह पाठ्यक्रम बहुत दोषयुक्त है।

(7) काम कम और प्रशंसा अधिक, यह इसकी सबसे बड़ी कमी है।

उपसंहार (Conclusion)

गैर-सरकारी सामाजिक संगठनों के विषय में हमारा कुछ अपना अनुभव है, और निश्चित रूप से यह आपका भी अनुभव होगा कि इनका निर्माण बड़े ऊँचे आदर्श और उद्देश्यों के साथ किया जाता है और प्रारम्भ में ये सेवा कार्य करते भी हैं परन्तु जैसे-जैसे इनका साम्राज्य बढ़ता जाता है ये सेवा करने के स्थान पर मेवा प्राप्त करने लगते हैं। इनके अधिकारी पद भोग भोगने लगते हैं, संगठन के वातानुकूल भवनों में निवास और संगठन की वातानुकूल गाड़ियों में सफर और क्या-क्या नहीं। बहुत कम संगठन और उनमें कार्यरत व्यक्ति ऐसे हैं जो अन्त तक सेवा भाव से ही कार्य करते हैं। हम शुभ कामना करते हैं कि एकलव्य अपना नाम इन बहुत कम संगठनों की सूची में दर्ज कराने में सफल हो।

अभ्यास प्रश्न

दीर्घ उत्तरीय प्रश्न (Long Answer Type Questions)

1. एकलव्य के विषय में आप क्या जानते हैं ? इसका वर्णन संक्षेप में कीजिए।
2. एकलव्य का सामान्य परिचय दीजिए। आपकी दृष्टि से इसमें क्या विशेषताएँ एवं कमियाँ हैं ?

लघु उत्तरीय प्रश्न (Short Answer Type Questions)

1. एकलव्य का सामान्य परिचय दीजिए।
2. एकलव्य द्वारा किये जा रहे कार्यों का संक्षेप में वर्णन कीजिए।

बहुविकल्पीय प्रश्न (Multiple Choice Questions)

सही उत्तर का चयन कीजिए—

1. एकलव्य की स्थापना कब हुई थी ?

(अ) 1972 (ब) 1982
(स) 1992 (द) 2001. **उत्तर**—(ब)

2. एकलव्य फाउण्डेशन का मुख्य कार्यालय कहाँ है ?

(अ) भोपाल (ब) उज्जैन
(स) दिल्ली (द) इन्दौर। **उत्तर**—(स)

3. एकलव्य कितने केन्द्रों एवं उपकेन्द्रों में विभाजित है ?

(अ) 6 (ब) 9
(स) 12 (द) 15. **उत्तर**—(ब)

4. एकलव्य की आय का मुख्य स्रोत क्या है ?

(अ) सरकारी अनुदान (ब) दान
(स) प्रकाशन (द) अक्षय निधि का ब्याज। **उत्तर**—(द)

●●